utb 4457

Eine Arbeitsgemeinschaft der Verlage

Böhlau Verlag · Wien · Köln · Weimar
Verlag Barbara Budrich · Opladen · Toronto
facultas · Wien
Wilhelm Fink · Paderborn
A. Francke Verlag · Tübingen
Haupt Verlag · Bern
Verlag Julius Klinkhardt · Bad Heilbrunn
Mohr Siebeck · Tübingen
Nomos Verlagsgesellschaft · Baden-Baden
Ernst Reinhardt Verlag · München · Basel
Ferdinand Schöningh · Paderborn
Eugen Ulmer Verlag · Stuttgart
UVK Verlagsgesellschaft · Konstanz, mit UVK/Lucius · München
Vandenhoeck & Ruprecht · Göttingen · Bristol
Waxmann · Münster · New York

Maik Philipp

Schreibkompetenz

Komponenten, Sozialisation und Förderung

A. Francke Verlag Tübingen

Dr. Maik Philipp ist wissenschaftlicher Mitarbeiter am Zentrum Lesen der Fachhochschule Nordwestschweiz.

Bibliografische Information der Deutschen Nationalbibliothek

Die Deutsche Nationalbibliothek verzeichnet diese Publikation in der Deutschen Nationalbibliografie; detaillierte bibliografische Daten sind im Internet über http://dnb.dnb.de abrufbar.

Dischingerweg 5 · D-72070 Tübingen
www.francke.de · info@francke.de

Gedruckt auf chlorfrei gebleichtem und säurefreiem Werkdruckpapier.

Einbandgestaltung: Atelier Reichert, Stuttgart
Umschlagabbildung: © Brad Pict – Fotolia
Satz: typoscript GmbH, Walddorfhäslach
Druck und Bindung: Friedrich Pustet GmbH & Co. KG, Regensburg
Printed in Germany

UTB-Nr. 4457
ISBN 978-3-8252-4457-6

Inhaltsverzeichnis

B. Zwischen sozialen und Entwicklungsprozessen: der Erwerb von Schreibkompetenz

C. Schreibförderung in der Schule

1 Vorwort

1.1 Zum Einstieg: das eigene Schreiben und den eigenen Schreibunterricht erkunden

Dass Sie gerade dieses Buch in der Hand halten, zeigt Ihr Interesse an der Thematik Schreibkompetenz. Ehe es in medias res geht, möchte ich Ihnen eine Handvoll Fragen stellen und Sie dazu einladen, sie schriftlich in der Ihnen angemessenen Länge zu beantworten, damit Sie Ihr Vorwissen und Ihre Erwartungen aktiv mit den Inhalten dieses Buches verknüpfen. Bitte nehmen Sie sich dafür ausreichend Zeit (ca. eine Stunde). Und das sind die Fragen:

Selbstexplorationen zum Schreiben

1) Beschreiben Sie sich bitte selbst als schreibende Person.
2) Wie sind Sie in ihrer Biografie zum Schreiben gekommen? Welche Stationen und prägenden Erlebnisse sind Ihnen in Erinnerung geblieben?
3) Welche Personen aus Ihrem Umfeld (Familie, Freunde/Mitschüler und Lehrpersonen) waren für Ihren Weg zum Schreiben wichtig und warum?
4) Beschreiben Sie bitte eine positive Schreiberfahrung, die sie innerhalb oder außerhalb der Schule gemacht haben.
5) Beschreiben Sie bitte eine negative Schreiberfahrung, die sie innerhalb oder außerhalb der Schule gemacht haben.
6) Was ist für Sie der leichteste Teil beim Schreiben? Worin sind Sie gut?
7) Welcher Teil des Schreibens ist für Sie am schwersten? Woran, denken Sie, sollten Sie arbeiten?
8) Welche Formen des Schreibens nutzen Sie für sich privat?
9) Was macht einen Text exzellent?
10) Wenn Sie an Ihr Berufsleben denken: Welche Arten von schriftlichen Beiträgen verfassen Sie (z.B. Schreiben an Eltern, Kollegen, Verwaltung etc.)?
11) Denken Sie an Ihre Arbeit mit Schülern, denen Sie in ihrer Entwicklung als Schreiber helfen: Worin sehen Sie Ihre Stärken? Was wird

Ihrer Meinung nach den Schülern am meisten helfen? Woran werden Sie als Lehrperson in puncto Schreiben arbeiten müssen?
12) Welche Arten von Schreibförderungen planen Sie zu verwenden? Wie häufig wollen Sie pro Woche Schreiben unterrichten?
(Quelle der Fragen 1 sowie 4 bis 12: Hall & Grisham-Brown, 2011, S. 157 f.)

1.2 Ziele, Aufbau und Verwendungsmöglichkeiten des Bandes

Schreibförderung ist – ähnlich wie die Leseförderung (Rosebrock & Nix, 2014) – ein komplexes Feld mit divergierenden Zielsetzungen, Fördermaßnahmen und mehr oder minder gut belegten Wirkungen bei Schülern.[1] Das macht das Feld ausgesprochen unübersichtlich. Hinzu kommen historische und nationale Entwicklungen, von denen im deutschsprachigen Raum nicht nur die Advokaten und Gegenadvokaten einzelner Förderansätze anzuführen sind, sondern auch eine im internationalen Vergleich auffällig starke Fokussierung auf sprachformale Aspekte (vor allem die Orthografie). Seit Neuestem ist im Gefolge von großen Schulleistungsstudien zudem die Kompetenzorientierung ein Schlagwort und ein Trend in der Deutschdidaktik.

Richtig angekommen ist das Thema aber noch nicht in der Ausbildung, zumindest wenn man aktuelle Fachliteratur betrachtet. Denn obwohl mehr oder weniger stark die Bedeutung von Schreibprozessen als zentral herausgestellt wird, gerät bei vielen Publikationen dieser Aspekt aus den Augen, weil etwa durch umfangreiche Aufgabensammlungen zwar suggeriert wird, man fördere Schreibprozesse, doch im Kern setzen diese Schreibaufträge schon eine umfassende Schreibkompetenz voraus. In anderen Publikationen tauchen die in der internationalen Forschung als hochbedeutsam behandelten Elemente wie Planen und Revidieren kaum oder nur verkürzt auf. Dadurch entsteht der Eindruck, Schreiben werde ungewollt auf fragmentarische Elemente reduziert. Dabei ist Schreiben eine der komplexesten und voraussetzungsreichsten menschlichen Fähigkeiten überhaupt und ist mental so anspruchsvoll wie das Schachspielen für Schachprofis (Kellogg, 1999). Außerdem ist es alltagsrelevanter denn je: Mehr als zwei Stunden pro Tag schreiben erwachsene US-Amerikaner in ihrem Alltag, die Schreibaktivitäten variieren dabei breit und haben kaum mit dem schulischen Schreiben zu tun (Cohen, White & Cohen, 2011).

1 Im Folgenden wird aus Gründen der besseren Lesbarkeit des Textes die männliche Form gewählt. Wenn nicht anders angegeben sind immer weibliche und männliche Personen gemeint.

Schreibkompetenz zu fördern, erscheint also geboten. Hierbei möchte der vorliegende Band (angehenden) Lehrpersonen und deren Ausbildnern helfen, indem er

- den Begriff „Schreibkompetenz" konzeptionell und inhaltlich füllt, ein Mehrebenen-Modell der für die Schreibkompetenz so wichtigen Komponenten und Teilprozesse des umfassenden Schreibprozesses vorstellt (nämlich das Planen, das Verschriften und das Revidieren) und die gegenwärtigen Schreibleistungen zum Ausgangspunkt der Bestimmung des Förderbedarfs nimmt (Kap. 2 und 3);
- mithilfe eines weiteren Mehrebenen-Modells beschreibt, wie man sich den Erwerb von Schreibkompetenz längerfristig aus einer kognitiv geprägten Sicht in Form einer Entwicklung einerseits und als Sozialisationsprodukt innerhalb von verschiedenen sozialen Kontexten andererseits vorstellt (Kap. 4 und 5);
- die drei wissenschaftlichen Perspektiven auf die Schreibförderung nennt (historisch, empirisch und systematisch), wie sich mehr oder minder effektive Fördermaßnahmen in drei Bereichen (Verschriften üben, Planen und Revidieren schulen, den Schreibprozess entlasten) gestalten und zu guter Letzt drei ausführliche Beispiele für gelingendes und systematisches Schreiben als eine mögliche langfristige Vision für den eigenen Schreibunterricht vorstellt (Kap. 6 bis 8).

Das Hauptziel des Buches ist – das sollen die Teilziele aus der obigen Liste verdeutlichen – eine umfassende Information zum Gegenstand Schreibkompetenz. Dadurch sollen (angehende) Lehrpersonen praxisrelevantes Wissen erwerben. Das Buch will bewusst keine Unterrichtseinheiten (auch keine exemplarischen) oder Aufgabensammlungen zur Verfügung stellen, sondern eher dazu beitragen, solche Materialien besser auf ihre Passungen mit Unterrichtszielen und den eigenen Schülern prüfen zu können und solche Angebote mit nachweislich effektiven Fördermaßnahmen zu verknüpfen und/oder zu modifizieren. Um dies zu ermöglichen, enthält der Band eine Vielzahl von möglichst anschaulichen und authentischen Beispielen. Diese Beispiele und einige Abbildungen des Bandes können unter der URL http://www.utb-shop.de/9783825244576#zusatzmaterial auf der UTB-Homepage heruntergeladen werden. Im Text sind die entsprechenden Abschnitte mit einer kleinen Maus am Seitenrand markiert.

Wie schon in anderen Publikationen ist die Anschaulichkeit und Lesbarkeit zentrales Anliegen gewesen, um den anspruchsvollen Inhalt zugänglich zu machen und für Lehrveranstaltungen aufzubereiten. Auf dem Weg dorthin haben viele Personen mitgewirkt. Dank gebührt vor allem Tillmann Bub vom Narr-Verlag. Gemeinsam mit ihm entstand die Grundidee für diesen Band auf dem Baseler Symposion Deutschdidaktik im September 2014.

A. Schreiben – eine komplexe Kompetenz

Steckbrief

Der Titel des Buchteils nennt das Schreiben eine komplexe Kompetenz. Aber was ist eine Kompetenz? Und was macht Schreiben denn eigentlich so anspruchsvoll, wie es die Wortwahl bei dem Attribut „komplex" nahelegt? Diesen Fragen geht Kapitel 2 nach. In einem ersten Schritt wird der Begriff „Schreibkompetenz" geklärt und eine enge Begriffsbestimmung als Grundlage für dieses Buch gewählt (Teilkap. 2.1). Weil (kompetentes) Schreiben eine ausgesprochen komplexe menschliche Aktivität ist, an der sehr viele Komponenten und Teilprozesse beteiligt sind, werden diese Prozesse und Komponenten im folgenden Teilkapitel 2.2 in einem Mehrebenen-Modell dargestellt und systematisiert.

Schreibkompetenz kann zudem nicht nur über Schreibprozesse bestimmt werden, sondern wird häufig anhand der Textprodukte zu rekonstruieren versucht. Mit diesem Schwenk zur Empirie von Schreibleistungen wandelt sich die Perspektive. Es geht nun um die Schreibleistungen von Schülern, denen sich das Kapitel 3 widmet. Zunächst behandelt Teilkapitel 3.1, wie einzelne Schreibprozesse mit Produktmerkmalen korrespondieren. Ganz der Produktperspektive hat sich hingegen Teilkapitel 3.2 verschrieben. In ihm geht es darum, wie man in großen US-amerikanischen Studien die Schreibkompetenz von Heranwachsenden erfasst und was die eher ernüchternden Ergebnisse waren.

2 Ebenen und Prozesse des Schreibens und der Schreibkompetenz

2.1 Was ist Schreibkompetenz?

Das Kompositum „Schreibkompetenz", das diesem Band seinen Namen gibt, besteht aus zwei Bestandteilen: Schreiben und Kompetenz. Beide bedürfen einer inhaltlichen Klärung, damit eine Basis für das Verständnis und den Gebrauch des Begriffs besteht. Zunächst zum „**Schreiben**": Mit dem Ausdruck wird gemeinhin eine schriftsprachliche Handlung bezeichnet, bei der es um eine räumlich und/oder zeitlich zerdehnte Kommunikation zwischen einem Schreiber und einem Leser geht, die textbasiert erfolgt (Becker-Mrotzek, 2014). Die Kommunikation erfolgt über den Text, welchen der Schreiber dem Leser hinterlässt und eigens für diesen Anlass konzipiert und herstellt, wobei dies über verschiedene Schreibmedien möglich ist und in aller Regel mit graphomotorischen Aktivitäten (etwa dem Schreiben per Hand oder per Tastatur) realisiert wird. Natürlich gibt es auch andere Formen des Schreibens, in denen es dezidiert nicht um die Kommunikation mit anderen geht (denken Sie nur daran, wie erbost jemand sein wird, wenn das eigene gut versteckte Tagebuch von jemandem gelesen wird, oder wenn unter Verschluss gehaltene Texte auf Plattformen wie WikiLeaks veröffentlicht werden). Aber das kommunikative Handeln bildet im Alltag den prototypischen Kern des Schreibens.

Etwas schwieriger ist in der Begriffsbestimmung der Terminus „**Kompetenz**". Dieser populäre Ausdruck ist bereits in der Wissenschaft ein nicht ganz einfaches Konzept. Der für die gesamte Kompetenz-Debatte sehr einflussreiche Forscher Franz Weinert wies im Jahr 2001 darauf hin, dass es (und hier muss man wohl ergänzen: mindestens) sieben verschiedene Verständnisse davon gibt, was der Kompetenz-Begriff zu tragen hat. Darunter fallen kognitive Kompetenzen, Handlungskompetenzen, Schlüsselkompetenzen, Metakompetenzen etc. Joachim Grabowski (2014) berichtet von mehr als 2.300 Komposita im deutschen Archiv der geschriebenen Sprache, die auf „-kompetenz" enden, darunter Begriffe wie „Harry-Potter-Kompetenz", „Youtube-Filmegucker-Kompetenz" oder auch „Bettenkompetenz". Der Begriff hat also Konjunktur, was seiner

Genauigkeit insofern nicht gut tut, als diese durch den häufigen Gebrauch nahezu erodiert.

Im Bereich der Bildungsforschung werden mit Kompetenzen zuvorderst kognitive Problemlösepotenziale im Sinne von Leistungsdispositionen bezeichnet, die sich in tatsächlichen Prozessen und Produkten niederschlagen (können) (Hartig & Klieme, 2006). Da das Schreiben (wie auch das Lesen) in allererster Instanz kognitive Prozesse benötigt (Teilkap. 2.2), liegt es beim Begriff „**Schreibkompetenz**" nahe, bewusst auf seinen kognitiven Kern zu fokussieren. Wenn man Franz Weinerts Definition spezialisierter kognitiver Kompetenzen folgt, dann ließe sich eine spezifische Kompetenz wie das Schreiben zunächst so charakterisieren:

> „Spezifische kognitive Kompetenzen beziehen sich auf die Verknüpfungen von kognitiven Voraussetzungen, die für ein Individuum verfügbar sein müssen, um gute Leistungen in einem bestimmten inhaltlichen Bereich (z.B. Schachspielen, Klavier spielen, Autofahren, mathematisches Problemlösen, Problembeseitigung in komplexen Systemen, etc.) zu erbringen" (Weinert, 2001, S. 47).

Im Falle der Schreibkompetenz lautet ein Definitionsversuch, dass man darunter die Fähigkeit versteht, „Texte adressatengerecht zu formulieren und, je nach Zielsetzung, präzise zu informieren, überzeugend zu argumentieren oder Sprache ästhetisch ansprechend und kreativ einzusetzen" (Harsch, Neumann, Lehmann & Schröder, 2007, S. 45). Hierfür braucht man diverse sprachliche und kognitive Ressourcen sowie Wissensbestände in puncto Schreiben und inhaltliches Vorwissen (Becker-Mrotzek, 2014). In der obigen Definition von Harsch et al. (2007) wird zudem deutlich, dass sich die Schreibkompetenz auf verschiedene Schreibfunktionen und Textsorten bezieht, die Anforderungen insgesamt also hoch sind. Zugleich kann kompetentes Schreiben sehr unterschiedlich erfolgen, denn es gibt verschiedene Herangehensweisen, die zum Erfolg führen (Kellogg, 2006). Diese Offenheit wird in der Forschung als „ill structured problems" bezeichnet, „schwach strukturierte Probleme", die wenige formelhafte Vorgaben machen, wie man vorzugehen hat (Simon, 1973). Es ist für erfolgreiche, kompetente Schreiber sogar charakteristisch, dass sie individuelle Vorgehensweisen bei der Textproduktion entwickeln (Patterson-Hazley & Kiewra, 2013).

Weil Schreiben zu den mental aufwändigsten Tätigkeiten überhaupt zählt, bedarf es einer entsprechenden **Schreibmotivation**, um diese kostspielige Aktivität zu initiieren, aufrecht zu erhalten und bei Bedarf zu modifizieren. Das gilt gerade für längere und komplexe Schreibprojekte (zum Beispiel dieses Buch) oder unvertraute Schreibanlässe. Zudem finden viele Schreibprojekte inzwischen innerhalb eines sozialen Kontextes statt. Beispielsweise entstehen heutzutage Texte im beruflichen Kontext immer stärker kooperativ (Lowry, Curtis & Lowry, 2004), und selbst das Schreiben von Büchern – gemeinhin als das einsame Schreiben geltend – ist dank des unermüdlichen Einsatzes von Lektoren, Korrekturlesern, Agenten und Testlesern längst eine **soziale Praxis.** Das wird noch einmal von der kommunikativen Absicht des Schreibens unterstrichen, die oben erwähnt wurde. Man kann also kurz festhalten: Der Begriff Schreibkompetenz fokussiert auf eine effektive, zielgerichtete und adressatenorientierte Textproduktion. Hierfür braucht es neben graphomotorischen und (meta-)kognitiven Prozessen, die den Kern des Schreibens bilden, eine gewisse Schreibmotivation, und Schreiben hat eine soziale Dimension insofern, dass man typischerweise für jemanden schreibt oder – zunehmend – mit jemandem. In der Leseforschung hat man gerade die motivationalen und sozialen Elemente aus der Erwerbsperspektive besonders betont (Philipp, 2015b), was in enge bzw. weite Definitionen des Kompetenzbegriffs mündete (Lenhard, 2013). Für das Schreiben soll an dieser Stelle eine Analogie erfolgen, indem der Kern der Schreibkompetenz – das Schreiben – mit motivationalen (im Sinne einer engen Definition) bzw. motivationalen und sozialen Elementen (im Sinne einer weiten Definition) in Abbildung 1 dargestellt wird.

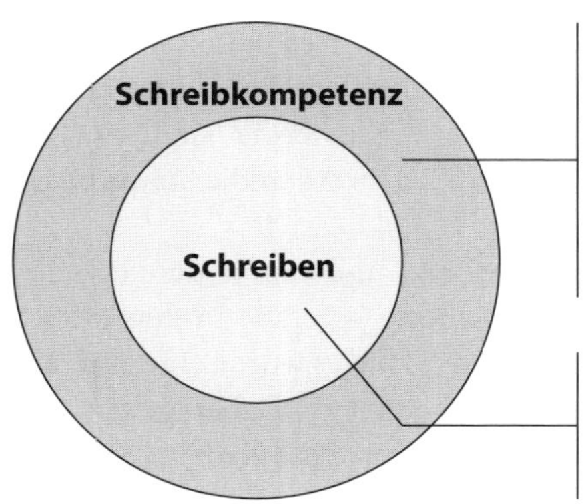

Abbildung 1: Zum Verhältnis von Schreiben und Schreibkompetenzen (eigene Darstellung, anknüpfend an Lenhard, 2013, S. 46)

Doch welches Verständnis liegt diesem Band zugrunde? Obwohl das Buch sich auch dem Schreiben in sozialen Kontexten widmet (Kap. 5, 7 und 8), was eine weite Definition als Grundlage in greifbare Nähe rückt, ist es sinnvoll, zwischen erreichter Kompetenz und ihrem Erwerb zu trennen – zumindest aus analytischer Perspektive zum einen und auch hinsichtlich der Erforschbarkeit des Gegenstands zum anderen (Philipp, 2015b). Zugleich erscheint eine Reduktion des Schreibens auf rein graphomotorische und kognitive Aspekte zu eng, da eine Person nicht nur fähig, sondern auch noch *gewillt* sein muss, die entsprechenden Prozesse und Handlungen auszuführen. Das nehmen beispielsweise Theorien zum selbstregulierten Schreiben gezielt und dezidiert auf, die vor und nach dem Schreiben motivationale Elemente aufzählen, die auch bzw. gerade für geübte Schreiber wichtig sind (Kellogg, 2006; Patterson-Hazley & Kiewra, 2013; Zimmerman & Kitsantas, 2007; Zimmerman & Risemberg, 1997). Damit erscheint eine **enge Definition**, die hiermit explizit für dieses Buch als Grundlage dient, gewissermaßen ein günstiger Kompromiss insofern, als es um Merkmale der schreibenden Person geht, die ihr innewohnen und die Ausgestaltung von Schreibprozessen steuern. Wie solche Schreibprozesse aus Sicht der Grundlagenforschung beschrieben werden können, wird im folgenden Teilkapitel beschrieben.

2.2 Die Dynamik des Schreibens: Prozesse und Komponenten

In diesem Teilkapitel wird die umfassende Dynamik des Schreibens skizziert. Hierfür werden zu Beginn des Teilkapitels zunächst die drei Teilprozesse des Schreibens (Planen, Verschriften und Revidieren) mit ihren Funktionen vorgestellt und ein Mehrebenen-Modell der beim Schreiben beteiligten Komponenten dargestellt. Die insgesamt drei Ebenen werden in den Teilkapiteln 2.2.1 bis 2.2.3 entfaltet. In einem weiteren Teilkapitel (2.2.4) werden die Teilprozesse und Ebenen systematisch aufeinander bezogen.

Schreibprozesse bilden das Herz des Schreibens und damit der Schreibkompetenz. Entsprechend haben sie in der Forschung – gerade in den 1980er und 1990er Jahren – breite Aufmerksamkeit erfahren, und es wurde eine Vielzahl von Modellen zu verschiedenen Teilprozessen vorgelegt. Dabei gelten das Planen, das Verschriften und das Revidieren als die drei zentralen Teilprozesse des umfassenden Schreibprozesses (Alamargot & Chanquoy, 2001). Diese drei Teilprozesse sind keine strikt voneinander zu trennenden isolierten Einheiten, sondern sie sind untereinander hochgradig dynamisch vernetzt (Flower & Hayes, 1981). Aus analytischer Sicht aber lassen sich diese Teilprozesse separieren und dienen jeweils unterschiedlichen Zwecken (s. Abbildung 2):

- **Planen:** Das Planen ist ein anspruchsvoller und mental kostspieliger Teilprozess des umfassenden Schreibprozesses. Das Planen kann sich sowohl auf inhaltliche Aspekte beziehen als auch auf Vorgehensweisen, weshalb es ein hybrider Teilprozess ist. Hinsichtlich der inhaltlichen Planung lassen sich

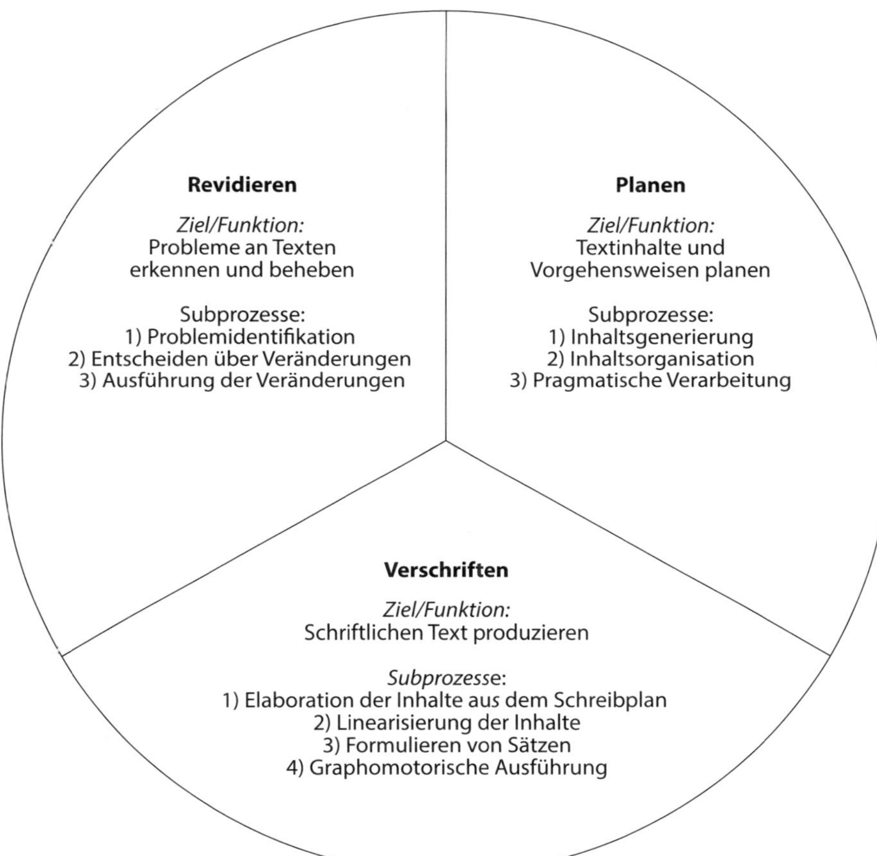

Abbildung 2: Teilprozesse des Schreibens samt ihren Funktionen und Subprozessen (eigene Darstellung, basierend auf Alamargot & Chanquoy, 2001)

gemäß Alamargot und Chanquoy (2001) drei Subprozesse unterscheiden: 1) die Inhaltsgenerierung, 2) die Inhaltsorganisation und 3) die pragmatische Verarbeitung (Teilkap. 2.2.4).

- **Verschriften:** Das Planen ist zwar eine notwendige, aber noch keine hinreichende Bedingung dafür, dass ein Text entsteht. Dafür bedarf es der Verschriftung, die weitestgehend mit der inhaltlichen Elaboration und der Übersetzung der Inhalte in eine sprachliche Form nebst grafischem Output korrespondiert. Alamargot und Chanquoy (2001) nennen hier insgesamt vier

Subprozesse, die am Verschriften beteiligt sind: 1) die weitere Ausgestaltung (Elaboration) der Inhalte aus dem Schreibplan im Sinne einer inhaltlichen Konkretisierung, 2) die Linearisierung der möglichen Inhalte im Sinne einer Annäherung an eine bestimmte Reihenfolge der Inhalte, 3) das Formulieren von Sätzen, also eine Überführung in sprachliche Strukturen, und schließlich 4) die graphomotorische Ausführung, die den entscheidenden Unterschied zu mündlichen sprachlichen Äußerungen ausmacht.

- **Revidieren:** Das Revidieren besteht aus zwei Hauptkomponenten: dem Überprüfen zum einen und dem Überarbeiten zum anderen. Auch wenn es etwas kontraintuitiv ist: Beide Hauptkomponenten tauchen nicht zwangsläufig erst am Ende des Schreibprozesses auf, sondern können prinzipiell jederzeit im umfassenden Schreibprozess erfolgen. Alamargot und Chanquoy (2001) benennen drei Hauptsubprozesse: 1) die Problemidentifikation, 2) das Entscheiden über Veränderungen und 3) die Ausführung der Veränderungen. Hierfür wiederum müssen Schreiber den intendierten und faktischen Text mental präsent haben. Sie müssen darüber hinaus wissen, was sie verändern müssen (im Sinne der sprachformalen Richtigkeit) bzw. können (im Sinne der Pragmatik und Rhetorik). Zu guter Letzt benötigen sie auch noch strategiebezogenes Wissen dazu, wie man Reparaturen am Text de facto vornehmen kann.

Die drei Teilprozesse des Schreibens werden im Teilkapitel 2.2.4 noch einmal ausführlicher thematisiert und in einem Mehrebenen-Modell der Schreibprozesse verortet, das weiter unten skizziert wird. Dass die drei Teilprozesse Planen, Verschriften und Revidieren allesamt bedeutsam sind, steht aus Sicht der Forschung außer Frage. Wenig ist aber darüber bekannt, wann im umfassenden Schreibprozess welcher Teilprozess wie stark auftritt, auch wenn sich dies gerade massiv zu ändern beginnt (Álvarez-Fernández & García-Sánchez, 2014). Um die unterschiedliche Bedeutung der einzelnen Teilprozesse besser abwägen zu können, sei eine Studie aus den USA hinzugezogen (Kellogg, 2001). In jener Studie wurden Erwachsene gebeten, während des Schreibens eines narrativen, berichtenden oder argumentativen Textes ungefähr alle 30 Sekunden auf ein akustisches Signal hin die unmittelbar vor dem Signal durchgeführte Aktivität einer von vier Gruppen zuzuordnen. Drei der Gruppen betrafen die Teilprozesse des Schreibens, daneben gab es auch noch eine Restekategorie. Die Ergebnisse der Studie sind in Abbildung 3 dargestellt. Von besonderer Erwähnung ist noch, dass das Schreiben nicht nur per Hand erfolgte, sondern auch mithilfe von Textverarbeitungssoftware.

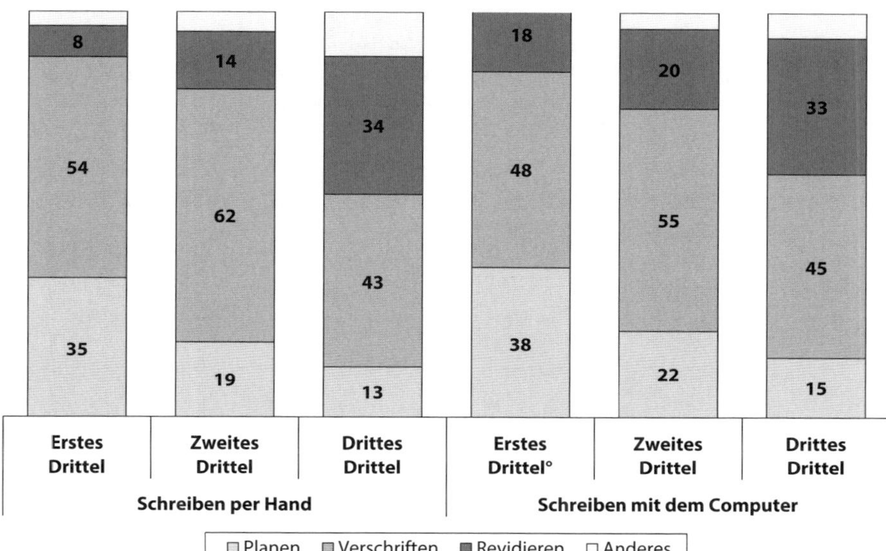

Abbildung 3: Verteilung der einzelnen Teilschreibprozesse in Dritteln des Schreibprozesses (Angaben in Prozent, eigene Darstellung, basierend auf Kellogg, 2001, S. 183; ° der Summenwert von über 100 Prozent ergibt sich in der Originalstudie aus den dort angeführten Werten)

Wie die Ergebnisse aus der Grafik demonstrieren, dominiert in jedem Drittel des gesamten Schreibprozesses das Verschriften: Die Werte liegen zwischen 43 und 62 Prozent. Das Planen war besonders im ersten Drittel wichtig, und die Anteile fielen im weiteren Verlauf zum Teil auf rund ein Drittel der Ausgangswerte in der ersten Phase. Umgekehrt nahm die Bedeutung des Revidierens zum Ende des Gesamtschreibprozesses zu. Diese Befunde stehen nicht isoliert in der Schreibforschung, denn sie werden von anderen Studien gestützt (z. B. Breetvelt, van den Bergh & Rijlaarsdam, 1994, und Levy & Ransdell, 1995).

Die eben präsentierten Befunde verdeutlichen den **arbeitsteiligen Charakter der einzelnen Teilprozesse des Schreibens**, sie zeigen aber außerdem, dass man gut daran tut, sie nicht rigide im Sinne von strikt voneinander zu trennenden Phasen bei der Textherstellung zu begreifen. Der jeweilige individuelle Schreibprozess ist hochdynamisch, und es ist geradezu typisch, dass die Teilprozesse ineinander übergehen und interagieren. Dem tragen die vielen Modelle zu Schreibprozessen aktiv Rechnung (Alamargot & Chanquoy, 2001), wobei Schreibforschern bewusst ist, dass selbst die komplexesten Modelle immer nur knappe Ausschnitte der umfassenden theoretischen Modellierung des Schreibprozesses darstellen können (Alamargot & Chanquoy, 2012).

Vielleicht lässt sich auch vor diesem Hintergrund verstehen, dass neuere Modelle versuchen, nicht mehr das (zudem entwicklungsbedingt veränderliche, s. Hayes, 2012 b) Vorgehen beim Schreiben in eine mehr oder minder große Zahl von Vierecken und Pfeilen in komplexen Flussdiagrammen darzustellen. Neuere theoretische Modelle des Schreibens fallen vielmehr dadurch auf, dass sie eher dazu tendieren, all die beteiligten Komponenten im komplexen Schreibprozess besser verstehen zu wollen und zu systematisieren. Ein solches Beispiel bildet das aktuellste Modell von John Hayes (2012 b), das in Abbildung 4 dargestellt ist.

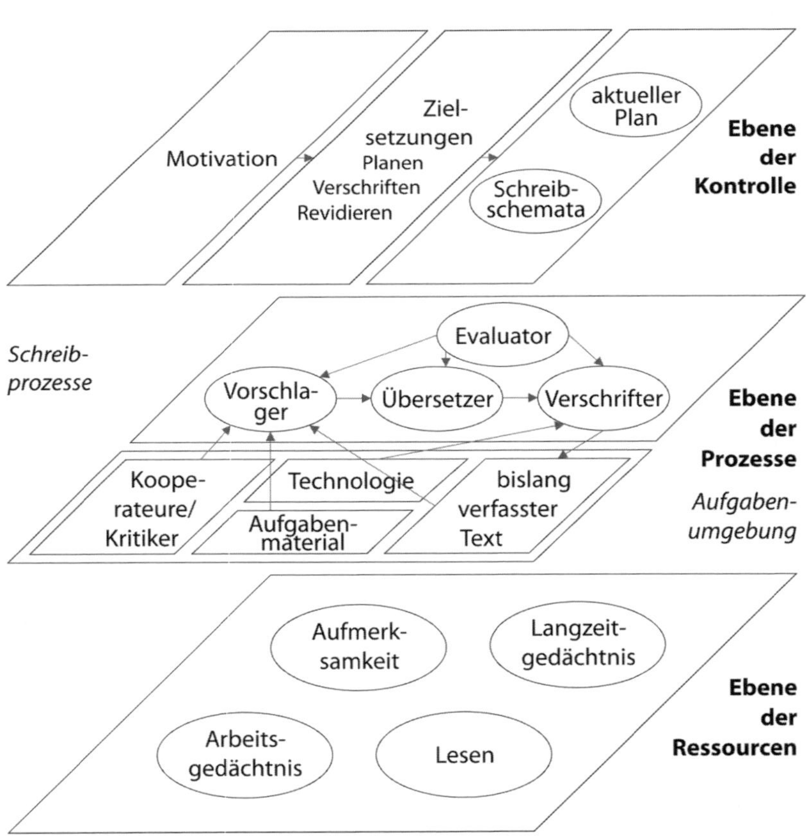

Abbildung 4: Ebenen und Komponenten des Schreibens (nach Hayes, 2012 b, S. 371; hinzugefügt wurde auf der Ebene der Prozesse ein Pfeil von „bislang verfasster Text" zu „Vorschlager", der im Modell von Chenoweth und Hayes, 2001, S. 84, noch enthalten war; das Modell wurde zusätzlich terminologisch angepasst, damit einheitliche Begriffsverwendungen erfolgen können)

Wie aus dem Modell hervorgeht, werden die verschiedenen Komponenten systematisch auf drei verschiedenen Ebenen zusammengefasst. Das ist übrigens eine wichtige Parallele zu aktuellen lesedidaktischen Modellierungen der Lesekompetenz (Rosebrock, 2009; Rosebrock & Nix, 2014). Während in einem solchen Mehrebenen-Modell zum Lesen eine Prozess-, eine personale und eine soziale Ebene vorkommen, trennt das oben dargestellte Modell die Komponenten anders. Zwar gibt es auch eine Prozessebene und im Falle der Kontroll- sowie der Ressourcenebene eine personale Ebene. Die soziale Ebene tritt hingegen weniger deutlich zutage (mit Ausnahme der Kooperateure und Kritiker auf der Prozessebene und hier der Aufgabenumgebung).

Das Modell aus Abbildung 4 bildet für die Zwecke dieses Bandes eine Art Rückgrat. So werden im Teilkapitel 2.2.4 noch einmal genauer die beim Planen, Verschriften und Revidieren wichtigen Komponenten in den Blick genommen. Dieses Modell ist in diesem Band zudem wichtig für Teil 3 zur Schreibförderung, wenn es darum geht, die Fördermaßnahmen in Teilkapitel 6.3 und Kapitel 7 zu verorten. Die Ebenen des Schreibens – bzw. im gelingenden Fall: der Schreibkompetenz – werden in den Teilkapiteln 2.2.1 bis 2.2.3 beschrieben. Dabei folgt die Darstellung nicht der Ebenen-Darstellung aus der Grafik. Sie beginnt vielmehr mit der Prozessebene (Teilkap. 2.2.1), geht dann auf die der Ressourcen ein (2.2.2) und endet mit der Kontroll-Ebene (2.2.3). Die folgende Wiedergabe des Modells folgt, wenn es keine anderweiten Literaturbelege nahelegen, Hayes (2012b) bzw. Hayes und Olinghouse (2015).

2.2.1 Die Ebene der Prozesse

Die Ebene der Prozesse aus dem Modell in Abbildung 4 ist nicht umsonst die mittlere und damit zentrale. Diese Prozessebene umfasst zwei Bestandteile, nämlich zum einen die innerhalb einer schreibenden Person ablaufenden überwiegend kognitiven **Schreibprozesse** und zum anderen die **Aufgabenumgebung**, welche außerhalb der schreibenden Person zu verorten ist. Sowohl die Schreibprozesse als auch die Aufgabenumgebung interferieren hochgradig miteinander. Im Folgenden werden zuerst die Schreibprozesse und im Anschluss die Komponenten bei der Aufgabenumgebung dargestellt.

Was zuvorderst an der Ebene der Prozesse auffällt, ist, dass etwas fehlt. Die drei Teilprozesse des Schreibens – das Planen, das Verschriften und das Revidieren – tauchen nicht explizit auf. Nur im Falle des Verschriftens liegt mit dem „Verschrifter“ zumindest auf Wortebene noch eine Nähe zu den Teilprozessen vor. Der Grund für die Abwesenheit der drei Teilprozesse hat mit dem Zweck des Modells zu tun. Das Modell will nicht mehr die einzelnen und in sich sehr komplexen und hochdynamischen Teilprozesse abbilden und erklären (s. dafür Alamargot & Chanquoy, 2001), sondern eher die beteiligten Teilprozesse und im Schreibprozess insgesamt beteiligten Komponenten systematisch verorten (Hayes, 2012b). Daraus erklärt sich auch der Mehrebenen-Aufbau. Welche Komponenten beim Planen und Revidieren betroffen sind, darauf geht das Teilkapitel 2.2.4 später noch einmal gesondert ein.

Zunächst zu den Komponenten innerhalb der **Schreibprozesse**. Hier gibt es vier beteiligte Instanzen, die „Vorschlager", „Übersetzer", „Verschrifter" und „Evaluator" genannt werden. Man kann sich diese vier Instanzen wie ein Team von Arbeitskollegen vorstellen, das von einem Vorarbeiter geleitet wird. Innerhalb des Arbeitsteams haben dann die jeweiligen ‚Kollegen' unterschiedliche Aufgaben. Der **„Vorschlager"** ist eine vor-linguistische Quelle möglicher Textinhalte. Seine Aufgabe im Schreibprozess besteht darin, mögliche Inhalte (aus dem Gedächtnis oder anderen Quelle) zu generieren sowie zu organisieren und dem kognitiven System anzubieten. Dabei wird er – wie die zwei anderen ‚Kollegen' – vom **„Evaluator"** überwacht, der in diesem Falle darüber entscheidet, ob der mögliche Inhalt adäquat erscheint. Ist das der Fall, wird der nichtsprachliche Inhalt gleichsam an den **„Übersetzer"** weitergereicht, der die nichtsprachlichen Inhalte zu sprachlichen Einheiten verarbeitet, also in die richtige syntaktische Reihenfolge bringt, wobei natürlich die grammatische Korrektheit ebenfalls eine Rolle spielt. In diesem angesprochenen Transformationsprozess trägt der „Evaluator" die Verantwortung dafür, dass der „Übersetzer" korrekt vorgeht, und interveniert bei Bedarf. Sind die Inhalte generiert und gedanklich in eine sprachlich korrekte Form überführt, schreitet der **„Verschrifter"** zur Tat und führt die nötigen graphomotorischen Handlungen durch, das heißt, er nimmt die im Arbeitsgedächtnis verfügbar gehaltenen sprachlichen Inhalte als Ressource und überführt sie mittels Schreibmedien in einen Text. Hier kommen nun feinmotorische Elemente ebenso zum Tragen wie schriftsprachliche Konventionen (wie Rechtschreibung, Zeichensetzung, Groß- und Kleinschreibung etc.). Misslingt etwas bei der Verschriftung, sorgt der „Evaluator" für eine Korrektur, indem er eine Änderung anordnet (Chenoweth & Hayes, 2001).

Die eben beschriebenen Vorgänge innerhalb eines internen ‚(meta-)kognitiven Arbeitsteams' finden nicht kontextlos statt, sondern innerhalb einer **Aufgabenumgebung,** mit der sie in einem hohen Maß interagieren. Das wird auch im Modell in Abbildung 4 deutlich, in welchem Elemente der Aufgabenumgebung mit dem „Vorschlager" und „Verschrifter" zusammenhängen. Im Falle des „Verschrifters" ist insbesondere die **Schreibtechnologie** von Belang. Damit ist das Schreibmedium gemeint. Das ist deshalb so relevant, weil heutzutage die Mehrheit der Schreibzeit mit digitalem Schreiben zugebracht wird (Cohen et al., 2011). Außerdem lässt sich einerseits durch das Schreiben am Computer auch die Qualität von Texten steigern (Morphy & Graham, 2012). Andererseits hängt die Qualität von Texten auch systematisch mit der Vertrautheit mit dem Schreibmedium (Schreiben mit dem Stift vs. Schreiben mit der Tastatur) zusammen (Graham, Harris & Hebert, 2011). All dies lässt ermessen, wie wichtig das Verschriften als Teilprozess des Schreibens ist, und es lässt sich daraus bereits der Förderbedarf ableiten, da man ausreichend automatisiert mit der jeweiligen Schreibtechnologie umgehen können muss, um inhaltlich ansprechende Texte zu produzieren, was wiederum Übung voraussetzt.

Eher für den Vorschlager relevant sind drei weitere Elemente aus der Aufgabenumgebung. Als Erstes ist der Schreibauftrag im Sinne des **Aufgabenmaterials** anzuführen. Es konnte bereits in Interventionsstudien nachgewiesen werden, dass präzis gefasste Schreibaufträge dabei helfen, qualitativ bessere Texte zu verfassen – und zwar sowohl im Primarschulalter (Graham, McKeown, Kiuhara & Harris, 2012) als auch in höheren Klassen (Graham & Perin, 2007 a). Wenn die Aufträge hingegen offen sind (etwa beim freien Schreiben), dann gibt es nur sehr geringe Zuwächse (Hillocks, 1984). Aus didaktischer Sicht kommt den Arbeitsaufträgen damit eine besonders hohe Bedeutung zu. Eine weitere Einflussquelle im Schreibprozess ist der **allmählich entstehende Text.** Was man bisher verfasst hat, steuert beim Vorschlager mit, welche Ideen und Inhalte man noch integrieren und elaborieren sollte. Eine dritte Quelle sind schließlich **andere Personen,** mit denen man schreibt bzw. die einer schreibenden Person Rückmeldungen zu Textentwürfen geben. Im Lichte zahlreicher Studienergebnisse sind solche Feedbacks, gerade wenn sie schreibprozessbegleitend erfolgen und Zielinformationen enthalten, für die Qualität der Texte hilfreich (Graham et al., 2011; Graham, Hebert & Harris, 2015 b; Hillocks, 1986).

2.2.2 Die Ebene der Ressourcen

Damit die hochgradig anspruchsvollen Schreibprozesse überhaupt erfolgen können, braucht man als schreibende Person relativ umfassende Ressourcen. Diese Ressourcen sind auf der untersten Ebene des Modells verortet und vor allem kognitiver Provenienz. Zunächst bedarf es umfangreicher Wissensbestände im **Langzeitgedächtnis.** Solche Wissensbestände lassen sich einerseits in sprachliche und andererseits in schreibbezogene Wissensbestände unterteilen, wobei die letztgenannten relativ eng mit der Textqualität zusammenhängen (Englert, Taffy, Fear & Anderson, 1988; Saddler & Graham, 2007) und sich dieser Zusammenhang in Interventionsstudien erhöhen lässt (Brunstein & Glaser, 2011). Doch es konnte auch schon gezeigt werden, dass der Wortschatz als Teil des sprachlichen Wissens hochbedeutsam für die Textqualität ist (Gillespie, Olinghouse & Graham, 2013). Neben solche domänenspezifischen Wissensbestände treten allgemeine Vor- und Weltwissensinhalte, die im Langzeitgedächtnis abgespeichert sind. Diese sind nachgewiesenermaßen ebenfalls wichtig für das Schreiben und wirken sich positiv auf Textprodukte aus (Olinghouse, Graham & Gillespie, 2015).

Das Gegenstück zum Langzeit- bildet das **Arbeitsgedächtnis,** in welchem Menschen Informationen verarbeiten und verfügbar halten (Olive, 2012). In der Schreibforschung besteht weitestgehend Konsens darüber, dass man diesen Teil des menschlichen kognitiven Systems als ‚Nadelöhr', sprich: als limitierenden Faktor betrachtet, durch den sämtliche Schreibprozesse hindurchgeführt werden müssen. Dazu sind in aller Regel zeitliche Entzerrungen nötig, die sich in den Teilprozessen Planen und Revidieren niederschlagen, welche im Kern vorgängige bzw. begleitende Maßnahmen (im Falle des Planens) bzw. flankierende und nachträgliche Sicherungsmittel (beim Revidieren) darstellen.

Um gut schreiben zu können, braucht man **Aufmerksamkeit.** Es ist beispielsweise unter erfolgreichen Schreibern (wie Wissenschaftlern und Autoren) Usus, dass sie sich eine schreibförderliche (meist ruhige) Schreibumgebung schaffen, in der sie sich ungestört dem Schreiben widmen (Kellogg, 2006; Patterson-Hazley & Kiewra, 2013; Zimmerman & Risemberg, 1997). Wie wichtig die Aufmerksamkeit ist, zeigte auch ein Experiment mit Erwachsenen, die einen Text am Computer schreiben sollten. Dabei wurden sie zwei Gruppen zugeteilt: Die eine arbeitete bei Stille, die andere hörte Hintergrundmusik. Das Ergebnis war, dass die Hintergrundmusik generell die Textproduktion behinderte, weil die entsprechenden Personen etwas weniger Text produzierten (Ransdell & Gilroy, 2001).

Eine weitere Ressource, die insbesondere für das Revidieren, aber auch für das Planen von Textinhalten wichtig ist, bildet das **Lesen.** Wer dies nicht kann, wird Mühe haben, Schreibaufträge zu verstehen, oder den bisher verfassten Text zu überprüfen bzw. ihn dazu zu nutzen, weitere mögliche Inhalte zu generieren. Es konnte schon punktuell gezeigt werden, dass die Leseleistungen Vorhersagen auf die spätere Schreibleistungen zuließen – umgekehrt war das seltener der Fall (Abbott, Berninger & Fayol, 2010; Retelsdorf & Köller, 2014).

2.2.3 Die Ebene der Kontrolle

All die schon erwähnten Komponenten und Prozesse auf der Ebene der Ressourcen bzw. der Prozesse muss man als schreibende Person geschickt orchestrieren. Weil auf den beiden genannten Ebenen relativ viele Komponenten untereinander zu koordinieren sind (und weil dabei naturgemäß recht viel misslingen kann), bedarf es einer dritten Ebene, nämlich jene der Kontrolle. Sie ist im Modell in Abbildung 4 ganz oben dargestellt. Dabei ist die **Motivation** zentral, denn sie bildet den Ausgangspunkt dafür, dass bzw. ob man Schreibprozesse initiiert und – gerade bei Schwierigkeiten – aufrechterhält und hierfür seine Ressourcen nutzt. Schreibmotivation ist ein weit gefasster Oberbegriff, der im Grunde ein Sammelbecken für zum Teil sehr unterschiedliche Theorien und psychologische Konstrukte ist (s. Philipp, 2013 b, für einen Überblick). Dabei ist die alltägliche Begriffsfüllung bzw. Gleichsetzung „schreibmotiviert = gern schreiben" aus Sicht der Forschung allerdings eine Verkürzung. Es gibt durchaus so etwas wie intrinsische Schreibmotivation, aber die vielen Funktionen des Schreibens eint, dass Schreiben eine eher instrumentelle Form der Kommunikation ist, also Mittel zum Zweck (Teilkap. 5.3 ab S. 47). Demgemäß ist motiviertes Schreiben typischerweise eher ein geradezu extrinsisch motiviertes Schreiben. Das zeigt sich auch in gegenwärtigen Definitionen.

Der italienische Schreibforscher Pietro Boscolo (2009) etwa definiert eine schreibmotivierte Person relativ unromantisch und instrumentell: Eine zum Schreiben motivierte Person schätzt das Schreiben, indem sie es als Werkzeug für verschiedene kommunikative Ziele in verschiedenen Genres betrachtet, selbst wenn sie in der Schule nur ein paar dieser Genres kennen gelernt hat. Eine schreibmotivierte Person schreibt nicht notwendigerweise gern, setzt das Schreiben aber dann ein, wenn es nötig ist, und zieht dann Befriedigung aus dem Schreiben. Zu dieser Befriedigung trägt bei, dass sich eine schreibmotivierte Person realistisch über ihre Adressaten und die eigene Selbstwirksamkeit aufgrund früherer Erfahrungen mit dem Genre bewusst ist. Diese Person kennt viele Funktionen des Schreibens und kann Schwierigkeiten beim Schreiben produktiv überwinden.

Die (extrinsische) Schreibmotivation benötigen Schreiber dafür, ihre **Zielsetzungen** festzulegen. Mit Zielsetzungen sind hier Vorstellungen innerhalb der schreibenden Personen gemeint, die den mit dem Schreiben angestrebten Zweck betreffen, also beispielsweise die beim Adressaten gewollte Wirkung. Zu den Zielsetzungen kann es aber auch gehören, dass man den Schreibprozess möglichst störungsfrei oder termingerecht plant, weil das Schreibprojekt einen hohen individuellen Wert hat. Ein weiteres mögliches Ziel könnte das Verschriften betreffen, etwa indem man sich vornimmt, eine Geburtstagskarte besonders leserlich zu schreiben. Zu guter Letzt kann man sich selbst vornehmen, den Text mehrfach zu revidieren, um ein möglichst gelungenes Textprodukt abzugeben. Damit können Zielsetzungen sich sowohl auf Textprodukte als auch Schreibprozesse beziehen. Außerdem können Zielsetzungen einen Bezug zur längerfristigen Weiterentwicklung der eigenen Schreibkompetenz haben, indem man sich systematisch und konsequent mit anspruchsvollen Texten und Schreibaufträgen auseinandersetzt.

Diese Zielsetzungen korrespondieren stark mit dem, was man in der Schreibforschung unter dem Begriff **„selbstreguliertes Schreiben"** diskutiert. Einer breit akzeptierten Definition zufolge bezieht sich Selbstregulation beim Schreiben auf jene Gedanken, Emotionen und Handlungen, die von einer schreibenden Person selbst initiiert werden, um dadurch diverse schreibbezogene Ziele zu realisieren. Unter diese Ziele können Produktmerkmale des aktuell entstehenden Textes genauso fallen wie die langfristige Investition in die eigene Schreibkompetenz (Zimmerman & Risemberg, 1997).

Im Herzen der Selbstregulation stehen die sogenannten **„Schreibstrategien"**. Damit sind Handlungspläne gemeint, die man einsetzt, wenn im umfassenden Schreibprozess Probleme auftreten, sei es bezüglich der Planung und Strukturierung, des Verschriftens (etwa: Unsicherheiten bei der Rechtschreibung) oder der Überprüfung und Überarbeitung beim Revidieren (Graham, 2006). Strategien fungieren damit wie Werkzeuge, um schreibbezogene Probleme während des Schreibprozesses zu reparieren, und erfolgreiche Schreiber haben sehr viele solcher Strategien, die ihrerseits ein großes Spektrum aufweisen. Schreibstrategien reichen vom Einrichten einer günstigen Schreibumgebung (etwa: Rituale beim Schreiben entwickeln) bis hin zur Formulierung von Konsequenzen für sich selbst, wenn ein Text nicht rechtzeitig fertig wird. Außerdem gibt es zahlreiche Strategien, die sich auf die Inhaltsgenerierung, -organisation und das Revidieren beziehen (Kellogg, 2006; Zimmerman & Risemberg, 1997; für einen Überblick zu Schreibstrategien für die Schule siehe Philipp, 2014, und Teilkap. 7.2).

Damit aus der Absicht, die sich aus den Zielsetzungen ergibt, und den selbstreguliert anzuwendenden Strategien am Ende auch ein Text werden kann, braucht man als Schreiber weitere kognitive Komponenten. Eine davon ist ein **aktueller Plan** für die Zielerreichung im Sinne einer Konkretisierung der Zielsetzungen für das gegenwärtige Schreibprojekt. So kann man sich vornehmen, pro Tag eine bestimmte Menge Text zu erstellen, mit Textteilen anzufangen, die einem vermutlich einfacher fallen werden etc. Dieser jeweils aktuelle und tendenziell bei jedem Schreibprojekt neu zu erstellende Plan kann dann besonders gut gelingen, wenn man auf **Schreibschemata** zurückgreifen kann. Sachlogisch gehören sie zu den Wissensbeständen im Langzeitgedächtnis, mithin eigentlich auf die Ebene der Ressourcen. Dass sie auf der Ebene der Kontrolle auftauchen, hat mit ihrem Wesen zu tun, denn Schemata sind vernetzt gespeicherte Informationen, die in diesem Falle damit zu tun haben, welche Vorgehensweise beim aktuellen Schreibprojekt zielführend ist. Wenn solche

Informationen umfänglich vorhanden sind, gelingt die Ausgestaltung des Schreibplans und das adäquate Setzen von Zielen eher, als wenn das nicht der Fall ist. Zu den Schreibschemata kann man zudem das (textsortenspezifische) Schreibstrategiewissen zählen.

Man unterscheidet in der Forschung **drei Formen von Schreibstrategiewissen**, die allesamt nötig sind, damit man auf der Ebene der Kontrolle (in enger Interaktion mit der Ebene der Prozesse) Texte effektiv herstellen kann. Diese drei Formen sind deklaratives, prozedurales und konditionales Wissen (Alexander, Graham & Harris, 1998; Paris, Lipson & Wixson, 1983). Das **deklarative Wissen** bezieht sich auf die Benennung von Strategien und ihren einzelnen Teilschritten. Beispielsweise kann man wissen, dass es so etwas wie eine „Mind-Map“ gibt und wie eine solche Mind-Map typischerweise aussieht. Das **prozedurale Wissen** baut darauf auf und bezeichnet das Wissen über die Vorgehensweise. Im Falle der Mind-Map wäre ein solches Wissen, dass man beispielsweise weiß, wie man eine Mind-Map erstellt, was es mit den Kreisen und Linien auf sich hat, also wie man sie (nicht) verbinden sollte, dass man prinzipiell sehr komplexe Zusammenhänge grafisch anordnet etc. Das **konditionale Wissen** beinhaltet Wissensbestände zu den Bedingungen und Grenzen des Strategieeinsatzes. Bezogen auf das Beispiel Mind-Map sind damit Wissensbestände in der Art gemeint, dass jemand weiß, dass eine Mind-Map bei einem längeren Text sinnvoll ist, aber bei einem Facebook-Posting nicht. Weitere Beispiele wären das Wissen über Alternativen zur Mind-Map etwa bei einer zu schreibenden Argumentation.

2.2.4 Die Prozesse Planen, Verschriften und Revidieren im Modell

Wie eingangs in diesem Teilkapitel schon erwähnt, tauchen die Teilprozesse Planen und Revidieren als zwei sehr wichtige, weil die Textinhalte so massiv betreffenden Teilprozesse im Mehrebenen-Modell des Schreibens nicht (mehr) explizit auf. Das Verschriften bleibt bezeichnenderweise von Hayes (2012b) sogar völlig ausgespart. Im Jahr 2001, als die Grundlage für das Modell aus diesem Teilkapitel in einer ersten Variante vorgeschlagen wurde (Chenoweth & Hayes, 2001), spielten die graphomotorischen Aspekte des Verschriftens ebenfalls keine große Rolle. Für dieses offensichtliche Ausblenden eines wichtigen Teilprozesses des Schreibens ist Hayes’ Modell zu Recht kritisiert worden (v.a. Berninger & Swanson, 1994), und dieses Manko des Modells soll in diesem Teilkapitel behoben werden.

Wie konnte es aber dazu kommen, dass jener Forscher, dem wir das vermutlich einflussreichste Schreibprozessmodell (Hayes & Flower, 1980) verdanken, in dem die drei Teilprozesse noch explizit enthalten waren, diese Begriffe nicht mehr zu den zentralen Elementen des eigenen aktuellen Modells macht? Das hat nach Auffassung von Hayes (2012 b) damit zu tun, dass die Teilprozesse Planen und Revidieren zum Teil ähnliche Komponenten aus dem Modell benötigen, wenn auch mitunter mit anderen Anforderungen und konkreten Ausgestaltungen. Leider wird von Hayes (2012 b) nicht sonderlich ausführlich dargelegt und theoretisch modelliert, wie er sich das vorstellt. Immerhin liefert er aber eine Unterscheidung beim Planen, das er einerseits als rein gedankliche Aktivität und andererseits als schriftliches Planen beschreibt und dabei auf wichtige Differenzen bei den beanspruchten Komponenten hinweist.

2.2.4.1 Planen

Das Planen bildet einen zentralen Teilprozess des Schreibens. Welche Komponenten im Falle beim Planen beteiligt sind, verdeutlicht Abbildung 5. In der Grafik (und in den weiteren in diesem Teilkapitel) sind die involvierten Komponenten hellgrau unterlegt. Dabei sind nur die zentralen Komponenten hervorgehoben, damit einerseits noch ausreichend Differenzierungsmöglichkeiten bestehen und andererseits auch Parallelen zwischen den Teilprozessen des Schreibens ausreichend herausgearbeitet werden können. Wie aus der Grafik deutlich wird, bedarf es aller dreier Ebenen und dort relativ vieler Komponenten, damit dieser Teilprozess im Idealfall gelingen kann. Welche das sind, soll im Folgenden nicht mittels der Ebenen-Logik, welcher die Teilkapitel 2.2.1 bis 2.2.3 aus darstellerischen Gründen gefolgt sind, beschrieben werden. Vielmehr soll die Dynamik möglichst stark in Annäherung an die tatsächlich ablaufenden Prozesse dargestellt werden (Alamargot & Chanquoy, 2001). Aus diesem Grund werden in der folgenden Darstellung gezielt Komponenten von verschiedenen Ebenen im Wechsel zur Sprache kommen. Außerdem wird den folgenden Ausführungen ein Fokus auf das schulische Schreiben zugrunde liegen. Das ist deshalb so wichtig, weil das schulische Schreiben anderen Regeln und Zielsetzungen folgt als das außerschulische. Dies zu betonen, ist alles andere als trivial, weil im Falle des Lesens bereits in mehreren Studien die Kontextsensitivität – etwa in Sachen Motivation – nachgewiesen werden konnte (McKenna, Conradi, Lawrence, Jang & Meyer, 2012; Naeghel, van Keer, Vansteenkiste & Rosseel, 2012; Neugebauer, 2014). Aus schreibdidaktischer Sicht ist damit eine wichtige Weichenstellung getroffen, deren Explikation so wichtig ist, dass sie den eigentlichen Erläuterungen unbedingt vorgängig erfolgen musste. Wenn nicht anders angegeben basiert die Darstellung weitestgehend auf Alamargot und Chanquoy (2001), Hayes (2012 b) sowie Hayes und Olinghouse (2015).

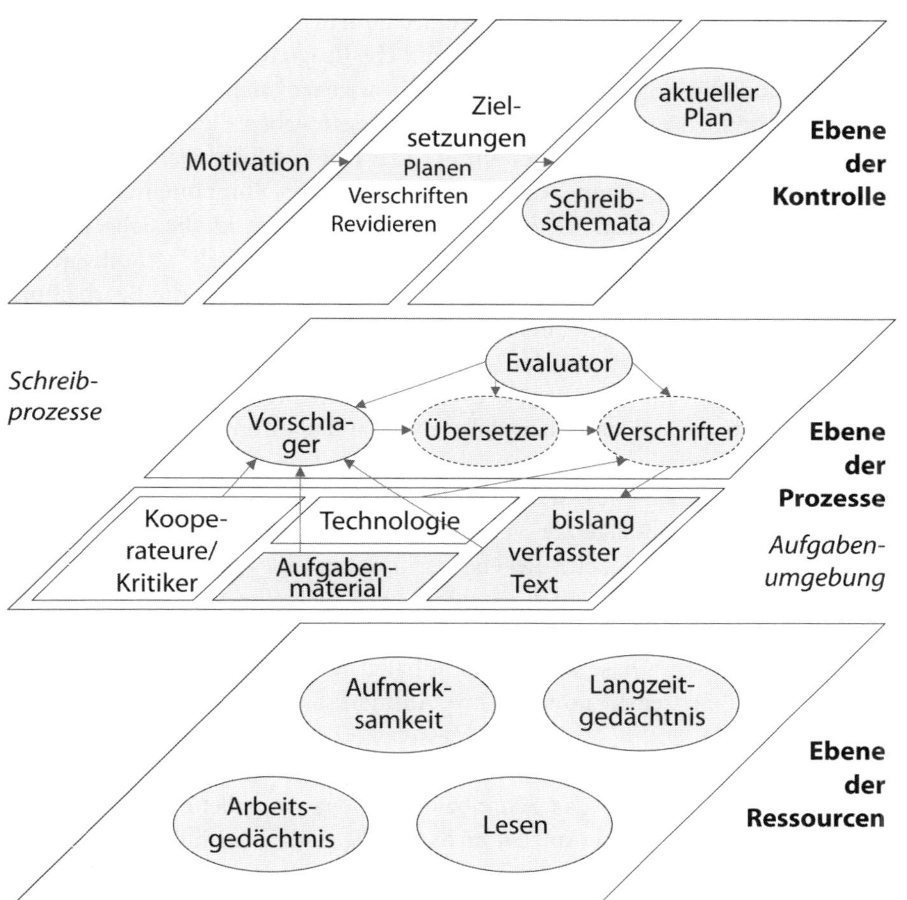

Abbildung 5: Ebenen und Komponenten des Schreibens, die beim Planen beteiligt sind (nach Hayes, 2012b, S. 371, und Alamargot & Chanquoy, 2001; der „Übersetzer“ und „Verschrifter“ sind mit einer gestrichelten Linie dargestellt, weil beide Komponenten nicht zwingend beteiligt sein müssen)

Gerade im schulischen Kontext bilden **Aufgaben** (auf der Ebene der Prozesse in der Aufgabenumgebung) häufig den Auftakt von Schreibprozessen und deren Planung. Dabei können die Aufgaben in höchstem Maße differieren. Es gibt offene und recht enge Schreibaufträge, die zudem von der Lernaufgabe hin zur Leistungsdemonstration in Prüfungssituationen rangieren können. Dies muss man als Schreiber im Sinne einer Aufgabenanalyse klären. Zusätzlich ist noch wichtig, dass gerade im schulischen Kontext die Schreibaufträge in der Regel von außen herangetragen sind, man also als Heranwachsender schreibend reagiert. Das ist beispielsweise ein sehr großer Unterschied zum privaten Schreiben, etwa dem Tagebuch-Schreiben. Zugleich ist das schriftliche Reagieren geradezu typisch für ein kommunikativ eingebettetes Schreiben, in welchem sich aus den schriftlich realisierten Interaktionen konkrete Schreibanlässe ergeben (Teilkap. 5.3).

Ausgehend von einem Schreibauftrag (oder einem selbstgewählten Schreibanlass) sind auf der **Ebene der Kontrolle** diverse Komponenten gefragt. Besonders wichtig für den weiteren planerischen Verlauf ist die Schreibmotivation, weil man etwa für sich klären muss, ob die Schreibaufgabe attraktiv genug für eine Bearbeitung ist, ob man sich für kompetent genug für die Bearbeitung hält, ob man das Textprodukt herstellen kann und ob das aktuelle Schreibprojekt kompatibel mit den eigenen Zielen ist (Zimmerman & Kitsantas, 2007). Ist dies überwiegend der Fall, erarbeiten Schreiber Zielsetzungen für das Planen des aktuellen Textes. Sie klären beispielsweise die Funktion der Aufgabe, den Adressaten und mögliche erste Inhalte. Sie entwickeln damit einen aktuellen, konkreten Schreibplan, für welchen die allgemeinen Schreibschemata – so vorhanden – als Grundlage zur Verfügung stehen.

Die **Ressourcen**haftigkeit, die eben schon im Falle der Schreibschemata angeklungen ist, findet sich auf der entsprechenden Ebene wieder. Vor allem das Langzeitgedächtnis ist gefragt, Inhalte bereitzustellen, die zum Schreibplan und zur Aufgabe passen. Diese möglichen Inhalte müssen das Arbeitsgedächtnis passieren, und Schreiber müssen ihre Aufmerksamkeit gezielt auf relevant wirkende Inhalte lenken. Auf der Prozessebene nutzt der „Vorschlager“ dies, indem er Inhalte anbietet, welche von einer übergeordneten Instanz, dem „Evaluator“ mit Blick auf das Schreibziel und das Aufgabenmaterial geprüft und beurteilt werden. Dabei spielen nicht nur die Gedächtnisinhalte eine Rolle, sondern auch der bisher verfasste Text (und mit ihm: das Lesen), da man Inhalte nicht mehr planen muss, wenn sie bereits ausreichend behandelt wurden. Umgekehrt kann es bei ungenügend wirkender Bearbeitung des Themas im bisherigen Text nötig wirken, weitere Inhalte zu generieren, worin eine Schnittmenge bzw. Grauzone in Bezug auf das Revidieren besteht.

Eine Besonderheit beim Modell aus Abbildung 5 liegt darin, dass auf der **Prozessebene** auch der „Übersetzer“ und der „Verschrifter“ angesprochen sind, allerdings nicht als zwingende Elemente. Dies hat mit der schon erwähnten Differenzierung von Hayes (2012 b) zwischen gedanklichen und schriftlichen Planungen zu tun. Bei kurzen und vertrauten Schreibanlässen bedarf es nicht zwingend schriftlicher Planungen. Bei komplexeren Schreibaufträgen hingegen erscheint es günstig, vorgängig schriftlich zu planen, indem man etwa mögliche Gliederungen schreibt oder potenzielle Inhalte notiert, die man unbedingt im Text integrieren will. Solche Provisorien bilden eine Art Gedächtnisstütze, die den Schreibprozess optimieren soll, also praktisch „Vor-Inhalte" oder Regieanweisungen an sich selbst. Wenn ein Schreiber sich dazu entschließt, diese interimistischen Inhalte zu verschriften, dann werden sie zum Bestandteil der Aufgabenumgebung und dadurch unmittelbar relevant für die weiteren Schreibprozesse. Solche Regieanweisungen können zudem das Revidieren betreffen, indem man sich notiert, nochmals bestimmte Aspekte später genau prüfen zu wollen, für die im Planen selbst keine Ressourcen bleiben.

Zu Beginn des Teilkapitels wurden in den Definitionen der drei Teilprozesse des Schreibens samt ihren Subprozessen vor- und dargestellt (s. Abbildung 2). Im Falle des Planens waren dies drei:

1) die Inhaltsgenerierung,
2) die Inhaltsorganisation und
3) das pragmatische Verarbeiten

Die oben dargestellten Prozesse verdeutlichen, wie umfassend Schreiber zielbezogen ihre Ressourcen dazu nutzen, mögliche Inhalte zu finden, zu beurteilen und in einen Schreibplan zu überführen (das entspricht der Inhaltgenerierung; Alamargot & Chanquoy, 2001). Mit dem Erstellen eines Schreibplans, der dem Schreiber bewusst ist, vollzieht sich der wichtige Schritt zur Inhaltsorganisation, da dadurch zum Beispiel geklärt wird, in welchem Textteil welche Information vorkommen soll. Besonders deutlich wird dies im oben erwähnten Sonderfall der schriftlichen Planung. Mit der pragmatischen Verarbeitung ist gemeint, dass durch die Analyse des Schreibauftrags dem (kompetenten) Schreiber sein textbezogener Adressat präsent ist bzw. sein sollte. Dadurch fallen wichtige planerische Entscheidungen leichter, die neben Textoberflächenmerkmalen (hier: zum Beispiel Wortwahl oder syntaktischer Komplexität) auch Tiefenmerkmale (Struktur der Informationen, Kohärenz etc.) betreffen. Hierin zeigt sich, dass die Adressatenorientierung integraler Bestandteil des Planens ist.

2.2.4.2 Verschriften

Das Verschriften ist in den Vorgängerversionen des Mehrebenen-Modells der auffällig vernachlässigte Teilprozess des Schreibens. Dies wurde zumindest ansatzweise von John Hayes (2012a) zu korrigieren versucht, und es mehren sich in der Forschungsliteratur immer mehr Hinweise darauf, dass das Verschriften ein anspruchsvoller Teilprozess ist, der systematisch unterschätzt wird (Fayol, Alamargot & Berninger, 2012; Feder & Majnemer, 2007; van Galen, 1991). Diese Korrektur erscheint dringend geboten, weil das Verschriften im besten Fall eine hochgradig automatisierte Aktivität ist, die durch zahllose Übungsvorgänge erst zu dem scheinbar mühelosen Vorgang avanciert ist. Wie schwer selbst für geübte Schreiber Verschriftungsvorgänge sind, wird schnell ersichtlich, wenn man in einer Fremdsprache oder aber als Rechtshänder mit der linken Hand schreibt. Auch wenn man Ihnen vorgeben würde, einen Text produzieren, in dem jeder Satz exakt 30 Wörter oder 88 Silben enthalten soll, dürfte das Verschriften erheblich schwieriger fallen, als wenn es solche (in diesem Fall zwar unsinnig wirkende, im Alltag allerdings bei Formularen durchaus übliche) Limitierungen nicht gibt. Die hohe Bedeutung des Verschriftens wird dadurch unterstützt, dass das gezielte Trainieren der Handschrift die Textqualitäten deutlich zu steigern hilft (Graham, Harris & Santangelo, 2015 a).

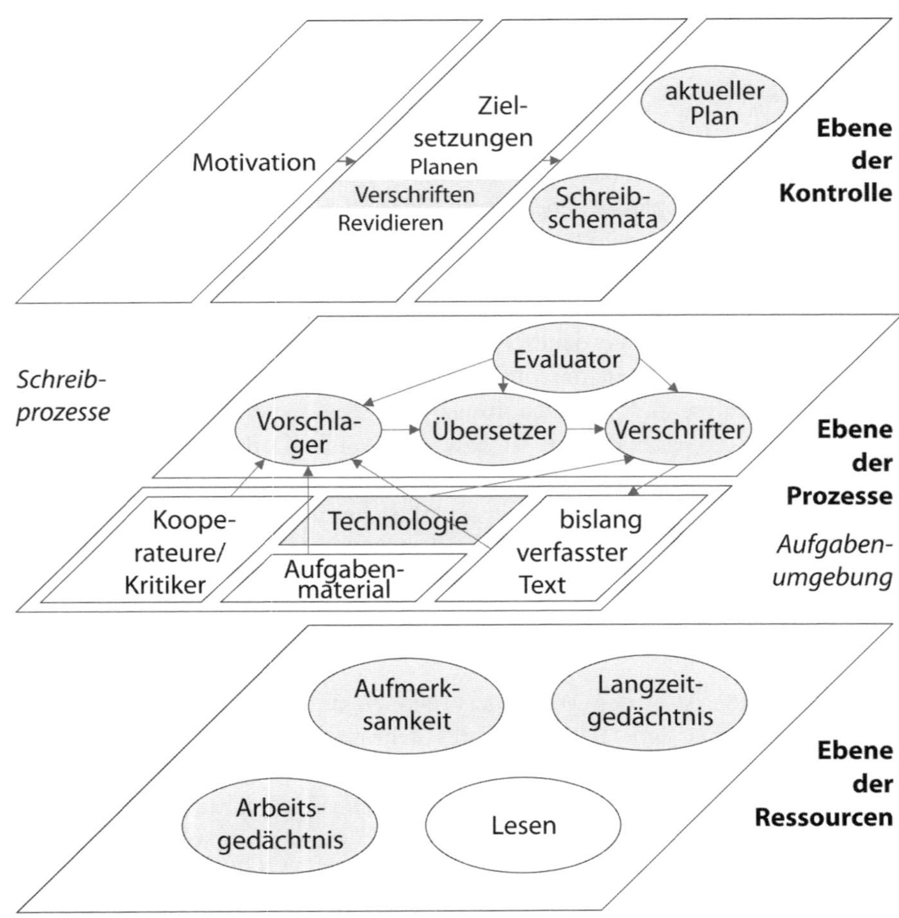

Abbildung 6: Ebenen und Komponenten des Schreibens, die beim Verschriften beteiligt sind (nach Hayes, 2012 b, S. 371, und Alamargot & Chanquoy, 2001)

Analog zum Planen sind beim Verschriften ebenfalls sämtliche Ebenen betroffen (s. Abbildung 6), wenn auch in unterschiedlichem Maße. Besonders auffällig ist, dass gerade die **Ebene der Ressourcen** gefordert ist. Wie zu Beginn des Teilkapitels 2.2 erwähnt wurde, stellt man sich in der Forschung das Verschriften als Teilprozess vor, der seinerseits aus vier Subprozessen besteht:

1) die Elaboration der Inhalte,
2) die Linearisierung der möglichen Inhalte,
3) das Formulieren von Sätzen und
4) die graphomotorische Ausführung.

Dabei steht gemäß Alamargot und Chanquoy (2001) jeder Subprozess für eine Stufe, wobei diese Stufen in der oben genannten Reihenfolge einerseits sequenziell aufbauen und andererseits als Zyklen hintereinander so lange ablaufen, bis der Text fertig ist. Mit anderen Worten: Beim Verschriften wird in wiederkehrenden Arbeitsschritten gleichsam abgearbeitet, was beim Planen ‚angehäuft' wurde. Der Vorgang besteht aus einem engen Wechselspiel zwischen dem Planen und dem Verschriften.

Hinsichtlich der **Elaboration des Inhalts** im konkreten Schreibprozess ist der aktuelle Schreibplan, der vor allem im Teilprozess Planen erstellt wurde, ein wichtiger Referenzpunkt. Er gibt im Verschriftungsteilprozess die Richtung insofern vor, als der Schreibplan die Hauptinhalte des geplanten Textes enthält. Diese müssen aber noch konkret ausgestaltet (elaboriert) werden. Dazu bedarf es auf der Ebene der Ressourcen weiterer Komponenten, nämlich der Langzeitgedächtnisinhalte, die zu Textinhalten avancieren können, und der Aufmerksamkeitslenkung. Außerdem müssen die Spezifikationen der Inhalte im Arbeitsgedächtnis zur Verfügung stehen. All dies ist Aufgabe des „Vorschlagers" auf der Prozessebene. Hierin besteht eine unübersehbare Parallele zum Teilprozess Planen, allerdings geht es beim Planen in der Regel um die Gesamttextebene und -struktur, während das Verschriften auf einer eher lokalen Textebene ansetzt. Hier hat – wie auch in allen weiteren Phasen – der „Evaluator" Vetorecht.

Die zweite Stufe betrifft das **Linearisieren der möglichen Inhalte**. Informationen aus dem Langzeitgedächtnis sind als Verknüpfungen gespeichert, also in etwa so ähnlich wie die Hypertext-Einträge bei Wikipedia. Im Schreibprozess muss man sich entscheiden, in welcher Reihenfolge man Textinhalte entfalten will. Dafür braucht man Schreibschemata, also zum Beispiel das Wissen darüber, dass man bei einer Argumentation entweder erst die Pro-Seite darstellt und danach die Contra-Seite bzw. dass man auch beide Seiten wie in einem Dialog verbinden kann. Dabei geht es noch gar nicht um sprachliche Aspekte, sondern um ein rein ordnendes Prinzip, das die Textstruktur betrifft.

Hat eine schreibende Person für sich Ordnung geschaffen, kann sie unter Rückgriff auf Schreibschemata (etwa zu syntaktischen und grammatischen Regeln) dazu übergehen, in der dritten Stufe **Sätze zu formulieren**. Hierbei ist der „Übersetzer" angesprochen, und natürlich braucht es eine entsprechende Aufmerksamkeit und das Arbeitsgedächtnis. Man kann sich die Aktivitäten wie eine Art „inneres Selbstgespräch" vorstellen, das man mit dem Ziel führt, möglichst griffige Formulierungen herzustellen. Wenn diese dritte Stufe erfolgreich durchlaufen ist, muss man in der vierten und letzten Stufe die **graphomotorische Ausführung** absolvieren, also den Text faktisch produzieren, und zwar auf Buchstaben-, Wort- und Satzebene. Dafür braucht man wiederum Schreibschemata, also Wissen darüber, wie man mit der jeweiligen Technologie effektiv umgeht. Hier kommt ergo die Aufgabenumgebung zum Tragen, da Verschriftungsprozesse in verschiedenen Schreibmedien realisiert werden können. Diese vierte Stufe ist im Vergleich zu den anderen deutlich unterbelichtet (Kellogg, 1996).

Eine Komponente ist noch nicht erwähnt worden: die Zielsetzungen: Man muss schlichtweg gewillt sein, Texte zu produzieren. Erfolgreiche Schriftsteller haben zum Beispiel die Eigenschaft, dass sie sich Ziele setzen, wie viel Text sie bis wann produziert haben (Zimmerman & Risemberg, 1997). Sie dokumentieren auch ihre Fortschritte, wovon ihre Motivation positiv beeinflusst werden dürfte. Das haben sich auch einige Förderansätze zunutze gemacht, die Schüler direkt dazu animieren, etwas mehr Text zu produzieren, als sie es sonst tun würden (Graham, MacArthur, Schwartz & Page-Voth, 1992).

2.2.4.3 Revidieren

Das Revidieren als dritter Teilprozess des Schreibens lässt sich in drei Subprozesse untergliedern:

1) die Problemidentifikation,
2) das Entscheiden über etwaige Veränderungen und
3) die Ausführung der Veränderungen (das Überarbeiten).

Wie schon beim Verschriften deutet sich in den Subprozessen eine zeitliche Logik an: Eine Reparatur kann erst nach einer Entscheidung über die Notwendigkeit des Reparierens erfolgen, welcher wiederum das Bemerken eines Problems vorausgeht. Was das Revidieren mit den anderen beiden Teilprozessen teilt, ist seine Bezugsebene. Diese kann auf der Wort- und Satzebene liegen, was eng mit dem Verschriften korrespondiert. Die Revisionen können aber auch auf der Gesamttextebene erfolgen, was das Revidieren in die Nähe des Planens rückt. Die

Ähnlichkeit lässt sich darüber erklären, dass das Revidieren ein Ist-Soll-Vergleich ist, und das Soll hängt wiederum damit zusammen, was man zuvor geplant hat.

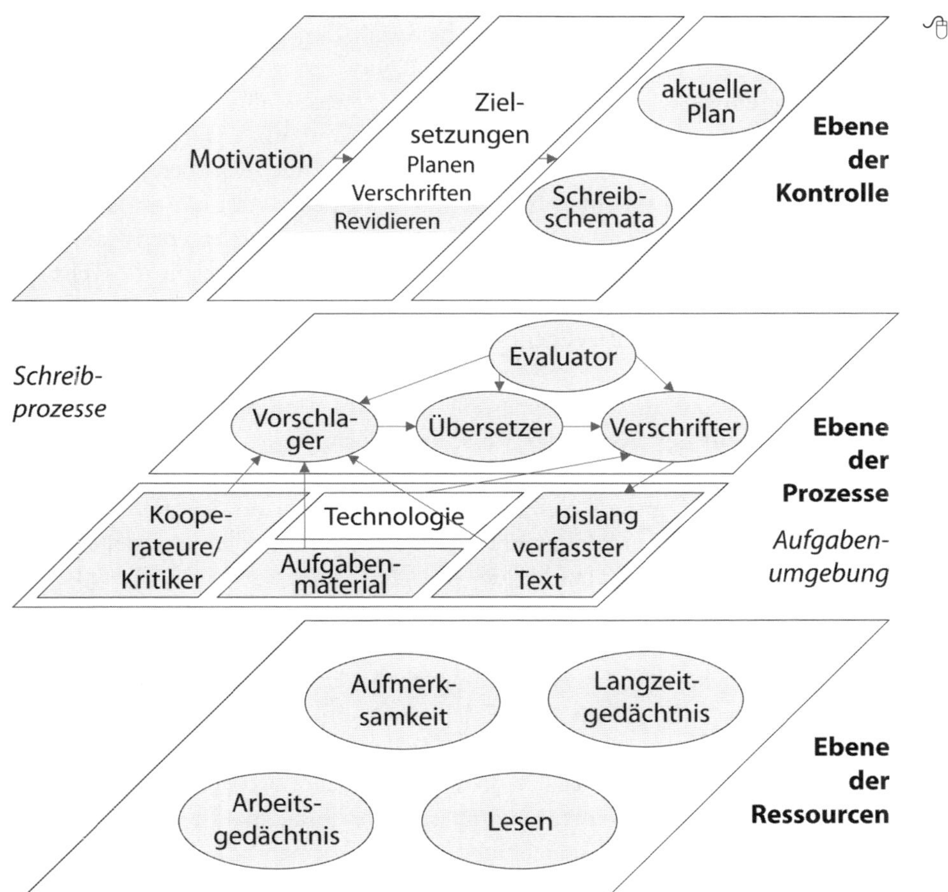

Abbildung 7: Ebenen und Komponenten des Schreibens, die beim Revidieren beteiligt sind (nach Hayes, 2012 b, S. 371, und Alamargot & Chanquoy, 2001)

Welche Komponenten beim Revidieren beteiligt sind, ist in Abbildung 7 dargestellt. Wie unschwer aus der Grafik zu erkennen ist, ist mit Ausnahme von „Technologie" jede Komponente grau unterlegt und damit aktiver Teil des Revidierens. Selbst die Technologie könnte man noch hinzuzählen, denn es gibt gute Argumente, dass gerade das Revidieren auf der Gesamttextebene am Computer in der Ausführung leichter fällt als bei handschriftlich verfassten Texten (MacArthur, 2008). Weil die „Ausführung der Veränderungen" eher dem

Teilprozess Verschriften entspricht, wird hier auf die Ausweitung auf die Schreibtechnologie verzichtet.

Zentrale Elemente sind die Subprozesse der Problemidentifikation und der Entscheidung über Veränderungen. Für beide gilt, dass die **Ebene der Kontrolle** besonders wichtig ist. Man muss für das Revidieren motiviert sein und eine Zielsetzung entwickeln, etwa: „Ich will alle Zwischenüberschriften prüfen, danach die Rechtschreibung und danach die Grammatik". Daraus lassen sich jeweils aktuelle Schreibpläne bilden, die nicht nur das Revidieren betreffen, sondern auch die angestrebten Inhalte und Wirkungen auf die Adressaten des Textes, welche sich zudem auch aus der Aufgabenstellung ergeben (können). Man benötigt also eine Vorstellung des angestrebten Textes, welche die Basis für einen Abgleich mit dem vorhandenen Entwurf bildet. Deshalb interferieren die beiden Subprozesse auf der Ebene der Schreibprozesse mit dem bislang entstandenen Text.

Im Falle des Subprozesses der Problemidentifikation bzw. des Überprüfens benötigt man auf der **Ebene der Ressourcen** primär das Lesen und die entsprechende Aufmerksamkeit, weil es erklärtes Ziel ist, etwaige Probleme (welcher Art auch immer) auszumachen, was wiederum Sorgfalt erfordert. Außerdem muss man mental zwei Repräsentationen parallel verarbeiten: den faktischen Text und den intendierten.

In dem Moment, in dem man eine Abweichung feststellt (etwa weil die Information im Text nicht mit jener aus dem eigenen Langzeitgedächtnis übereinstimmt), kommt der zweite Subprozess, das Entscheiden über etwaige Veränderungen, zum Tragen. Prinzipiell muss eine festgestellte Abweichung nicht zwangsläufig zu einer Veränderung am Text oder zu einer Modifikation des Schreibplans führen. In dem Fall, in dem sich eine schreibende Person jedoch für eine Modifikation entscheidet, benötigt sie Schreibschemata darüber, wie die Veränderungen günstig herbeigeführt werden können. Bei den notwendig erscheinenden Modifikationen unterbreitet der „Vorschlager" dann Verbesserungsvorschläge, welche der „Evaluator" mit Blick auf Ziele, Aufgabenmerkmale, Langzeitgedächtnisinhalte und Art des identifizierten Problems auf ihre Eignung prüft.

Beim Revidieren ist als einziger Teilprozess eine Komponente aus der Aufgabenumgebung auf der **Prozessebene** angesprochen, die noch nicht thematisiert wurde: die Kritiker bzw. Kooperateure. Es ist aus der Forschung bekannt, dass man Fehler in eigenen Texten bzw. solchen zu Themen, in denen man sich sehr gut auskennt, weniger gut findet (Hayes & Flower, 1986). Deshalb kann man externe Leser als Ressource nutzen, die quasi ‚unbelastet' den Text sichten und einem Schreiber Rückmeldungen zu Problemen geben können.

3 Schreibkompetenz empirisch

3.1 Textprodukte und Schreibprozesse

Beim Schreiben geht es darum, einen in Bezug auf die Adressaten und die konkrete Aufgabe möglichst optimalen Text herzustellen. Im Zweifelsfall muss der Text nämlich als ‚Standalone' funktionieren. Jedoch verrät ein Text nicht zwangsläufig, unter welchen Bedingungen und in welcher Reihenfolge er entstanden ist. Wenn Sie zum Beispiel dieses Buch nehmen, dann wissen Sie nicht, wann welches Kapitel entstanden ist. Sie wissen ebenso nicht, ob es in einem Zug entstanden ist oder ob der Schreibprozess ein halbes Jahr oder vier Jahre gedauert hat. Sie wissen nicht, wie häufig der Text überarbeitet wurde, welche Änderungen der Lektor angeregt hat, wo aufgrund von Layout-Vorgaben Textteile gekürzt werden mussten etc. Diese Liste ließe sich beliebig fortsetzen, wichtig ist nur eines: **Dem fertigen Produkt sieht man nicht seine Entstehungsgeschichte an**. Das ist deshalb so erwähnenswert, weil man – im Unterrichtsalltag wie auch in Schreibleistungsstudien – zum einen vom schlussendlich realisierten Text auf die Kompetenz des Verfassers schließt (Teilkap. 3.2). Zum anderen können sich aber diverse situative Merkmale auf das Textprodukt auswirken. Ist es zum Beispiel bei einem Schreibauftrag zu einem gänzlich unbekannten Thema Ausdruck mangelnder Schreibkompetenz bei einem Schreiber, wenn sein Text inhaltlich wenig überzeugt? Oder ist damit ein Wissenstest erfolgt, der Defizite bei der Person zeigt (und im Grunde: eher bei den Testkonstrukteuren)? Möglicherweise hat jemand auch nur den Auftrag ungenau gelesen und am Thema vorbeigeschrieben. Vielleicht stand zu wenig Zeit zur Verfügung oder jemand hat sie sich schlecht eingeteilt. Möglicherweise hat sich jemand das Handgelenk verstaucht und schreibt deshalb langsamer als sonst. Eventuell hatte die Person, obwohl sie sonst motiviert ist, ausgerechnet zu dem Zeitpunkt keine rechte Lust, bei der Testung mitzumachen. Sie bemerken schon: Wenn ein Text misslingt, gibt es eine Menge möglicher Erklärungen, und Sie als (angehende) Lehrperson mit Schülerkontakt wüssten noch manches Lied zu singen, woran Schreibprojekte scheitern können.

Auch in der Wissenschaft hat sich die Erkenntnis durchgesetzt, dass man im Bereich der Kompetenzen gut daran tut, **zwischen Leistungen** (hier: Produkten)

und Prozessen zu unterscheiden. Daraus erklären sich unterschiedliche Erkenntnisinteressen, Forschungsbemühungen und im Grunde sogar unterschiedliche Begriffsfüllungen (s. z. B. für die Lesekompetenz Müller & Richter, 2014, und darauf aufbauend Philipp, 2015 b). Es ist jedoch müßig und im Grunde sogar absolut kontraproduktiv, diese unterschiedlichen Perspektiven gegeneinander auszuspielen. Im Kern ergänzen sie sich nämlich und beleuchten und gewichten jeweils andere Aspekte, die man für das Verständnis des größeren Ganzen unbedingt benötigt. Hier bildet das Schreiben keine Ausnahme: Um Produkte (und im Grunde: Förderbedarfe) besser einzuschätzen, ist eine Sicht auf Schreibprozesse (und deren Förderung im Unterricht) sogar eine ausgesprochen fruchtbare Vorgehensweise. Sie geht mit einer für die unmittelbare Schreibförderung günstigen Akzentuierung der Schreibprozesse im Unterricht einher.

Dass es sinnvoll ist, zwischen Produkten und Prozessen zu trennen, ist zudem aus empirischer Sicht angezeigt. Denn ein paar Studien haben sich damit befasst, inwiefern **Schreibprozesse und Textqualitäten miteinander korrespondieren**. Das ist dann besonders aufschlussreich, wenn man **unterschiedliche Textsorten** verfassen lässt. Eine solche bemerkenswerte Studie zum Zusammenhang von Schreibprozessen und -produkten stammt aus Frankreich (Beauvais, Olive & Passerault, 2011). Dort wurden zwei Dutzend Psychologiestudenten gebeten, zwei Texte zu schreiben. Der erste Text sollte ein narrativer Text sein, also eine Erzählung. Hierfür erhielten die Studenten mehrere Bilder als Impuls, die einen spazierenden Jungen zeigten, der sich einen Luftballon gekauft hatte, welcher von einem Windstoß aus der Hand gerissen wurde, woraufhin der Junge zu weinen anfing. Die Studenten sollten auf dieser Basis eine Geschichte schreiben, zugleich wurden sie deutlich darauf hingewiesen, dass sie die Bilder nicht beschreiben, sondern als reine Anregung nutzen sollten. Beim zweiten Text, einer Argumentation, ging es darum, dass die Studenten persönlich Stellung zu einem Gesetz beziehen sollten, das das Rauchen an öffentlichen Plätzen wie Büros oder Behörden verbietet.

Neben diesen Schreibaufträgen gab es noch zwei zusätzliche Aufgaben in Form eines Reaktionszeit-Tests und des lauten Denkens. Die Reaktionszeit mittels auditiver Stimuli soll an dieser Stelle vernachlässigt werden und stattdessen das laute Denken im Vordergrund stehen. Beim lauten Denken handelt es sich um eine Datenerhebungsmethode, bei welcher die Versuchspersonen ihre mentalen Prozesse verbalisieren und damit einen Teileinblick in ihre Gedanken und mentalen Vorgänge während der Aufgabenbearbeitung gewähren. Im Falle der französischen Studie wurden die Schreibprozesse gefilmt und mittels Tonaufnahmen ergänzt. Dadurch konnten die Daten am Ende zusammengeführt werden, was wiederum genauere Datenanalysen erlaubte. Dies ist besonders bedeutsam für den Zusammenhang von Textprodukten und Schreibprozessen, der in Abbildung 8 dargestellt ist. Der wichtigste Befund ist, dass trotz zum überwiegenden Teil identischer deskriptiver Befunde bei den Mittelwerten (eine Ausnahme bildet die doppelt so lange Pause vor dem Schreiben bei den argumentativen Texten) die **korrelativen Zusammenhänge** bei zwei der drei Teilprozesse des Schreibens **je nach Textart anders** ausfallen.

Schreibprozess	Korrelation mit Textqualität und deskriptive Daten (in Klammern)	
	Narrativer Text	Argumentativer Text
Pause vor dem Schreiben	−0,04 (31 s)	0,58* (65 s)
Anzahl Wörter/min	−0,13 (14)	−0,62* (12)
Anzahl von schreibprozessbezogenen Episoden/min		
▪ Planen	0,57* (2)	0,31 (1)
▪ Verschriften	0,69* (2)	−0,01 (2)
▪ Lesen	0,27 (2)	0,21 (2)
▪ Revidieren	−0,01 (1)	−0,14 (1)
Länge der schreibprozessbezogenen Episoden in Sekunden		
▪ Planen	−0,09 (8 s)	0,32 (12 s)
▪ Verschriften	−0,46* (16 s)	−0,37 (17 s)
▪ Lesen	−0,35 (5 s)	−0,24 (6 s)
▪ Revidieren	−0,18 (4 s)	0,35 (4 s)
Prozentualer Anteil an der Schreibzeit		
▪ Planen	0,27 (19 %)	0,45* (21 %)
▪ Verschriften	−0,05 (57 %)	−0,54* (53 %)
▪ Lesen	−0,14 (16 %)	0,15 (17 %)
▪ Revidieren	−0,16 (6 %)	−0,08 (7 %)

Abbildung 8: Befunde aus einem Experiment zum Zusammenhang von schreibprozessbezogenen Daten und der Qualität der entstandenen Texte (Korrelationskoeffizienten;[2] in Klammern: Mittelwerte aller 24 Studenten, Quelle: eigene Darstellung, basierend auf Beauvais et al., 2011, S. 419 f.; * statistische Signifikanz erreicht: $p < .05$)

2 Korrelationskoeffizienten (ausgedrückt mit r) geben die Stärke eines statistischen Zusammenhangs an. Diese Koeffizienten können zwischen −1,00 und 1,00 liegen, wobei gilt: $r = -1{,}00$ meint einen perfekt negativen Zusammenhang, beide Merkmale sind demnach genau das Gegenteil voneinander. Bei einem Koeffizienten von $r = 1{,}00$ wäre der Zusammenhang perfekt positiv, beides ist also identisch. Bei einem Wert von $r = 0{,}00$ bestehen zwei Merkmale völlig unabhängig voneinander. In der Forschung gibt es folgende Faustregeln: $r = \pm\, 0{,}10$ meint einen schwachen Zusammenhang, $r = \pm\, 0{,}30$ einen mittleren Zusammenhang und $r \geq \pm\, 0{,}50$ einen starken Zusammenhang (Cohen, 1988).

Beim **Planen** als dem ersten Teilprozess fällt auf, dass es auf der einen Seite nur für die Qualität der argumentativen Texte günstig war, wenn eine lange planerische Pause vor der Textproduktion stattfand. Auf der anderen Seite fielen die Textqualitäten bei narrativen Texten dann höher aus, wenn es mehr planerische Episoden pro Minute gab. Diese sollten allerdings – im Gegensatz zu den argumentativen Texten – eher kurz ausfallen. Beiden Textsorten war es in ihrer Qualität dienlich, je höher der prozentuale Anteil des Planens in der gesamten Schreibzeit ausfiel. Das trifft insbesondere auf die Herstellung argumentativer Texte zu.

Ein zweiter Grundunterschied lässt sich beim Teilprozess des **Verschriftens** attestieren, der in der Studie unter anderem mit der Anzahl faktisch geschriebener Wörter operationalisiert wurde. Bei narrativen Texten gab es schwach negative Zusammenhänge, bei den argumentativen Texten aber sehr stark negative. Das heißt: Je technisch flüssiger im Sinne eines hohen Outputs jemand bei den Argumentationen vorging, als desto schlechter wurde der dabei entstehende Text später in seiner Qualität beurteilt. Diese Unterschiede zwischen den beiden Textsorten finden sich auch noch an zwei anderen Stellen wieder: Konsistent mit den eben berichteten Befunden war es für die Textqualität der Argumentationen eher ungünstig, je höher der individuelle Anteil des Verschriftens in der gesamten Schreibzeit ausfiel. Umgekehrt war es für die Textqualität der Narrationen besonders günstig, wenn die Anzahl von Verschriftungsepisoden je Minute höher ausfiel. Für beide Textsorten gilt aber, dass es günstiger ist, wenn die eigentlichen Verschriftungsperioden relativ kurz waren.

Im Teilprozess **Revidieren** lassen sich die bei den anderen beiden Teilprozessen ermittelbaren unterschiedlichen Befundmuster in der Deutlichkeit nicht feststellen. Dennoch kann man sagen, dass ein höherer Anteil der mit dem Lesen des eigenen Textes verbrachten Schreibzeit nur bei argumentativen Texten zu Verbesserungen führt. Bei narrativen Texten ist das Gegenteil der Fall. In eine ähnliche Richtung gehen die Ergebnisse bei der Länge der mit Revisionen (hier: Überprüfen und Überarbeiten) zugebrachten Zeit: Längere Revisionen beim Schreiben erhöhen nur die Qualität argumentativer Texte, bei den narrativen Texten gehen sie sogar tendenziell auf Kosten der Qualität.

Damit zeichnet sich in den Daten der Studie ein Muster insofern ab, als es **zwei unterschiedliche Arten des „kognitiven Managements“** zu sein scheinen, die für den Erfolg beim Schreiben in zwei Genres verantwortlich sind. Im Falle des Schreibens von narrativen Texten ist ein Vorgehen günstig, das von kurzen, einander abwechselnden Episoden des Planens und Verschriftens gekennzeichnet ist. Wenn es den Testpersonen gelungen ist, zwischen diesen beiden Teilprozessen zügig zu wechseln, hatten sie den höheren Erfolg. Ganz anders war es bei den argumentativen Texten, die von einer Entschleunigung beim Schreiben und einer umfassenderen Planung seitens der Schreiber profitierten (Beauvais et al., 2011). Dahinter dürften die höheren Anforderungen an das **Arbeitsgedächtnis** stecken, denn es konnte schon in Reaktionszeitexperimenten gezeigt werden, dass insbesondere Sachtexte (hier: Beschreibungen und Argumentationen) das Arbeitsgedächtnis während des Schreibprozesses stärker beanspruchen als narrative Texte (Kellogg, 2001).

Die angesprochenen Differenzen bei Personen, die man hinsichtlich ihrer Merkmale eher den geübten Schreibern zurechnen dürfte, verdeutlichen, dass **Schreibkompetenz** ein **komplexes Konstrukt** ist, welches zudem noch einer Erwerbs- und Progressionslogik unterliegt (s. Kap. 4). Diese hochgradige Dynamik führt in der Konsequenz dazu, dass man von Schreibprozessen bei Erwachsenen keineswegs auf die Schreibprozesse von jüngeren Personen schließen – oder diese gar voraussetzen – darf. Hinzu kommt, dass grundsätzlich jeder Schreibprozess aufgrund individueller Vorlieben, Erfahrungen, Entwicklungsverläufe und sozialer Einflüsse im Einzelfall unterschiedlich ausfallen kann. Ferner hat die Interaktion der schreibenden Person mit der Aufgabenumgebung ihrerseits Einflüsse auf die Prozesse. Schreibprozesse verdienen aus all diesen Gründen eine hohe Aufmerksamkeit – insbesondere wenn es um deren Förderung geht.

3.2 Empirische Schreibleistungen: Was Heranwachsende können und nicht können

Anders als die Lese- oder mathematische Kompetenz bildet die Schreibkompetenz keinen prominenten Bereich in der empirischen Bildungsforschung und dort den Large-Scale-Assessments, die repräsentativ eine Vielzahl von Heranwachsenden hinsichtlich ihrer Kompetenzen testen. Das gilt insbesondere für den deutschsprachigen Raum, in dem es mit einer inzwischen schon mehr als zehn Jahre alten Studie (Neumann & Lehmann, 2008) kaum gesicherte Befunde größeren Ausmaßes gibt (eine aktuelle Ausnahme bilden die Daten zur Schreibkompetenz von Realschuljugendlichen der Jahrgangsstufen 9 und 10; IQB, 2014). Auch die *Ver*gleichs*a*rbeiten in der 3. und 8. Jahrgangsstufe (VERA) sehen Schreiben allenfalls als einen optionalen Bereich vor (und zwar hier nur in Klasse 3), nicht als obligatorischen. Eine echte Orientierungshilfe zur Schreibkompetenz im größeren Ausmaß geben die US-amerikanischen Studien zum „*N*ational *A*ssessment of *E*ducational *P*rogress“ (NAEP). In diesen groß angelegten Studien werden mehr oder weniger regelmäßig schulische Kompetenzen systematisch erfasst. Die Altersgruppe bilden Schüler der vierten, achten bzw. zwölften Jahrgangsstufe. In diesem Teilkapitel wird zunächst dargestellt, wie man bei NAEP Schreibleistungen misst (Teilkap. 3.2.1) und welche Hauptergebnisse zu den Schülerleistungen gegenwärtig vorliegen (3.2.2).

3.2.1 Schreibkompetenzerfassung in großen US-Studien

Bei der Erfassung der Schreibkompetenzen stehen Forscher vor der Herausforderung, dass man immer nur einen Teil der tatsächlichen Leistungspotenziale von Personen erfassen kann und dass umfangreiche Testungen die Testmotivation unterwandern können. Deshalb muss man aus methodischer Sicht einen Umweg gehen und lässt einen Teil der Testpersonen immer nur einen Teil der gesamten Aufgaben bearbeiten. Bei den NAEP-Studien hat man in der Vergangenheit außerdem **verschiedene Textabsichten** im Sinne des Erzählens, Informierens oder Überzeugens in den Aufgaben berücksichtigt. Damit sollte sichergestellt werden, dass unterschiedliche Fähigkeiten beim Schreiben in den Blick geraten, um dadurch generelle Aussagen zur Schreibkompetenz zu treffen (Graham, Hebert, Paige Sandbank & Harris, im Druck b). Zusätzlich hat man in den verschiedenen Altersgruppen die Anteile der Aufgaben variiert, um Entwicklungseffekten und schulischen Anforderungen gleichermaßen gerecht zu werden. In allen Klassenstufen machten Aufgaben, in denen man jemanden informieren sollte, 35 Prozent aus. Die Bedeutung der Aufgaben zum Erzählen sank mit dem Alter der Testpersonen. Waren für Viertklässler 40 Prozent der Aufgaben erzählender Natur, sank dieser Anteil auf 35 Prozent in Klasse 8 bzw. 25 Prozent in Klasse 12. Argumentationen hingegen waren bei älteren Testpersonen wichtiger. In Klasse 4 machten sie 25 Prozent der Aufgaben aus, in Klasse 8 30 Prozent und bei Zwölftklässlern sogar 40 Prozent.

Mit welchen Aufgaben konkret die Schreibkompetenzen erfasst wurden und welche Texte dabei auf welchem Niveau entstanden sind, werden im Folgenden drei Beispielkästen illustrieren. Die Kästen enthalten – beginnend mit den Narrationen – jeweils ein konkretes Aufgabenbeispiel und insgesamt **drei Beispiele** der Aufgabenbearbeitung. Dabei handelt es sich um Übersetzungen, in denen bei den Schülertexten gezielt sprachformale Aspekte bereinigt wurden. Man weiß nämlich aus der Forschung, dass die Textqualität als schlechter beurteilt wird, wenn Textoberflächenmerkmale ausbaufähig sind (Graham et al., 2011). Aus diesem Grund und um den Blick auf die Qualitäten des Textes zu richten, wurde dies gezielt modifiziert. Inhaltlich wurden die Texte nicht verändert. Um trotz des erklärten Ziels eines Einblicks noch inhaltlich schlank zu bleiben, wurden für dieses Buch nur Aufgaben aus der Klassenstufe 4 gewählt. In den Kästen sind die drei Schülertexte so sortiert, dass der schwächste Text den Auftakt bildet, ein mittlerer Text folgt und ein guter bis sehr guter Text die Sammlung abschließt.

Aufgabe Narration:

Stell dir vor: Du wachst eines Morgens auf und gehst hinunter zum Frühstück. Dann siehst du auf dem Tisch das: [Im Original wurde hier ein Bild verwendet, das einen Teil eines Frühstückstischs zeigt. Auf dem Bild ist ein Gedeck zu sehen. Über dem Teller schweben sechs Wölkchen, und aus der Tasse entspringt ein kleiner Regenbogen.] Du bist überrascht. Dann schaust du aus dem Fenster und siehst das: [Wiederum dient ein Bild der Illustration. Auf dem Bild ist eine Straßenszene zu sehen. Eine Gruppe von Menschen beobachtet eine andere Gruppe Menschen, die Sterne von einer Wand abnimmt. Auf der Straße verteilt liegen diverse Sterne. An einer Straßenlampe fungiert ein Stern als Leuchtmittel.] Schreib eine Geschichte mit dem Titel „Der sehr ungewöhnliche Tag“ darüber, was passiert, bis du wieder zu Bett gehst. (Quelle: Persky, Daane & Jin, 2003, S. 95)

Beispiel N1

Der sehr ungewöhnliche Tag. Als ich nach unten in die Küche ging, sah ich Wolken auf meinem Teller und einen Regenbogen in meiner Tasse. Als ich nach draußen schaute, sah ich Sterne auf der Straße und Menschen, die darauf standen. Ich sah zwei Männer, die Sterne trugen. Ich sah einen Stern auf der Straßenlampe. Ich sah schöne Blumen. Es waren überall draußen Sterne. Also ging ich ins Bett zurück. Ich frage mich, was morgen passieren wird. (Quelle: ebd., S. 96)

Beispiel N2

Der sehr ungewöhnliche Tag

Eines Morgens wachte ich auf, um mein Frühstück zu bekommen, und ich konnte es nicht glauben! Auf dem Tisch waren Salz und Pfeffer, ein Glas Milch und eine Tasse mit heißem Kakao … mit einem halben Regenbogen, der daraus herauskam. Und eine Gabel und ein Messer und ein Teller mit sechs Wolken darauf!! Danach ging ich zurück nach oben, um mich anzuziehen. Als ich aus dem Fenster sah, sah ich Sterne auf der ganzen Straße. Sterne wurden auf einem Laternenmast als Lampen verwendet. Ich sagte zu mir: „Was für ein sehr ungewöhnlicher Tag.“ Am Morgen ging ich zum Haus meiner Freundin, aber sie war nicht zu Hause. Also ging ich zurück zu meinem Haus. Gerade als ich zurückkam, klingelte das Telefon. Es war meine Freundin. Wir sprachen den ganzen Tag, bis es 20:00 Uhr war. Ich sagte ihr, dass ich ins Bett gehen musste. Dann passierte es draußen direkt vor meinen Augen, es begann, kleine, ein Zoll große Sterne zu regnen. Ich ging nach oben, um meinen Pyjama anzuziehen. Danach ging ich ins Bett. Am nächsten Morgen, als ich nach unten ging, um Frühstück zu essen, waren auf meinem Tisch Orangensaft, Messer und Gabel, Schinken und ein Omelette. Plus Salz und Pfeffer. Als ich zurückging, um aus dem Fenster zu schauen, war alles wieder normal. Gestern war ein sehr ungewöhnlicher Tag. (Quelle: ebd., S. 97 f.)

Beispiel N3

Calandra wachte am Freitag, dem 2. April, auf und dachte, es wäre ein perfekter normaler Tag. Es würde keiner sein.
Calandra ging nach unten zum Frühstück. Statt Eiern und Schinken waren Wolken auf ihrem Teller. Und ein Regenbogen, der aus ihrer heißen Schokolade kam.
Als Calandra aus dem Fenster schaute, sah sie Mr. Bumble draußen auf den Sternabfall schauen, der vom Himmel gefallen war.
Calandra war vorsichtig, um nicht auf die scharfen Ecken der Sterne zu treten, als sie zur Schule ging.
Als die Schule vorbei war, fragte sich Calandra, was in ihren Klavierstunden passieren würde. Was passierte, war fast undenkbar. Ms. Gretchon ließ sie die Trompete spielen. Nicht nur das, Calandra mochte das so sehr, dass sie sich dazu entschied, bei der Trompete zu bleiben.
Um 17:00 Uhr ging Calandra zu ihrer Babysitterin Charolette Vren. Und was sonst konnte passieren, als dass Charolettes Haus auf dem Kopf stand. Calandra ging weiter.
Bei ihr zu Hause war das Haus okay, aber das Abendessen lief drunter und drüber, weil es Steak und Frühstücksflocken gab.
Calandra hatte keine Hausaufgaben auf, also las sie. Das Buch war verkehrt herum gedruckt. Also drehte Calandra das Buch um 90 Grad, aber nichts änderte sich. Verrückt, dachte sie, als sich ihr Bett drehte und auf der Zimmerdecke landete.
Als Calandra aufwachte, war alles wieder normal, und es war Samstag. (Quelle: ebd., S. 99 f.)

Die Schreibaufgabe zu einem narrativen Text war ein Bildimpuls (was man in der gegenwärtigen Schreibdidaktik als eher problematisch beurteilt). Der erste Text (N1) ist im Grunde genommen nur eine Liste von Dingen, die im Bildimpuls zu sehen ist. Eine Geschichte kommt nicht zustande, da die Liste der Ereignisse nicht systematisch entwickelt wird. Das ist anders beim zweiten Text (N2), in dem die Struktur einer Geschichte deutlich erkennbar als Folge von Ereignissen zutage tritt, wobei es auch noch einige wenig verbundene Elemente gibt, etwa das ganztägige Telefonat, das unvermittelt auftaucht. Das letzte Beispiel (N3) behebt diesen leichten Mangel und liefert interessante neue Details und Ideen. Texte wie der dritte zählen zu den besten Texten aus den NAEP-Studien.

Aufgabe Beschreibung:

Beschreib deine Mittagszeit an einem Schultag. Achte beim Schreiben darauf, dass jemand, der noch nie mit dir in der Schule die Mittagszeit verbracht hat, verstehen kann, wo du die Mittagszeit verbringst und wie sie aussieht. (Quelle: Persky et al., 2003, S. 111)

Beispiel B1

Ein Tag zur Mittagszeit ist, wenn du in einen großen Raum kommst und du in einer Reihe auf einer Seite des Raums stehst. Wenn du in diesen kleinen Raum gehst, dann stehst du in der Reihe. Du hast du die Wahl zwischen zwei Arten von Essen. Manchmal ist das Essen furchtbar, und manchmal ist es gut. Du kannst einen Früchteriegel haben. Du gehst durch die Reihe. Dann setzt du dich und isst. (Quelle: ebd., S. 102)

Beispiel B2

Mittagszeit

Die Mittagszeit in meiner Schule ist sehr laut, weil jeder erzählt. Die Viert-, Fünft- und Sechstklässler müssen in der Schule zur gleichen Zeit essen. Wir sitzen alle an Tischen, die in der Turnhalle aufgestellt sind, die Hälfte auf dem Basketball-Feld. Wir essen jeden Tag von 11:45 Uhr bis 12:00 Uhr. Beim Mittag essen alle und sprechen mit ihren Freunden, bis die Küchenfrauen sie wegschicken, damit sie in die Pause gehen können. Wenn jeder aus dem Pausenraum verschwunden ist, wischen die Küchenfrauen und die Hausmeister die Tische ab. Dann kommen die Siebt- und Achtklässler in den Raum zum Essen. Nach dem Mittag und der Pause gehe ich zurück in mein Klassenzimmer, das sich im Erdgeschoss befindet. Ich mag die Mittagszeit sehr – sie ist meine Lieblingstageszeit! (Quelle: ebd., S. 104)

Beispiel B3

Zur Mittagszeit esse ich für gewöhnlich etwas Kaltes. Meine Mutter packt mir ein Sandwich, ein Getränk, eine Frucht und eine Leckerei ein. Wenn ich in den Pausenraum gehe, finde ich einen leeren Tisch, setze mich und esse. Meine Freunde kommen und setzen sich zu mir. Ich öffne meine Box und beginne zu essen. Zuerst esse ich das Sandwich, dann öffne ich das Getränk, dann esse ich meine Frucht und zuletzt

meine Leckerei. Danach sitze ich still, bis ich weggeschickt werde. Wenn das passiert, gehe ich ins Badezimmer und putze mir die Zähne, denn ich habe eine Spange.
Wenn ich damit fertig bin, gehe ich nach draußen, packe meine Box weg und suche meine Freunde. Wir spielen normalerweise Vier-Felder-Ball oder auf dem Spielplatz. Wenn wir nicht Vier-Felder-Ball spielen oder auf dem Spielplatz sind, sind wir auf dem Feld und spielen Fangen, Brennball oder Fußball. Ich mag es sehr, Fußball zu spielen, und meine Freunde auch. (Quelle: ebd., S. 105 f.)

Im Falle der Beschreibung als Teil des informierenden Schreibens ließen sich bei den Kindern ebenfalls systematische Kompetenzunterschiede feststellen. Im Falle des ersten Textes (B1) liegt eher ein Entwurf vor, da die Informationen unvollständig wirken und nicht optimal im Sinne der Kohärenz organisiert sind. Das gelingt im zweiten Text (B2) schon erheblich besser, weil dort relevante Details und übergeordnete Information sinnvoll und stimmig integriert sind. Dass dies noch gesteigert werden kann, zeigt das letzte Beispiel (B3), in dem sinnvolle Übergänge die Verständlichkeit des ansonsten ebenfalls stimmig berichteten Inhaltes unterstützten.

Aufgabe Argumentation:

Stell dir folgende Situation vor:
Dein Lieblingsbuch wird in deiner Schulbibliothek vermisst. Es kann ein Buch sein, das du gern immer wieder liest. Es kann auch ein Buch sein, das dein Lehrer oder deine Eltern dir vorlesen. Manche deiner Freunde lesen es auch gern. Die Schulbibliothekarin ist sich unsicher, ob sie das Buch nochmals kaufen will.
Schreib einen Brief, um die Schulbibliothekarin zu überzeugen, das Buch wieder zu kaufen. Gib eine Menge Gründe an, warum das Buch in der Schulbibliothek stehen sollte. (Quelle: Persky et al., 2003, S. 107)

Beispiel A1

Liebe Bibliothekarin,
ich denke, Sie sollten das Buch wieder kaufen, weil jeder es mag. Ich mag es, es wieder und wieder zu lesen. Meine beiden Eltern mögen es auch. Alle sind dafür, dass Sie das Buch wieder kaufen sollten. Ich hoffe, das ist ein genügend guter Grund. Bitte kaufen Sie das Buch.
Mit freundlichen Grüßen [Unterschrift] (Quelle: ebd., S. 108)

Beispiel A2

Liebe Bibliothekarin,
bitte kaufen Sie das Buch wieder. Wenn ich das Buch lese, lässt es mich fühlen, dass ich in ihm bin. Es macht mich auch froh, wenn ich traurig bin. Es könnte anderen Kindern ebenfalls helfen, sich glücklich zu fühlen, wenn sie traurig sind. Es könnte ihnen auch helfen, sich etwas vorzustellen, was sie wollen. Wenn Sie das Buch kaufen, verspreche ich, bei der Reparatur von Büchern zu helfen, wenn Sie Hilfe brauchen. Mein Vater wird sich so darauf freuen, mir aus dem Buch vorzulesen. Denken Sie an das Glück, das Sie den Kindern bringen werden, also bitte, bitte kaufen Sie das Buch. Ich habe ausgedrückt, wie ich mich wegen des Buchs fühle. Ich hoffe, Sie erhalten es bald zurück.
Mit freundlichen Grüßen [Unterschrift] (Quelle: ebd., S. 110)

Beispiel A3

Sehr geehrte [Name der Bibliothekarin],
ich bedaure die Unannehmlichkeit, aber mein Lieblingsbuch „Zigeunersommer" fehlt in Ihrem Bestand. Wir haben so viele alte Bücher in den Regalen, dass sie beinahe auseinanderfallen. „Zigeunersommer" ist ein Lehrbuch, denn es enthält die Sprache der Zigeuner, und ich denke, wir könnten ein neues Buch in den Regalen gebrauchen. Ich denke, dass die Leute gern „Zigeunersommer" lesen würden. Es ist ein ziemlich interessantes Buch. Nochmals: Ich hoffe, das ist nicht unhöflich. Sie können es bei Half Price Books, Barnes and Nobel und anderen Buchläden kaufen, die Sie kennen.
Mit freundlichen Grüßen [Unterschrift] (Quelle: ebd., S. 111)

Argumentative Texte sind besonders anspruchsvoll für Schüler. Das erste Beispiel (A1) demonstriert dies, da hier zwar eine Position eingenommen wird, die Begründung aber unvollständig bzw. teilweise repetitiv ist. Im zweiten Text (A2) ist dies nicht mehr der Fall, es gibt bessere Verknüpfungen zwischen den Gründen und überzeugendere Argumente. Der dritte Text (A3) schließlich enthält nicht nur eine klare Position, sondern auch noch überzeugende Begründungen nebst Beispielen.

3.2.2 Testleistungen von US-Schülern der Klassenstufen 4, 8 und 12

In den NAEP-Studien wurde gewährleistet, dass die Anforderungen bei der Beurteilung der Schülertexte mit steigendem Alter ebenfalls höher ausfielen. Eine Leistung, die bei Viertklässlern als sehr gut beurteilt wurde, wäre in höheren

Jahrgangsstufen schlechter beurteilt worden. Von entscheidender Bedeutung sind an dieser Stelle die Ergebnisse der NAEP-Erhebungen. Für das Schreiben liegen Daten aus verschiedenen NAEP-Zyklen vor, wobei anzumerken ist, dass die Viertklässler am seltensten untersucht wurden. Hier liegen die letzten Daten aus dem Jahr 2002 vor, während bei den Acht- und Zwölftklässlern die letzten Daten aus dem Jahr 2011 stammen. In besagtem Durchgang wurde übrigens erstmalig in der NAEP-Geschichte die Schreibkompetenz flächendeckend nur mit dem Computer erfasst. Die Anteile jener Heranwachsenden, die die Basisstufe erreichten bzw. nicht erreichten, ist in Abbildung 9 dargestellt. Leistungen der Basisstufe entsprechen in etwa jenen Leistungen, die die Viertklässler in den jeweils ersten Texten (A1, B1, N1) aus Teilkapitel 3.2.1 gezeigt haben.

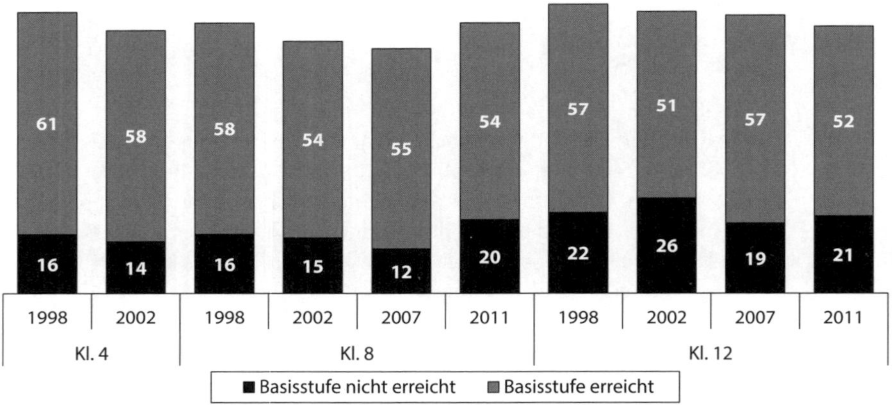

Abbildung 9: Anteile von US-amerikanischen Viert-, Acht- und Zwölftklässlern, die in verschiedenen NAEP-Durchgängen die Basisstufe erreicht bzw. nicht erreicht haben (Angaben in Prozent; Quelle: eigene Darstellung, basierend auf National Center for Education, 2012, S. 10, 28; Persky et al., 2003, S. 27; Salahu-Din, Persky & Miller, 2008, S. 9, 37)

Was besonders auffällig ist – und zwar unabhängig vom NAEP-Durchgang und der Altersgruppe –, ist der **hohe Anteil** von Kindern und Jugendlichen, die **nur die Basisstufe erreicht** haben. Es handelt sich um 52 bis 61 Prozent der Testpersonen. Daneben liegt der Anteil von Viert- und Achtklässlern, die dies nicht schaffen, zwischen 12 und 20 Prozent. Problematisch ist, dass bei den Zwölftklässlern der Anteil mehrheitlich größer ist, nämlich zwischen 19 und bis zu 26 Prozent. Umgekehrt schafften es in den NAEP-Zyklen nur ein bis drei Prozent der Heranwachsenden, Leistungen der Stufe „Fortgeschritten“ zu demonstrieren (nicht in der Abbildung dargestellt). Es sind insgesamt also zwischen zwei Sechsteln und drei Vierteln aller Heranwachsenden im Schulalter, die allenfalls Basisfähigkeiten im Schreiben demonstrieren. Im Grunde sind das (zumindest für den US-amerikanischen Raum) äußerst alarmierende Befunde, die auch für den deutschen Sprachraum mindestens zum Teil angenommen werden können (IQB, 2014; Neumann & Lehmann, 2008).

Neben den eben berichteten allgemeinen Befunden, welche die Gesamtpopulation getesteter Schüler betreffen, hat es bei NAEP immer auch spezifische Betrachtungen hinsichtlich differenzieller **Effekte von soziodemografischen Merkmalen** gegeben. Dabei spielten individuelle Merkmale wie das Geschlecht ebenso eine Rolle wie soziale (ethnische Gruppe, Merkmale der Eltern wie Einkommen oder Bildungsabschlüsse). Diese spezifischen Analysen sind deshalb von Interesse, weil sie in aller Regel recht deutlich mit Schreibleistungen assoziiert sind. Die nun berichteten Ergebnisse beziehen sich auf die aktuellsten Befunde (also bei Viertklässlern auf Daten aus dem Jahr 2002, Persky et al., 2003, und bei Acht- und Zwölftklässlern auf das Jahr 2011, National Center for Education, 2012).

Ein Faktor, der immer wieder auffällig ist, ist das **Geschlecht**. Jungen der vierten Klassenstufe sind mit 19 Prozent mehr als doppelt so häufig in der Leistungsgruppe unter der Basisstufe vertreten wie Mädchen (9 Prozent). Das gilt noch stärker für die Klassenstufe 8 (27 vs. 12 Prozent) und die Klassenstufe 12 (28 vs. 14 Prozent). Umgekehrt sind männliche Schüler auf dem oberen Leistungsspektrum unterrepräsentiert. Im mittleren Bereich, auf der Basisstufe, fallen die Geschlechterdifferenzen hingegen kaum ins Gewicht.

Die Leistungsdifferenzen zwischen den Schülern scheinen außerdem auch systematisch mit der **ethnischen Herkunft** zusammenzuhängen. Europäisch- und asiatischstämmige Schüler erbringen allgemein vergleichbare Schreibleistungen. Diese liegen höher als jene von afrikanischstämmigen oder hispanischen Schülern – diese beiden letztgenannten Gruppen wiederum sind recht homogen, was sich auch in der Zugehörigkeit zu der Leistungsgruppe „unter der Basisstufe“ deutlich niederschlägt. Bei Viertklässlern gehört nahezu jedes vierte hispanische bzw. afrikanischstämmige Kind (je 23 Prozent) zu den schwachen Schreibern. Bei europäischstämmigen Kindern trifft dies nur auf jedes zehnte (10 Prozent), bei solchen, deren Eltern aus dem asiatischen Raum stammen, nur auf jedes vierzehnte zu (7 Prozent). In Klasse 8 gehört nur jeder achte kaukasische bzw. asiatische Jugendliche der Risikogruppe an (13 bzw. 11 Prozent), aber praktisch jeder dritte aus afrikanischstämmigen bzw. spanischsprachigen Familien (35 bzw. 31 Prozent). In Klasse 12 ist das Bild nahezu unverändert. Hier ist ein Achtel aller europäischen und asiatischen Amerikaner schreibschwach (13 bzw. 15 Prozent), aber ein gutes Drittel aller afrikanischen und hispanischen Altersgenossen (39 bzw. 35 Prozent).

Das **Einkommen der Eltern** ist ein weiteres Merkmal, das sich in den Schreibleistungen bemerkbar macht. Dies wird in den USA dadurch erfasst, ob die Schüler ein Recht auf ein entweder preisreduziertes oder sogar völlig kostenfreies Mittagessen haben. Wenn das der Fall war, lagen die Leistungen unter denen der Mitschüler. Und auch hier zeigt sich, dass dies insbesondere mit der erhöhten Wahrscheinlichkeit einhergeht, zur leistungsschwächsten Gruppe zu gehören. In Klassenstufe 4 zeigte jedes fünfte Kind mit Anrecht auf ein günstiges Mittagessen (22 Prozent) Leistungen unter der Basisstufe, aber nur jedes zwölfte aus einkommensstärkeren Elternhäusern (8 Prozent). In Klasse 8 (für die Klassenstufe 12 gibt es aus dem Jahr 2011 keine Daten) ist dieser Zusammenhang noch deutlicher: 32 vs. 10 Prozent.

Ein weiterer Indikator für das Einkommen der Eltern ist die **Schulform** im Sinne einer (privatfinanzierten und damit teuren) Privatschule oder den allen offen stehen staatlichen Schulen. Hierfür liegen Daten aus den Klassenstufen 4 und 8 vor. Privatschüler waren mit 6 (Kl. 4) bzw. 8 Prozent (Kl. 8) deutlich seltener Mitglied der leistungsschwächsten Heranwachsenden. Demgegenüber traf dies aber auf 15 (Kl. 4) bzw. 21 Prozent (Kl. 8) der Heranwachsenden aus öffentlich finanzierten Schulen zu.

Zumindest für Zwölftklässler ist auch **der höchste Bildungsabschluss der Eltern** ein Indikator der im Test demonstrierten Leistung. Je höher der Abschluss der Eltern war, desto besser waren in der Regel auch die Leistungen des Nachwuchses. Dies schlägt sich in der Verteilung der einzelnen Schülergruppen und der Zugehörigkeit zur Gruppe unter der Basisstufe nieder. Bei solchen jungen Erwachsenen, deren Eltern die Schullaufbahn in der High-School abbrachen, waren 40 Prozent schreibschwach. Das traf auf nur 30 Prozent jener Altersgenossen zu, deren Eltern einen regulären High-School-Abschluss erworben hatten. Folgte der Regelschule seitens der Eltern noch eine weitere Form eines Bildungsabschlusses, waren nur 19 Prozent der jungen Erwachsenen im unteren Leistungsspektrum vertreten. Mit 13 Prozent war diese Quote für den Nachwuchs von Akademikern am geringsten.

Es sind also mindestens zwei Merkmale, die mit Schreibleistungen US-amerikanischer Schüler zusammenhängen: Geschlecht und Herkunft (aggregiert aus Einkommen und Bildung der Eltern sowie der ethnischen Zugehörigkeit). In aller Regel lassen sich Risikogruppen über diese Merkmale bestimmen, die man zudem auch noch miteinander kombinieren kann. Demgemäß wäre ein männlicher Schüler mit der Zugehörigkeit zur spanischsprachigen oder afrikanischstämmigen Bevölkerungsgruppe und wenig gebildeten, materiell armen Eltern allein durch seine Herkunftsmerkmale und sein Geschlecht im Licht der Befunde beim Erwerb von Schreibkompetenz systematisch benachteiligt. Allerdings bedeutet das nicht, dass es im Sinne des Determinismus faktisch dazu führen muss, dass jemand mit derartigen Eigenschaften wirklich schlechte Schreibleistungen erbringt. Das entsprechende Fachwort lautet „Schreibsozialisation“ (s. dazu Kap. 5).

B. Zwischen sozialen und Entwicklungsprozessen: der Erwerb von Schreibkompetenz

Steckbrief

Der Kompetenzerwerb bildet einen wichtigen Forschungsbereich der Bildungsforschung. Für den Erwerb von Schreibkompetenz sind insbesondere die Begriffe der „Schreibentwicklung“ im Sinne einer kognitiv geprägten inneren Veränderung der Schreibfähigkeiten (Kap. 4) und der „Schreibsozialisation“ im Sinne eines Kompetenzerwerbs durch mehrheitlich soziale Interaktionen besonders bedeutsam (Kap. 5).

Die Doppelthematik von Schreibentwicklung und -sozialisation wird in diesem Teil des Buches in mehreren Teilschritten entfaltet. Bezogen auf die Schreibentwicklung werden drei wichtige Modelle vorgestellt (Teilkap. 4.1 bis 4.3) und verglichen (Kap. 4.4). Das Thema Schreibsozialisation wird ebenfalls mehrschrittig entfaltet. Nach drei konkreten Beispielen (5.1) wird zunächst der allgemeine Mechanismus der Schreibsozialisation beschrieben (5.2). In dieser Beschreibung werden die Akteure und Ebenen der Schreibsozialisation systematisiert und danach entfaltet. Dabei beginnt die Darstellung mit den wünschenswerten Funktionen des Schreibens, die das Schreiben als Schlüsselkompetenz legitimieren (5.3). Es folgen in der Chronologie ihrer Bedeutsamkeit die Sozialisationsinstanzen Familie (5.4), Schule (5.5) und Peers (5.6). Für jede Instanz wird herausgearbeitet, zwischen welchen Aufgaben sie in der Schreibsozialisation jeweils wählen und austarieren muss. Zu guter Letzt wird dem sich wandelnden Individuum, das in der Schreibsozialisation eine aktive Rolle spielt, Aufmerksamkeit gewidmet, weil es sich im Laufe der Sozialisation verändert (5.7). Den Abschluss bildet eine Betrachtung, wie sich der Engels- und der Teufelskreis in der Schreibsozialisation gestalten (5.8).

4 Schreibentwicklung

Präzise Modelle zur Beschreibung der sich allmählich wandelnden Schreibkompetenz (bzw. vor dem Einzug der Kompetenzorientierung in das Bildungssystem: zur Beschreibung der Schreibentwicklung) sind in der Forschung leider selten. Häufig werden sehr grobe Entwicklungsphasen bezeichnet (Kellogg, 2008), wobei dies insofern ungünstig ist, als sich im Laufe dieser längeren Phasen bedeutsame graduelle Veränderungen ergeben (McCutchen, 2011; Hayes, 2012 b). Damit geht einher, dass die Entwicklung von Schreibkompetenz (bislang) auch nicht mit der Entwicklungsstufen-Logik der Entwicklungspsychologie gemäß Piaget zu vereinen ist, nach der sich Stufen klar unterscheiden müssen, für alle Personen universell gelten und man die Abfolge der Stufen zwingend in einer genau postulierten Sequenz durchlaufen muss. Oder anders: Den gegenwärtigen Modellen, die sich allesamt eher als Annäherungen verstehen denn als fertig ausgearbeitete Theorien, und der Forschung zur Schreibentwicklung wohnt eine gewisse Unschärfe inne, die selbst Schreibforscher (selbst-)kritisch betrachten (Bazerman, 2013).

4.1 Modell 1: Vom assoziativen zum epistemischen Schreiben

Mit dieser rahmenden Vorbemerkung kann nun ein erstes Modell zur Schreibentwicklung vorgestellt werden, das stark kognitiv geprägt ist und im Jahr 1980 vom kanadischen Psychologen Carl Bereiter vorgelegt wurde. Dieses Modell ist in Abbildung 10 dargestellt. Es umfasst fünf Phasen, von denen Bereiter (1980) selbst zugibt, es handele sich um *mögliche Etappen*, und es folgt einer Logik bezüglich dessen, worauf sich in einer jeweiligen Phase ein Fokus beim Schreiben ergibt. Dabei gilt es, dass insgesamt sechs Fähigkeiten zunehmend beherrscht und integriert werden:

a) Flüssigkeit bei der Produktion von Schriftsprache (Schriftsprachproduktion),
b) flüssiges Generieren von Inhalten (kontrolliertes Assoziieren),
c) Beherrschung schriftsprachlicher Konventionen des Schreibens,

d) soziale Kognition im Sinne der Perspektivenübernahme und des Einbezugs von Lesern,
e) kritische Urteilsfähigkeit und
f) reflektierendes Denken.

Anzumerken ist zur Darstellung in Abbildung 10, dass es nicht um einen Aufstieg hin zum kommunikativen Schreiben geht, das nach der von Bereiter gewählten Darstellung fast wie ein Zenit wirkt, den man überschreitet. Das Modell geht stattdessen davon aus, dass man immer mehr können muss bzw. kann und sich dadurch die Fokusverschiebungen ergeben. Die folgende Beschreibung des Modells folgt, wenn nicht durch Literaturhinweise angegeben, Bereiter (1980).

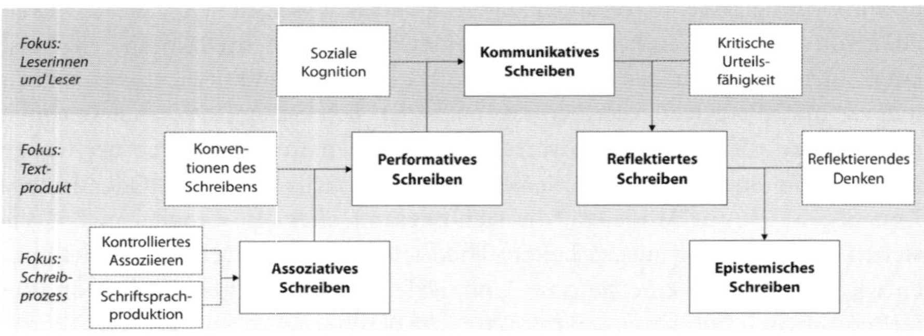

Abbildung 10: Ein Modell der Schreibentwicklung (Quelle: übersetzte und grafisch leicht modifizierte Variante von Bereiter, 1980, S. 84)

Die erste Phase, das **assoziative Schreiben,** ist hinsichtlich der Ansprüche an eine schreibende Person am einfachsten. Es geht darum, in zwei Bereichen einigermaßen flüssig vorzugehen: dem Finden von möglichen Inhalten (im Modell: „Kontrolliertes Assoziieren") und dem Aufschreiben dieser Ideen („Schriftsprachproduktion", s. die Punkte a und b in der Aufzählung oben). Damit vollzieht sich ein Verschriften vor allem in Hinblick auf die Sequenz der Ideen, wie sie jemandem direkt bei der Textproduktion in den Sinn kommen. Eine Berücksichtigung von möglichen Lesern und eine Beurteilung des Textes hinsichtlich seiner Adäquatheit sind noch nicht zu beobachten. Im Fokus steht ein assoziativer Schreibprozess, der wenig gesteuert wirkt. Das lässt sich insbesondere bei jungen und ungeübten Schreibern beobachten, die allein vom Verschriften schon so stark beansprucht sind, dass für anderes wie Inhalte oder Leserführung kaum kognitive Kapazität übrig bleibt (Bereiter & Scardamalia, 1987; Berninger, Fuller & Whitaker, 1996).

In Phase zwei, dem **performativen Schreiben,** geht es darum, dass Schreiber zunehmend die Konventionen des Schreibens beherrschen, an die in der Phase zuvor kaum zu denken war. Mit Konventionen sind sowohl schriftsprachliche Regeln (etwa korrekte Rechtschreibung und Zeichensetzung) gemeint als auch stilistische, also etwa die Variation der Satzlängen. Dies zu können, stellt auch das Ziel für Kinder dar, die nun gleichsam einen weiteren Ball in der Luft halten müssen und ihr kognitives System noch stärker beanspruchen. Es geht mithin darum, den Schreibprozess günstig zu gestalten und dabei vor allem auf das entstehende Textprodukt zu fokussieren, das korrekt im engen bzw. weiten Wortsinne werden soll.

Einen stärker auf die Leser abzielenden Fokus kennzeichnet die dritte Phase des **kommunikativen Schreibens.** Diese resultiert aus der effektiveren sozialen Kognition, die es Schreibern ermöglicht, stärker über ihre Leserschaft nachzudenken. Das früher noch eher egozentrisch anmutende Schreiben weicht einer stärkeren Adressatenorientierung. Man kann das gut mit Anleitungen illustrieren. In den beiden Phasen zuvor würde sich eine schreibende Person wenig darüber Gedanken machen, wie sie durch ihren Text einen angestrebten Leser handlungsfähig machen kann. In Phase drei ist das insofern der Fall, als etwa genauere Beschreibungen zu Schwierigkeiten oder Zwischenstadien oder auch Zeichnungen enthalten sein würden.

Das **reflektierte Schreiben** als vierte Phase bezeichnet ein Schreiben, das stark mit dem eigenen Lesen zu tun hat (welches wiederum zu mehr möglichen Schreibinhalten in Form von Wissensbeständen führt). Heranwachsende in dieser Phase nehmen sich eher als Leser ihrer eigenen Texte wahr. Sie nutzen ihre kritische Urteilsfähigkeit dazu, sich selbst Rückmeldungen anhand eigener definierter Standards beim Schreiben zu geben und verbessern dadurch ihre Textprodukte, die im Fokus dieser Phase stehen. Solche Schreiber erlauben sich zudem einen eigenen Stil und eine eigene Stimme. Damit geht eine stabilere Schreibmotivation einher.

Den Kulminationspunkt der Schreibentwicklung bildet gemäß dem Modell das **epistemische Schreiben**, bei dem es ganz im Wortsinne der griechischen Wortbedeutung („Wissenschaft“) um das Generieren von neuen Wissensbeständen durch das Schreiben geht. Das Schreiben, das stark von einer reflexiven Denkweise beeinflusst wird, fungiert als Teil des umfassenden Denkprozesses. Daraus erklären sich zum einen die Fokussierung auf Prozesse und zum anderen der Umstand, dass Schreiber nun komplexe und längere Texte produzieren, in denen sie für Leser neue Einsichten transportieren. Es ist fast unnötig zu erwähnen, dass ein solches Schreiben von Profis viel Erfahrung und Übung voraussetzt. Schreibforscher schätzen, dass man für echte Expertise im Schreiben

10.000 Stunden geschrieben haben muss, was wiederum einer mehrjährigen Übung entspricht (Kellogg, 2006, 2008).

4.2 Modell 2: Evolution der Teilprozesse des Schreibens in der Schulzeit

Ein für schulische Belange unmittelbar relevantes zweites Modell haben Virginia Berninger und Lee Swanson (1994) vorgelegt und zum Teil bereits empirisch validieren können (Berninger et al., 1996). Bei diesem Modell werden drei Phasen unterschieden, die sich auf die Primarstufe, die Mittelstufe und die Oberstufe beziehen (s. Abbildung 11). Die Entwicklung der Schreibprozesse wird entscheidend von den Kapazitäten des Arbeitsgedächtnisses einerseits und den Wissensbeständen zum Schreiben andererseits beeinflusst (die folgende Paraphrase folgt, wenn nicht anders angegeben, Berninger & Swanson, 1994).

Teilprozess	Primarstufe	Mittelstufe	Oberstufe
Planen	▪ parallel zum Verschriften und nur sehr lokal ▪ Bezugspunkt: in der Regel der nächste Satz	▪ vor dem Verschriften ▪ zunehmende und umfassendere Planung	▪ vor dem Verschriften ▪ zunehmende und umfassendere Planung
Verschriften	dominanter Teilprozess, der sich auf die Wort-, Satz- und Absatzebene erstreckt	▪ bezieht sich auf Wort-, Satz und Absatzebene sowie zusätzlich auf Textkonventionen wie Textsorten ▪ zunehmende Automatisierung	▪ bezieht sich auf Wort-, Satz und Absatzebene sowie zusätzlich auf Textkonventionen wie Textsorten ▪ automatisiert
Revidieren	▪ parallel zum Verschriften ▪ Bezugspunkte: Wörter, allenfalls Sätze	▪ nach dem Verschriften ▪ Bezugspunkte: Wörter, Sätze, Absätze	▪ nach dem Verschriften ▪ Bezugspunkte: Wörter, Sätze, Absätze, gesamter Text

Abbildung 11: Entwicklung der Schreibprozesse (eigene Darstellung, basierend auf Berninger & Swanson, 1994, und Philipp, 2015 a)

In der **Primarstufe** ist das Verschriften der dominante Teilprozess, was sich über den Schriftspracherwerb erklären lässt, bei dem es darum geht, die Konventionen der Schriftsprache zu erlernen und selbst technisch korrekt zu verschriften. Mit dieser Aufgabe sind Primarschulkinder zum Teil vollständig hinsichtlich ihres Arbeitsgedächtnisses ausgelastet, sodass für das Planen und das Revidieren kaum Kapazität bleibt. Das erklärt, warum Planungsaktivitäten sich nur auf den nächsten Satz beziehen und es bei den Revisionen eher zu Veränderungen auf Wort- und maximal Satzebene kommt. Die Aufgabe für Kinder besteht darin, das Verschriften so weit zu automatisieren (sei es mental, sei es in der graphomotorischen Ausführung), dass sie ihre mentale Kapazität für die anspruchsvolle Planung und Revision von Texten nutzen können. Das eben skizzierte Vorgehen beim Schreiben ist inhaltlich stark mit dem im Teilkapitel 4.1 beschriebenen assoziativen Schreiben verwandt.

Mit dem Übergang in die **Mittelstufe** kommt es zu bedeutenden Veränderungen, die sich im performativen Schreiben aus Teilkapitel 4.1 ebenfalls zeigten. Grund dafür ist die zunehmende Automatisierung des Verschriftens nebst einer effizienteren mentalen Koordination des umfassenden Schreibprozesses mit seinen Teilprozessen. War es für das Schreiben in der Primarstufe noch typisch, dass alle Teilprozesse parallel abliefen (und sich damit tendenziell stören können) und eher auf kleineren Ebenen des Textes stattfanden, so kommt es nun zu zwei bemerkenswerten Veränderungen:

- Erstens findet eine zeitliche Zerdehnung statt: Das Planen erfolgt (eher) vor dem Verschriften und das Revidieren (eher) danach.
- Zweitens wird die Textmenge größer und mit ihr der jeweilige Bezugspunkt bei den Teilprozessen des Schreibens. Die Korngröße steigt damit an.

In der **Oberstufe** ist diese Fortschrittslogik noch weiter vorangeschritten. Das lässt sich an den umfassenderen Revisionstätigkeiten besonders gut demonstrieren, denn diese erstrecken sich nun auf diverse Ebenen des Textes. Selbiges ist für das Planen anzunehmen, aber diesen Teilprozess bedient das Modell von Berninger und Swanson (1994) leider nur am Rande. Andere Modelle (etwa von Bereiter & Scardamalia, 1987) spezifizieren dies stärker aus. Zudem liegen empirische Hinweise darauf vor, dass Planungsprozesse im späten Jugendalter tatsächlich umfassender vor dem eigentlichen Verschriften stattfinden (Álvarez-Fernández & García-Sánchez, 2014).

4.3 Modell 3: Wissen erzählen, transformieren oder herstellen

Ein klassisches Modell zu unterschiedlichen Vorgehensweisen an verschiedenen Zeitpunkten des Erwerbs von Schreibkompetenz haben die beiden Forscher Carl

Bereiter und Marlene Scardamalia im Jahr 1987 vorgelegt. Dieses Modell hat im Jahr 2008 der Psychologe Ronald Kellogg noch erweitert und aus dem ursprünglich als Zwei-Phasen-Modell konzipierten Modell ein Drei-Phasen-Modell gemacht (s. Abbildung 12). In dieser aktuellsten Fassung gibt es damit drei große Phasen, die einen Zeitraum von mindestens zwanzig Jahren Erfahrungen mit dem Schreiben abdecken:

1) „Wissen erzählen",
2) „Wissen transformieren" und
3) „Wissen herstellen".

Jede dieser Phasen nimmt einen Zeitraum von zehn Jahren der Übung ein, und innerhalb dieser Phasen vollzieht sich natürlich eine Entwicklung, sodass die drei Phasen nicht ein homogenes Schreiben meinen, sondern grobe und große Gefäße für bestimmte typische Vorgehensweisen beim Schreiben bilden (Hayes, 2012 b).

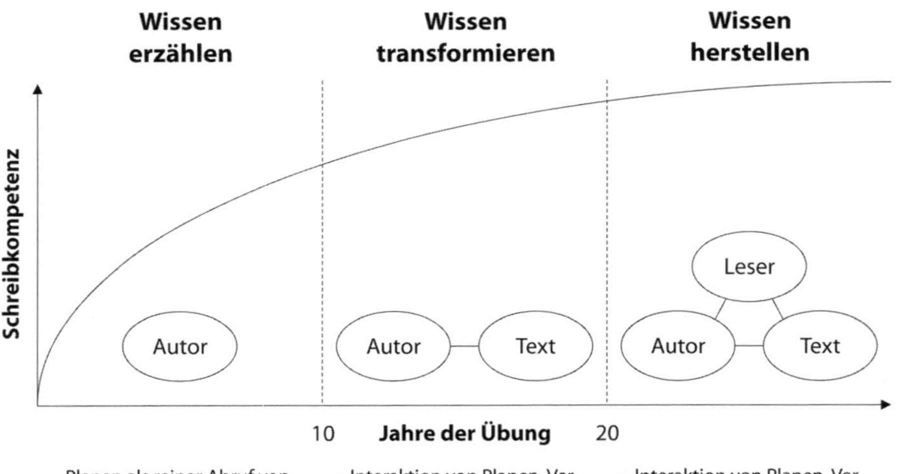

Abbildung 12: Drei Hauptstufen bei der Entwicklung der Schreibkompetenz (eigene Darstellung basierend auf Kellogg, 2008, S. 4, mit Modifikationen)

Die erste Phase, das **Erzählen des Wissens**, bezeichnet eine Vorgehensweise, bei der Schreibnovizen ausgehend von ihrem Vorwissen und mit wechselndem Fokus Texte schreiben. Gerade jüngere Schreibnovizen, die am Beginn des Schreibkompetenzerwerbs stehen, wechseln die Themen relativ assoziativ, da sie sich stark am entstehenden Text orientieren und Inhalte ad hoc generieren und so lange in den Text integrieren, bis ihr Ideenvorrat erschöpft ist. Insofern dokumentieren diese Texte einen aufgeschriebenen Planungsprozess und sind wenig adressatenorientiert. Die Leser sind vielmehr gefragt, selbstständig und nachträglich die Kohärenz des Textes herzustellen. Bei Schülern konnte allerdings beobachtet werden, dass dieses Vorgehen nicht die am häufigsten zu beobachtende Variante des Schreibens ist. Bereits jungen Schreibern gelingt es, Texte zu verfassen, die sich erkennbar auf ein Thema konzentrieren und im Falle älterer Schüler mit Unterthemen angereichert werden (Hayes, 2012b).

In den eben angedeuteten Veränderungen der Texte, die mit einem erhöhtem Maß an Planung zu tun haben, liegt der Hauptunterschied vom Erzählen des Wissens im Vergleich zum **Transformieren des Wissens**, der zweiten Hauptphase. Hier ist – anders als in der Hauptphase zuvor – dem Schreiber nicht nur präsent, was er schreibt. Er hat nun durch ausreichende Übung und Erfahrung Kapazitäten im Geist dafür frei, um zu überprüfen, ob das Gedachte auch im Text adäquat auftaucht. Damit beginnen Planen, Verschriften und Revidieren als die Hauptprozesse des Schreibens dynamisch zu interagieren. Es erfolgt ein umfassenderes Planen nebst einer systematischeren Überprüfung, ob die Inhalte angemessen (etwa dem Schreibanlass, mit Blick auf die intendierte Wirkung, passend für die Adressaten etc.) im Text enthalten und organisiert sind. Dafür verantwortlich ist eine sogenannte „Problemlösezone“, innerhalb der eine schreibende Person parallel zwei Fragen beantwortet und klärt. Das ist zum einen die Frage „Was will ich sagen?“ als planerisch-inhaltliche Frage und zum anderen die Frage „Wie drücke ich es aus?“, mittels derer rhetorische Aspekte behandelt werden. Die Klärung der einen Frage impliziert die Klärung der anderen Frage (genau dies bezeichnet der Vorgang der Wissenstransformation), sodass am Ende ein hochdynamischer Problemlöseprozess während des Schreibens zum Gelingen des aktuellen Schreibprojekts führt. Dadurch gelingt es Schreibern, ihr Wissen adressaten- und zielgerichtet im Schreibprozess zu arrangieren, um dadurch Erfolg bei der schriftsprachlichen Kommunikation zu erzielen.

In der letzten Phase des Modells, dem **Herstellen des Wissens**, kommt hinzu, dass die Schreiber im Geist nicht nur

1) eigene Wissensbestände und
2) deren mögliche und faktische Verschriftung verfügbar halten. Flankiert wird dies von
3) der mentalen Vorstellung, wie die angestrebten Leser auf den Textinhalt reagieren könnten.

Dies macht das Schreiben noch einmal zusätzlich anspruchsvoller für die Schreiber. Gerade die dritte Repräsentation von Informationen beeinflusst stark das Planen und Revidieren, weil Schreiber Reaktionen antizipieren und im Schreibprozess nutzen. Um das zu schaffen, benutzen sie nachweislich sehr viele Schreibstrategien (Kellogg, 2006; Patterson-Hazley & Kiewra, 2013; Zimmerman & Risemberg, 1997). Dadurch optimieren sie ihren anspruchsvollen Schreibprozess gezielt. Und: Diese Vorgehensweisen von professionellen Schreibern lassen sich auch Schülern vermitteln, wobei jene Vorgehensweisen besonders effektiv sind, die unmittelbar die eigenen kognitiven Schreibprozesse betreffen (Santangelo, Harris & Graham, im Druck).

4.4 Zusammenfassung

Der sich in den bisherigen Ausführungen zu den drei Modellen deutlich abzeichnende umfassende Schreibkompetenz-Erwerb ist Ausdruck von Veränderungen verschiedenster Art. Schaut man sich weitere Forschungsliteratur zum umfassenden Kompetenzerwerb an (Alamargot & Chanquoy, 2001; Alexander, 2003; Becker-Mrotzek, 2014; Bereiter & Scardamalia, 1987; Glaser, 1996; Graham & Harris, 2000; Kellogg, 2008; McCutchen, 2011), so zeigen sich deutliche **Unterschiede zwischen Novizen und Experten** des Schreibens, also Personen mit sehr geringer bzw. sehr hoher Schreibkompetenz. Die Experten sind den Novizen systematisch überlegen, denn sie zeichnen sich durch Folgendes aus:

- eine effizientere Gedächtnisnutzung;
- eine höhere Automatisierung von basalen Schreibfähigkeiten;
- zunehmende und immer systematischere Wissensbestände sowohl im schreibbezogenem Wissen als auch im allgemeinen Welt- und Vorwissen;
- die Nutzung effektiverer und komplexerer Schreibstrategien für das Planen und das Revidieren von Texten;
- eine zunehmende Transformation von mental repräsentierten möglichen Inhalten in eine rhetorisch bessere und stärker adressenorientierte Form im Schreibprozess und -produkt;
- umfassendere kognitive Repräsentationen von Problemen, die den Schreibprozess bzw. das Textprodukt betreffen;
- eine stabiler werdende Schreibmotivation, die immer weniger auf situative Merkmale angewiesen ist;
- eine zunehmende Autonomie beim Schreiben und immer weniger Einflussnahme durch andere, etwa Eltern, Mentoren oder Lehrpersonen.

Um Missverständnissen vorzubeugen: Ein solch umfassender Erwerb von Schreibkompetenz, wie er aus den Schilderungen dieses Teilkapitels hervorgeht, ist nicht das Ergebnis von Reifungsprozessen allein (zumal wir nicht mit der Fähigkeit zu schreiben geboren werden), sondern der aktiven Auseinandersetzung mit dem Schreiben und dessen Vermittlung in der Schule (Graham & Harris, 1997), aber auch anderen Kontexten. Der letzte Punkt aus der oben stehenden Liste unterstreicht zusätzlich ausdrucksvoll, dass der Kompetenzerwerb (immer auch) eine soziale Angelegenheit ist. Um diese wichtige Thematik geht es im nun folgenden Kapitel.

5 Schreibsozialisation – oder: Wie wird man zu (k)einer schreibenden Person?

Im Teilkapitel 3.2.2 wurde gezeigt, dass es für Testleistungen von Nachteil sein kann, wenn individuelle Merkmale wie das biologische Geschlecht oder aber familiale Merkmale wie Bildungsabschlüsse der Eltern oder monetäres Einkommen ungünstig ausfallen. Aber warum ist es von Nachteil, wenn man als Junge Texte schreibt (übrigens historisch recht stabil: Nowell & Hedges, 1998)? Und was hat Armut damit zu tun, die ja ebenso wenig wie die Bildung der eigenen Eltern direkt mit dem Schreiben zusammenhängen kann? Hier sind komplexere Dynamiken und Prozesse angesprochen, die man unter dem Begriff „Schreibsozialisation" zusammenfassen kann.

Unter **Schreibsozialisation** sollen hier – in Anlehnung an die Lesesozialisationsdefinition (Hurrelmann, 1999) – sämtliche Prozesse und Dynamiken verstanden werden, die über die gesamte Lebensspanne und bei diversen Textsorten bzw. Schreibanlässen die Schreibmotivation, das Schreibverhalten und die Schreibkompetenz beeinflussen. Es handelt sich dabei um ein hochdynamisches Geschehen, in dem individuelle Anteile ebenso auftauchen wie soziale Einflüsse. Diese sozialen Einflüsse erfolgen in sozialen Interaktionen in verschiedenen Kontexten wie Schule, Ausbildung, Beruf, Studium, aber auch in privaten Kontexten wie Freundeskreis und Familie und zu guter Letzt in medialen Kontexten wie dem Internet mit seinen zahlreichen Schreibsituationen.

Der Ausdruck „Schreibsozialisation" ist – anders als der der Lesesozialisation – noch nicht breit etabliert. Das mag damit zu tun haben, dass das Schreiben gewissermaßen ein ‚Stiefkind' oder die ‚kleine Schwester' des Lesens bildet. Auch der große Aufwand, Schreibkompetenzen angemessen zu erfassen, mag dafür verantwortlich sein, dass die Wissenslücke derzeit noch recht groß ist. Das ist deshalb so misslich, weil es ja durchaus auf großer Datenbasis Hinweise darauf gibt, dass sich verschiedene Bevölkerungsgruppen in den USA in ihrer Schreibleistung systematisch unterscheiden (Teilkap. 3.2.2). Dasselbe gilt auch für den deutschen Kontext, in dem für Neuntklässler gezeigt werden konnte, dass Jungen schlechtere Testleistungen bei der Schreibkompetenz erbrachten, dass systematische Schulformunterschiede bestehen und dass ein Migrationshintergrund (also Schüler mit Deutsch als Zweitsprache oder mehrsprachig Aufwachsende) sich in niedrigeren Testleistungen im Vergleich mit Muttersprachlern niederschlägt. Den letztgenannten Fakt kommentierten die Autoren so: „Die Unterschiede zwischen den so gebildeten Gruppen sind die größten auffindbaren [...] überhaupt.“ (Neumann & Lehmann, 2008, S. 101). Aber wie lassen sie sich erklären?

Mit solchen Fragen beschäftigen sich diverse Disziplinen, aber wie es der Begriff „Sozialisation“ schon nahelegt, dominieren soziologische Theorien, denen es darum geht, das Verhältnis von Individuum, Gruppen und Gesellschaft präzise zu beschreiben. Hier hat die Lesesozialisationsforschung schon vielfältige Befunde erbracht (Philipp, 2011). Im deutschsprachigen, aber auch im angelsächsischen Raum gibt es zur Schreibsozialisation bislang nur vereinzelte kleine Fallstudien (etwa Compton-Lilly, 2014; Hull & Schultz, 2001; Matthiesen, 2010). Im angelsächsischen Raum hat sich vor allem die „New Literacies“-Forschung mit den sozialen Gebrauchsweisen von Schriftlichkeit befasst, auch hier überwiegen Studien mit geringer Fallzahl und zum Teil sehr spezifischen Fragestellungen und Untersuchungsteilnehmern, die allein schon wegen ihrer methodischen Beschaffenheit (häufig: ethnografische Zugänge) wenig dazu geeignet sind, generalisierende Aussagen zur Schreibsozialisation zu treffen (Street, 2012; im Überblick: Coiro, Knobel, Lankshear & Leu, 2008). Wegen der deutlich komfortableren Forschungslage in der Domäne Lesen sollen an dieser Stelle die Befunde der Lesesozialisationsforschung vorsichtig konsultiert werden. Nicht alles lässt sich eins zu eins auf das Schreiben übertragen. Doch dort, wo es sinnvoll wirkt, soll dies erfolgen.

Um einen ersten, illustrierenden Einblick in die Zusammenhänge von sozialen Kontexten, individuellen Merkmalen und Schreibleistungen zu gewähren, sei an dieser Stelle eine österreichische Studie angeführt (Rindermann, Michou & Thompson, 2011). In jener Studie wurden Primarschulkinder der vierten Klasse ebenso untersucht wie Siebtklässler aus Hauptschulen und Gymnasien. Dabei wurden bei den Kindern insgesamt drei Bereiche getestet bzw. zwei Merkmale zur Familie erfragt:

1) **Schreibleistungen:** Anders als in der Definition von Schreibkompetenz aus Teilkapitel 2.1 hat man die Leistungen in der Studie auf Wort- und Satzebene erfasst. Das meint hier die Anzahl geschriebener Wörter innerhalb einer vorgegebenen Zeit, den Anteil seltener Wörter, den Anteil grammatisch korrekt verwendeter Wörter und den Anteil hinsichtlich ihrer Rechtschreibung korrekt geschriebener Wörter. Aus diesen vier Indikatoren wurde ein Gesamtwert bestimmt.

2) **Intelligenz:** Mithilfe eines standardisierten Intelligenztests wurden sowohl sprachliche (hier: Synonyme finden) als auch mathematische Fähigkeiten (hier: Zahlenreihen fortsetzen) gemessen.
3) **Mentale Verarbeitungsgeschwindigkeit:** Hier sollte die Automatisierung bei der Informationsverarbeitung erfasst werden, indem die Heranwachsenden den vorherigen/nachfolgenden Buchstaben, eine vorgängige/nachfolgende Zahl und eine Uhrzeit zehn Minuten vor oder nach einer Uhrzeit aufschreiben. Je mehr Aufgaben sie bearbeiteten, desto höher war ihre Verarbeitungsgeschwindigkeit.
4) **Bildung der Eltern:** Die Heranwachsenden bzw. die Eltern der Kinder aus vierten Klassen sollten angeben, welche schulische und berufliche Bildung die Eltern absolviert hatten.
5) **Anzahl der Bücher im Haushalt:** Als Indikator der Bildungsnähe wurde auch der Besitz von Büchern erfragt, und zwar zum einen im Elternhaus und zum anderen seitens des Schülers.

Mittels der gewonnenen Daten wurden dann statistische Verfahren (sogenannte „Pfadanalysen“) durchgeführt. In solchen Analysen geht es darum, die Stärke von Zusammenhängen zu bestimmen. Dabei gibt man als Forscher die Richtung der Pfade vor, um zu erfahren, wie stark der statistische Zusammenhang zwischen zwei Variablen ist, wenn man weitere Variablen und ihre Verbindungen untereinander rechnerisch berücksichtigt. Man erhält so etwas wie „Netto-Effekte“, die man aber in diesem Fall nicht als Kausalitätsbezeichnungen werten darf, weil das Studiendesign mit seiner einmaligen Befragung solche Aussagen zum Wirkgefüge nicht zulässt. Die Ergebnisse der Studie sind in Abbildung 13 dargestellt.

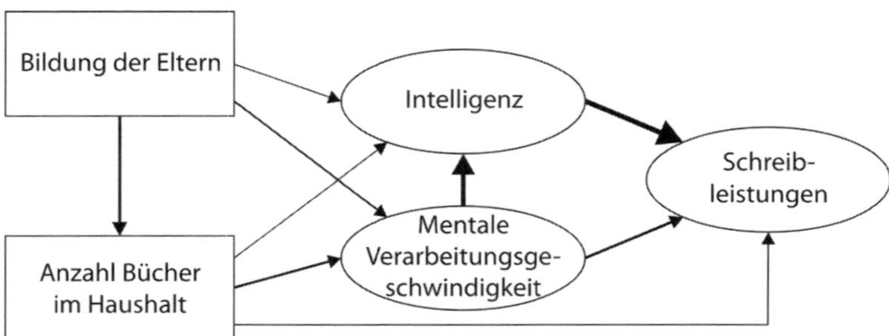

Abbildung 13: Pfadmodell zum Zusammenhang zwischen familialen Merkmalen und kognitiven Individualmerkmalen sowie der Schreibleistung von Kindern und Jugendlichen (Quelle: eigene Darstellung, basierend auf Rindermann et al., 2011, S. 565; die Stärke der Pfeile gibt die Effektstärke wieder: je dicker, desto stärker der Zusammenhang; sämtliche Effekte sind positiv)

Wie lassen sich diese Zusammenhänge verstehen? Man hat sich dafür interessiert, was rechnerisch Leistungsdifferenzen bei den Schreibleistungen voraussagt. Da Schreiben zuvorderst eine kognitive Angelegenheit ist (Teilkap. 2.2), nahm man an, dass kognitive Maße besonders wichtig sind. Das zeigte sich tatsächlich. Es gab große Pfadstärken von der **Intelligenz** auf die Schreibleistungen. Daneben zeigte sich, dass auch eine hohe **mentale Verarbeitungsgeschwindigkeit** mit höheren Testleistungen beim Schreiben korrespondiert. Dieser direkte Effekt wird auch noch durch einen eigenständigen „Umweg“ der mentalen Verarbeitungsgeschwindigkeit über die Intelligenz, also einen indirekten Effekt flankiert. Rein rechnerisch haben beide kognitiven Maße einen relativ ähnlichen Effekt auf die Schreibleistungen.

Aber es gibt auch noch weitere bemerkenswerte Ergebnisse. So korrespondiert eine höhere Zahl von **Büchern im Elternhaus** mit besseren Testleistungen beim Schreiben. Auch die beiden kognitiven Maße hängen mit der Zahl der Bücher zusammen, wobei dieser Zusammenhang bei der mentalen Verarbeitungsgeschwindigkeit stärker ist. Ihrerseits ist aber die Anzahl der Bücher daheim mit der **Bildung der Eltern** assoziiert: Je gebildeter die Eltern sind, desto bessere Testleistungen ergaben sich zudem bei den kognitiven Leistungsmaßen des Nachwuchses.

Alles in allem gibt es also komplex zu benennende Beziehungen zwischen verschiedenen Merkmalen – und das schon bei einer recht überschaubar wirkendenden Anzahl von nur fünf Variablen. Diese Komplexität ist einerseits typisch für eine so anspruchsvolle und komponentenreiche Aktivität wie dem Schreiben (Teilkap. 2.2). Andererseits ist sie auch typisch für sozialisatorische Prozesse, in denen individuelle und soziale Merkmale dynamisch interagieren.

5.1 Drei Beispiele für das Schreiben im Alltag von Jugendlichen

Schreiben ist eine Kulturtechnik, die in vielen Kontexten und Situationen stattfindet. Dennoch dominiert ein klar schulisch geprägtes Bild des Schreibens (längere, meist analytische Texte mit einem hohen Stellenwert der sprachformalen Korrektheit) die kollektive Vorstellung dessen, was unter „Schreiben“ zu verstehen ist. Solche Hochwert-Konzeptionen des Schreibens, die im Grunde nichts anderes als inhaltliche Verengungen sind, finden sich in ähnlicher Weise auch beim Lesen wieder, wo alltägliche Leseaktivitäten teilweise gar nicht als solche (an-)erkannt wurden (Pieper, Rosebrock, Wirthwein & Volz, 2004). Diese Dissoziationen beim Schreibbegriff und den Schreibpraxen ist in der Schreibforschung intensiv kritisiert worden (Hull & Schultz, 2001; Sturm & Weder, 2011). Aus diesem Grund sollen, ehe die einzelnen Ebenen und Akteure der Schreibsozialisation analytisch getrennt betrachtet werden, an dieser Stelle drei Fallbeispiele dargestellt werden, die die Vielfalt des Schreibens, aber auch die Probleme des schulischen Schreibens und Lernens von Heranwachsenden verdeutlichen (damit versteht sich dieses Teilkapitel dezidiert als Gegenstück zum Kapitel 8).

Das Beispiel 1 – der Schüler David – zeigt, wie eine unglücklich verlaufene Schulkarriere sich ändern kann, wenn sich die Beziehung zwischen einem Jugendlichen und einer Lehrerin verbessert und damit große Leistungssteigerungen einhergehen. Das zweite Beispiel – Jacques – illustriert, dass das Schreiben in schulischen und außerschulischen Kontexten buchstäblich zwei unverbundene Welten bildet. Das dritte Beispiel – Peter – ist überwiegend eine Erfolgsgeschichte eines Jungen, der trotz Widerständen und ungünstigen Ausgangsbedingungen zum Schreiber wird. Alle Beispiele eint, dass es rund um die siebte, achte Klasse schulische Schwierigkeiten gegeben hat.

Beispiel 1: David – „Die Lehrer sind das größte Ding, wenn sie ihre Aufmerksamkeit auf dich als Schüler, als Person richten und nicht als Schulnote“

Sogenannte „Underachiever“, also Schüler, deren Leistungsfähigkeit eigentlich hoch ist, die dieses Potenzial aber aus verschiedenen Gründen nicht einsetzen, gerieten in einer kleinen US-amerikanischen Studie mit vier männlichen Neuntklässlern in den Blick – einer von ihnen ist David (Daniels & Arapostathis, 2005). Die vier Jugendlichen wurden im Unterricht beobachtet und interviewt. Sie sind deshalb in den Blick geraten, weil sie aufgrund ihrer Testleistungen im Lesen, im Schreiben und in der Mathematik in bundesstaatweiten Tests eigentlich hätten eine High-School besuchen können. Doch hinsichtlich ihres vorherigen Notendurchschnittes waren sie trotz vorhandenen Potenzials zu schlecht. In der Studie stand das Schreiben nicht genuin im Vordergrund, aber es war häufig direkt oder indirekt Thema.

David unterscheidet wie die anderen Jugendlichen zwischen interessanten, anspruchsvollen sowie bedeutsamen Aufgaben zum einen und eher extrinsisch motivierenden Aufgaben zum anderen. Ihm geht es nicht darum, dass jemand ihn lobt: „Wenn man etwas Wichtiges beendet, dann ist es ziemlich cool, dass ich das getan habe“ (S. 45). Sein (Dis-)Engagement in der Schule ist demnach nicht unveränderlich, sondern hängt mit dem Wert der Aufgabe zusammen und verweist darauf, dass er sogar stolz auf die Aufgabenerledigung ist, wenn es sich denn um ein von ihm als bedeutsam erachtetes Ziel handelt. David bringt dies nochmals auf den Punkt: „Man muss ein Interesse an etwas haben, ehe man rausgehen will und es tut“ (S. 48).

Schriftliche Hausaufgaben scheinen für den Jugendlichen weniger motivierend zu sein. Er erledigt sie nur, um einer Strafe zu entgehen. An seiner Schule gibt es nämlich ein Bestrafungssystem: Wer seine Hausaufgaben nicht abliefert, muss nachsitzen.

Um nicht noch mehr Zeit in der wenig geliebten Schule zu verbringen, beugt sich David dem notwendigen Übel und erledigt deshalb die Hausaufgaben als reine Pflicht.

Noten sind David und den anderen Jungen egal, und deshalb sehen sie wenig Sinn darin, sich wegen der Noten anzustrengen. Zum Teil berichten sie davon, Wettbewerbe untereinander geführt zu haben, wer am schlechtesten ist (s. u.). Dennoch ist David Folgendes bewusst: „Man kann nicht in einem Fach gute Noten bekommen, das du nicht ausstehen kannst" (S. 45). Bei David sind es anscheinend die naturwissenschaftlichen Fächer, die motivational besonders negativ belegt sind: „Ich mochte Naturwissenschaften nicht … Ich war so schlecht … Ich saß die ganze Zeit nur herum" (S. 46).

David ist sich seiner ambivalenten Rolle als eigenverantwortlicher Lerner bewusst. Er sagt von sich mit Blick auf die Zukunft: „Alles, was man jetzt gerade macht, dient dazu, etwas Besseres in seinem Leben aufzubauen" (S. 48). Diesen auf Nützlichkeit und Langfristigkeit abzielenden Gedanken im Sinne einer Verwertbarkeit für das spätere Leben sieht David eher nicht im Kontext Schule. Er sagt: „Ich wurde müde, all dieses Zeug für nichts zu machen" (S. 48). Das Mechanische des Schulalltags wird aus einer Schilderung des Schulalltags in der Mittelstufe besonders deutlich:

> „Wenn du es [die Unterrichtsinhalte] nicht hinbekommen hast, musstest du die gesamte Mittagspause in einem Lerntandem verbringen, damit du es versuchst und es herausfindest. Also ging ich immer weiter zurück und stoppte es. Wir hatten sogar Wettbewerbe, wer den geringsten Notenspiegel bekommen kann. Es war in etwa so wie: ‚Oh, ich schaffe es sowieso nicht, das kann genauso gut sein wie, der Beste in etwas zu sein' oder so in der Art." (S. 49)

Die Schüler sind zwar gewillt, sich anzustrengen, aber werden die Aufgaben aus ihrer Sicht zu schwer, ziehen sie sich zurück. David beginnt dann Gespräche mit Mitschülern und lenkt diese dadurch zusätzlich ab. Dabei scheint dies ein Verhalten zu sein, das von der Lehrperson abhängt. David berichtet von einer früheren Lehrperson und einer Leistungsverweigerung, die anscheinend zum Schwänzen des Unterrichts geführt hat:

> „Das hat ihm den Eindruck vermittelt: Ich bin durch mit diesem Jahr … Ich habe irgendwie aufgehört, es in der Klasse versuchen, also schätze ich, hat er es aufgegeben, es mit mir in dieser Klasse zu versuchen. Also mochte ich ihn nicht mehr. Ich saß nicht mehr da und versuchte es und traf mich nicht mehr mit ihm, um mich zu entschuldigen, und so." (S. 52)

Wie wichtig der Kontext für die Motivation und das Engagement ist, zeigt ein Positivbeispiel. Offenkundig ist David an eine Lehrerin geraten, die ihn nicht nur als (schwachen) Leistungsträger wahrnimmt. Davids (teils auf schriftsprachlichen Leistungen basierender) Notendurchschnitt verbessert sich markant. Zum Schuljahresanfang hat David einen Notendurchschnitt von – auf deutsche Verhältnisse umgemünzt – 5 bis 6. Ein halbes Jahr später liegt er bei 1 bis 2. Seine Schilderungen fallen geradezu euphorisch aus: „Ich mag die Lehrerin. ... Es ist, als ob du mit einem Freund als Lehrer arbeitest, es ist cool“ (S. 51). Wie hoch die Bedeutung von Lehrpersonen für den Jugendlichen ist, wird sogar noch deutlicher: „Die Lehrer sind das größte Ding ..., wenn sie ihre Aufmerksamkeit auf dich als Schüler, als Person richten und nicht als Schulnote“ (S. 51).

Beispiel 2: Jacques – „I'm not a pencil man“

Jacques, zum Zeitpunkt der Studie 13 Jahre alt, lebt mit seinen Eltern und seinen Zwillingsgeschwistern in einer wohlhabenden, von Weißen geprägten Nachbarschaft in der australischen Hauptstadt Brisbane. Jacques ist im Unterricht oftmals wenig engagiert. Er ‚verliert‘ häufig seine Hausaufgaben, antwortet kaum auf Fragen von Lehrpersonen und kommentiert permanent mit leiser Stimme den Unterricht – sehr zur Belustigung der anderen Schüler. Seine Lehrer attestieren ihm große Schwierigkeiten beim Lesen und Schreiben, was er hingegen ausgezeichnet beherrscht, ist das Vereiteln lehrerseitiger Versuche, ihn zu involvieren. Er zählt buchstäblich die Tage, bis er die Schule endlich verlassen kann. In der ersten Klasse ist er sitzengeblieben. Im Rahmen eines Schreibworkshops, in dem es eigentlich darum geht, dass die Jugendlichen Geschichten schreiben sollen, verbringt Jacques die Zeit damit, über Tage hinweg in Hefte Texte von höchstens zehn Wörtern Länge zu schreiben. Die Mitschüler freut es, den Lehrer nicht. Jacques sagt von sich selbst: „Ich bin wie mein Vater. Ich bin kein Typ, der schreibt.“ (im Original: „I'm not a pencil man.“)

Jenseits der Schule nimmt Jacques aktiv an zwei Welten teil. Zum einen ist er als Mitglied der Zeugen Jehovas aktiv. Zum anderen – und wesentlich wichtiger – bildet die buchstäblich in Greifnähe liegende berufliche Zukunft im Familienbetrieb einen wichtigen Antrieb zum Schreiben. Jacques' Vater besitzt ein Bagger-Unternehmen, in das der Sohn einsteigen will. Damit geht einher, dass Jacques für die in Aussicht stehende Rolle diverse Schreibaktivitäten daheim absolviert. An seinem eigenen Computer schreibt und erstellt Jacques professionell wirkende Flyer, in denen er für einen Mähservice in der Nachbarschaft wirbt. Der Flyer verspricht wortwörtlich Effizienz und Zuverlässigkeit und enthält Zitate von zufriedenen Kunden. Damit beweist Jacques, dass er – anders als in der Schule – hohe Schreibkompetenzen besitzt, die er zielgerichtet einzusetzen weiß, wenn es einem ihn motivierenden Ziel dient (Darstellung nach Hull & Schultz, 2001, S. 591 f.).

Beispiel 3: Peter – „Ich bin kein Poet, sondern eher ein ‚Artist der Wörter‘“

Den ausgesprochen seltenen und damit echten Glücksfall einer echten Längsschnittstudie mit langem Verlauf (zehn Jahre) bildet eine Einzelfalldarstellung eines afroamerikanischen Jungen (Compton-Lilly, 2014). Peter, so das Pseudonym, und seine Verwandten (Mutter bzw. Großmutter) wurden in Klasse 1, 5, 8 und 11 von einer Forscherin begleitet, die in den ersten drei Zeitpunkten zugleich die Lehrerin des

Jungen war. Es wurden diverse Daten erhoben (Interviews, Schreibaufgaben, Feldnotizen bei Hausbesuchen und im Unterricht etc.), von denen in dieser Darstellung nur ein Teil einfließt.

Der Ort, an dem die Studie ihren Ausgangspunkt hat („Cityville“ genannt), ist speziell. Die Primarschule liegt in einer Gegend, die hinsichtlich der Kinderarmut den elfhöchsten Rang in den USA innehat. An die Rosa Parks Elementary School gehen demnach nur Kinder aus Elternhäusern mit dem niedrigsten sozioökonomischen Status. 97 Prozent der Kinder sind auf ein preisreduziertes oder sogar völlig kostenfreies Mittagessen angewiesen. Wer in dieser Gegend aufwächst, hat dezidiert schlechte Ausgangsbedingungen im Leben.

In Klasse 1 beschreibt die Lehrerin/Forscherin Peter als freundlichen und zuverlässigen Jungen, der zudem einer der leistungsstärksten Schüler in puncto Lesen in seiner Klasse ist:

> „Peter ist immer gut angezogen. Er bringt häufig Bücher von Zuhause mit, um sie in der freien Lesezeit mit anderen zu teilen. Peter liebt es, anderen eine Freude zu bereiten. Er arbeitet hart und ist fokussiert. Er ist ein netter junger Mann mit einer freundlichen Persönlichkeit und einem Sinn für Selbstsicherheit.“ (S. 382)

Dabei kommt Peter aus schwierigen Verhältnissen. Er lebt mit seiner Familie in einer Wohnung, die sozial unterstützt wird und alleinerziehenden Müttern dabei helfen soll, ihr Leben wieder in geordnete Bahnen zu lenken. Peters Mutter verlässt den Wohnkomplex nach kurzer Zeit, weil sie sich sicher genug fühlt, selbstständig zu leben. Sie hat einen festen, aber finanziell nicht sehr einträglichen Job im Kundenservice einer Telefongesellschaft.

Im ersten Interview berichtet die Mutter, dass Peter über 100 Bücher besitzt. Sie erzählt außerdem davon, dass ihre eigene Mutter und ihre Tante begeisterte Leserinnen seien und sie selbst immer von Büchern umgeben sei. Die Großmutter der Mutter gibt ihrer Enkelin Hinweise, wie sie ihren Sohn Peter beim Lesen unterstützen kann. Peter bekommt als Erstklässler zudem lesebezogene Unterstützung von älteren Kindern in der Tagesbetreuung: „Manchmal helfen sie mir aus, wenn ich Hausaufgaben aufhabe und wenn ich nicht weiß, was die Wörter bedeuten“ (S. 383). Seine Mutter legt außerdem großen Wert darauf, dass Peter sich Fähigkeiten im Umgang mit Computern aneignet. Daheim gibt es keinen Rechner, sodass er auf andere Kontexte ausweichen muss.

Als Peter in die erste Klasse kommt, hat er bereits die Phonem-Graphem-Korrespondenz verstanden und kann gut Geschichten schreiben, die die Lehrerin amüsieren. Was Peter schon früh auszeichnet, ist seine Art, schulischen Anforderungen an das Lesen und Schreiben zu genügen. Er versteht, dass man beim Lesen Texte dekodieren und verstehen soll, und liest Texte gern. Gleiches gilt für das Schreiben: Peter will Konventionen in Bezug auf Textorganisation, Genre, Stil und Aussehen befolgen. Das zeigt sich darin, dass er gern die Rechtschreibung beherrschen will, ihm Leserlichkeit wichtig ist und er beispielsweise mit seinen Cousins

Schule nachspielt und ihnen aufträgt, sie sollen abschreiben, was er selbst geschrieben hat. Dieses Verhalten differenziert sich in höheren Klassen noch stärker aus, sodass Peter in Klasse 11 in diversen Genres qualitativ hochwertige Texte verfasst, die kohärent, gut strukturiert und bewegend sind.

Im Laufe der gesamten Studiendauer zeichnet sich bei Peter ein Trend ab, der sich drei Hauptthemen zuordnen lässt:

1) der Wunsch, ein guter Schüler zu sein,
2) die Verbindung von Lesen, Schreiben und Freundschaften bzw. anderen sozialen Beziehungen sowie
3) zukünftige Ziele.

Zunächst zu dem **Streben, ein guter Schüler zu sein**: Diese Disposition deutet sich schon im obigen Zitat aus den Feldnotizen der Lehrerin an („Peter liebt es, anderen eine Freude zu bereiten"). Dies zeigt sich ebenfalls in anderen Beobachtungen konsistent. Als Peter mit seinen Cousins Schule spielt, nutzt er selbstverständlich schulische Regeln wie „Kämpft nicht!" oder „Lauft nicht auf den Gängen herum!". Peters Mutter berichtet in Klasse 1, dass ihr Sohn „solch eine Freude daran hat, zur Schule zu gehen. Er liebt seine Lehrer und Mitschüler." (S. 391) In Klasse 5 ist ihr Urteil nahezu identisch.

In Klasse 8 verliert die Forscherin den Kontakt zur Familie. Die Mutter ist mit Peter und seinem Bruder nach New York zu einem neuen Ehemann gezogen, aber die Ehe wird geschieden, und Mutter und Söhne kehren zurück nach Cityville. Über diese Zeit in New York sagt Peter: „Als wir dort unten waren, war ich nicht gut [in der Schule]." (S. 392). Er führt aus:

> „Ich bin zu Hause geblieben und so, weil es dort draußen etwas zu gefährlich für mich war. Ich bin in viele Kämpfe dort unten geraten ... Es war, als ob sie einfach um die Straßenecke kommen und mit dir anfangen. In Cityville habe ich nie gekämpft." (S. 392)

Das Schwänzen und das schwierige soziale Umfeld bleiben nicht ohne Folgen: Peters Schulleistungen sacken rapide ab. Vor dem Umzug hat er in aller Regel Einsen und Zweien bekommen, nun aber ist seine Versetzung wegen schlechter Noten gefährdet. Nach der Rückkehr aus New York arbeitet Peter hart daran, versetzt zu werden. Er berichtet von seiner Rückkehr nach Cityville in einem Text und schreibt: „Jetzt macht Schule Spaß und ebenso das Lernen. Und alles läuft großartig." (S. 394)

Das zweite Thema in Peters Biografie ist die **enge Verknüpfung von schriftsprachlich geprägten Aktivitäten und sozialen Beziehungen.** Bereits in Klasse 1 ist das deutlich, wie sich seine Großmutter erinnert: „Als die Kinder in der Tagesbetreuung waren, erzählte er für gewöhnlich den Kindern Geschichten. Und er war ja selbst noch ein Kind." (S. 393) In Klasse 5 liebt Peter es, wenn er zusammen mit anderen Buchberichte schreibt, bei denen alle Schüler mit den Inhalten des Textes übereinstimmen. Er ist begeisterter Leser von Horror- und Mysterybüchern (z. B. die Fear

Street-Reihe von R. L. Stine). Peter tauscht Bücher mit seinen Freunden und seinem Bruder.

Peter hilft von Anfang an seinen Freunden und ist ihnen Vorbild, und seine Freunde sind ihm absolut wichtig:

> „Wenn ich sie nicht hätte, wüsste ich nicht, was ich tun würde. Es ist so, dass einige meiner Freunde nicht gut [in der Schule] sind und so, ich würde das [= ihnen helfen] für sie tun und so, weil sie mir manchmal sagen, dass sie an mich glauben." (S. 394)

Wie stark die Wertschätzung und Einbindung in seinen Freundeskreis ist, wird aus einem seiner Texte deutlich: „Erst am zweiten Tag bemerkten meine alten Freunde, dass ich zurück war. Es gab den ganzen Monat Küsse und Umarmungen für mich. Ich fühlte mich vermisst, und ich fühlte mich wie zu Hause." (S. 395)

Trotz der Schwierigkeiten in Brooklyn, New York, berichtet Peter von einer für ihn wichtigen Begebenheit in der Schule, die ihn erstmalig in den Interviews davon sprechen lässt, ein Schreiber zu werden. In New York schreibt er täglich in der Schule. Er muss nun keine Aufsätze mehr schreiben und berichtet über seine Lehrerin, dass sie die Schüler frei über ihre Gefühle und anderes schreiben lässt. Sein finaler Kommentar zu seiner Englischlehrerin aus New York ist sehr positiv: „Bevor ich ging, sagte sie, ich sei der beste Schüler in ihrer Klasse. Sie sagte mir, dass ich mit all dem, was ich mitbringen würde, ein Schreiber werden könne." (S. 394)

Dieses ermutigende Signal reicht bis nach Cityville. Peter berichtet davon, dass er seiner dortigen Englischlehrerin Bücher mit seinen eigenen Geschichten und Gedichten gibt und von ihr Rückmeldungen erhält. Er nimmt außerdem in der achten Klasse an einem Gedichte-Wettbewerb der Schule teil, und er erhält, obwohl er ihn nicht gewinnt, positive Rückmeldungen von der Englischlehrerin, die in der Jury sitzt. Sie sagt zu ihm, dass seine drei Texte eigentlich hätten gewinnen müssen. Anerkennung erhält Peter dennoch, denn die Lehrerin verleiht ihm und seiner ebenfalls viel schreibenden Freundin am Schuljahresende einen Preis für das Schreiben. Peter und seine Freundin sind die einzigen Preisträger. In der elften Klasse – Peter ist inzwischen an der High-School – ist das Schreiben längst zur Routine geworden. Peter und seine Freunde schreiben viel und lesen die Texte der anderen während der Mittagszeit. Peter berichtet davon, dass er seit zwei Jahren an einem Buch schreibt, einer Straßengeschichte, einer Ghetto-Geschichte.

Die dritte Thematik betrifft die **Zukunftsziele**. Schon in Klasse 1 ist Peter der Wert des Schreibens klar, denn er benennt gleich zwei Gründe für die Notwendigkeit des Schreibens: schulischen Erfolg und Berufsaussichten. In Klasse 11 äußert sich Peter darüber, Journalismus studieren zu wollen und deshalb an seinen inzwischen schlechteren Noten (im Durchschnitt zwischen 2 und 3) zu arbeiten. Der Weg zum professionellen Schreiben ist aber gefährdet. Ernsthafte Informationsrecherchen oder Pläne für das Bewerbungsverfahren hat Peter nicht, ihm und seiner Großmutter, bei der er nun lebt, scheinen wichtige Informationen zur Zulassung zu fehlen. Ein weiteres Hindernis besteht darin, dass er die Hausaufgaben vernachlässigt. Sein Englisch-Lehrer bezweifelt eine Zukunft als professioneller Schreiber. Peter sei ins Trudeln geraten, sagt er. In gewisser Weise schlägt sich dies auch in seinen Texten nieder. Schreiben ist nun etwas geworden, das ihm dabei hilft, schwierige und belastende Zustände zu verarbeiten. Er schreibt Tagebuch. Und Gedichte wie dieses, dessen Anfang eindrucksvoll die Zwecke des aktuellen Schreibens illustriert (S. 384):

Kein Poet

Ich bin kein Poet
Sondern eher ein „Artist der Wörter"
Ich weiß, was ich verwende
Wann ich es verwende
Und wo
Warum?
Entfremdung
Um als die romantische Seele erkannt und anerkannt zu werden, die ich bin

5.2 Ebenen und Instanzen der Schreibsozialisation

Sozialisation im Allgemeinen und Schreibsozialisation im Besonderen vollzieht sich im Wechselspiel zwischen einzelnen Individuen und der Gesellschaft. Dieses Wechselspiel kann aber kaum sinnvoll als direkte Interaktion zwischen amorpher und abstrakter Gesellschaft auf der sogenannten „Makro-Ebene" und dem ganz konkreten einzelnen Menschen auf der „Mikro-Ebene" begriffen werden. Stattdessen geht man – zumindest in der Lesesozialisationsforschung – davon aus, dass auf einer mittleren „Meso-Ebene" vermittelnde Akteure in Gruppen (sogenannte Sozialisationsinstanzen) dafür sorgen, dass die gesellschaftlich gewünschten schriftsprachbezogenen Wertvorstellungen bei den Individuen ankommen (oder eben auch: nicht ankommen; s. Abbildung 14). Diese Instanzen sind im Einzelnen: die Familie, die Schule und die Peers. In alltäglichen Interaktionen des Individuums mit Vertretern der jeweiligen Instanzen vollzieht sich dann das konkrete Geschehen (Groeben & Hurrelmann, 2004 b). Ehe es um dieses konkrete Geschehen geht, sollen die drei Ebenen und die Akteure bzw. Sozialisationsinstanzen kurz skizziert werden.

Auf der obersten Ebene, der **Makro-Ebene**, sind schreibbezogene Normen zu verorten, also gesellschaftliche Zuschreibungen, erstens dass Schreibkompetenzen und Schreiben gewollt sind und zweitens welche Funktionen Schreiben erfüllen soll (Teilkap. 5.3). Gemeinhin werden solche Zuschreibungen, zumal wenn es sich um „Schlüsselqualifikationen" handelt, über das Konzept der

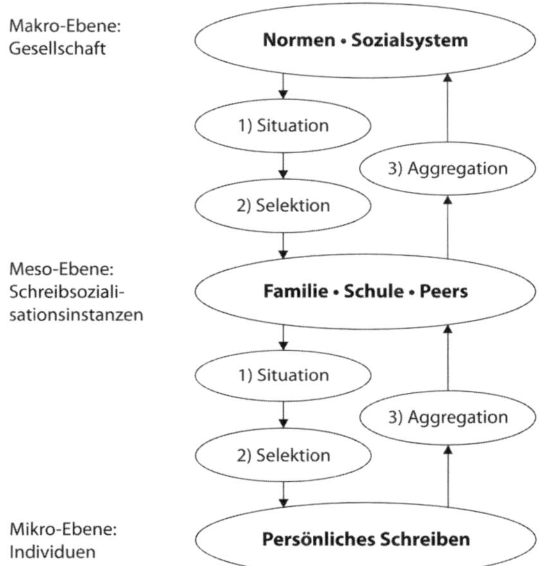

Abbildung 14: Ebenen und Instanzen der Schreibsozialisation (eigene Darstellung, basierend auf Groeben, 2004b)

gesellschaftlichen Teilhabe bzw. des gesellschaftlich handlungsfähigen Subjekts (quasi ein „schreibmündiger Bürger") legitimiert (Groeben & Hurrelmann, 2004a). Dieser Grundgedanke findet sich auch in großen Schreibleistungsstudien wieder, etwa den US-amerikanischen NAEP-Studien zum Schreiben (3.2). So heißt es dort in einer Einleitung:

> „Schreiben im 21. Jahrhundert wird durch seine Häufigkeit und Effektivität bestimmt. Es ist klar, dass die Fähigkeit zur Nutzung geschriebener Sprache zur Kommunikation – und der damit korrespondierenden Notwendigkeit von effektiver Förderung und Messung – relevanter denn je zuvor ist" (National Center for Education, 2012, S. 1).

Solche hochabstrakten Wertvorstellungen innerhalb von Sozialsystemen nehmen die Akteure auf der **Meso-Ebene** wahr. Dies entspricht der sogenannten „Logik der Situation". Die im Zitat angesprochene Notwendigkeit effektiver Förderung bemerken beispielsweise Lehrpersonen in der Instanz Schule (Teilkap. 5.5). Für gewöhnlich stehen Lehrpersonen (und weiteren Vertretern aus anderen Instanzen wie Familie [5.4] und Peers [5.6]) mehrere Handlungsoptionen offen, was in Fachliteratur mit „Logik der Selektion" bezeichnet wird.

So kann eine Lehrperson sich stark für die Schreibförderung engagieren, einen bestimmten Ausschnitt besonders betonen und andere völlig vernachlässigen oder aber auch die Schreibförderung als unwichtig empfinden und sich entsprechend verhalten. Wenn eine breite Masse von Personen ein bestimmtes Verhalten an den Tag legt, gibt es Rückkopplungseffekte auf die nächsthöhere Ebene („Logik der Aggregation"; Groeben, 2004b). So hat beispielsweise die Zunahme des digitalen Schreibens am Rechner im Alltag dazu geführt, dass im Jahr 2011 erstmals die NAEP-Studie nur mit dem Computer durchgeführt wurde, was wiederum für die normativen Zuschreibungen an das Schreiben relevant werden und das digitale Schreiben aus Sicht des Bildungssystems stärken dürfte. Hierin deutet sich die hohe Dynamik der Schreibsozialisation aus sowohl individualbiografischer als auch gesellschaftlich-historischer Perspektive an.

Für das Zusammenspiel zwischen der Meso- und der **Mikro-Ebene** werden ähnliche Dynamiken vermutet. Diese Dynamiken in Interaktionen zwischen Vertretern der Sozialisationsinstanzen sowie dem Individuum sorgen dafür, dass die gesellschaftlichen Normen, die auf der Meso-Ebene interpretiert wurden, beim Individuum ankommen, welches seinerseits schreibbezogene Situationen wahrnimmt, interpretiert, aus Handlungsoptionen auswählt und mit seinen Handlungen die Interaktionen beeinflusst. Dadurch – und natürlich durch Entwicklungseffekte (Kap. 4) – formiert sich ein individuelles Schreiben, das neben kognitiven auch motivationale Elemente enthält (Philipp, 2013b).

Soweit eine kurze allgemeine Beschreibung der Ebenen und deren Interaktionen. In den folgenden Teilkapiteln 5.3 bis 5.7 werden die einzelnen Ebenen ausgehend von der Makro-Ebene beschrieben und im Falle der Instanzen auf der Meso-Ebene in der Bedeutsamkeit im Lebenslauf bzw. der Schreibsozialisation dargestellt. Das Teilkapitel 5.8 widmet sich den idealtypisch ge- bzw. misslingenden Schreibsozialisationsdynamiken.

5.3 Wozu schreiben? Gesellschaftlich gewollte Funktionen des Schreibens als Legitimation einer Schlüsselkompetenz

5.3.1 Notwendigkeit, Schreiben als erwünscht zu legitimieren

Den Auftakt in der Darstellung und der Schreibsozialisation allgemein bildet die übergeordnete sogenannte Makro-Ebene der Gesellschaft, die über allen anderen zu verorten ist und den historisch variablen Hintergrund für das Schreibsozialisationsgeschehen bildet. Hier sind wertende Aussagen dazu zu verorten, warum das Schreiben überhaupt wichtig ist. Es geht um kollektiv konsensfähige Aussagen der Erwünschtheit von Schreibkompetenzen bei Gesellschaftsmitgliedern. In Anlehnung an das Lesen ließe sich ganz abstrakt formulieren: „Schreiben ist notwendig für gesellschaftliche Teilhabe" (analog zu Groeben, 2004 b, S. 157). Das klingt zunächst einleuchtend, aber es schließen sich Fragen danach an, etwa warum Schreiben notwendig ist. In der Lesesozialisationsforschung wird das über die **Funktionen** des Lesens legitimiert. Mit Funktionen meint man beim Schreiben „diejenigen Zieleffekte, die autorseitig mit der Produktion von Texten verbunden werden" (Groeben, 2004 a, S. 22). Besonders hervorzuheben an dieser Begriffsbestimmung ist die Intentionalität, die sich mit den angestrebten Folgen des Schreibvorgangs verbinden lässt. Welche Folgen das sind, unterscheidet sich beim Lesen und Schreiben. Für das Schreiben ist besonders ein Aufsatz von Otto Ludwig (1980) wichtig gewesen, in welchem er Funktionen des Schreibens skizziert. Es sind insgesamt neun Funktionen, die er benennt. Dass man die Legitimation des Schreibens überhaupt über die Funktionen des Schreibens betreibt, mag auf den ersten Blick überraschen. Aus wissenschaftstheoretischer Sicht ist es aber nötig, Aussagen zum Soll – und das schlägt sich dann unmittelbar in der Bestimmung von Kompetenzausprägungen, die als genügend oder ungenügend gelten, nieder (Teilkap. 3.2.2) – sehr gut zu begründen (Groeben, 2004 b). Das formuliert Ludwig selbst sehr pointiert für das Schreiben und die Schreibdidaktik als Teil der Sprachdidaktik:

> „Denn sie [die Sprachdidaktiker] stehen, wenn sie Aussagen darüber machen wollen, wie und worüber Aufsätze geschrieben werden sollen, (auch) immer vor der Notwendigkeit, gleichzeitig angeben und rechtfertigen zu müssen, weshalb überhaupt Aufsätze geschrieben werden oder – allgemeiner – wozu Schüler in der Schule schreiben lernen sollen und zu welchem Zweck man es sie lehre." (Ludwig, 1980, S. 75)

5.3.2 Zehn Funktionen des Schreibens

Die Frage nach dem „Wozu?" ist damit essenziell. Und damit kommen die neun von Ludwig skizzierten Funktionen zum Tragen. Diese neun Funktionen lassen sich wiederum zu drei Gruppen verdichten, von denen zwei Gruppen faktisch Untergruppen bilden (s. Abbildung 15; dort ist noch eine Ergänzung vorgenommen, sodass es zehn Funktionen sind). Grundsätzlich lässt sich danach unterscheiden, ob man für sich selbst oder für andere schreibt. Im Falle des Schreibens für sich selbst wird noch unterschieden, ob man ein kognitiv bzw. emotional klärendes oder kognitiv entlastendes Schreiben anstrebt.

Schreiben für sich		Schreiben für andere
Kognitiv und emotional klärendes Schreiben	**Kognitiv entlastendes Schreiben**	
1) Schreiben zur Verschriftung innerer (emotionaler) Zustände 2) Schreiben zur Korrespondenz mit sich selbst 3) Schreiben zur Objektivierung 4) Schreiben zur (kognitiven) Durchdringung	5) In Ruhe formulieren 6) Konzipieren 7) Konservieren	8) Wissenstransfer 9) Überzeugen bzw. Handeln veranlassen 10) Erfahrungen transportieren

Abbildung 15: Funktionen des Schreibens (nach Ludwig, 1980 und Ossner, 1995; Eintrag 10) ist weder bei Ludwig, 1980, noch Ossner, 1995, enthalten)

Die Funktionen des Schreibens sollen nun in aller Kürze skizziert werden, wobei die Darstellung der Reihenfolge der Funktionen des Schreibens folgt (Darstellung nach Ludwig, 1980; die Begrifflichkeiten zu den Funktionen stammen von Ossner, 1995). Das 1) **Schreiben zur Verschriftung innerer (emotionaler) Zustände** dient der psychischen Entlastung, indem beispielsweise belastende Zustände quasi-therapeutisch verschriftet werden. Das gilt in ähnlicher Weise auch für das Tagebuch-Schreiben, welches allerdings auch die Funktion des 2) **Schreibens zur Korrespondenz mit sich selbst** haben kann. Beide Funktionen eint, dass sie ein eher privates Schreiben darstellen, da der primäre Adressat die schreibende Person selbst ist. Ein dem Verschriften innerer Zustände ähnelndes Schreiben liegt vor, wenn es 3) zur **Objektivierung** genutzt wird. Hierbei dient das Schreiben nicht als Entlastung, sondern eher dazu, ein Problem zu klären und es sich mental bewusst zu machen. Darauf sattelt 4) das **Schreiben zur (kognitiven) Durchdringung** auf. Diese Art des Schreibens dient der Lösung von Problemen, indem man schreibend und denkend Problemlösungen entwickelt, die eine sehr tiefgehende Verarbeitung des Schreibgegenstandes erfordert und im besten Falle auf die Produktion neuen Wissens hinausläuft. Insofern ähnelt diese Funktion des Schreibens stark dem epistemischen Schreiben, das im Modell zur Schreibentwicklung von Bereiter (1980) als höchste Stufe beschrieben wurde (Teilkap. 4.1).

Schreiben kann ferner kognitiv entlastende Funktionen haben. So ist das Schreiben zum 5) **Formulieren in Ruhe** eine Möglichkeit, schreibzielbezogen und adressatenorientiert pointierte und präzise Ausdrucksweisen zu entwickeln, ohne dass die kommunikative Situation sich im Sinne einer zügig erwarteten Antwort negativ niederschlägt. Eine weitere Form der Entlastung liegt beim 6)

konzipierenden Schreiben vor, das dazu dient, komplexere Texte vorab zu strukturieren und gezielt Elemente und Informationen zu integrieren. Schließlich kann das Schreiben auch noch eine 7) **konservierende Funktion** haben, indem man eine Idee für später notiert. Das Paradebeispiel hierfür ist der Einkaufszettel oder das Anfertigen von Notizen bei einem Telefonat. Diese Funktion soll das Gedächtnis entlasten, indem quasi seine Inhalte extern ausgelagert werden.

Die dritte Gruppe der Schreibfunktionen hat andere Adressaten als sich selbst, nämlich andere Personen. So ist das 8) **Schreiben zum Wissenstransfer** dazu da, dass man schriftlich Wissen darlegt, das andere lesend erwerben sollen (etwa durch dieses Buch). Im Bereich des Schulkontextes ist weniger ein Wissenstransfer häufiger Schreibanlass, sondern eine Wissensdokumentation (etwa in Tests). Eher auf praktisches Handeln oder Einstellungsveränderungen zielt die Funktion, 9) **zu überzeugen bzw. zum Handeln zu veranlassen**. Hier sollen die Adressaten des Textes qua Argumentationen oder instruierenden Sachtexten beeinflusst bzw. befähigt werden, was klassischerweise über Sachtexte erfolgt. Neu aufgenommen in den Funktionen-Katalog ist 10) das **Transportieren von Erfahrungen**. Diese Funktion erscheint deswegen geboten, weil Texte, die man produziert, nicht immer nur allein dazu dienen, Wissen zu vermitteln oder andere Menschen zu überzeugen. Wenn das die einzigen sozialen Funktionen des Schreibens wären, die sich primär auf Sachtexte beziehen, dann gäbe es wohl kaum den Berufsstand des literarischen Schriftstellers. Und es ließe sich auch schlecht rechtfertigen, dass in den NAEP-Schreibstudien zwischen einem Viertel und zwei Fünfteln der Aufgaben narrativen Charakter hatten (Teilkap. 3.2.1). Deshalb wurde in Abbildung 15 das Transportieren von Erfahrungen ergänzt, und dies stammt direkt aus der NAEP-Studie, wo die Schreibfunktion genauer spezifiziert wurde, nämlich als Schreiben, „um (reale oder imaginative) Erfahrungen zu transportieren, damit man individuelle oder vorgestellte Erfahrungen anderen kommuniziert“ (National Center for Education, 2012, S. 4). Ein solches Schreiben dürfte im Alltag relativ häufig auftreten, insbesondere in den Social Media.

5.3.3 Wertzuschreibungen im Umgang mit Schriftsprache

Die bislang skizzierten Funktionen des Schreibens sind eher deskriptiv (beschreibend) denn normativ (wertend). Oder anders: Sie beschreiben, welche Leistungen das Schreiben haben kann oder hat, aber sie treffen keine Aussage darüber, ob das auch erwünscht ist. Um gesellschaftlich wirkmächtig zu werden, müssen die Funktionen des Schreibens aber, und das zeigt das obige Zitat von

Ludwig (1980) eindrucksvoll, einen normativen Charakter haben, der rechtfertigt, dass man das Schreiben lehrt und lernt (Groeben, 2004a). Diese Legitimationsbedürftigkeit lässt sich einerseits darüber begründen, dass Erwachsene nachweislich sehr unterschiedliche und vielfältige Schreibaktivitäten im Alltag durchführen (Cohen et al., 2011). Andererseits sind auch die vielfältigen Funktionen des Lesens (Groeben, 2004a) verschiedener Texte als Folge des Schreibens eine Grundlage dafür, berechtigt von wünschenswerten Funktionen des Schreibens auszugehen. Damit lässt sich der Schritt von „Schreiben hat verschiedene Funktionen" zum „Schreiben hat verschiedene **wünschenswerte Funktionen**" vollziehen, der in dem Zitat von Otto Ludwig als zentrale Notwendigkeit angelegt ist (s. oben, S. 48).

Für das Lesen hat Bettina Hurrelmann (2004a) rekonstruiert, dass es speziell im deutschen Sprachraum drei verschiedene gesellschaftlich und historisch variable **Bildungsnormen** in Bezug auf das Lesen gegeben hat und gibt. Diese drei Normen stammen aus verschiedenen Epochen bzw. Zeiträumen und bestehen bis heute fort. Diese Normen-Trias ist in sich nicht reibungsfrei, sondern jede einzelne Norm steht mit den jeweils beiden anderen in einem Spannungsverhältnis. Aus der Zeit der Aufklärung stammt die historisch erste Norm. Lesen, so diese Auffassung, soll der **rationalen Selbstbestimmung** dienen, also nützlich sein und zur gesellschaftlichen Teilhabe dienen. Wir finden diese Sicht auch in den funktionalistisch-instrumentellen Definitionen von Lesekompetenz in aktuellen Leseleistungsstudien wie PISA wieder. Diese Norm hat quasi eine Renaissance erlebt. Die zweite Norm aus der Epoche der Romantik ist geradezu die Abkehr von der funktionalistischen und auf Faktizität abzielenden ersten Norm. In der Romantik wurde eine Sicht auf das Lesen populär, die die **umfassende Persönlichkeitsbildung** durch das stellvertretende Erleben von literarischen Texten und den darin beschriebenen Situationen, Figuren und Handlungen postuliert. Damit wurde den literarischen Texten eine Art Simulations-, Projektions- und Lernraum für anthropologische Bedürfnisse und Motive zugeschrieben, die der umfassenden Bildung dienen sollte, ohne auf unmittelbare Verwertbarkeit abzuzielen. Noch heute speist sich die gesamte Kanon-Debatte und der Lesestoff für Gymnasiasten und Germanisten aus dieser zweiten Norm. Mit dem Aufkommen des Medienzeitalters am Ende des 20. Jahrhunderts und dem Wandel zur Erlebnisgesellschaft entstand eine dritte Bildungsnorm in Bezug auf das Lesen, die sich deutlich in den sogenannten Leseanimationsverfahren niederschlugen, welche gerade in den 1990er Jahren nahezu synonym für den Begriff „Leseförderung" standen. Das Lesen sollte nun primär der **Befriedigung motivational-emotionaler Erlebnisbedürfnisse** dienen, also Genusserlebnisse offerieren und der Unterhaltung dienen. Dies widerspricht der ersten Norm deutlich und der zweiten indirekt, denn den beiden erstgenannten Normen liegt die Grundannahme zugrunde, Lesen sei im weitesten Sinne langfristig verwertbar.

Ob diese Normen genauso für das Schreiben gelten, ist vorderhand unklar. Allerdings sind diese Normen auch hochabstrakt. Deshalb hat man sie in der Lesesozialisationsforschung mit unterschiedlichen Funktionen des Lesens spezifiziert, die ihrerseits die Normen mit Leben füllen und konkretere Aussagen zu den Leistungen treffen, die das Lesen konkret erbringt. Diese reichen von der reinen Information bzw. der Unterhaltung hin zum Verständnis möglicher und realer Welten hin zur Entwicklung bzw. Aufrechterhaltung eines kulturellen Gedächtnisses. Die Funktionen des Lesens lassen sich einer Prozessebene des Lesens, der leserseitigen personalen Ebene und einer sozialen Ebene zuordnen (s. Groeben, 2004a, im Detail). Außerdem lassen sich die einzelnen Funktionen relativ eindeutig einzelnen lesebezogenen Normen zuteilen. So ist das Lesen zur Information ganz klar der aufklärerischen Norm der rationalen Selbstbestimmung mittels Information zuordenbar. Das Lesen zur Unterhaltung lässt sich innerhalb der historisch jüngsten Lesenorm zur Befriedigung von emotional-motivationalen Erlebnisbedürfnissen verorten. Das kulturelle Gedächtnis wiederum scheint eher mit der Norm der Persönlichkeitsentwicklung kompatibel zu sein.

Mit den lesebezogenen Funktionen, die abstrakte und historisch veränderliche gesellschaftliche Leitideen zu den Zwecken des Lesens ausdifferenzieren, liegt eine große Anschlussmöglichkeit zu den Funktionen des Schreibens aus Abbildung 15 vor. So wie man einzelne lesebezogene Funktionen auf verschiedenen Ebenen verorten kann, kann man auch die **Funktionen des Schreibens** zu **Gruppen** bündeln. Einen solchen Vorschlag hat Ossner (1995) unterbreitet, indem er kognitive, psychische und soziale Funktionen unterscheidet, die im Grunde Gruppen von einzelnen, inhaltlich verwandten Schreibfunktionen bilden:

- **Kognitiv** sind jene Funktionen, bei denen es darum geht, dass man im Schreiben etwas klärt (Funktionen 3 und 4 aus Abbildung 15) oder den Schreibprozess bzw. das eigene Gedächtnis entlastet (Funktionen 5 bis 7).
- **Psychisch** sind jene beiden Schreibfunktionen, die der emotionalen Klärung bzw. internen Kommunikation dienen (Funktionen 1 und 2).
- Unter die **sozialen Funktionen** fallen schließlich die Funktionen des Schreibens für andere (Funktionen 8 bis 10).

5.3.4 Zusammenfassung

Damit kann man festhalten: Die gesellschaftliche Hochschätzung und Legitimationsbasis für die Schreibkompetenz speist sich aus den Funktionen des Schreibens, also den angestrebten Folgen von Schreibprozessen. Diese Ziele können die eigene Person betreffen oder aber externe Personen, und sie beziehen sich auf diverse Textformen mit unterschiedlichem Komplexitätsgrad. Die zehn in diesem Teilkapitel skizzierten Funktionen des Schreibens für sich und für andere kann man zusammenfassen und einer von drei Funktionsgruppen zuordnen, von der sich – das hat der Umweg über die lesebezogenen Funktionen mit ihrem Bezug zu hochabstrakten Bildungsnormen gezeigt – begründet annehmen darf, dass sie wünschenswert sind und die Schreibförderung legitimieren. Schreiben ist demnach erwünscht, weil es

1) kognitiv entlastet bzw. klärt,
2) der psychischen Entlastung dient und
3) Medium der sozialen Kommunikation ist.

Was im Vergleich mit dem Lesen und den im deutschsprachigen Raum rekonstruierbaren Normen auffällt, ist der Mangel einer genussbezogenen Erlebnisbedürfnisbefriedigung. Anders als beim Lesen stehen damit vor allem extrinsische Handlungsanreize im Vordergrund, da Schreiben in den skizzierten Funktionen und Funktionsgruppen einen instrumentellen Charakter hat, also Mittel zum Zweck ist.

5.4 Die Familie als erste Instanz im Erwerb von (Schrift-)Sprache

Im Teilkapitel 3.2.2 war davon die Rede, dass US-amerikanische, aber auch deutsche Heranwachsende sich systematisch in ihren Schreibleistungen zu unterscheiden scheinen. Dabei sind zwei Variablen besonders wichtig: der sogenannte sozioökonomische Status und der Migrationshintergrund. Der **sozioökonomische Status** bezeichnet in der Regel die gesellschaftliche Stellung von Eltern. Analog zu soziologischen Grundannahmen wird diese Stellung nicht nur über materiellen Besitz definiert, sondern auch über Bildungsabschlüsse und das soziale Netzwerk, das über mehr oder minder prestigeträchtigen Personen Zugang zu Informationen etc. zulässt. Man spricht von ökonomischem Kapital (Geld, Aktien, Luxusobjekte), kulturellem Kapital (Bildungsabschlüsse, Kulturgüterbesitz wie Bücher, Zugang zu Nachhilfe etc.) sowie sozialem Kapital (Status der Freunde und Bekannten; Bourdieu, 1983).

Mit dem **Migrationshintergrund** ist in der Forschungsliteratur gemeint, dass jemand bzw. die Eltern nicht in dem Land geboren sind, in dem man aktuell lebt bzw. aufwächst. Es sind also kulturelle und vor allem sprachliche Differenzen, die dieses Konstrukt erfasst. Dabei geht der Trend in der Forschung zu immer größerer Genauigkeit. So wurden bei PISA 2009 nicht nur die Herkunftsländer erfasst, sondern auch noch genauer betrachtet, ob ein Elternteil aus dem Ausland stammt, oder – wenn beide Eltern Ausländer waren – ob der Jugendliche im Inland (zweite Generation) oder Ausland (erste Generation) geboren wurde. Dabei ergaben sich komplexe Befundmuster, nach denen es beispielsweise hinsichtlich der Lesekompetenz weniger problematisch ist, einen ausländisches Elternteil zu haben, aber im Gegenzug ein Migrationshintergrund erster oder zweiter Generation mit großen Leistungsabständen zu Nicht-Migranten einherging (Stanat, Rauch & Segeritz, 2010).

Besonders der sozioökonomische Status gilt als zentral für den Erwerb von schriftsprachlichen Kompetenzen. Demnach ist es ein handfester Nachteil, wenn man aus einem materiell – und vor allem kulturell – armen Elternhaus stammt, wobei die kulturelle Armut häufig Ausdruck und Folge der materiellen Armut ist. Der US-amerikanische Entwicklungspsychologe Gary Evans (2004, S. 77) hat die Nachteile bzw. das **Bildungsrisiko der Armut** einmal treffend zusammengefasst:

> „Arme Kinder sind mit einer Vielzahl umweltlicher Einschränkungen konfrontiert. Verglichen mit ihren ökonomisch besser gestellten Gleichaltrigen sind sie mehr familialer Unruhe, Gewalt, Trennung von den Familien, Instabilität und chaotischen Haushalten ausgesetzt. Arme Kinder erfahren weniger soziale Unterstützung, und ihre Eltern sind weniger ansprechbar und autoritärer. Kinder aus Haushalten mit geringem Einkommen lesen seltener, sehen mehr fern und haben weniger Zugang zu Büchern und Computern. Eltern mit geringem Einkommen sind weniger in die Schulaktivitäten des Nachwuchses involviert. Die Luft und das Wasser, welche die armen Kinder zu sich nehmen, sind stärker verschmutzt. Ihr Zuhause ist überfüllter, lauter und von geringerer Qualität. Nachbarschaften aus einkommensschwachen Gegenden sind gefährlicher, bieten weniger behördlichen Service und leiden unter stärkerem baulichen Verfall. Schulen und Tagespflege sind unterlegen. Die Ansammlung von verschiedenen Umweltrisiken kann ein besonders krankmachender Aspekt von Kindheitsarmut sein im Vergleich zu einem einzigen."

Das Zitat verdeutlicht, dass das Zusammentreffen von vielen **Risikofaktoren** die systematischen Unterschiede zwischen Heranwachsendem mit hohem oder niedrigem sozioökonomischen Status, von denen im Teilkapitel 3.2.2 die Rede war, erklären kann. Dafür gibt es empirische Belege der besonderen Art. In Großbritannien hat man ermitteln können, dass der sozioökonomische

Status der Eltern systematisch mit den Leseleistungen des Nachwuchses im Alter von sieben Jahren zusammenhing. Diese elementaren Leseleistungen sagten wiederum bei Kontrolle einiger anderer Variablen den sozioökonomischen Status im Alter von 42 Jahren – also nach dreieinhalb Jahrzehnten – voraus (Ritchie & Bates, 2013). Das ist fatal und **eine der größten Herausforderungen im Bildungssystem**: die Starrheit und die soziogenetische **Vererblichkeit der materiellen und Bildungsarmut**.

Der Umstand, dass zwei unveränderliche familiale Statusmerkmale mit den Schreibleistungen zusammenhängen, wirft die Frage auf, warum das der Fall ist. Denn es kann ja nicht nur das reine Einkommen bzw. die Bildung der Eltern sein, welche(s) direkt die Leistungen des Nachwuchses beeinflusst. Selbiges gilt für die Familiensprache, da beispielsweise asiatischstämmige und europäische Amerikaner vergleichbare Leistungen beim Schreiben erbringen (National Center for Education, 2012). Außerdem müssen sich ein geringer sozioökonomischer Status und ein Migrationshintergrund nicht zwangsläufig im Sinne des Determinismus nachteilig auf schriftsprachliche Leistungen (Kassis, Stalder & Kersten, 2011; Wiesner & Schneider, 2011) oder die Entwicklung einer stabilen Schreiber-Identität auswirken (Compton-Lilly, 2014). Zudem konnte schon für das Lesen Anfang der 1990er Jahre gezeigt werden, dass selbst bei ungünstigen familialen Merkmalen „unerwartete Leser" bzw. bei eher günstig wirkenden Merkmalen der Familie „unerwartete Nicht-Leser" beim Nachwuchs anzutreffen sind (Hurrelmann, Hammer & Nieß, 1995). Es scheinen also komplexe Dynamiken innerhalb der Familie dafür verantwortlich zu sein, wie gut der Zugang zur Schriftsprache gelingen kann.

Die **Bedeutung der Familie als Sozialisationsinstanz** scheint **für das Lesen und Schreiben unterschiedlich** stark zu sein. In der Lesesozialisationsforschung besteht Konsens darüber, dass die Familie die wichtigste Sozialisationsinstanz bildet, weil sie früh, langfristig und von außen nur in bedingtem Maße beeinflussbar auf den Nachwuchs einwirkt (Hurrelmann, 2004 b). Besonders wichtig scheinen neben einem unterstützendem Erziehungsstil und einer physischen und sozialen Präsenz der Lesestoffe die **Kommunikation in der Familie zu sein**. Der Erwerb der Motivation und der Kompetenz im Umgang mit Schriftsprache baut, nach allem was aus der Lesesozialisationsforschung bekannt ist, auf der mündlichen Sprache in alltäglichen und informellen Kontexten auf. Und über diese zuvorderst mündlichen Interaktionen lässt sich vergleichsweise gut erklären, warum Heranwachsenden mit Zuwanderungshintergrund systematische Nachteile entstehen und warum **ein Migrationshintergrund** tendenziell einen Risikofaktor darstellt (Marx & Stanat, 2012). Es mangelt schlichtweg an sprachlichen Lerngelegenheiten in der Landessprache, die in der Schule aber implizit erwartet werden. Diese sprachlichen Lerngelegenheiten betreffen sowohl den Wortschatz (Philipp, 2012), aber auch alle weiteren linguistischen Bereiche wie grammatische oder syntaktische Fähigkeiten. Es ist anzunehmen, dass die Kinder aus Familien mit Migrationshintergrund dann mit einem Nachteil in die Schule kommen und dort auf Schwierigkeiten beim Schriftspracherwerb stoßen.

Dabei ist aber der Migrationshintergrund allein nicht das Problem. Denn die NAEP-Studien aus den USA zeigen, dass es zugewanderten Familien aus Asien gelingt, dass ihr Nachwuchs vergleichbare Leistungen im Schreiben demonstriert wie die Altersgenossen mit europäischer Herkunft. Hier kommt die Bildungsnähe als Teil des sozioökonomischen Status zum Tragen und kann zum Schutzfaktor werden. Das zeigt sich beispielsweise deutlich in Matthiesens Studie (2010) bei der Gegenüberstellung von zwei türkischen Jugendlichen, die die gleiche Gesamtschule besuchen, aber unterschiedlichen Bildungsgängen zuzuordnen sind. Der türkische Junge besucht die Hauptschulklasse, das türkische Mädchen hingegen eine Gymnasialklasse. Beide Jugendlichen sind bezüglich der bei einer Schreibaufgabe erfassten Schreibleistungen in puncto Inhalt und Kohärenz vergleichbar, haben aber große Probleme im sprachsystematischen Bereich, namentlich bei der Rechtschreibung und bei der Grammatik – und hier im elementaren Bereich. Dabei hatte der Hauptschuljugendliche erwartbar größere Probleme (Neumann & Lehmann, 2008).

In besagter Studie wurden sowohl die Jugendlichen als auch die Eltern mittels halboffener Fragebögen befragt. Dadurch ließen sich Daten aufeinander beziehen und Kontrastierungen vornehmen. Einen Teil der Kontrastierungen der beiden Einzelfälle, die sicher nicht repräsentativ sind, aber doch mögliche Zusammenhänge illustrieren helfen, gibt Abbildung 16 wieder. In ihr werden sowohl Daten zu den Eltern als auch zu den Jugendlichen dargestellt.

Die beiden Jugendlichen und ihre Familien unterscheiden sich markant. Angesichts der familialen Merkmale und der Schreibmotivation und den -aktivitäten der beiden Jugendlichen kann man in der Terminologie der Studie zum „Leseklima in der Familie“ (Hurrelmann et al., 1995) die Jugendlichen als „erwartete Schreiberin“ bzw. „erwarteter Nicht-Schreiber“ bezeichnen. (Besser wäre es freilich noch, wenn man statt „erwartet“ von „erwart*bar*“ sprechen würde.) Die Erwartbarkeit einer hohen und positiven Schreibmotivation und vielfältiger Schreibaktivitäten trotz sprachlicher Probleme bei der Schülerin hat vor allem damit zu tun, dass das Schreiben einen quasi-natürlicher Bestandteil des familialen Alltags bildet (auch wenn es selten explizit zum Gegenstand der Kommunikation gemacht wird) und dort mit Wertschätzung, Ermutigung und einem spielerischem Umgang einhergeht. Im Falle des männlichen Schülers, der

Vergleichsdimension	Bildungsnahe Jugendliche (Gymnasium)	Bildungsferner Jugendlicher (Hauptschule)
Familienmerkmale	▪ Beide Eltern berufstätig ▪ Schulabschluss der Eltern: Gymnasium ▪ Anzahl Bücher im Haushalt: 101–250	▪ Nur Vater berufstätig ▪ Schulabschluss der Eltern: Hauptschule ▪ Anzahl Bücher im Haushalt: 1–10
Bedeutung des Schreibens für Eltern	▪ Schreiben ist wichtig	▪ Schreiben ist ein Muss
Schreibförderliche Aktivitäten der Eltern	▪ Über Schreiben wird eher selten gesprochen – und wenn, dann in Form von Anregungen und Verbesserungsmöglichkeiten ▪ Eltern ermutigen Tochter immer ▪ Es werden Schreibspiele gespielt	▪ Über Schreiben wird eher selten gesprochen – und wenn, dann vor allem über gemachte Fehler ▪ Eltern ermutigen Sohn nie ▪ Es werden keine Schreibspiele wie Scrabble, „Stadt, Land, Fluss“, Galgenraten etc. gespielt
Bedeutung des Schreibens für Jugendliche	▪ Schreiben macht mir Spaß ▪ Schreiben ist wichtig, weil es ein anderes Kommunikationsmittel neben der mündlichen Sprache darstellt ▪ Begriffe, die mit Schreiben verbunden werden: angenehm, interessant	▪ Schreiben ist wichtig, weil es zur Kommunikation notwendig ist ▪ Begriffe, die mit Schreiben verbunden werden: schwierig, belastend, vielseitig, nutzlos, nervend, langweilig
Schreibgewohnheiten der Jugendlichen in der Freizeit	▪ Schülerin schreibt am liebsten Geschichten ▪ In der Freizeit schreibt sie: Tagebuch, Geschichten, Notizen, Hausaufgaben, Poesiealbum, Postkarten, SMS, E-Mail, Chat	▪ Schüler sagt, dass er am liebsten nichts schreibt ▪ In der Freizeit schreibt er nach eigener Angabe nichts; Eltern geben an, dass er vor allem E-Mails, SMS und selten Postkarten und Einladungen schreibt

Abbildung 16: Gegenüberstellung zweier türkischer Jugendlicher und ihrer familialen Merkmale (Quelle: nach Matthiesen, 2010, S. 58 f.; bei den Daten handelt es sich um eine Auswahl stark kontrastierender Merkmale)

das Schreiben abwertet und wenig pflegt, ist die Lage genau anders herum. Die Texte, die er überwiegend ungern schreibt, sind vor allem digital und vermutlich eher kurz. Schreiben ist für die Eltern zwar wichtig, aber nicht positiv konnotiert. Stattdessen erfolgt die innerfamiliale Kommunikation über das Schreiben eher defizitorientiert denn ermutigend. Damit hat Schreiben einen tendenziell konfliktuösen Status und wird vom Jugendlichen als mehrheitlich negativ bzw. rein instrumentell wahrgenommen. Hierin liegen unübersehbare Parallelen zu Erkenntnissen der Lesesozialisationsforschung (Hurrelmann, 2004 b; Philipp, 2011). Außerdem deckt sich dies mit lesebezogenen Erkenntnissen zur hohen Bedeutung der Eltern für die Lesemotivation und -aktivitäten bis in die Jugend hinein (Klauda, 2009).

Man kann anhand der eben skizzierten beiden Fallbeispiele ganz klar die **zwei Aufgaben der Familie** in der Schreibsozialisation analog zur Lesesozialisation formulieren und verorten (Groeben & Schroeder, 2004). Bei der Familie und den Peers als informellen Sozialisationsinstanzen ohne gesellschaftlich klar definierten Bildungsauftrag markieren diese Aufgaben die Vorbereitung auf gesellschaftliche Anschlussfähigkeit auf der einen und das Bereithalten eines leistungsbefreiten Refugiums auf der anderen Seite. Die beiden Aufgaben der Familie lauten entsprechend (etwas technisch ausgedrückt):

- **Nachwuchsqualifikation gewährleisten:** „Familie hat die Aufgabe, ihren Nachwuchs für die Bewältigung gesellschaftlicher Aufgaben zu qualifizieren." (Groeben & Schroeder, 2004, S. 313)
- **Refugium schaffen:** „Familie hat die Aufgabe, ihren Mitgliedern Lebensfreude jenseits gesellschaftlicher Leistungszwänge zu ermöglichen." (ebd., S. 313)

Wie unschwer an den beiden Aufgaben zu erkennen ist, weisen sie ein gewisses Spannungsverhältnis auf. Geht es bei der ersten Aufgabe um die Betonung von Leistungsbereitschaft für die gesellschaftliche Anschlussfähigkeit, ist bei der zweiten Aufgabe das Gegenteil der Fall. Die Familienmitglieder, zuvorderst die Eltern, sind nun gefragt, auf diese an sie adressierten Aufgabe einzugehen und das Spannungsverhältnis auszutarieren. Im oben genannten Beispiel der bildungsnäheren türkischen Familie gelingt es, sowohl spielerisch (und damit die refugiumsbezogene Aufgabe betreffend) als auch unterstützend (und damit die Nachwuchsqualifikation tangierend) das Schreiben zu fördern. Bei der bildungsferneren türkischen Familie scheint hingegen die Nachwuchsqualifikation dominant, allerdings in negativer Weise. Den Eltern scheint die Wichtigkeit des Schreibens als Muss klar zu sein, allerdings geht dies mit rigide wirkenden Aktivitäten einher. Spielerisch-unterstützende Leistungen scheinen nicht üblich zu sein. Dies wiederum deckt sich mit theoretischen Erklärungen, wie Mittelschichteltern als (tendenziell) bildungsnahe Personen ihren Nachwuchs fördern und wie eher bildungsferne Eltern systematisch damit überfordert sind, längerfristig und folgenreich positiv den Nachwuchs in puncto Lesen zu fördern (Groeben & Schroeder, 2004, s. Teilkap. 5.8 für eine kurze Beschreibung prototypischer Dynamiken).

5.5 Die Schule als zweite Instanz im Erwerb von Bildungs- und Schriftsprache

Im Teilkapitel zuvor wurden jene Dynamiken skizziert, die vor der Schulzeit und parallel zur Schullaufbahn den Alltag der (angehenden) Schüler prägen. Selbst wenn aus der Forschung dazu noch im Gesamt viel zu wenig bekannt ist: Lehrpersonen sollten wissen, dass sie keine ‚Münzrohlinge' erhalten, sondern sich die schulischen und unterrichtlichen Prozesse mit familial vorgeprägten Wesen in einer spezifischen Entwicklungsphase vollziehen (s. Kap. 4). Damit sind dem unterrichtlichen Handeln von Lehrpersonen von vornherein gewisse Grenzen gesetzt, da begründet anzunehmen ist, dass der in der Familie erworbene sogenannte „Habitus" in puncto Bildung das Wahrnehmen und Reagieren der Heranwachsenden im Kontext Schule beeinflusst und strukturiert (Krais & Gebauer, 2014).

Erstaunlicherweise ist über das gegenwärtige Schreiben in der Schule relativ wenig bekannt, jedenfalls dann, wenn es um genuine Grundlagenforschung geht, die zunächst einmal Phänomene wie den Schreibunterricht in verschiedenen Schulstufen bzw. -formen in den Blick nimmt und verstehen bzw. abbilden will. Der Schreibunterricht ist gewissermaßen eine ‚Blackbox' der Bildungsforschung. Umgekehrt gibt es aber im Sinne der angewandten Forschung bzw. Interventionsforschung doch schon einige Studien, bei denen aber bezeichnendes Merkmal ist, dass die gezielte Veränderung des Unterrichts auf ihre Wirksamkeit hin bei Schreibleistungen der Heranwachsenden überprüft wurde. Mitunter sind solche Interventionen gar nicht im Klassenverband durchgeführt worden, und/oder Forschungspersonal hat die Schreibförderung betrieben. Kurzum: Die **Befunde zum regulären Schreibunterricht** sind verstreut und ermöglichen es gegenwärtig nur, ein **unvollständiges, eher fragmentarisches Bild** zu zeichnen. Hinzu kommt, dass es aus historischer Sicht nationale Differenzen in der Schreibdidaktik gibt (s. dazu Teilkap. 6.1), sodass man die in diesem Kapitel präsentierten, mehrheitlich aus dem angelsächsischen Raum stammenden Forschungsergebnisse nicht vollständig und ohne Reibungsverluste auf den deutschen Sprachraum anwenden kann. Das ist allerdings weniger den Befunden anzulasten als dem allgemein vernachlässigten Forschungsdesiderat Schreibunterrichtsforschung, insbesondere jener, die sich der teilnehmenden Beobachtung oder Videografie bedient.

Zwei zusätzliche Vorbemerkungen sind noch nötig:

- Trotz des Mangels an Studien zum Schreibunterricht deutet sich eine deutliche **Dominanz von Untersuchungen in der Primarstufe** an, worin eine Parallele zur Leseforschung besteht, sodass der Schreibunterricht in höheren Klassenstufen dringend stärker in den Blick geraten sollte.
- Die **Befunde** aus zahlreichen Studien wirken in ihrer Gesamtheit eher **neutral bis kritisch** denn optimistisch. Dies muss vorausgeschickt werden, damit die folgenden Befunde nicht als wohlfeile Lehrerschelte missverstanden werden, zumal es in diesem Buch durchaus Beispiele für positive Effekte von Lehrpersonen gibt (Teilkap. 5.1 und Kap. 8).

Die Thematik der Effekte der Schule in der Schreibsozialisation wird in mehreren Teilschritten entfaltet. Im Teilkapitel 5.5.1 geht es darum, wie kompetent sich sowohl Schüler beim Schreiben als auch Lehrpersonen hinsichtlich des Schreibunterrichts wahrnehmen und was aus Sicht beider Personengruppen gutes Schreiben bzw. guten Schreibunterricht ausmacht. Mit dieser doppelt komplementären Perspektive werden gezielt sowohl die Anbieter als auch die Abnehmer des Schreibunterrichts in den Blick genommen. Im anschließenden Teilkapitel 5.5.2 stehen die Schwerpunkte des Schreibunterrichts im Zentrum. Dort geht es um die Inhalte des Schreibunterrichts genauso wie um die Vorbereitung der Lehrpersonen auf den Unterricht, die erklärt, warum sich im gegenwärtigen Schreibunterricht so viele Probleme abzeichnen. Das Teilkapitel 5.5.3 widmet sich der Schreibmotivation und den schulischen Schwerpunkten, die auf systemischer Ebene dafür sorgen, dass die Schreibmotivation von den schulischen Schreibaufträgen nicht ausreichend unterstützt wird. Im abschließenden Teilkapitel 5.5.4 werden die allgemeinen Aufgaben der Schule im Rahmen der Schreibsozialisation abstrahiert.

5.5.1 Einstellungen und Überzeugungen von Schülern und Lehrpersonen zum Schreiben und Schreiben-Lehren

In der Schreibforschung spielen insbesondere bei der Schreibmotivationsforschung jene theoretischen Konstrukte eine Rolle, die sich mit Überzeugungen von Schülern und Lehrpersonen beschäftigen. Solche Überzeugungen gelten seitens der Schüler als handlungsleitend und motivational einflussreich (Philipp,

2013 b). Wichtige Stichwörter sind hier Kompetenzüberzeugungen und solche zum Wesen des Schreibens und dessen Erlernbarkeit und der Einflussnahme seitens der Schüler. Dies trifft in ähnlicher Weise auf die Lehrpersonen zu, die einerseits individuelle Überzeugungen zum Schreiben haben. Andererseits kommen noch solche Überzeugungen über die Vermittlung des Schreibens hinzu, die sogar zum Kernbestand der professionellen Kompetenz im unterrichtlichen Handeln zählen (Baumert & Kunter, 2006) und das Unterrichten beeinflussen (Nespor, 1987).

Wie schon angedeutet gibt es eine **Vielzahl von Überzeugungen**, die Frank Pajares (1992) im Bereich der Bildung und des Unterrichts in verschiedenen Bereichen systematisiert hat:

1) das Zutrauen, spezifische (Schreib-)Aufgaben erfolgreich zu bewältigen (Selbstwirksamkeitsüberzeugungen);
2) die Zuversicht, die (Schreib-)Leistungen der Schüler positiv zu beeinflussen (Selbstwirksamkeitsüberzeugungen von Lehrpersonen);
3) die Überzeugungen über die Natur des (Schreib-)Wissens (epistemologische Überzeugungen);
4) fächer- bzw. disziplinspezifische Überzeugungen (etwa darüber, welche Art von Schreibunterricht besonders (un-)geeignet ist);
5) die Erklärung der lehrer- bzw. schülerseitigen (Schreib-)Leistungen (Attributionen, Ort der Handlungsverursachung, Motivation, Vermeidung, Emotionen);
6) Wahrnehmungen der eigenen Person ((schreibbezogenes) Selbstkonzept).

Die Liste, hinter der sich diverse theoretische Konstrukte vor allem aus der Motivationspsychologie verbergen, zeigt eine enorme Vielfalt von Überzeugungen. Schon allein aus Platzgründen, vor allem aber wegen der vergleichsweise geringen Forschungsaktivität in größerem Ausmaß werden in diesem Teilkapitel nur einige der Konstrukte und Befunde fokussiert, nämlich die ersten vier aus der obigen Liste in der entsprechenden Reihenfolge wie oben (zu den letzten beiden Konstrukten siehe z. B. Philipp, 2013 b; Troia, Shankland & Wolbers, 2012). Bei dieser Auswahl handelt es sich um komplementäre Konstrukte, die einerseits die Schüler betreffen und andererseits Lehrpersonen. Dabei geht es zum einen um die Überzeugungen, Schreiben bzw. Schreibunterricht erfolgreich zu meistern, und zum anderen um das Wissen über das Schreiben bzw. wie man es fördert. In ihrer Logik sind die zwei Paare von Überzeugungen nicht nur komplementär, sondern sie laufen zudem auf zwei Ebenen ab: derjenigen des Schreibers (hier: Schülers) und derjenigen der Lehrperson, die das Schreiben fördern will. Diese Zwei-Ebenen-Logik ist aus einem weiteren Grund bemerkenswert: Im Falle der Lehrperson vermengen sich die beiden Ebenen. Als Schreiblehrperson ist man aus professioneller Sicht nicht nur Vermittler von Schreibwissen und -prozessen sowie Überzeugungen, sondern man ist zugleich auch (k)eine gut oder weniger gut schreibende Person mit einem spezifischen Set von privaten Überzeugungen und einer eigenen Schreibsozialisation (Teilkap. 5.1, s. dazu auch die Fragen zu Beginn des Teilkap. 1.1).

5.5.1.1 Schreibbezogene Selbstwirksamkeitsüberzeugungen bei Schülern

Ein erster Forschungsstrang der Schreibmotivation beschäftigt sich mit den **Selbstwirksamkeitsüberzeugungen**. Damit sind rein kognitive Einschätzungen gemeint, die sich auf die Selbstevaluation angesichts einer bevorstehenden Aufgabe beziehen (Bong & Skaalvik, 2003). Die Forschung hat gezeigt, dass sich Selbstwirksamkeit auf verschiedene voneinander trennbare **Bereiche des Schreibens** beziehen kann, nämlich zum Beispiel auf

1) die Fähigkeit, schriftsprachformale Konventionen einzuhalten,
2) die Ideengenerierung als Teil des Planens,
3) das Schreiben eines gut strukturierten Textes oder auch
4) die umfassende Selbstregulation des Schreibprozesses (Bruning, Dempsey, Kauffman, McKim & Zumbrunn, 2013; Pajares, 2007).

Selbstwirksamkeitsüberzeugungen hängen zudem substanziell mit den Schreibleistungen zusammen (Philipp, 2013b), sind ihrerseits jedoch stark von der Vertrautheit mit dem Aufgabentypus abhängig. So wird ein Schüler es sich eher zutrauen, ein Protokoll zu schreiben, wenn er das schon mehrfach erfolgreich getan hat. Umgekehrt wird ein Schüler, der diese Textsorte erstmalig verfasst und dabei Schwierigkeiten erlebt, sein Urteil zur Leistungsfähigkeit nach unten korrigieren.

Aus Sicht der Theorie (Bandura, 1997) und Empirie (Usher & Pajares, 2008) gelten insgesamt **vier Einflussfaktoren** als besonders einflussreich für die Selbstwirksamkeit:

1) Der wichtigste: die sogenannten **Meisterschaftserfahrungen**, also positiv verstärkende Erfolgserlebnisse oder negativ verstärkende Misserfolge, die das Zutrauen schrumpfen lassen.
2) Ebenfalls bedeutsam sind **soziale Verstärkungen**, die positiv als Lob ausfallen oder negativ als Entmutigung.
3) Zudem ist **stellvertretendes Erleben** wichtig, also dass man beobachten kann, wie jemand erfolgreich vorgegangen ist, um dadurch mental zu repräsentieren, was man selbst tun soll.

4) Und schließlich sind **körperliche und emotionale Zustände** wichtig, also etwa Erregtheit, Herzklopfen, Angst, aber auch Freude.

Diese vier Faktoren – das zeigen diverse Untersuchungen (Usher & Pajares, 2008) – bestehen nicht isoliert voneinander, sondern hängen ihrerseits untereinander zusammen. Am stärksten trifft dies auf Meisterschaftserfahrungen und soziale Verstärkungen zum einen sowie Meisterschaftserfahrungen und das Erleben von emotionalen und körperlichen Zuständen zum anderen zu. Solche (fehlenden) Meisterschaftserfahrungen hängen mit dem Schreibunterricht und dort mit dem schreibbezogenen **Feedback** zusammen. Deshalb ist es auch ein so großes Problem, dass das faktisch gegebene Feedback im Schreibunterricht gegenwärtig überwiegend defizitorientiert ausfällt (Silver & Lee, 2007; Sayag-Cohen, Asaf & Nathan, 2013) oder sich primär auf Oberflächenmerkmale des Textes wie Rechtschreibung erstreckt, statt auf die Inhalte des Textes (Hawe & Parr, 2014; Matsumura, Patthey-Chavez, Valdés & Garnier, 2002; Parr & Timperley, 2010). Dabei kann Feedback bzw. eine bestimmte Form des Feedbacks durchaus zu erheblichen Verbesserungen der Schreibleistungen führen (Teilkap. 7.3.2).

5.5.1.2 Schreibunterrichtsbezogene Selbstwirksamkeitsüberzeugungen bei Lehrpersonen

Selbstwirksamkeitsüberzeugungen können sich nicht nur auf das Zutrauen in die eigenen Fähigkeiten bei einem konkreten Schreibanlass beziehen, sondern auch im Falle von Lehrpersonen auf die Einschätzung, erfolgreichen Schreibunterricht durchzuführen. Das Thema Selbstwirksamkeitsüberzeugungen von Schreiblehrpersonen ist – gerade angesichts der Tatsache, dass es aus Sicht der Unterrichtsforschung hoch veranschlagt wird (Woolfolk Hoy, Hoy & Davis, 2009) – eigentümlich verwaist. Eine der wenigen Grundlagenstudien dazu stammt aus den USA und wurde mit Primarschullehrpersonen durchgeführt (Graham, Harris, Fink & MacArthur, 2001). Dabei zeigte sich – parallel zu den Studien mit Schülern –, dass **Selbstwirksamkeit** sich auf **unterschiedliche Aspekte** beziehen kann. Im Falle der Primarschullehrpersonen gab es zwei Arten von Selbstwirksamkeitsüberzeugungen. Die erste Form bezieht sich auf die Wahrnehmung, erfolgreich Schreiben unterrichten und bei den Schülern etwas Positives zu bewirken (persönliche Selbstwirksamkeitsüberzeugungen im Schreiben-Unterrichten, im Folgenden abgekürzt mit „PSWU"). Die zweite Form bezieht sich auf die Einschätzung, herkunftsbedingte Defizite ausgleichen zu können (im Folgenden: „SWH" für Selbstwirksamkeit in Bezug auf Herkunft der Schüler). Beide Konstrukte bestehen relativ unabhängig voneinander, und die Lehrpersonen schätzten ihre PSWU erheblich positiver ein.

In besagter Studie interessierte man sich dafür, welche anderen Merkmale der Lehrpersonen, ihrer Schüler und der Schule ihre Selbstwirksamkeit rechnerisch vorhersagen, zum Beispiel die individuellen Überzeugungen zum Schreibunterricht (Teilkap. 5.5.1.4). Hier schätzten Lehrpersonen ihre PSWU umso höher ein, wenn sie eine höhere Zustimmung beim Schreiben als natürliches Lernen aufwiesen. Bei der SWH war eine hohe Zustimmung zur sprachformalen Korrektheit als Ziel des Schreibunterrichts eher hinderlich: Je stärker die Lehrpersonen sprachliche Korrektheit betonten, desto weniger stark waren sie davon überzeugt, herkunftsbedingte Effekte ausgleichen zu können.

Ein weiteres wichtiges Ergebnis ergab ein **Extremgruppenvergleich** von Lehrpersonen, die entweder sehr hohe bzw. besonders geringe Selbstwirksamkeitsüberzeugungen aufwiesen, hinsichtlich des Schreibunterrichts. Lehrpersonen mit hoher PSWU ließen Kinder anderthalb Mal länger pro Woche schreiben als jene Lehrpersonen mit geringer PSWU. Sie vermittelten auch stärker Schreibprozesse und Grammatik. Im Falle der SWH ergab der Vergleich ebenfalls einen Unterschied in der Schreibzeit zugunsten der sich selbst als wirksamer wahrnehmenden Lehrpersonen. Diese ließen die Kinder ebenfalls eineinhalb Mal mehr Zeit im Unterricht pro Woche schreiben.

Ein weiteres Ergebnis: Je höher der **Anteil von schwach schreibenden Kindern** in der Klasse ist, desto geringer fällt die Selbstwirksamkeitsüberzeugung bei Lehrpersonen aus, dass sie die Leistungen der Schüler verbessern können. Allerdings fallen die Selbstwirksamkeitsüberzeugungen dann höher aus, wenn die Ausbildung in puncto Schreiben als positiver empfunden wird. Je positiver Lehrpersonen gestimmt sind, schreibbezogene Schwierigkeiten bei ihren Schülern zu überwinden, desto adaptiver gestalten sie den Unterricht und desto mehr evidenzbasierte Fördermaßnahmen setzen sie – zumindest tendenziell – ein (Gilbert & Graham, 2010; Graham, Capizzi, Harris, Hebert & Morphy, 2014). Bezogen auf den allgemeinen Unterricht besteht zudem ein Zusammenhang zwischen der unterrichtsbezogenen Selbstwirksamkeit von Lehrpersonen und der im Lehren erbrachten, von anderen Personen eingeschätzten Leistung (Klassen & Tze, 2014).

Auch wenn wir leider noch zu wenig aus der Forschung zur Selbstwirksamkeit bei einem wichtigen Aspekt professionellen Schreibunterrichts wissen, so zeichnet sich ab, dass Selbstwirksamkeit zentral ist. **Je selbstwirksamer sich Lehrpersonen wahrnehmen, desto günstiger wirkt der von ihnen beschriebene eigene Schreibunterricht.** Zugleich ist die schreibunterrichtsbezogene Selbstwirksamkeit ihrerseits nicht kontextlos, da sie mit der konkreten Schülerschaft ebenso zusammenhängt wie mit der Zufriedenheit mit der Vorbereitung auf den Schreibunterricht.

5.5.1.3 Epistemologische Überzeugungen zur Natur des Schreibwissens bei Schülern und Studenten

Ein Zweig der Schreibforschung hat sich damit befasst, welche wissensbezogenen Überzeugungen Schüler und Studenten zur Natur des Schreibens haben. Solche Überzeugungen können sich auf sehr Verschiedenes beim Schreiben beziehen, und entsprechend vielfältig sind die Bezugspunkte, worauf die Überzeugungen zu dem schreibbezogenen Wissen fokussieren: die Erlernbarkeit des Schreibens durch aktives Üben sowie die impliziten Theorien darüber, was (gutes) Schreiben ausmacht. Daneben gibt es noch einige weitere Arten von Überzeugungen, auf die hier aber aus Platzgründen verzichtet wird.

Zwei der frühesten Studien beschäftigten sich damit, in welchem Maße junge Studenten davon überzeugt waren, dass **Schreiben eine angeborene Fähigkeit** im Sinne eines nicht aktiv verbesserbaren Talents ist. Je stärker diese Überzeugungen ausgeprägt waren, desto mehr vermieden die Erwachsenen das Schreiben, desto weniger gern schrieben sie und desto weniger waren sie von ihren eigenen Fähigkeiten überzeugt. Außerdem hing die Talent-Überzeugung auch mit dem wahrgenommenen früheren Schreibunterricht zusammen: Je stärker die Überzeugungen hinsichtlich der Fixiertheit der Schreibfähigkeiten ausfielen, desto weniger positiv schilderten die Erwachsenen den erlebten Unterricht (Charney, Newman & Palmquist, 1995; Palmquist & Young, 1992). Jüngst konnte zudem gezeigt werden, dass stark ausgeprägte Überzeugungen zur Unveränderlichkeit der eigenen Schreibfähigkeiten es erschweren, durch Strategievermittlung bessere Texte zu schreiben (Limpo, Alves & Fidalgo, 2014; Teilkap. 7.2.1). Damit scheinen solche Überzeugungen im Lichte gleich mehrerer Studien eher problematischer Natur zu sein, da sie mit ungünstigen Emotionen beim Schreiben, einer geringeren Schreibmotivation und zum Teil auch geringeren Schreibleistungen einhergehen.

Ein zweiter Forschungsstrang widmete sich den Überzeugungen zum Schreiben im Sinne von **impliziten Theorien** hinsichtlich dessen, **was (gutes) Schreiben ausmacht**. Solche impliziten, also verdeckten Auffassungen gelten in der Literatur deshalb als bedeutsam, weil sie das kognitive und motivationale Engagement bei Schreibaufgaben indirekt beeinflussen. In der Forschungsliteratur werden verschiedene Bezeichnungen für zwei Sets von impliziten Theorien unterschieden. Einige Forscher berichten von der Gegenüberstellung vom Schreiben als Transmission vs. als Transaktion (Baaijen, Galbraith & Glopper, 2014; Sanders-Reio, Reio & Newman, 2014; White & Bruning, 2005), andere stellen das reproduktive Schreiben dem epistemischen Schreiben (Teilkap. 4.1) gegenüber (Mateos, Cuevas, Martín, Martín, Echeita & Luna, 2011;

Villalón, Mateos & Cuevas, im Druck). Mögen die Bezeichnungen unterschiedlich sein, so ähneln die beiden Gruppen einander. Im Falle des **transmissiven bzw. reproduktiven Schreibens** gilt Schreiben als reine Weitergabe von Informationen, und es dominieren Oberflächenmerkmale des Textes, die über die Angemessenheit und Qualität des Textes entscheiden. Im Falle des **transaktionalen bzw. epistemischen Schreibens** bildet den Kern eine Schreiber-Leser-Interaktion, in der der Schreiber mittels eigenen Stils und diverser planerischer und revisorischer Prozesse einen möglichst inhaltlich optimalen Text herstellen will. Jüngst wurden sogar noch – ausgehend vom Entwicklungsmodell aus Teilkapitel 4.3 – weitere Facetten der impliziten Theorien zum Schreiben ergänzt, nämlich Schreiben als rekursiver Prozess, der nicht-linear verläuft (für die Entwicklungsphase „Wissen transformieren"), und Schreiben als Orientierung am Leser (für die Entwicklungsphase „Wissen herstellen"; Sanders-Reio et al., 2014). Ein wichtiges allgemeines Ergebnis der oben genannten Untersuchungen besteht darin, dass die schreibbezogenen Facetten der impliziten Theorien innerhalb von Personen mit wenigen Ausnahmen relativ unabhängig voneinander bestehen. Das bedeutet, dass man nicht – um eine Analogie zur Religiosität zu bemühen – ‚monotheistisch' bezüglich des Schreibens orientiert ist, sondern mitunter diverse Facetten schreibbezogener impliziter Theorien parallel und mitunter völlig unverbunden existieren.

Dennoch – auch das ist ein Muster, welches sich aus den Studien abzeichnet – gibt es einige **Zusammenhänge**. So gehen stark transmissive bzw. reproduktive Überzeugungen zum Schreiben mit einer ungünstigeren **Schreibmotivation** einher. Weniger klar hingegen sind die Effekte bei den **Schreibleistungen**, denn hier gab es sowohl deutliche Indikatoren für einen leicht negativen Zusammenhang zwischen transmissiven bzw. reproduktiven Überzeugungen und Schreibleistungen als auch Null-Effekte. Ähnliches gilt für die (positiven) Zusammenhänge zwischen transaktionalen resp. epistemischen Überzeugungen mit der Schreibleistung: Hier waren die Befunde ebenfalls nicht durchgängig konsistent. Immerhin aber deutet sich trotz aller ungeklärten Fragen an, dass die unhinterfragten Überzeugungen von Personen zum Schreiben einen wichtigen Bereich der Schreibforschung und -förderung bilden, weil sie wie vorgeschaltete Filter das Schreibhandeln beeinflussen und Schreib(miss)erfolge von Anfang an steuern.

5.5.1.4 Überzeugungen von Lehrpersonen zum Schreibunterricht

Die Überzeugungen zum Schreibunterricht und damit die Gretchenfrage danach, was günstige Zielsetzungen des Schreibunterrichts sind, sind in der

Forschung mit unterschiedlichen Akzentsetzungen vor allem für Primarschullehrpersonen in den Blick geraten. Drei Ausschnitte aus der Forschung sollen hier präsentiert werden:

- erstens zu den Überzeugungen zur alles anderen als trivialen Frage, ob Schreiben erlernbar sei,
- zweitens zu theoretischen Orientierungen für die Ziele des Schreibunterrichts und
- drittens zur Wichtigkeit des Schreibunterrichts als Teil des Sprachunterrichts durch Stundenplanungen von Lehrpersonen.

Warum lohnt es sich, mit der **Überzeugung** zu starten, **Schreiben sei erlernbar**? Unter anderem deshalb, weil in einer Studie mit angehenden Primarschullehrpersonen deutlich mehr als die Hälfte der Befragten angaben, Schreiben sei ein angeborenes Talent. In derselben Studie erwähnten die angehenden Lehrpersonen allerdings überwiegend zugleich, sie selbst seien in der Primarschule von ihren Lehrpersonen stark gefördert worden (Norman & Spencer, 2005) – ein echter Bruch zwischen Überzeugung und Erinnerung an den eigenen Unterricht aus der Schülerperspektive. Nur wenige Studien haben sich auf breiterer Basis mit der Überzeugung in Sachen Erlernbarkeit befasst. In einer kleinen Studie mit angehenden Lehrpersonen immerhin aber füllten die Teilnehmer verschiedene Fragebögen aus, darunter zu ihrer Überzeugung, Schreiben sei prinzipiell erlernbar (Teilkap. 5.5.1.3), der Überzeugung, Schreiben sei eine angeborene Fähigkeit) und ihrer Schreibmotivation (Hammann, 2005). Dabei zeigten sich moderate positive statistische Zusammenhänge zwischen der Sicht auf das Schreiben als erlernbare Fähigkeit und der eigenen Schreibmotivation. Hinzu kommt, dass weitere Überzeugungen zum Lernen allgemein und metakognitive Wissensbestände abgefragt wurden. Hier gab es ebenfalls Tendenzen: Je mehr jemand über Metakognition allgemein wusste (und damit über günstiges Lernen), desto mehr war die Person davon überzeugt, Schreiben sei erlernbar, und desto lieber schrieb die angehende Lehrperson selbst. Wer das Schreiben als erlernbar betrachtete, der glaubte zudem auch weniger, die generelle Fähigkeit zu lernen sei angeboren bzw. das Lernen vollziehe sich grundsätzlich sehr schnell. Hierin deuten sich Zusammenhänge zwischen verschiedenen ‚lernphilosophischen' Überzeugungen allgemeiner und domänenspezifischer Art an.

Stärker in eine schreibspezifische Richtung ging eine weitere Studie, in der ein Fragebogen entwickelt und getestet wurde, welcher die **theoretischen Orientierungen zur Schreibförderung im Unterricht** erfasste (Graham, Harris, MacArthur & Fink, 2002). Dies erfolgte mit US-amerikanischen Primarschullehrpersonen, die die Klassenstufen 1 bis 3 unterrichten. Insgesamt drei theoretische Orientierungen ließen sich extrahieren:

1) **Korrektes Schreiben.** Damit ist gemeint, dass Lehrpersonen anstreben, dass Schüler sowohl sprachformal als auch inhaltlich korrekte Texte verfassen.
2) **Explizite Vermittlung.** Unter diese Orientierung fällt eine stark analytische und lehrpersonzentrierte Vermittlung, in der es um eine allmähliche Ausblendung der Unterstützungsleistung auf dem Weg zur Schreibkompetenz geht.
3) **Natürliches Lernen.** Gemäß dieser Auffassung vollzieht sich Schreiben-Lernen innerhalb natürlicher Settings (kooperativ, mit authentischen Kommunikationsanlässen) und bedarfsgesteuert.

Das erste Ergebnis war: Diese **drei Orientierungen** bestehen bei den Lehrpersonen relativ **unabhängig voneinander**, was eine wichtige Parallele zu den epistemologischen Überzeugungen bei Lernenden bildet (Teilkap. 5.5.1.3). Außerdem hängen die drei Orientierungen mit den selbstberichteten Schreibfördermaßnahmen in moderatem Maße zusammen. Wessen Orientierung stärker korrektes Schreiben als Zielpunkt hat, unterrichtet häufiger Rechtschreibung und Grammatik. Jene Lehrpersonen, die eher die explizite Vermittlung favorisieren, vermitteln häufiger die Fähigkeit, Texte zu revidieren, und wiederholen im Unterricht mehr die Vermittlung basaler Fähigkeiten bzw. von Schreibstrategien. Und die Lehrpersonen, welche eher das natürliche Lernen zur Grundlage ihres Schreibunterrichts machen, setzen verstärkt auf interaktives und kooperatives Lernen und gestehen Kindern häufiger Wahlmöglichkeiten bei den Textthemen zu.

Neben diese quantitativ gewonnenen Befunde kommen weitere qualitativer Provenienz, nach denen **Lehrpersonen** insgesamt den Trend bei ihrem Schreibunterricht aufweisen, **Schreibförderelemente und Überzeugungen eklektisch miteinander zu verbinden** (z. B. Brindley & Schneider, 2002; Hall & Grisham-Brown, 2011; McCarthey & Ro, 2011; Troia & Maddox, 2004; Wiebe, 2006). Teilweise werden sogar inhaltlich im Grunde inkompatible Überzeugungen zu individuellen Schreibförderphilosophien amalganisiert (McCarthey, Woodard & Kang, 2014). Dies viel stärker in den Blick zu nehmen und zum Gegenstand der professionellen (Selbst-)Reflexion zu machen, wird eine wichtige zukünftige Aufgabe der Schreibdidaktik und der Ausbildung von Lehrpersonen sein.

Neben der Entwicklung von Fragebögen und qualitativen Zugängen zu schreibunterrichtsbezogenen Überzeugungen hat es noch weitere Studien gegeben, die versuchten, sich den Überzeugungen der Lehrpersonen zum Schreibunterricht auf eine etwas andere Art und Weise zu nähern. Dafür wurden in der einen von zwei Studien (Cunningham, Zibulsky, Stanovich & Stanovich, 2009) **Englischlehrpersonen der Klassenstufe 1** und in der zweiten Studie (Spear-Swerling & Zibulsky, 2014) Englischlehrpersonen der Vorschule bis Klassenstufe 5 gebeten, Englischunterricht zu planen. Durch die unterschiedlichen Gewichtungen ergaben sich Rückschlüsse darauf, **was Lehrpersonen wichtig für ihren Muttersprachenunterricht erscheint**. Die konkrete Aufgabe sah vor, dass die Studienteilnehmer gebeten wurden, einen Zwei-Stunden-Block zu planen und ihre Unterrichtsinhalte möglichst genau zu beschreiben. Diese Daten wurden nachträglich ausgewertet und zeigten, dass die Lehrpersonen der ersten Klassenstufe rund 16 Prozent der 120 Minuten mit dem Schreiben verbringen lassen wollten (darunter fallen hier: kreatives Schreiben von Geschichten, Lesejournaleinträge, Textüberprüfungen durch Mitschüler sowie die Entwicklung von Sätzen). Weitere sechs Prozent der Zeit wollten sie Rechtschreibung und Grammatik vermitteln (Cunningham et al., 2009). Damit entfiel in dieser Studie mit Lehrpersonen, die Schreibanfänger unterrichten, insgesamt mehr als ein Fünftel der Unterrichtszeit auf die Schulung von eher **basal zu nennenden Fähigkeiten** im Bereich Schreiben. Dies steht in Einklang mit den vordergründig **wichtigen Schwerpunkten des Schriftspracherwerbs**.

Eine aktuellere Studie mit einem **größeren Altersspektrum der Klassenstufen** differenziert die Befunde weiter aus, zumal man sich mit ähnlichem Vorgehen dafür interessierte, wie sich Gruppen von Lehrpersonen möglicherweise voneinander bei der Planung unterscheiden (Spear-Swerling & Zibulsky, 2014). Die schreibbezogenen Befunde enthält Abbildung 17. Aus den Daten geht hervor, dass sich die **Präferenzen für Schreibunterrichtsinhalte verstärken, je älter die Zielaltersgruppe** ist. Die Werte sowohl bei der Vermittlung von basalen Fähigkeiten (Handschrift, Groß-/Kleinschreibung, Zeichensetzung, Grammatik, Satzstrukturen) als auch bei den Inhalten und der Organisation von Texten (Antworten verfassen, schriftliche Berichte erstellen, Absätze schreiben, Klären und Organisieren von Ideen, Textstruktur beachten, kreatives Schreiben) als auch bei der Rechtschreibvermittlung verdoppeln sich bzw. sogar mehr als das. Lediglich die **Schreibprozesse** (Planen, Verschriften und Revidieren, Teilkap. 2.2.4) bleiben mit maximal einem Prozent der Unterrichtszeit **randständig**, und dieses eine Prozent ist darauf zurückzuführen, dass eine einzige Lehrperson gleich 40 Minuten des Blocks, also ein Drittel, für die Förderung von kognitiven Schreibprozessen vorgesehen hatte.

Elemente des Schreibens	Kindergarten–Kl. 1		Kl. 2–3		Kl. 4–5	
Basale Fähigkeiten	4 %	5 min	7 %	9 min	9 %	11 min
Rechtschreibung	3 %	3 min	3 %	3 min	6 %	7 min
Prozesse	0 %	0 min	1 %	1 min	0 %	0 min
Inhalte und Organisation	8 %	10 min	12 %	14 min	18 %	21 min
Summe	**15 %**	**18 min**	**23 %**	**27 min**	**33 %**	**39 min**

Abbildung 17: Zuwendung der schreibbezogenen Unterrichtszeit bei Englischlehrpersonen verschiedener Klassenstufen in Prozent und in Minuten innerhalb eines Zwei-Stunden-Blocks (Quelle: Spear-Swerling & Zibulsky, 2014, S. 1364, sowie eigene Berechnungen)

Die Daten aus beiden Studien legen den Schluss nahe, dass das **Schreiben** einen vergleichsweise **hohen Stellenwert in der Zeit des unmittelbaren Schriftspracherwerbs** genießt, da schreibbezogenen Inhalten – zumindest in den Präferenzen bei einer Vielzahl von Lehrpersonen – zwischen einem Siebtel und einem Drittel des Unterrichts gewidmet wird. Die hohe Gewichtung von Inhalten und Organisation zeigt sich darin, dass allein dieser Bereich die Hälfte aller schreibbezogenen Unterrichtsinhalte ausmacht. Im Grunde bildet dieser zunächst positiv wirkende Befund aber den Ausgangspunkt für Fragen, zum Beispiel danach, wer die nötige Kompetenz für die im Kern sehr anspruchsvollen planerischen Aktivitäten vermittelt, die sich hinter dem Stichwort „Inhalte und Organisation“ verbergen. Dies gilt umso mehr, als die Schreibprozesse selbst randständig sind, die man für komplexe Schreibaufträge benötigt: Nur einer Lehrperson ist es zu verdanken, dass die Förderung von Planen, Verschriften und Revidieren in der Studie überhaupt (mit lediglich einem Prozent) auftaucht.

Ein weiterer problematischer Befund ergibt sich daraus, dass die vielen Unterrichtsaktivitäten untereinander kaum positiv miteinander zusammenhängen und deren Häufigkeit mitunter nicht über sprachliche und fachdidaktische Wissensbestände der Lehrpersonen bzw. deren unterrichtlichen Schwerpunkt erklärt werden kann (Cunningham et al., 2009; Spear-Swerling & Zibulsky, 2014). Außerdem, und das ist vielleicht das größte Problem, decken sich die Angaben zu geplanten Zwei-Stunden-Blocks im Englischunterricht nicht mit den Aussagen von anderen Lehrpersonen zum alltäglichen Unterricht (s. das nachfolgende Teilkap. 5.5.2), die auf diverse Probleme des gegenwärtigen Schreibunterrichts hinweisen.

5.5.2 Was passiert im gegenwärtigen Schreibunterricht (nicht)?

Die guten Neuigkeiten zuerst: In einer Studie mit Grundschülern der zweiten bis vierten Klassenstufe gab es einen bemerkenswerten positiven Effekt der Lehrpersonen auf die Schreibleistungen (Mehta, Foorman, Branum-Martin & Taylor, 2005). Hierfür wurden mehrfach die Lehrpersonen im Unterricht beobachtet und die Unterrichtsqualität (unter anderem im Schreiben) eingeschätzt. Parallel wurden diverse schriftsprachliche Leistungen bei den Kindern aus den Klassen getestet, darunter im Schreiben. Die Texte wurden hinsichtlich des Inhalts und der sprachformalen Korrektheit beurteilt. Wegen des glücklichen Umstands, dass es sich um Längsschnittdaten handelte, konnten spezielle Analysen durchgeführt werden, dabei wurden für die Berechnung der sprachlichen Fähigkeiten einen Jahres zweierlei Indikatoren aus dem Vorjahr verwendet: zum einen wurden die sprachlichen Fähigkeiten des Kindes und zum anderen die Unterrichtsqualität als Vorhersagevariablen genutzt. Hier zeigte sich, dass nur beim Schreiben eine statistische Vorhersage möglich war: **Je höher die Unterrichtsqualität** aus fremder Sicht im Vorschuljahr war, **desto besser waren die Texte**, die die Kinder im aktuellen Schuljahr geschrieben haben. Das bedeutet, dass über die Stabilität der schriftsprachlichen Fähigkeiten hinaus der anregende Schreibunterricht nachgewiesenermaßen dabei hilft, sich im Schreiben zu verbessern.

Leider sind solche positiven Befunde nicht sehr häufig in der Forschung anzutreffen. Im Gegenteil legen oftmals Untersuchungen zum Schreibunterricht einen Finger in eine offene Wunde, weil sie stets aufs Neue demonstrieren, dass das umfassende Schreiben eher randständig ist und vieles von dem, was als effektive Fördermaßnahme gilt (Teilkap. 6.2), bislang noch nicht alltäglicher Bestandteil der Unterrichtsrealität geworden ist. Insofern bildet dieses Teilkapitel einen Blick auf eher problematische Aspekte des Schreibunterrichts. Die Bestandsaufnahme dieses Teilkapitels beginnt mit der Frage danach, wie gut aus der Sicht von Lehrpersonen die Ausbildung auf den späteren Schreibunterricht vorbereitet (5.5.2.1). Danach wird anhand einer deutschen Studie gezeigt, welchen Stellenwert der Schreibunterricht in der Sekundarstufe hat (5.5.2.2). Mit dem Teilkapitel 5.5.2.3 öffnet sich die Perspektive auf internationale Studien, die sich mit den Texten und Schreibanlässen der Primar- und Sekundarstufe beschäftigen und dabei nicht nur den Muttersprachenunterricht in den Blick nehmen. Welche Fördermaßnahmen, die aus Sicht der Interventionsforschung effektiv gelten, im Schreibunterricht faktisch auftauchen, behandelt das Teilkapitel 5.5.2.4. Um einen wichtigen Ausschnitt des Schreibunterrichts, nämlich die Anpassungen der Unterrichtsmaßnahmen für schwach schreibende Schüler, geht es in Teilkapitel 5.5.2.5. Wegen der Vielzahl an Informationen bündelt das Teilkapitel 5.5.2.6 die Hauptergebnisse in Form einer Zusammenfassung.

5.5.2.1 Wie gut ausgebildet fühlen sich Muttersprachenlehrpersonen in Bezug auf den Schreibunterricht?

Viele der in diesem Teilkapitel präsentierten eher problematischen Befunde dürften mindestens zum Teil auf die Ausbildung von Lehrpersonen zurückzuführen sein, um die es nicht zum Besten bestellt zu sein scheint. Das ist zumindest das Ergebnis einer Serie von vier Studien, in denen US-amerikanische Lehrpersonen verschiedener Schuljahrgangsstufen und Fächer unter anderem per Fragebogen nach der Ausbildung gefragt wurden. Die Lehrpersonen sollten einschätzen, wie sie die Ausbildung zu Schreiblehrpersonen während des Studiums und in drei der vier Studien auch noch danach durch Fortbildungen einschätzen. Die Antwortmuster sind in Abbildung 18 zusammengefasst.

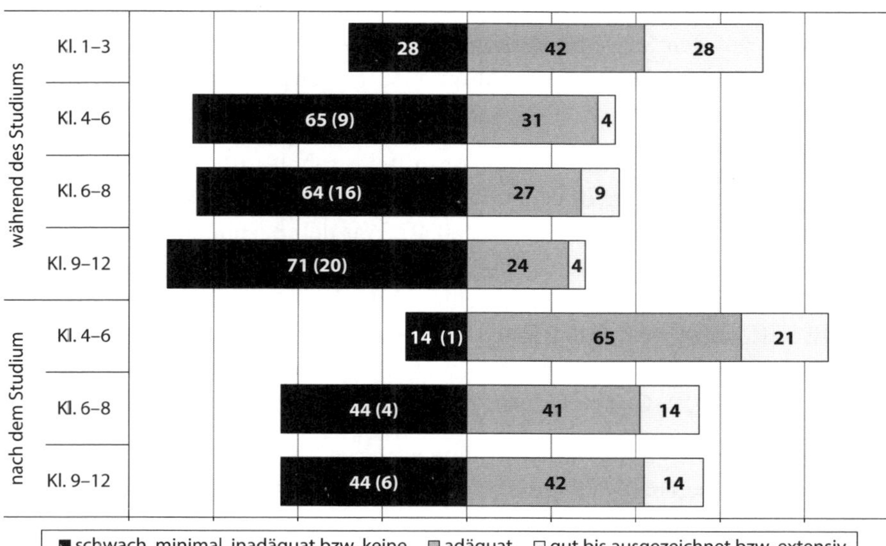

Abbildung 18: Einschätzung von Lehrpersonen zur Angemessenheit ihrer Ausbildung für den schulischen Schreibunterricht (Angaben in Prozent, eigene Darstellung, Quellen: Kl. 1–3: Cutler & Graham, 2008, Kl. 4–6: Gilbert & Graham, 2010, Kl. 6–8: Graham et al., 2014, Kl. 9–12: Kiuhara, Graham & Hawken, 2009; Werte in Klammern geben jenen Prozentsatz der Lehrpersonen an, die von sich aussagen, keine Vorbereitung erhalten zu haben)

Ein deutliches Befundmuster besteht darin, dass die **Primarschullehrpersonen ihre Ausbildung deutlich positiver beurteilen** als ihre Kollegen von anderen Schulstufen. Ein gutes Viertel hält sich durch das Studium für sehr gut, zwei Fünftel für ausreichend, ein weiteres gutes Viertel hält die eigene Ausbildung für unzureichend vorbereitet. Dieser zunächst optimistisch stimmende Befund wird aber von einem weiteren konterkariert, der aus einer Studie zum Lehren der Handschrift stammt. In jener Studie gaben nur 12 Prozent an, mindestens adäquat auf das Vermitteln des Schreibens per Hand in der Ausbildung vorbereitet zu sein (Graham, Harris, Mason, Fink-Chorzempa, Moran & Saddler, 2008).

Bei den **Kollegen ab Klassenstufe 4** ist der Fall bezüglich der **Vorbereitung auf den allgemeinen Schreibunterricht deutlich anders** gelagert als bei jenen Lehrpersonen, die die ersten drei Klassenstufen unterrichten: Jeweils zwei Drittel der Lehrpersonen halten sich für nicht ausreichend vorbereitet – ein Elftel bis ein Fünftel gibt an, überhaupt keine Ausbildung in puncto Schreiben erhalten zu haben. Zwischen einem Viertel und einem Drittel der Lehrpersonen meint, ausreichend auf den Schreibunterricht vorbereitet worden zu sein.

Die **mangelhafte Ausbildung** während des Studiums ist **aus zwei Gründen ein Problem**:

- So lassen sich in der Ausbildung vermittelte Inhalte zur Schreibförderung tatsächlich im Unterricht nachweislich wiederfinden (Grossman, Valencia, Evans, Thompson, Martin & Place, 2000). Was demnach nicht Lehrpersonen beigebracht wurde, hat schlechte Chancen, je die Schüler zu erreichen.
- Außerdem geht eine besser beurteilte Ausbildung in puncto Schreibunterricht mit mehr evidenzbasierten Fördermaßnahmen und einer höheren Selbstwirksamkeit bezüglich des eigenen Schreibunterrichts einher (Gilbert & Graham, 2010; Graham et al., 2014).

Insofern bildet eine gute Ausbildung eine wichtige Ressource für Lehrpersonen und deren Kompetenzüberzeugungen.

Interessanterweise nutzt die Mehrheit der Lehrpersonen **Fortbildungen nach dem Studium, um die mangelnde Ausbildung zu kompensieren**. Insbesondere Lehrpersonen aus den Klassenstufen 4 bis 6 (in den USA sind dies mehrheitlich Primarschullehrpersonen) kompensieren den wahrgenommenen Mangel aus dem Studium, da sechs von sieben Personen mangels Ausbildung Weiterbildungen besuchen, die sie positiv beurteilen. In höheren Klassenstufen nehmen mehr als die Hälfte der Lehrpersonen die Fortbildungsangebote als mindestens adäquat auf den Schreibunterricht vorbereitende Maßnahme wahr.

Damit schälen sich zwei allgemeine Muster ab, die beide vor allem den Schreibunterricht der Sekundarstufe betreffen. Hier ist anscheinend der **Handlungsbedarf in der Hochschule** zum einen **und in der Weiterbildung** zum anderen besonders groß. In gewisser Weise gilt das auch noch für die Hochschulausbildung von Lehrpersonen der höheren Primarschule bzw. der Mittelstufe. Aus den Daten ergibt sich der Eindruck, dass **nach dem technischen Schriftspracherwerb das Thema Schreibunterricht in der Ausbildung marginalisiert** wird. Entsprechend sind viele der nun folgenden Befunde aus verschiedenen Bereichen des Schreibunterrichts mitunter eher Ausdruck eines hausgemachten Problems der Lehrerausbildung denn eines individuellen Makels einzelner Lehrpersonen.

5.5.2.2 Stellenwert des Schreibunterrichts in der Sekundarstufe – ein erhellendes Beispiel aus Deutschland

Daten aus Deutschland zum Schreibunterricht sind spärlich gesät. In größerem Umfang wurden sie zuletzt im Rahmen der DESI-Studie im Schuljahr 2003/2004 erhoben („DESI" steht für „*D*eutsch *E*nglisch *S*chülerleistungen *I*nternational"). Bei DESI wurden nicht nur umfassend verschiedene sprachliche Kompetenzen von Neuntklässlern im Längsschnitt vom Schuljahresanfang bis -ende erfasst. Dabei kam für das Schreiben heraus, dass sich die pragmatisch-kommunikativen Fähigkeiten kaum verbessern (Neumann & Lehmann, 2008). Zudem wurden 370 Lehrpersonen detailliert zu ihrem Deutschunterricht befragt. Aus den vielen Einzelaussagen wurden sechs Dimensionen verdichtet, die in Abbildung 19 an den Achsen dargestellt sind. Das **Schreiben** ist als „schreibförderliche Elemente" im Bereich „Literaturunterricht" enthalten und bildet **keine eigene Dimension**, was an sich schon ein bezeichnendes Ergebnis ist. Andere basale Schreibfähigkeiten wie die Rechtschreibung sind im „sprachbezogenen Unterricht" enthalten. Damit lässt sich festhalten, dass ein eigener Schreibunterricht bzw. Schreibunterricht als eigenständiger Teilbereich des Deutschunterrichts in Klassenstufe 9 zumindest für das Schuljahr 2003/2004 nicht im Blick der Unterrichtsforschung stand. In gewisser Weise spiegelt sich in diesem Ergebnis wieder, was im Teilkapitel 5.5.2.1 hinsichtlich der Ausbildung von Lehrpersonen problematisiert wurde, die randständig wirkt, was sich vermutlich auch im Unterricht selbst niederschlägt.

Abbildung 20 zeigt neben den unterschiedlichen Ausprägungen der Merkmale des Deutschunterrichts auch Unterschiede bei den untersuchten Schulformen. Zu diesen ist noch eine darstellerische Vorbemerkung nötig: Ein Wert von Null entspricht dem perfekten Durchschnitt aller Antworten der befragten

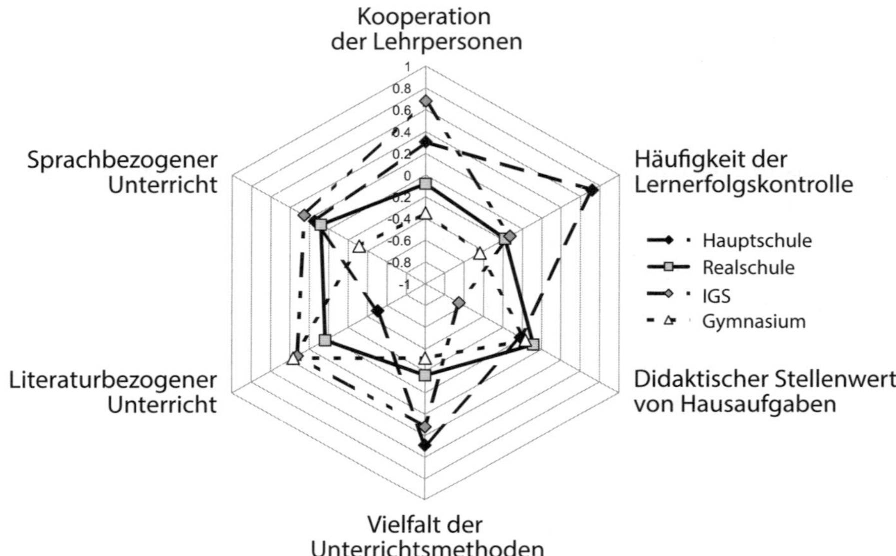

Abbildung 19: Ausprägungen grundlegender Merkmale des Deutschunterrichts in der neunten Klasse aus Sicht von Deutschlehrpersonen in verschiedenen Bildungsgängen (Quelle: Klieme, Jude, Rauch, Ehlers, Helmke, Eichler, Thomé & Willenberg, 2008, S. 333)

Lehrpersonen. Werte, die über Null liegen, weisen auf eine überdurchschnittlich ausgeprägte Antwort hin, Werte unter Null auf eine unterdurchschnittliche Bedeutung. Besonders markant ist die Differenz zwischen den Gymnasial- und Hauptschullehrpersonen, die darauf verweist, dass ein **literaturbezogener Unterricht mit Schreibanteilen vor allem an Gymnasien** stattfindet, aber kaum an **Hauptschulen**, wo ein eher **sprachbezogener Unterricht** dominiert, der seinerseits weniger mit dem umfassenden Schreiben zu tun hat. Über den gegenwärtigen, konkreten Schreibunterricht kann man also nur spekulieren, zumal die Daten bereits zehn Jahre alt sind. Der sich dennoch andeutende geringe Stellenwert des Schreibens an Hauptschulen ist deshalb besonders prekär, weil gemäß DESI-Kompetenzdaten an diesen Schulen mehr als die Hälfte der Jugendlichen massive Probleme bei der inhaltlichen Ausgestaltung von Texten hatte (Neumann & Lehmann, 2008).

5.5.2.3 Schreibaktivitäten im Unterricht: Schreibanlässe, Schreibzeiten und Textlängen

Präzisere Daten zum Schreibunterricht erhält man, wenn man den deutschsprachigen Raum verlässt und Studien konsultiert, in denen beispielsweise US-amerikanische Lehrpersonen befragt wurden. Hier hat ein Forschungsteam gleich eine ganze Serie von vier Untersuchungen vorgelegt, in denen unter anderem konkret nach Schreibanlässen, -zeiten und Textsorten gefragt wurde. Ein Teil der Befunde ist in Abbildung 20 zusammengefasst.

Die Daten in Abbildung 20 basieren auf den Auskünften von insgesamt mehr als 740 Lehrpersonen, nicht nur solchen, die Muttersprache unterrichten. Weil die Daten wegen unterschiedlicher Frageformate bzw. unterschiedlichen Antwortmöglichkeiten nicht immer direkt miteinander vergleichbar sind, wurden für die Darstellung die Häufigkeiten der Nennungen zum ausschlaggebenden Kriterium gemacht. Zur Orientierung wurden jene Textsorten bzw. Schreibanlässe mit Zahlen in Kreisen versehen, die bei mehreren Klassenstufen vorgekommen sind und daher in mehreren Spalten auftauchen. Dadurch sollen Trends sichtbar gemacht werden. Deutlich erkennbar ist **der große Bruch zwischen dem Schreiben in den ersten drei Klassenstufen und den Folgeklassen**. Narrative Texte (auch persönliche Berichte ließen sich darunter fassen) und kommunikative Texte kommen in dieser starken Ausprägung später nicht mehr vor. Dafür bilden dann das Ausfüllen von Arbeitsblättern, kurze schriftliche Antworten, das Zusammenfassen, das schriftliche Reagieren auf gelesene Texte und das Schreiben von Listen ab Klasse 4 eine dominante und zum Teil stark schulisch geprägte Form des Schreibens. In den Klassenstufen 4 bis 8 kommen Notizen, beschreibende und vergleichende Texte hinzu, in den Klassenstufen 6 bis 12 Anleitungen.

Ein weiterer Trend, der sich aus den Daten in Abbildung 20 abzeichnet: Mit steigender Altersgruppe nimmt die Frequenz einzelner Textsorten bzw. Schreibanlässe immer stärker ab. Das bedeutet: Das **ursprünglich breit angelegte Schreiben verknappt sich**, und es lässt sich zudem anhand der Daten demonstrieren,

- dass die Texte erstens immer kürzer werden,
- zweitens im Grunde immer weniger Schreibstrategien erfordern und
- dass drittens das Schreiben von Sachtexten zur dominierenden Form der Schreibanlässe wird.

Kl. 1–3[a]	**Kl. 4–6**[b]	**Kl. 6–8**[c]	**Kl. 9–12**[d]
Geschichten (96 %)	Kurzantworten (86 % (66 % w) vs. 1 % nie) ⑥	Kurzantworten (91 % (77 % w) vs. 3 % nie) ⑥	Kurzantworten (95 % (82 % w) vs. 3 % nie) ⑥
Ein Bild malen und dazu schreiben (95 %)	Arbeitsblätter ausfüllen (78 % (44 % w) vs. 8 % nie) ②	Arbeitsblätter ausfüllen (89 % (67 % w) vs. 8 % nie) ②	Schriftlich auf gelesene Texte reagieren (89 % (72 % w) vs. 5 % nie) ③
Briefe an eine andere Person (89 %)	Schreibjournal (77 % (61 % w) vs. 11 % nie) ①	Schriftlich auf gelesene Texte reagieren (81 % (54 % w) vs. 2 % nie) ③	Arbeitsblätter ausfüllen (87 % (72 % w) vs. 6 % nie) ②
Schreibjournal (87 %) ①	Schriftlich auf gelesene Texte reagieren (74 % (50 % w) vs. 2 % nie) ③	Zusammenfassungen (74 % (48 % w) vs. 4 % nie) ④	Zusammenfassungen (78 % (52 % w) vs. 10 % nie) ④
Arbeitsblätter ausfüllen (86 %) ②	Notizen anfertigen (71 % (35 % w) vs. 5 % nie) ⑦	Notizen anfertigen (72 % (35 % w) vs. 5 % nie) ⑦	Liste (56 % (38 % w) vs. 33 % nie) ⑤
Persönliche Berichte (80 %)	Zusammenfassungen (70 % (16 % w) vs. 2 % nie) ④	Liste (71 % (48 % w) vs. 7 % nie) ⑤	Schreibjournal (54 % (44 % w) vs. 36 % nie) ①
Schriftlich auf gelesene Texte reagieren (78 %) ③	Liste (56 % (27 % w) vs. 14 % nie) ⑤	Beschreibung (62 % (32 % w) vs. 4 % nie) ⑧	Anleitung (41 % (26 % w) vs. 27 % nie) ⑩
Gedichte (75 %)	Beschreibung (53 % (17 % w) vs. 1 % nie) ⑧	Schreibjournal (54 % (44 % w) vs. 28 % nie) ①	Text abschreiben (35 % (26 % w) vs. 55 % nie)
Zusammenfassungen (66 %) ④	Etwas vergleichen bzw. kontrastieren (52 % (19 % w) vs. 2 % nie) ⑨	Etwas vergleichen bzw. kontrastieren (34 % (15 % w) vs. 18 % nie) ⑨	Argumentative Texte (24 % (7 % w) vs. 28 % nie)
Liste (65 %) ⑤	Ursache und Wirkung darstellen (50 % (18 % w) vs. 6 % nie)	Anleitung 26 % (8 % w) vs. 33 % nie) ⑩	E-Mails (23 % (16 % w) vs. 66 % nie)

Abbildung 20: Die zehn häufigsten Schreibanlässe bzw. Textsorten in verschiedenen Klassenstufen (Quellen: [a] = Cutler & Graham, 2008, Prozentangaben beziehen sich auf die im Schuljahr geschriebenen Textsorten; [b] = Gilbert & Graham, 2010, Auslassung einer zu allgemein wirkenden Aussage (Schreiben in den Sachfächern) zwecks spezifischerer Aussagen; [c] = Graham et al., 2014, Auslassung eines zu spezifischen Schreibanlasses (5-Absätze-Aufsätze), der in dieser Form v. a. für die USA bedeutsam ist, aber nicht für den deutschsprachigen Kontext; [d] = Kiuhara et al., 2009; für b–d gilt: Prozentangaben beziehen sich auf mindestens monatliche bzw. wöchentliche (gekennzeichnet mit „% w“) Schreibaufträge)

Besonders prekär ist der Rückgang des Schreibens, der sich auch in anderen Daten spiegelt, da in einzelnen Studien danach gefragt wurde, wie viel **Zeit des Unterrichts** auf **Schreibunterricht** entfällt und wie viel **Zeit die Kinder und Jugendlichen** durchschnittlich täglich **mit Schreiben verbringen**. Die Ergebnisse für die Klassenstufen 1 bis 8 sind in Abbildung 21 zusammengetragen.

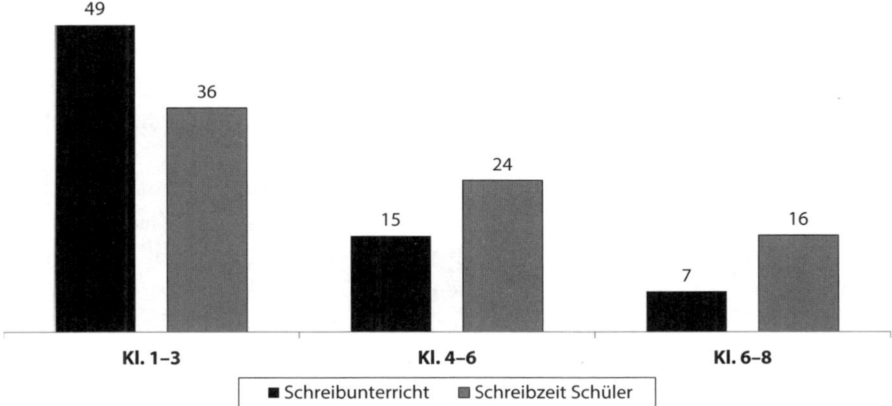

Abbildung 21: Dauer des täglichen Schreibunterrichts und der täglichen Schreibzeit von Schülern in Minuten für verschiedene Schulstufen (eigene Darstellung, Quellen der Daten: Kl. 1–3: Graham, Harris, Fink-Chorzempa & MacArthur, 2003, Kl. 4–6: Gilbert & Graham, 2010, Kl. 6–8: Graham et al., 2014)

Aus dem Diagramm geht hervor, dass die **Primarschullehrpersonen** bei jungen Kindern den **zeitlich umfangreichsten Schreibunterricht** durchführen, der sich pro Tag auf knapp 50 Minuten erstreckt. Allerdings muss hier ergänzt werden, dass die Lehrpersonen in gleich zwei Studien zugegeben haben, dass drei Viertel des Schreibunterrichts auf Oberflächenmerkale wie Handschrift, Rechtschreibung sowie Grammatik entfallen, und das Planen und Revidieren als mental anspruchsvolle Prozesse nur bei einem Viertel des Unterrichts Gegenstand der Förderung sind (Graham et al., 2003, im Druck a). Hinzu kommt, dass ein knappes Viertel der Lehrpersonen in den Klassenstufen 1 bis 3 keine schreibbezogenen Hausaufgaben aufgibt und ein Drittel der Pädagogen vollständig darauf verzichtet, dass Eltern gemeinsam mit ihrem Nachwuchs zu Hause schreiben (Cutler & Graham, 2008). Die Dauer des Schreibunterrichts ist in den Klassenstufen 3 bis 6 mit 15 Minuten um mehr als zwei Drittel geringer, und in den Klassenstufen 6 bis 8 macht mit sieben Minuten pro Tag der Schreibunterricht nur noch ein Siebtel der Zeit aus, die zu Beginn der Primarschule investiert wurde.

Zwar auf den ersten Blick weniger dramatisch, aber doch ebenfalls deutlich ist die immer **geringer werdende Schreibzeit** der Schüler. Diese scheint – wenn man eine zeitliche Entwicklungslogik unterstellt – um mehr als die Hälfte zurückzugehen. Die vergleichsweise geringe Schreibzeit in den Klassenstufen 6 bis 8 wird von anderen Studienbefunden gestützt, nach denen durchschnittlich leistungsfähige Zehntklässler beobachtbar pro Tag sechs Minuten – umgerechnet zwei Prozent der Unterrichtszeit – damit verbrachten, etwas zu schreiben (Fisher, 2009). Dies deckt sich nicht mit den optimistischen Angaben von Lehrpersonen verschiedener Fächer, dass knapp ein Drittel des eigenen Unterrichts auf schreibbezogene Lernaktivitäten entfällt (Gillespie, Graham, Kiuhara & Hebert, 2014).

Die im Verlauf der Schulzeit schwindende Schreibzeit ist zudem deshalb heikel, weil die von Lehrpersonen berichtete Schreibzeit in den Klassenstufen 4 bis 8 im Unterricht mit der Häufigkeit von als effektiv geltenden Fördermaßnahmen einerseits und den Adaptionen von Fördermaßnahmen für schwach schreibende Schüler andererseits zusammenhängt (Gilbert & Graham, 2010; Graham et al., 2014). Wer als Lehrperson mehr Zeit für das Schreiben und dessen Förderung im Unterricht reserviert, wendet zugleich häufiger günstige Schreibfördermaßnahmen an. Aus diesem Grund ist die mit Schreiben verbrachte Zeit im Unterricht ein Indikator dafür, wie viel von dem im Unterricht passiert, von dem sich empirische Schreibforscher wünschen, dass es stattfindet.

Der sich abzeichnende Rückgang in der Schreibzeit wirft die Frage auf, inwiefern das **Schreiben als Lernwerkzeug** tatsächlich genutzt wird. Es gibt diverse Belege für die positiven Effekte des (analytischen und längerfristig angelegten) Schreibens für das Lernen in den Sachfächern zum einen (Bangert-Drowns, Hurley & Wilkinson, 2004; Graham & Perin, 2007 b; Graham et al., 2015 a) und für das Textverständnis zum anderen (Graham & Hebert, 2011; Hebert, Simpson & Graham, 2013). Tatsächlich eint die Antworten zum Einsatz des Schreibens als Lernmedium aus einer empirischen Studie, die sich dezidiert dem Nutzen des Schreibens für das Fachlernen in den Klassenstufen 9 bis 12 gewidmet hat (Gillespie et al., 2014), dass die Lehrpersonen vor allem darauf vertrauen, dass ihre jugendlichen Schüler Relevanzentscheidungen zu Lerninhalten treffen – etwa beim Notizen-Anfertigen, dem Zusammenfassen, dem Schreiben von Listen etc. Schreibaktivitäten, die umfassendere und individuellere Vorgehensweisen und umfassendes Planen und Revidieren erfordern, bildeten demgegenüber eher die Ausnahme.

Damit schließt sich die Frage an, welche Länge die Texte haben können, die in einer anscheinend zurückgehenden allgemeinen Schreibzeit im Schulunterricht entstehen. Für die Klassenstufen 1 bis 6 konnte gezeigt werden, dass tägliche

Schreibaufträge mit einer Textlänge von mindestens einem Absatz zwischen 21 (Kl. 1–3) und 25 Minuten (Kl. 4–6) von den Lehrpersonen angegeben wurden (Cutler & Graham, 2008; Gilbert & Graham, 2010). Für die älteren Schüler wurde mit anderen Frageformaten ermittelt, wie häufig längere Texte geschrieben werden. In den Klassenstufen 6 bis 8 sind es knapp viereinhalb wöchentliche Anlässe, die Texte auf Absatzlänge als Minimum erfordern (Graham et al., 2014). Für die Klassenstufen 9 bis 12 ist das eher ernüchternde Ergebnis, dass nur ein gutes Fünftel der Lehrpersonen längere Texte mit mehreren Absätzen Länge mindestens wöchentlich schreiben lässt (Kiuhara et al., 2009).

In einer wiederum anderen Studie, in der der Schreibunterricht in 260 Klassen in amerikanischen Middle- und High-Schools, also ab Klassenstufe 6, genau beobachtet wurde, gab es weitere Hinweise auf die geringe Bedeutung des längeren Schreibens. Bei den beobachteten Klassen handelte es sich um solche aus besonders schreibförderlich geltenden Schulen. Die Jugendlichen schrieben pro Woche über alle Fächer hinweg Texte im Umfang von weniger als vier Seiten. Das beobachtbare Schreiben von Texten mit Absatzlänge machte maximal ein Achtel des Unterrichts aus, und von den Schreibaufträgen erforderten insgesamt nur ein Fünftel ein Schreiben mit der Mindesttextmenge eines Absatzes (Applebee & Langer, 2011). Weitere Studien jenseits der USA demonstrieren ebenfalls, dass das Verfassen längerer Texte im Unterricht randständig ist (Pacheco Sanz & García-Sánchez, 2012).

Mögen die soeben berichteten Befunde zwar nicht direkt miteinander vergleichbar sein, so geben sie doch deutliche Hinweise darauf, dass **längeres Schreiben auf dem Rückzug** zu sein scheint, **je älter die Schüler** sind. Das ist ein kontraintuitiv anmutendes Resultat: Je besser Schüler es eigentlich können (sollten), desto weniger alltäglich ist das längere Schreiben im Unterrichtsalltag. Allerdings lässt sich mit Blick auf die besonders häufigen Schreibanlässe im Unterricht (s. o., Abbildung 20 auf S. 68) festhalten, dass dies in sich wiederum ein kongruentes Muster ist: Längere Texte spielen den Daten zufolge eine immer geringere Bedeutung, sodass die mutmaßliche Abnahme der Schreibzeit in Einklang mit den Erfordernissen des Schreibunterrichts korrespondiert.

5.5.2.4 Welche evidenzbasierten Fördermaßnahmen kommen im Unterricht (nicht) vor?

Angesichts der allgemein rückläufig wirkenden Tendenz bei Schreibunterricht und Schreibzeit lässt sich begründet fragen, was im Schreibunterricht noch an Inhalten vermittelt wird. Die geringe Zeit legt nah, dass komplexere Inhalte und Förderansätze bei maximal einer Viertelstunde Schreibunterricht ab Klassenstufe 4 kaum vorkommen können. In diversen Fragebogenstudien zum Schreibunterricht sind immer wieder Fragen zur Häufigkeit nach Förderschwerpunkten gestellt worden, die solche Ansätze beinhalten, von denen man aus der **Interventionsforschung** weiß, dass sie die Schreibleistungen verbessern (s. dafür Teilkap. 6.2). Leider sind auch hier abweichende Antwortformate zum Einsatz gekommen, sodass direkte studienübergreifende Vergleiche schwer möglich sind. Hinzu kommt, dass die Studien zum Teil sehr spezifische Schwerpunkte gesetzt haben. Immerhin bei einer Handvoll von Fördermaßnahmen lassen sich aber Vergleiche über mindestens zwei Einzelstudien mit verschiedenen Altersgruppen anstellen. Wo dies möglich war, ist es in Abbildung 22 erfolgt. Die Tabelle enthält prozentuale Angaben zu Fördermaßnahmen, die laut den Selbstauskünften der Lehrpersonen wenigstens monatlich im Unterricht vorkommen. In Klammern folgen Angaben zu den Anteilen von Lehrpersonen, die die jeweiligen Fördermaßnahmen wöchentlich ergreifen. Diesen beiden Werten sind jene gegenübergestellt, die für die Antwort „Nie“ ermittelt wurden.

Kl. 1–3[a]	**Kl. 4–6**[b]	**Kl. 6–8**[c]	**Kl. 9–12**[d]
Rechtschreibung vermitteln (100 (100 % w) vs. 0 % nie) ①	Bekräftigen (98 % (76 % w) vs. 0 % nie) ⑤	Bekräftigen (87 % (55 % w) vs. 3 % nie) ⑤	Direkte Vermittlung (71 % (45 % w) vs. 8 % nie) ⑥
Zeichensetzung unterrichten (98 % (82 % w) vs. 0 % nie)	Direkte Vermittlung basaler Fähigkeiten (93 % (77 % w) vs. 1 % nie) ⑥	Schreiben als Lernwerkzeug (75 % (37 % w) vs. 4 % nie) ⑩	Bekräftigen (70 % (47 % w) vs. 8 % nie) ⑤
Grammatik unterrichten (98 % (93 % w) vs. 1 % nie) ②	Zusammenfassen vermitteln (90 % (44 % w) vs. 2 % nie) ⑦	Zusammenfassen vermitteln (73 % (39 % w) vs. 8 % nie) ⑦	Spezifische Schreibziele für die Aufgabe festlegen (69 % (33 % w) vs. 5 % nie)
Groß- und Kleinschreibung vermitteln (97 % (92 % w) vs. 0 % nie)	Rechtschreibung vermitteln (88 (78 % w) vs. 10 % nie) ①	Direkte Vermittlung basaler Fähigkeiten (62 % (48 % w) vs. 16 % nie) ⑥	Schreiben als Lernwerkzeug nutzen (65 % (25 % w) vs. 19 % nie) ⑩
Sätze konstruieren (96 % (78 % w) vs. 0 % nie) ③	Revisionsstrategien vermitteln (86 % (48 % w) vs. 1 % nie) ⑧	Planungsstrategien vermitteln (57 % (23 % w) vs. 6 % nie) ⑨	Aktivitäten vor dem Schreiben durchführen (52 % (22 % w) vs. 22 % nie) ④
Schreibstrategien modellieren (93 % (78 % w) vs. 2 % nie)	Planungsstrategien vermitteln (85 % (47 % w) vs. 1 % nie) ⑨	Modelle studieren und imitieren lassen (55 % (21 % w) vs. 32 % nie)	Schreibaufträge mit dem Computer bearbeiten lassen (52 % (16 % w) vs. 17 % nie)

Kl. 1–3[a]	Kl. 4–6[b]	Kl. 6–8[c]	Kl. 9–12[d]
Schaubilder nutzen (91 % (69 % w) vs. 6 % nie) ④	Schreiben als Lernwerkzeug (79 (36 % w) % vs. 5 % nie) ⑩	Revisionsstrategien vermitteln (55 % (17 % w) vs. 18 % nie) ⑧	Planungsstrategien vermitteln (50 % (13 % w) vs. 1 % nie)
Handschrift trainieren (90 % (81 % w) vs. 3 % nie)	Strategien zum Schreiben von Absätzen (78 % (39 % w) vs. 1 % nie) ❶	Strategien zum Schreiben von Absätzen (53 % (20 % w) vs. 17 % nie) ❶	Grammatik unterrichten (47 % (26 % w) vs. 32 % nie) ②
Planen (89 % (63 % w) vs. 1 % nie)	Das eigene Schreiben beurteilen lassen (74 % (33 % w) vs. 6 % nie)	Sätzekombinieren vermitteln (42 % (20 % w) vs. 32 % nie) ③	Schreiben als Forschen nutzen (45 % (13 % w) vs. 7 % nie) ❷
Schreibkonferenzen Lehrperson-Schüler (87 % (66 % w) vs. 2 % nie)	Sätzekombinieren vermitteln (67 % (27 % w) vs. 2 % nie) ③	Schreiben als Forschen nutzen (41 % (12 % w) vs. 4 % nie) ❷	Zusammenfassen vermitteln (43 % (16 % w) vs. 2 % nie) ⑦

Abbildung 22: Die zehn häufigsten Fördermaßnahmen im regulären Schreibunterricht (Angaben: mindestens monatlich vorkommende Anpassung vs. Antwort „nie“; eigene Darstellung; Quellen: [a] = Cutler & Graham, 2008, Auszug aus den Kategorien „Support student writing“, „Teach basic writing skills“ sowie „Teaching writing processs“; [b] = Gilbert & Graham, 2010; [c] = Graham et al., 2014; [d] = Kiuhara et al., 2009)

Wenn man die Werte aus Abbildung 22 im Überblick betrachtet, ergibt sich für die **Klassenstufen 1 bis 3** ein Muster, das dem Schriftspracherwerb als zentraler Aufgabe der Primarschule geschuldet ist. Sehr **viele technische und basale Fertigkeiten** (wie Rechtschreibung, Interpunktion, Grammatik, Groß- und Kleinschreibung, Sätze konstruieren, Handschrift trainieren) stehen deutlich erkennbar im Zentrum des Unterrichts und betreffen den Teilprozess Verschriften. Daneben unterstützen die Lehrpersonen die Kinder bei der Themenfindung, indem sie Schaubilder nutzen, mit den Kindern Texte planen, und in Schreibkonferenzen über Texte mit den Kindern sprechen. Außerdem gibt noch ein recht großer Teil an, Schreibstrategien zu modellieren. Auffällig sind ferner die hohen Prozentanteile denn selbst der letzte Eintrag in der Tabelle verdeutlicht, dass immer noch mehr als sechs Siebtel die Maßnahme – in diesem Falle: die Schreibkonferenzen – mindestens monatlich durchführen. Dies trifft auf viele weitere der insgesamt 28 zusätzlich abgefragten Unterrichtselemente zu, die nicht Gegenstand von Abbildung 22 sind. Besonders auffällig ist in den Klassenstufen 1 bis 3, dass die Antwortmöglichkeit „Nie“ recht selten gewählt wurde, der höchste Wert in der Tabelle liegt bei sechs Prozent.

Wendet man sich gesamthaft den höheren **Klassenstufen 4 bis 12** zu, ergibt sich als Muster, dass die **Häufigkeit der Fördermaßnahmen allgemein anscheinend rückläufig** ist. Oder anders: Je älter die Schüler sind, desto seltener werden sie gefördert. Markant ist, dass Schreiben stärker als Lernwerkzeug genutzt wird, etwa um Texte zusammenzufassen oder um es als Forschungswerkzeug zum Fachlernen zu verwenden, und dass in den Klassenstufen 4 bis 8 Planungs- und Revisionsstrategien neben jenen zum Schreiben von Absätzen angeführt werden. Auch das Loben und die direkte Vermittlung – beides wurde in Klassenstufe 1 bis 3 nicht direkt erfragt – bilden wichtige und häufige Fördermaßnahmen. Auffällig ist zudem, dass die in Klassenstufe 1 bis 3 zentralen Basisfähigkeiten nur vereinzelt wieder in höheren Jahrgangsstufen auftauchen, etwa in Form des Sätzekombinierens (Kl. 4 bis 8), das auf der Fähigkeit zur Satzkonstruktion aufsattelt, und der Rechtschreibung in den Klassenstufen 4 bis 6.

Die Sortierung der Abbildung 22 nimmt die mindestens einmal pro Monat berichtete Fördermaßnahme zum Ausgangspunkt. Die Daten der Studie sind noch genauer, denn sie lassen sich auch nach dem **mindestens wöchentlich genannten Einsatz** auswerten. Dies ist in der Tabelle erfolgt, indem diese Daten innerhalb der Klammern nochmals in Klammern dargestellt wurden. Durch diese Unterscheidungen zwischen mindestens monatlichem Einsatz und dem mindestens wöchentlichen Einsatz (als Teilmenge der wenigstens monatlichen Nutzung unterrichtlicher Elemente) lässt sich noch genauer bestimmen, welche Schreibfördermaßnahmen besonders oft zum Einsatz kommen. Im Falle der Klassenstufen 1 bis 3 ist auffällig, dass die Mehrheit sämtlicher der aus Monatsperspektive häufigen Fördermaßnahmen auch wenigstens einmal pro Woche ergriffen wird. Bei der Klassenstufe 4 bis 6 trifft dies nur auf drei der zehn in der Tabelle angeführten Maßnahmen zu (Bekräftigen, direkte Vermittlung basaler Fähigkeiten und Rechtschreibung unterrichten). Bei den Lehrpersonen aus den Klassenstufen 6 bis 8 wendet die Mehrheit das Loben an, aber sonst wird bei keiner anderen Maßnahme die 50-Prozent-Grenze überschritten. Zum Teil sind es sogar erheblich geringere Quoten. In den Jahrgangsstufen 9 bis 12 ist sogar bei keiner der Maßnahmen eine mehrheitlich wöchentlich stattfindende Umsetzung anzuführen. Und selbst bei monatlich häufigen Nennungen ist die wöchentliche Umsetzung eher gering.

Zusätzlich stellt sich die Frage, ob die **Angaben der Lehrpersonen wirklich belastbar** sind. Die Quantität der Nennungen sagt nämlich relativ wenig über die faktische Umsetzung und damit die Qualität der Schreibförderung aus. Hierfür muss man Unterricht gezielt beobachten und seine Logik rekonstruieren, um zu belastbareren Ergebnissen zu kommen. Leider sind solche (aufwändigen)

Studien spärlich gesät. In einer größeren Studie aber, in der der Schreibunterricht von als exzellent geltenden Schreibförderschulen über neun Wochen beobachtet wurde, lassen sich aussagekräftige Hinweise zum regulär stattfindenden Schreibunterricht finden (Applebee & Langer, 2011).

Besonders instruktiv war folgender Ausschnitt aus der Untersuchung: In Klassen, in denen tatsächlich Texte geschrieben wurden, die mindestens einen Absatz lang waren, wurden die entsprechenden Lehrpersonen gebeten, anzugeben, welche Schreibfördermaßnahmen sie in ihrem Schreibunterricht entweder häufig oder immer einsetzen. Dies wurde mit den Unterrichtsbeobachtungen abgeglichen, indem ermittelt wurde, wie hoch der Anteil der dafür aufgewendeten Unterrichtszeit tatsächlich ausfiel. Die Befunde sind in Abbildung 23 zusammengetragen, es handelt sich um die Daten vom Englischunterricht, der im Vergleich mit anderen Schulfächern noch die meisten beobachtbaren Schreibförderelemente und -maßnahmen umfasste (Applebee & Langer, 2011). Nur anhand der drei in der Tabelle dargestellten Elemente des Schreibunterrichts lässt sich ein Missverhältnis zwischen eigenem Urteil und fremder Einschätzung herausarbeiten, denn tatsächlich bilden die von anderen festgestellten Unterrichtsmaßnahmen nur einen geringen Anteil der Lektionen. Dies frappiert umso mehr, als nicht nur einzelne Lektionen beobachtet wurden, sondern die Lehrpersonen über einen längeren Zeitraum begleitet wurden und ihnen das Erkenntnisinteresse des Forschungsteams bekannt war.

Element des Schreibunterrichts	Selbst-auskunft	Beobachtung*	Ratio Selbst-auskunft-Beobachtung
Explizite Strategievermittlung	90,1 %	6,3 %	14:1
Textmodelle studieren lassen	84,6 %	5,5 %	15:1
Beurteilungsraster zum Überprüfen nutzen	82,2 %	4,2 %	20:1

Abbildung 23: Nennungen zur Häufigkeit (immer bzw. häufig) von Elementen des Schreibunterrichts im Englischunterricht und tatsächlich beobachtbarer Anteil der Unterrichtszeit (Quellen: eigene Darstellung basierend auf Applebee & Langer, 2011, S. 20 und 22, * Werte sind wegen inhaltlicher Zusammenhänge nicht trennscharf und können daher auch nicht aufaddiert werden)

5.5.2.5 Adaptionen des Unterrichts für schwach schreibende Schüler

Einen Teilzweig der Schreibunterrichtsforschung hat sich mit Anpassungen für schwächer schreibende Schulkinder befasst, also dem Umgang mit der unweigerlich im Klassenzimmer anzutreffenden Heterogenität. Dahinter steckt die Annahme, dass schwach schreibende Personen mit spezifischen und in der Regel gleich mehreren Problemen (Santangelo, 2014) auf besondere Weise auf Unterrichtsformen angewiesen sind, die auf die aktuellen Probleme Bezug nehmen. Sie benötigen also zum Teil adaptiven Unterricht. Ein adaptiver Schreibunterricht ist nicht nur für die schwachen Schreiber unter den Schülern günstig. Denn in einer Untersuchung konnte herausgestellt werden, dass in den Klassenstufen 4 bis 6 die von Lehrpersonen berichteten **Adaptionen** in einem **stark positiven Verhältnis** mit den im Teilkapitel zuvor thematisierten **Unterrichtselementen** stehen (Gilbert & Graham, 2010). Oder anders: Je mehr Adaptionen die Lehrpersonen für schwach schreibende Kinder berichteten, desto stärker neigten sie auch dazu, mehr evidenzbasierte Fördermaßnahmen (Teilkap. 5.5.2.1) im Selbstbericht anzugeben. Im Lichte dieses Ergebnisses erscheint die Adaptivität gewissermaßen als Qualitätsindikator guten Schreibunterrichts.

Die Unterrichtsadaptionen im Schreibunterricht bilden seit geraumer Zeit einen Arbeitsschwerpunkt rund um ein Forschungsteam des Schreibforschers Steve Graham, das gleich mehrere Studien vorgelegt hat, deren Befunde in Abbildung 24 zusammengefasst sind. Wegen der unterschiedlichen Antwortformate sind studienübergreifende direkte Vergleiche nicht möglich. Deshalb wird wie schon im Teilkapitel zu den Schreibaktivitäten eine Gegenüberstellung über die zehn häufigsten Adaptionen für schwach schreibende Schüler in vier Gruppen von Klassenstufen vorgenommen. Die sich inhaltlich ähnelnden Adaptionen, die in mehr als einer Schülergruppe genannt wurden, sind mit Nummern am Ende der Einträge gekennzeichnet. Im Folgenden sollen zunächst die häufig eingesetzten Adaptionen in den Fokus der Aufmerksamkeit geraten und danach die besonders selten genutzten.

Kl. 1–3[a]	**Kl. 4–6**[b]	**Kl. 6–8**[c]	**Kl. 9–12**[d]
Bekräftigung (95 % (93 % w) vs. 4 % nie) ①	Bekräftigung (88 % (79 % w) vs. 6 % nie) ①	Bekräftigung (79 % (70 % w) vs. 9 % nie) ①	Über gelesene Texte schreiben (74 % (37 % w) vs. 9 % nie)
Extrazeit für die Aufgabenbearbeitung (86 % (78 % w) vs. 7 % nie) ②	Extrazeit zum Üben von Schreibfähigkeiten (80 % (54 % w) vs. 8 % nie)	Extrazeit für Aufgabenbearbeitung (63 % (44 % w) vs. 10 % nie) ②	Vermitteln, wie man Textinhalte organisiert (52 % (18 % w) vs. 20 % nie) ⑩
Schreibkonferenzen Lehrperson und Schüler (86 % (71 % w) vs. 3 % nie) ③	Extrazeit für Aufgabenbearbeitung (78 % (50 % w) vs. 5 % nie) ②	Zusätzliche Grammatikvermittlung (44 % (32 % w) vs. 36 % nie) ⑥	Fachspezifische Textsorten vermitteln (50 % (22 % w) vs. 29 % nie)

Kl. 1–3[a]	Kl. 4–6[b]	Kl. 6–8[c]	Kl. 9–12[d]
Vermittlung Groß-/Kleinschreibung und Zeichensetzung (82 % (76 % w) vs. 15 % nie) ④	Extravermittlung Satzkonstruktion (74 % (42 % w) vs. 13 % nie) ⑤	Extravermittlung basale Schreibfertigkeiten bzw. -strategien (45 % (24 % w) vs. 28 % nie)	Schüler bearbeiten Schreibauftrag in eigenem Tempo (48 % (23 % w) vs. 25 % nie) ②
Vermittlung Sätzeschreiben (81 % (66 % w) vs. 15 % nie) ⑤	Zusätzliche Überprüfung der Fertigkeiten/Strategien (71 % (36 % w) vs. 11 % nie)	Zusätzliche Schreibkonferenzen Lehrperson und Schüler (44 % (24 % w) vs. 24 % nie) ③	Schaubilder beim Schreiben nutzen (47 % (17 % w) vs. 32 % nie)
Grammatikvermittlung (77 % (72 % w) vs. 18 % nie) ⑥	Zusätzliche Schreibkonferenzen Lehrperson und Schüler (71 % (37 % w) vs. 11 % nie) ③	Extravermittlung Groß-/Kleinschreibung und Zeichensetzung (42 % (34 % w) vs. 39 % nie) ④	Wiederholung von Fertigkeiten- bzw. Strategievermittlung (43 % (11 % w) vs. 29 % nie) ⑦
Schreiben üben (76 % (66 % w) vs. 19 % nie)	Zusätzliche Grammatikvermittlung (68 % (40 % w) vs. 14 % nie) ⑥	Extravermittlung Sätzeschreiben (41 % (30 % w) vs. 39 % nie) ⑤	Zusätzliche Grammatikvermittlung (46 % (23 % w) vs. 38 % nie) ⑥
Rechtschreibvermittlung (72 % (61 % w) vs. 19 % nie)	Zusätzliche Vermittlung des Teilprozesses Revidieren (67 % (38 % w) vs. 15 % nie) ⑧	Alternativer Schreibauftrag (39 % (18 % w) vs. 27 % nie)	Vermittlung Groß-/Kleinschreibung und Zeichensetzung (44 % (20 % w) vs. 39 % nie) ④
Wiederholtes Vermitteln von Schreibfähigkeiten (71 % (52 % w) vs. 13 %) ⑦	Zusätzliche Minilektionen (66 % (41 % w) vs. 18 % nie) ⑨	Zusätzliche Minilektionen (39 % (27 % w) vs. 38 % nie) ⑨	Schreibkonferenzen Lehrperson und Schüler (39 % (10 % w) vs. 20 % nie) ③
Teilprozess Revidieren vermitteln (69 % (47 % w) vs. 19 % nie) ⑧	Wiederholung von Fertigkeiten- bzw. Strategievermittlung (65 % (34 % w) vs. 8 % nie) ⑦	Extravermittlung Teilprozess Planen von Texten (39 % (27 % w) vs. 33 % nie) ⑩	Eigenes Schreibthema wählen lassen (39 % (11 % w) vs. 26 % nie)

Abbildung 24: Die zehn häufigsten Anpassungen im Schreibunterricht für schwach schreibende Schüler (Angaben: mindestens monatlich und wöchentlich („w") vorkommende Anpassung vs. Antwort „nie"; eigene Darstellung; Quellen: [a] = Graham et al., im Druck a; [b] = Gilbert & Graham, 2010; [c] = Graham et al., 2014; [d] = Kiuhara et al., 2009)

Als Muster aus den Daten zeichnet sich ab, dass **jüngere schwach schreibende Schüler mehr Unterstützung erhalten als ältere**, was sich in den insgesamt rückläufigen Prozentangaben deutlich niederschlägt. Auch inhaltlich gibt es

Muster. So bilden bis zur Klassenstufe 8 Ermutigungen nebst mehr Zeit zur Aufgabenbearbeitung niederschwellige und nicht genuin schreibspezifische Reaktionen der Lehrpersonen. Daneben versuchen Lehrpersonen – mit rückläufiger Tendenz über die Jahrgangsstufen – das Schreiben zu entlasten, indem sie auf Schreibkonferenzen zwischen sich und dem Schüler setzen. Deutlich zu erkennen ist ebenfalls die Tendenz, dass gerade in der Primarschule basale Fähigkeiten auf Wort- und Satzebene (darunter auch der Zusatzunterricht für das Konstruieren von Sätzen) als Teil des Schriftspracherwerbs massiv auftreten. Ganz besonders deutlich wird dies daran, dass Grammatikvermittlung in höheren Klassenstufen erheblich seltener angeführt wird. In ähnlicher Weise gilt das ebenfalls für die Minilektionen, die sich bei älteren Jugendlichen kaum noch als Option für die Lehrperson anbieten. Besonders bedeutsam wirkt, dass die anspruchsvollen **Schreibprozesse Planen und Revidieren nicht oder nur am Rande** in den zehn am häufigsten angegebenen Adaptionen auftauchen. Auffälligerweise wird das Revidieren bei jüngeren Schülern eher als Adaptionsmöglichkeit angeführt als das Planen. Umgekehrt verhält es sich ab Klasse 6, da nun planerische Fähigkeiten häufiger genannt werden (Teilkap. 4.2).

Zu den **Lehrpersonen der Klassenstufen 9 bis 12** ist gerade angesichts der im Vergleich mit anderen Jahrgangsstufen auffällig geringeren Nennung der Adaptionen noch ein Befund anzuführen, der für diese Studienteilnehmer durch spezifische Fragen im Fragebogen zustande kam. Die Lehrpersonen sollten einschätzen, wie stark sie Aussagen zum Grad der schulischen Vorbereitung in puncto Schreiben für die nachfolgenden Lebensphasen (Studium und Arbeitsplatz) zustimmen und für wie wichtig sie das Schreiben für die Zeit nach der Schule hielten. Nur **ein Viertel der Lehrpersonen** war der **Auffassung, dass die schulische Vorbereitung ausreicht**, aber 96 Prozent der Pädagogen hielten Schreiben für eine essenzielle Fähigkeit für spätere Lebensabschnitte. Ein weiteres Ergebnis: Knapp die **Hälfte** (47 Prozent) gab an, dass die Jugendlichen **nicht die Schreibfähigkeiten besitzen**, die sie **zur Bearbeitung der Aufgaben im Unterricht benötigen.**

Besonders bemerkenswert ist, dass selbst bei vergleichsweise häufig zum Einsatz kommenden **Adaptionen** ein recht großer Anteil der Lehrpersonen angibt, sie **niemals einzusetzen**. Aus Abbildung 24 geht als Muster hervor, dass dieses Verhältnis in der Regel stärker ausgeprägt ist, je weiter man sich nach unten in der Liste bewegt und je älter die unterrichteten Schüler sind. Überhaupt ist auffällig, welche Adaptionen besonders selten zum Einsatz kommen. Über die Hälfte von Lehrpersonen der Klassenstufen 1 bis 3 setzt niemals **Textverarbeitungssoftware im Schreibunterricht** ein, um damit gezielt den schwach schreibenden Kindern zu helfen (Teilkap. 7.3.6). In älteren Jahrgangsstufen kommt der Computer etwas häufiger zum Einsatz. So gaben Lehrpersonen vierter bis sechster Klassen zu 44 Prozent an, schwach schreibenden Schülern nie die Möglichkeit zu geben, mit der Textverarbeitungssoftware zu schreiben. In den Klassen 6 bis 8 fallen die Zahlen im Vergleich zu den soeben berichteten im Falle der Textverarbeitungssoftware gleich (43 Prozent) aus. Mit Werten zwischen 47 und 64 Prozent fällt zudem der Anteil unter den Lehrpersonen hoch aus, die in den Klassenstufen 1 bis 8 nie die Möglichkeit nutzen, mit dem Computer Schreibunterricht gezielt für schwach schreibende Kinder zu gestalten.

Eine weitere Form der Entlastung – das **Schreiben mit Mitschülern** (Teilkap. 7.3.4) – wird je nach Zielgruppe unterschiedlich stark genutzt. In den Klassenstufen 1 bis 3 gibt nur ein knappes Viertel (24 Prozent) an, davon nie Gebrauch zu machen. Vergleichbar trifft dies mit 23 Prozent auf Lehrpersonen der Klassenstufen 4 bis 6 zu. In den Klassenstufe 6 bis 8 bzw. 9 bis 12 liegt der Anteil mit 35 resp. 43 Prozent deutlich höher. Bemerkenswert ist für die Altersgruppe der ältesten Schüler zudem, dass mit 48 Prozent fast die Hälfte der Lehrpersonen angab, nie einen stärkeren Schüler einen schwächeren beim Schreiben helfen zu lassen. Ebenso ist es für 40 Prozent der Lehrpersonen aus Klasse 1 bis 3 keine Option, die Kinder **Texte diktieren** zu lassen, um dadurch personell zu entlasten (Teilkap. 7.3.5). Eine weitere Tendenz, die sich in den Daten abzeichnet, ist die immer geringere Nutzung der Schüler-Lehrperson-**Konferenzen**. Während in den Klassen 1 bis 3 nur drei Prozent der Lehrerpersonen darauf verzichteten, damit schwachen Schreibern gezielt zu helfen, taten dies in Klassenstufe 4 bis 6 elf Prozent. In den Klassenstufen 6 bis 8 waren es schon 24 Prozent und in den Klassenstufen 9 bis 12 20 Prozent.

Hinsichtlich der **Schreibaufträge,** die man mit Produktzielen gezielt für schwache Schreiber erleichtern kann (Teilkap. 7.3.1), ist es für ein gutes Viertel (27 bis 31 Prozent) in den Jahrgangsstufen 1 bis 8 nicht üblich, sie zu verwenden. **Eigene Schreibthemen** wählen zu lassen, erfolgt in einem Fünftel bis einem Drittel der Klassenzimmer von Klasse 1 bis 12 nicht (23 bis 36 Prozent).

Als besonders problematisch sind die Befunde in dem Bereich der Vermittlung von schreibbezogenem Wissen zu benennen. So gab ein Sechstel der Lehrpersonen aus Klassenstufe 4 bis 6 an, nie **Textstrukturwissen** zu vermitteln, in den Klassenstufen 6 bis 8 sind es mit 37 Prozent mehr als doppelt so viele, während in den Klassenstufen 9 bis 12 lediglich 20 Prozent die Antwortkategorie „Nie" ankreuzten. Dabei ist das Vermitteln von Textstrukturwissen ein wirksamer Förderansatz (Teilkap. 7.2.4). Auffällig ist, wie wenig das Planen und das Revidieren als besonders wichtige Teilprozesse des Schreibens in Form von **Strategien** gelehrt werden (7.2.1). Im Falle des Planens liegt der Anteil der

Lehrperson, die diesen Prozess niemals vermittelt, zwischen 20 und 33 Prozent, wobei dieser hohe Wert ausgerechnet bei den Lehrpersonen aus den Klassenstufen 6 bis 8 ermittelt wurde. Beim Revidieren gaben 15 bis 24 Prozent an, diese Fähigkeit niemals im Unterricht zu schulen – auch hier bildeten Mittelstufen-Lehrpersonen die Gruppe mit den höchsten Zustimmungsraten.

Damit lässt sich festhalten: Es gibt – vermutlich ausbildungsbedingt – Differenzen beim Einsatz von Adaptionen, die für einen Teil der Lehrpersonen keine Option im Schreibunterricht für schreibschwächere Schüler bilden. Das ist deshalb hervorzuheben, weil jene Adaptionsmöglichkeiten im Licht der Forschung zum Teil besonders effektiv sind, um Defizite in der Schreibkompetenz erfolgreich zu beheben (s. Teilkap. 6.2).

5.5.2.6 Zusammenfassung

In diesem Teilkapitel ging es in fünf Teilschritten um die Praxis des Schreibunterrichts in der Primar- und Sekundarstufe. Dabei stellten sich mehrheitlich eher problematische Befunde als ein relativ durchgängiges Muster heraus. Diese kritischen Ergebnisse aus diversen Studien lassen sich zu folgenden Punkten verdichten:

1) Lehrpersonen verschiedener Schulfächer fühlen sich zum Teil mehrheitlich durch ihre Ausbildung an den Hochschulen **nur unzureichend auf den eigenen Schreibunterricht ausgebildet**. Dies gilt insbesondere für die Sekundarstufe, nur in der Primarschule scheint das Problem nicht so gravierend zu sein.
2) Über den **Schreibunterricht im deutschsprachigen Raum** ist **kaum etwas bekannt**. Die inzwischen schon ein Jahrzehnt alte DESI-Studie verdeutlicht für den Deutschunterricht in der Klassenstufe 9, dass der Schreibunterricht keine eigene Dimension bildet und randständig wirkt, wobei es hier Schulformunterschiede gibt.
3) Die **Schreibaktivitäten der Schüler** und die **Dauer des regelmäßigen Schreibunterrichts nehmen ab**, je älter die Schüler sind. Dahinter lässt sich die implizite Annahme eines vermeintlich erfolgreich bewältigten Schriftspracherwerbs vermuten. Ein besonders heikles Ergebnis besteht darin, dass die im Unterricht dominanten Textsorten und Schreibanlässe wenig planerische oder revisorische Fähigkeiten erfordern, die aber für eine umfassende Schreibkompetenz besonders wichtig sind.
4) **Fördermaßnahmen**, die aus Sicht der Schreibinterventionsforschung **effektiv** sind, kommen im Unterricht **selten** vor. Am günstigsten ist die Situation noch in der Primarstufe, aber danach fallen die vielen Brüche und man-

gelnden Übergänge auf, die sich als mangelndes Schreibcurriculum bezeichnen lassen.

5) In eine ähnliche Richtung gehen die Befunde zu den **Adaptionen für schreibschwache Schüler**. Solche erfolgen **kaum** und wirken bezogen auf die gesamte Schulzeit insgesamt **rückläufig**.

Damit wirkt der Schreibunterricht – zumal jenseits des Schriftspracherwerbs – wie ein Sorgenkind. Insbesondere lässt sich anhand der relativ konsistenten Daten berechtigt die Frage stellen, inwiefern der gegenwärtige Schreibunterricht all jene Teilkomponenten und die komplexen Schreibprozesse adressiert und fördert, die aus Sicht der Kognitionspsychologie das Schreiben ausmachen (Teilkap. 2.2).

5.5.3 Zur Rolle des Unterrichts bei der Schreibmotivation

Das Thema Schreibmotivation und Schule bzw. Unterricht ist leider noch kein sonderlich prominenter Gegenstand der Forschung geworden, auch wenn es durchaus verstreute einzelne Befunde zu systematisch wirkenden Zusammenhängen zwischen Unterricht und der individuellen Schreibmotivation gibt. Daher werden an dieser Stelle Daten zu literalen Gemeinschaften, zu Veränderungen der schreibbezogenen Anforderungen in der Schulzeit, zu negativen Effekten von Unterrichtselementen auf die Motivation der Schüler sowie schließlich zur Rolle von einzelnen Lehrpersonen und Schreibaufgaben zusammengetragen.

Aus Sicht der Motivationspsychologie ist die Schreibmotivation nichts, was qua Geburt in Menschen vorliegt, sie wird vielmehr in sozialen Kontexten erworben. Susan Nolen nennt solche günstigen Kontexte **„literale Gemeinschaften"** und stellt anhand ihrer eigenen Längsschnittdaten mit Primarschulkindern klar heraus, dass diese Gemeinschaften von dreierlei Faktoren geprägt sind. Als erster Faktor gelten die Überzeugungen der Lehrpersonen (Teilkap. 5.5.1) und den sich daran anschließenden schreibdidaktischen Vermittlungsformen (5.5.2.3 bis 5.5.2.5). Sie leiten zum zweiten Faktor über, nämlich den günstigen schreibbezogenen Interaktionen von Lehrpersonen und Heranwachsenden. Zu guter Letzt offeriert ein solcher Unterricht systematisch die Möglichkeit, sich als Schreiber in seiner Identität zu entwickeln (Nolen, 2007 a, b). Der Wert der positiven literalen Gemeinschaften für die Schreibmotivation wird auch in anderen Studien immer wieder als wichtiges Ergebnis direkt oder indirekt betont (Abbott, 2000; Cleary, 1990; Jeffery & Wilcox, 2014; Madigan, 2007; Oldfather & Shanahan, 2007 – s. Kap. 8 für mehrere Beispiele für literale Gemeinschaften).

Angesichts der hohen Bedeutung von sozialen Kontexten für die Schreibmotivation ist es geradezu alarmierend, worauf Pietro Boscolo (2009) hingewiesen hat. Ihm zufolge verändern sich über den Lauf der Gesamtschulzeit die **schulischen Anforderungen beim Schreiben**. Der italienische Schreibforscher stellt für die Bildungsetappen Primar-, Mittel- und Oberstufe spezifische Schwerpunkte fest, die in Abbildung 25 dargestellt sind. Demnach ist das Schreiben in der **Primarstufe** zwar von der Textlänge her limitiert, aber es dient unterschiedlichen Zwecken (s. die Schreibfunktionen aus Teilkap. 5.3). In der **Mittelstufe** kommen erheblich mehr sprachformale Aspekte zum Tragen, da implizit erwartet wird, dass der Schriftspracherwerb abgeschlossen ist. Außerdem werden die Schreibanlässe immer schulischer (man denke nur an den Aufsatz oder das Arbeitsblatt, s. Kap. 6, s. auch Abbildung 20 auf S. 68). Besonders deutlich wird dies dann in der **Oberstufe**, in der Schreiben ein reines Lern- und Leistungsmittel ist. Mit dieser Entwicklung geht eine erhebliche Verknappung der schreibbezogenen Funktionen einher, die in lediglich zwei Schreibfunktionen kulminiert: dem Schreiben zur (kognitiven) Durchdringung und dem Schreiben zur Wissensdemonstration in einer Prüfungssituation (s. auch Teilkap. 5.5.2).

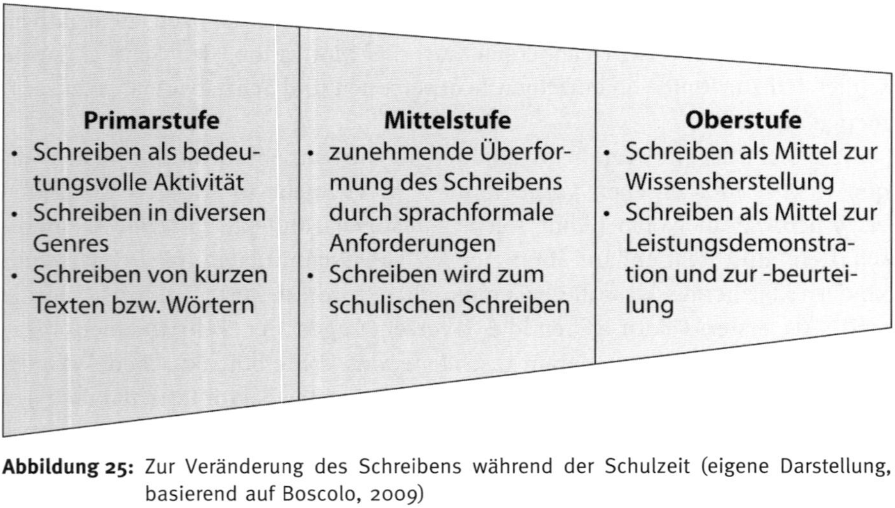

Primarstufe	**Mittelstufe**	**Oberstufe**
• Schreiben als bedeutungsvolle Aktivität • Schreiben in diversen Genres • Schreiben von kurzen Texten bzw. Wörtern	• zunehmende Überformung des Schreibens durch sprachformale Anforderungen • Schreiben wird zum schulischen Schreiben	• Schreiben als Mittel zur Wissensherstellung • Schreiben als Mittel zur Leistungsdemonstration und zur -beurteilung

Abbildung 25: Zur Veränderung des Schreibens während der Schulzeit (eigene Darstellung, basierend auf Boscolo, 2009)

Wie sich die angesprochene Verlagerung der Schreibfunktionen auf die Schreibmotivation auswirkt, ist praktisch kaum erforscht, aber es wird begründet vermutet, dass die Schreibmotivation im Laufe der Schulzeit nachlässt (Boscolo, 2009; Philipp, 2013 b). Dafür finden sich zumindest Hinweise in qualitativen Studien. So wurde beispielsweise im Rahmen einer Interviewstudie mit Elftklässlern erfragt, wie sich das Schreiben verändert hat. Die folgenden Zitate stammen von derselben Person, einer Schülerin, und sprechen ihrerseits eine deutliche Sprache:

- **Primarstufe:** „In der Schule waren überall im Raum Alphabete und Tiere. Wir sind jeden Tag nach dem Mittag in die Bibliothek gegangen, und wir bekamen Sterne mit nach Hause für das, was wir geschrieben haben. Jeder, der zu uns nach Hause kam, musste meinen Stern sehen. Der Schulbibliothekar lebte gleich nebenan, sodass ich in der dritten Klasse eine Art Theaterstück schrieb, das jüngeren Kindern dabei helfen sollte, die Bibliothek besser zu benutzen. Es gab immer solche Sachen. In der sechsten Klasse war ich Ansagerin für eine echte Fernsehsendung, und wir haben jede Woche jemanden interviewt, und ich habe die Drehbücher geschrieben. Es war kein schlechtes Gefühl, so zu schreiben." (Cleary, 1990, S. 23)
- **Mittelstufe:** „Ich habe es einfach gehasst, in diese Klasse zu gehen. Hingehen, einfach sitzen, nicht mitmachen. Wir hatten Philosophie, und es war für mich schwer in der achten Klasse. Wir mussten philosophische Werke lesen, danach interpretieren und einen Bericht schreiben. Ich war die erste Person, die Mister H. zum Lesen aufforderte. Er hat mich oft aufgerufen. Für alles. Wenn ich ein Wort vergessen habe, hat er einen Anfall bekommen. Wenn eine andere Person eins vergessen hätte, hätte er kein Sterbenswörtchen gesagt. Ich sah keine Notwendigkeit, mich noch stärker anzustrengen, denn er würde ja doch nur einen Fehler suchen. Ich hörte auf, die Aufgaben zu machen." (ebd., S. 23)
- **Oberstufe:** „Wenn ich einen Text für einen bestimmten Lehrer schreibe, versuche ich immer herauszufinden, was sie wollen. Das ist das größte Problem durch die gesamte Schulzeit: danach zu leben, was sie von deinem Schreiben erwarten. Ich denke, das ist es, was das Schreiben mehr zur Arbeit als zum Vergnügen macht. Jedes Jahr werden die Aufgaben härter und härter, und jetzt in der elften Klasse wird es mehr und mehr. Schreiben fasziniert mich nicht; ich tue es, weil es getan werden muss. Ich denke, ich weiß, was meine Lehrer von mir erwarten. Hoffentlich kommt kein anderer Lehrer und ändert die Sachen wieder." (ebd., S. 24 f.)

In den Zitaten deutet sich an, dass das intrinsisch motivierte Schreiben und ein stark situiertes Schreiben anfänglich üblich waren und die Schülerin positiv motivierten. Dies ändert sich sukzessive, und hat mit sich verändernden Anforderungen im schulischen Alltag zu tun. Aus Sicht der Forschung – insbesondere der Motivationsforschung (s. Philipp, 2013b) – ist bekannt, was motivationsförderlich bzw. -hinderlich ist. Gerade über die negativen Effekte sollte man sich als Lehrperson bewusst sein, über diese gibt der nachstehende Kasten Auskunft.

Negative schulische Einflussfaktoren auf die Schreibmotivation

In ihrem Forschungsüberblick haben zwei US-amerikanische Schreibforscherinnen zusammengetragen, was besonders hinderlich für eine positive Schreibmotivation im Unterricht ist. Dies sind die folgenden acht Elemente:

- Die Schüler erleben Schreiben nicht als eine Aktivität, bei der es darum geht, Sinn zu konstruieren, seine eigenen Ideen, sein Wissen bzw. seine Meinung zum Ausdruck zu bringen oder es als Ausdruck eigener Stärke zu betrachten.
- Bei den Antworten auf lehrerseitige Fragen geht es darum, die ‚richtige' Antwort (nämlich jene der Lehrperson) zu finden, statt nach Bedeutung zu suchen.
- Sprachformale Korrektheit bildet die Hauptpriorität beim Schreiben.
- Es gibt nur wenig oder keine Unterstützung dabei, akademische Risiken im Sinne von intellektuellen Herausforderungen einzugehen, um so Anspruchsvolles zu erlernen.
- Der Unterricht gibt nur wenig Freiheiten zum Schreiben, sei es bei den Themen oder dem Schreibprozess.
- Es besteht eine räumliche Anordnung wie bei einem Eierkarton, in dem sich die Schüler isoliert fühlen, wenig interagieren, über ihre Ideen sprechen, die Texte der anderen zu lesen und sich gegenseitig zu helfen.
- Anreize wie Noten oder andere extrinsische Anreize dominieren, statt das Interesse am Inhalt des Textes zu ermuntern und zu fördern.
- Es gibt wenig formative bzw. summative Rückmeldungen von anderen (Lehrpersonen, Klassenmitglieder) zu den Anstrengungen und dem Erfolg beim Schreiben. (nach Oldfather & Shanahan, 2007, S. 261)

Wie wichtig für die Schreibmotivation einzelne Lehrpersonen und ihr Unterricht sind, lässt sich in Studien immer wieder mindestens als Indiz auffinden (s. zum Beispiel den Positivfall im Beispiel David aus Teilkap. 5.1). Dabei wollen Schüler in aller Regel Klarheit und Struktur sowie Respekt statt zu starker Einschränkung oder zu großer Offenheit und unpersönlichem Unterricht (Abbott, 2000; Cleary, 1996). Ein **Schreibunterricht**, der Neugierde zulässt, sich mit außerschulischen Inhalten befasst, von den Schülern als relevant wahrgenommen wird, dabei anregend und zugleich herausfordernd ist, gilt nicht nur aus theoretischer Sicht (Bruning & Horn, 2000), sondern auch aus empirischer Warte als **besonders günstig für Schreibmotivation und -leistungen** (Lam & Law, 2007; Langer, 2001; Parr & Limbrick, 2010; s. auch Kap. 8) sowie die Mitarbeit im (Schreib-) Unterricht (Daniels & Arapostathis, 2005). Besonders deutlich wird das, wenn es zu Wechseln bei den Lehrpersonen kommt, weil diese neuen Lehrpersonen die Motivation sowohl stark fördern als auch unterwandern können (Abbott, 2000; Cleary, 1990; Oldfather & Shanahan, 2007). Doch selbst bei eigentlich sehr motivierenden Schreiblehrpersonen gelingt es Heranwachsenden nicht immer, sich selbst zu motivieren und Schreibaufträge tatsächlich erfolgreich zu beenden (Oldfather, 2002). Dies ist ein Indiz dafür, dass Lehrpersonen einen motivationsförderlichen Schreibunterricht zwar inszenieren und anbieten können, dass es aber eine Sache der Schüler ist, auf dieses Angebot positiv (oder eben negativ) zu reagieren.

Merkmal	Herausfordernde schulische Schreibaufgaben	Wenig herausfordernde schulische Schreibaufgaben
Schreibaktivität	Einzelne oder mehrere Absätze schreiben, die sich auf ein Thema oder eine Sammlung von Ideen beziehen	Unter- oder Durchstreichen von Wörtern, Nummerieren oder Abschreiben von Textteilen, einzelne Wörter, Wendungen oder Sätze schreiben
Dauer	mehrere Tage: länger als ein Tag	maximal ein Tag: eine Unterrichtsstunde bzw. als Hausaufgabe für die nächste Stunde
Sozialform	Kooperativ: Heranwachsende teilen Ideen miteinander und geben sich Rückmeldungen zu Texten	Allein: keine Ideenteilung und keine Rückmeldung von Peers
Beispiele	Aufsätze zu Themen nach Wahl; Forschungspapier in einer fachübergreifenden Unterrichtseinheit; Briefe an jüngere Schüler, in denen erklärt wird, was sie im Folgejahr lernen	Isolierte Arbeitsblätter zu Zusammenschreibung, Groß- und Kleinschreibung und Handschrift

Abbildung 26: Gegenüberstellung von anspruchsvollen und weniger anspruchsvollen Schreibaufgaben (Quelle: Miller, 2003, S. 47)

Zu betonen sind hinsichtlich der Motivation zu guter Letzt die **Schreibaufgaben**. In der Forschung wird zwischen einfachen und komplexeren Aufgaben unterschieden (s. Abbildung 26). Die herausfordernden Aufgaben (wohlgemerkt: sie fordern heraus, aber überfordern nicht) gelten hinsichtlich ihrer Effekte auf die Motivation als besonders günstig (Hooper, 1994; Miller, 2003; Perry, 1998). Es konnte zudem gezeigt werden (Neubert, 1998), dass besonders große schulische Leistungssteigerungen zu erwarten sind, wenn man komplexe Aufgaben löst und zum einen lernt, sich Leistungsziele zu setzen (Teilkap. 7.3.1), und zum anderen Rückmeldungen zur Zielerreichung bekommt (Teilkap. 7.3.2). Deshalb ist es so wichtig, die Schreibaufgaben als essenziellen Teil der Schreibmotivationsförderung zu behandeln und ihnen entsprechend Raum zu geben (s. für ein Beispiel Bachmann & Becker-Mrotzek, 2010).

5.5.4 Hauptaufgaben der Schule in der Schreibsozialisation

Die bisherigen Ausführungen des Teilkapitels 5.5 haben sich mit verschiedenen Facetten der schulischen Schreibförderung befasst. Dahinter steckt die bislang nicht explizierte Erwartung, dass die Schule und der Unterricht Schreibkompetenz (mitsamt den entsprechenden Vorläuferfähigkeiten) vermitteln sollen. Diese Erwartung wird in Bildungsplänen und -standards dezidiert an das Schulsystem im Sinne eines zu erfüllenden Solls formuliert. Erst durch diese bildungspolitischen Erwartungen lassen sich die vielfältigen in diesem Teilkapitel berichteten Befunde überhaupt als ein handfestes Problem begreifen.

Gleichzeitig dient das Schulsystem aber auch als gesellschaftliche Selektionsmaschinerie. Denn in der Schule erwirbt man über die Abschlüsse Zugangsberechtigungen zu weiteren Bildungsangeboten bzw. zum Eintritt in die Berufswelt. Solche gesellschaftlichen Ressourcen sind knapp verteilt und begehrt, sodass ein Wettkampf um sie besteht, bei dem die Verlierer schlechtere Chancen auf gesellschaftlichen Erfolg haben.

Dieser Konflikt der Aufgaben von Schule – Förderung des Individuums bei gleichzeitiger Selektion – schlägt sich auch beim Schreiben nieder. Die Schule hat – auf den allgemeinsten Nenner gebracht – zwei Hauptaufgaben in der Schreibsozialisation, die in einem Spannungsverhältnis stehen:

- **Persönlichkeitsentwicklung:** Schule hat die Aufgabe, die Heranwachsenden in Richtung auf die Schreibkompetenz „als Teil der Persönlichkeitsentwicklung zu fördern und zu qualifizieren.“ (Groeben & Schroeder, 2004, S. 321)
- **Gesellschaftliche Selektion:** „Schule hat die Aufgabe, eine leistungsgerechte Selektion und Allokation der Schüler/innen vorzunehmen.“ (ebd., S. 321)

Die erste Aufgabe zeichnet sich durch ihre auf Individuen und deren Persönlichkeitsentwicklung abgestimmte Form des Unterrichtens aus. Die Schule soll Kinder und Jugendliche zu schreibenden Persönlichkeiten machen und hat damit eine dienende Funktion auf dem Weg zum schreibenden Zivilbürger. Das ist im Fall der zweiten Aufgabe gänzlich anders, denn hier geht es um Schulleistungen, die die Kinder und Jugendlichen erbringen sollen, und deren Folgen. Ob Numerus Clausus nach der Sekundarstufe, Schullaufbahnempfehlung am Ende der Primarschule oder die historische Entwertung von Schulabschlüssen wie dem Hauptschulabschluss: Schulleistungen, darunter jene im Schreiben, erleichtern oder erschweren den Zugang zu gesellschaftlichen Positionen bzw. den für sie erforderlichen Bildungsabschlüssen (Berger, Keim & Klärner, 2010). Insofern hat die zweite Aufgabe der Schule eine buchstäblich existenzielle Dimension für die Schüler. Dabei zeichnet sich – zumindest aus Sicht der Lesesozialisationsforschung – ab, dass im fortschreitenden Gang durch die Schulzeit die erste Aufgabe zunächst stärker als die zweite bedient wird, welche wiederum spätestens in der Sekundarstufe dominant auftaucht (und dann für alle nicht angepassten, leistungsstarken oder mit anderen Ressourcen – etwa Nachhilfe, Eltern mit Bildungsaspirationen etc. – versehenen Heranwachsenden zum Problem wird; Groeben & Schroeder, 2004; Philipp, 2011).

Als **spezifisch deutsche Tradition** kommt bei den Aufgaben der Schule im Schreibunterricht noch hinzu, dass in verschiedenen Schulformen und Altersgruppen bestimmte Textsorten dominieren (Teilkap. 6.1). Im gymnasialen Schreibunterricht herrschen die Formen des gebundenen Aufsatzes vor, jenseits des Gymnasiums der freie Aufsatz, der kommunikative Aufsatz und das kreative Schreiben. Damit bildet der schulische Schreibunterricht im Muttersprachenunterricht nur einen kleinen Ausschnitt der möglichen Schreibanlässe und Textsorten, auf die Erwachsene im Alltag aber kaum stoßen (Cohen et al., 2011). Zugleich sind diese Schreibaufträge und -anlässe auf ihre eigene Art und Weise anspruchsvoll. Das größte Problem dürfte darin bestehen, dass die einzelnen Schulformen oder auch Bildungsetappen relativ unverbunden nebeneinander stehen und die zum Teil sehr bewusste Abkehr von der schulischen Praxis des gymnasialen Schreibunterrichts unnötigerweise die Schwierigkeiten für die Schüler erhöht.

5.6 Die Peers als dritte Schreibsozialisationsinstanz

Mit „Peers“ werden statusgleiche Personen bezeichnet, die aufgrund der Schulpflicht häufig, aber nicht zwangsläufig ähnlich alt sind. Peers – der Begriff stammt aus dem englischen Parlament, wo er gleichartig stimmberechtigte Abgeordnete bezeichnet – können sowohl befreundete Personen oder Personengruppen sein, aber auch Mitschüler im formellen Kontext Schule oder auch körperlich und psychisch intime Partner in einer Liebesbeziehung (Salisch, 2000). Das Spektrum dessen, was der Begriff inhaltlich zu tragen hat, ist also sehr breit. Häufig sind mit „Peers" untereinander befreundete Personen in einer freiwillig eingegangenen und jederzeit kündbaren Beziehung gemeint. Solche Peer-Beziehungen reichen von Freundschaften über Cliquen bis hin zu den großen Freundschaftsnetzwerken in den sozialen Netzwerken wie Facebook.

Das Schreiben innerhalb dieser Peer-Beziehungen dient häufig der Kommunikation untereinander, erfüllt also primär die **sozialen Funktionen des Schreibens** (s. Teilkapitel 5.3), während das Schreiben in der Schule dem Primat der kognitiven Funktionen und der Leistungsdemonstration folgt (s. Abbildung 25 in Teilkap. 5.5). Diese hohe Bedeutung der Kommunikation wird besonders deutlich bei der Nutzung digitaler Medien wie Computer, Internet und Handys/Smartphone bei Jugendlichen.

In Deutschland gibt es hierfür Hinweise aus einer jährlich neu durchgeführten Studie namens JIM (Jugend, Information, (Multi-)Media). Diese repräsentative Studie mit in der Regel rund 1.200 12- bis 19-Jährigen wird seit dem Jahr 1998 regelmäßig durchgeführt. Es gibt außerdem noch eine Pendant-Studie mit Kindern (Alter: sechs bis dreizehn Jahre), die KIM-Studie, die erstmals 1999 stattgefunden hat und nach einer Zeit mit unregelmäßigem Zyklus seit dem Jahr 2006 im Zwei-Jahres-Abstand wiederaufgelegt wird. Da zum Zeitpunkt der Manuskript-Erstellung die Befunde der KIM-Studie 2014 für das Frühjahr 2015 angekündigt sind (siehe Website mpfs.de), werden in diesem Teilkapitel die Befunde der KIM-Studie 2012 berichtet (Medienpädagogischer Forschungsverbund Südwest, 2013 – im Folgenden: MPFS). Bei den Jugendlichen werden Daten aus dem Jahr 2014 genutzt (MPFS, 2014). Die Ergebnisdarstellung konzentriert sich auf die Nutzung digitaler Medien im Allgemeinen und zur Kommunikation mit Peers im Besonderen.

Zunächst zu den **Kindern**, also den 6- bis 13-Jährigen. Knapp drei Viertel dieser Altersgruppe nutzt einen Computer, und innerhalb dieser Nutzer-Gruppe erfolgt eine mindestens wöchentliche Nutzung bei fünf Sechsteln der Kinder. Etwas mehr als 40 Prozent schreiben mindestens wöchentlich Texte am Computer, 70 Prozent schreiben am Rechner Texte für die Schule. Das Internet spielt schon bei Kindern eine große Rolle, da 85 Prozent der Computer-Nutzer mindestens einmal pro Woche das World Wide Web konsultieren; unter den 12- bis 13-Jährigen tun dies 40 Prozent länger als eine Stunde pro Tag. Knapp die Hälfte der Computer-Nutzer ist Mitglied bei einer Online-Community wie

Facebook. Dabei sind mehr Mädchen (53 Prozent) als Jungen (44 Prozent) angemeldet. Unter dem Peer-Aspekt ist besonders hervorzuheben, dass 60 Prozent der Kinder Online-Dienste bei Freunden nutzen. Lesen und Schreiben sind damit sozial eingebettete Aktivitäten. Beim Schreiben im Internet gibt es unterschiedliche Nutzungsmuster: 37 Prozent der Kinder schreiben E-Mails, ein Drittel chattet, und ein gutes Fünftel nutzt Instant Messaging-Dienste.

Ganz besonders hervorzuheben sind die sozialen Netzwerke im Internet, von denen Facebook als Marktführer gilt, denn ein Sechstel der Kinder gibt dieses Portal als Lieblingswebsite an. Knapp die Hälfte (44 Prozent) der Internet-Nutzer sind Mitglied bei einem sozialen Netzwerk. Innerhalb dieser Gruppe geben 55 Prozent an, Facebook aktiv zu nutzen. Dabei gibt es deutliche Altersunterschiede. Für 6- und 7-Jährige ist dieses Netzwerk noch vergleichsweise uninteressant (5 Prozent). Das beginnt sich bei 8- und 9-Jährigen zu ändern (18 Prozent). Unter 10- und 11-Jährigen ist die Mitgliedschaft noch höher (41 Prozent), und bei 12- und 13-Jährigen sind zwei Drittel (68 Prozent) Mitglied bei Facebook. Egal, ob Facebook oder andere soziale Dienste im Netz: Die Kinder schreiben viel. Innerhalb der Internet-Nutzer verschicken mehr als 80 Prozent Chat- oder andere Nachrichten. Knapp zwei Drittel teilen mit, was sie zum Zeitpunkt der Online-Nutzung parallel tun, oder schreiben auf virtuellen Pinnwänden Kommentare.

Schon bei Kindern ist das digitale kommunikative Schreiben in Peer-Beziehungen für einen großen Teil der Befragten Usus. Dies fällt bei **Jugendlichen** noch einmal deutlicher ins Auge. Drei Viertel der Jugendlichen besitzen einen eigenen Computer, knapp 90 Prozent ein Smartphone und fast drei Viertel eine Internet-Flatrate. Praktisch alle Jugendlichen nutzen das Internet inzwischen mindestens einmal pro Woche, und fast die Hälfte der Tätigkeiten im Internet dient deutlich erkennbar kommunikativen Zwecken (Chatten, Mailen, Social Media), wobei weibliche Jugendliche dies in einem stärkeren Umfang zu nutzen scheinen. Wenn die Jugendlichen online sind, dann steht das Chatten im Vordergrund. Vier von fünf Jugendlichen tun dies mindestens einmal pro Woche, nur halb so viele Befragte versenden zeitverzögerte E-Mails.

An einem Werktag sind die befragten Jugendlichen mehr als drei Stunden online (192 Minuten). Bei den jüngsten Befragten, den 12- und 13-Jährigen, liegt die Nutzungsdauer des Internets mit 128 Minuten deutlich unterhalb der mindestens 208 Minuten durchschnittlicher Verweildauer der Jugendlichen ab 14 Jahren. Unter denjenigen, die ein Handy besitzen, nutzen drei von vier Personen das Gerät für die mobile Internetnutzung. Knapp zwei Drittel verwenden das Smartphone dafür, Online-Communities wie Facebook aufzusuchen. Das Schreiben von SMS ist inzwischen auffällig rückläufig: Knapp die

Hälfte schreibt 2014 per Handy oder Smartphone Kurznachrichten, während es im Vorjahr noch fast drei Viertel taten. Hier scheint sich eine Verschiebung zum Dienst „WhatsApp“ zu vollziehen (der von Facebook aufgekauft wurde). Solche Messenger-Applikationen halten fünf Sechstel der Befragten für die wichtigste Anwendung auf den mobilen Endgeräten. Im Falle von WhatsApp geben die Jugendlichen an, im Durchschnitt 26-mal pro Tag das Programm zu verwenden.

Bemerkenswert an der JIM-Studie 2014 sind gleich **zwei Befunde**: Erstmalig in der Geschichte erfolgt der Zugang zum Internet nicht mehr über den Rechner an erster Stelle, sondern über Handys und Smartphone. Daneben ist ein Rückgang bei der Facebook-Nutzung sichtbar, denn die Nutzungsraten haben sich insbesondere bei jüngeren Jugendlichen vermindert. Sieben von zehn Jugendlichen – mehrheitlich die älteren – nutzen dieses immer noch prominente soziale Netzwerk, aber nur 73 Prozent der Internetnutzer sind Mitglieder in Online-Communities wie Facebook. Im Jahr 2011 waren es noch 88 Prozent. Gleichwohl bildet Facebook mit 23 Prozent der Nennungen Platz Nummer zwei bei den am häufigsten besuchten Webseiten. Insbesondere Jugendliche ab 14 Jahren nutzen Online-Gemeinschaften verstärkt, und zwei Drittel schreiben entweder synchron per Chat oder zeitverzögert per E-Mail mit anderen Netzwerkmitgliedern.

Digitale Medien mit diversen sozialen Schreib- und Leseanlässen sind also sowohl für Kinder als auch für Jugendliche selbstverständlicher Bestandteil eines mediatisierten Alltags, in dem ihnen verschiedene **digitale Medien** zur Verfügung stehen. Dies wiederum dürfte **für die Schreibpraxis folgenreich** sein, woran sich ein gutes Beispiel für die prinzipiell innovative Kraft der Peers für das Schreiben zeigen lässt. Mit dem Aufkommen von SMS und anderen Kommunikationskanälen, die zum Teil wie die SMS in ihrer Zeichenzahl begrenzt waren, vollzog sich relativ parallel eine Art des Schreibens, die sprachformale Regeln bricht und transformiert (s. u.). Dieser Wandel wird in Printmedien überwiegend negativ und kulturpessimistisch dargestellt, nämlich als regelrechte Bedrohung für die Standard(schrift)sprache (Thurlow, 2006). Dabei ist aus wissenschaftlicher Sicht noch gar nicht absehbar, ob die ungewöhnliche Sprachverwendung beim „Text Messaging“ in digitalen Medien tatsächlich mit schlechteren sprachformalen bzw. sprachlichen Leistungen korrespondiert bzw. diese verursacht (Verheijen, 2013; Wood, Kemp & Waldron, 2014) oder ob es sich schlichtweg um ein soziolinguistisches Phänomen der Jugendsprache handelt.

Um den Gegenstand **„Text Messaging“** besser zu verstehen, soll an dieser Stelle ein konkretes Beispiel gegeben werden. Der Beispieltext stammt aus einem im Dezember 2004 erschienenen Artikel der Zeitung „The Guardian“ und enthält den Text einer 13-jährigen schottischen Schülerin, die in einem Schulaufsatz ihren Urlaub schilderte und dabei auf die Texting-Jugendsprache zurückgriff, die sie für einfacher als Standard-Englisch hielt. Der fassungslose Lehrer war von der Sprache überfordert und konnte den Text kaum dechiffrieren. Hier liegt also aus linguistischer Sicht ein Problem bei den Sprachregistern vor, weil die Jugendliche eine in einem Kontext angemessene Form der Schriftsprachverwendung auf einen anderen Kontext überträgt, in dem eine solche Verwendung eher unüblich und – s. o. – unerwünscht ist. Und das ist der Anfang des problematischen Aufsatzes:

> „My smmr hols wr CWOT. B4, we used 2 go 2 NY 2 C my bro, his GF & thr 3:-@ kds FTF. ILNY, its gr8. Bt my Ps wr so {:-/ BC o 9/11 tht thay dcdd 2 stay in SCO & spnd 2 wks up N. Up N, WUCIWUG – 0. I ws vvv brd in MON. 0 bt baas & ^^^^^."[3] (Thurlow, 2006, S. 686)

In dem Beispiel sind viele Elemente enthalten, die laut Forschung typisch für das „Text Messaging" sind:

- orthografische Abkürzungen („smmr" für „summer", „dcdd" statt „decided");
- phonologische Abkürzungen („thanx" statt „thanks" – nicht im Beispiel enthalten);
- Akronyme („GF" für „girlfriend"; „FTF" für „face to face");
- Abkürzungen von Wörtern („hols" für „holidays", „bro" für „brother"; „N" für „north");
- Einzelziffern bzw. homophone Buchstaben als Ersatz für Wörter („0" für „nichts"; „2" für „to/too"; „C" für „see"; „U" für „you"),

3 Originalübersetzung des Textes der Schülerin in das Standard-Englische: „My summer holidays were a complete waste of time. Before, we used to go to New York to see my brother, his girlfriend and their three screaming kids face to face. I love New York, it's great. But my parents were so worried because of the terrorism attack on September 11 that they decided we would stay in Scotland and spend two weeks up north. Up north, what you see is what you get – nothing. I was extremely bored in the middle of nowhere. Nothing but sheep and mountains." (Thurlow, 2006, S. 686)
Deutsch: „Meine Sommerferien waren die komplette Zeitverschwendung. Vorher wollten wir nach New York, um meinen Bruder, seine Freundin und ihre drei schreienden Kinder von Angesicht zu Angesicht zu sehen. Ich liebe New York, es ist großartig. Aber meine Eltern waren wegen der Terroranschläge vom 11. September so besorgt, dass sie entschieden, dass wir in Schottland bleiben und zwei Wochen oben im Norden verbringen würden. Oben im Norden bekommst du das, was du siehst – nichts. Ich war in der Mitte von Nirgendwo extrem gelangweilt. Nichts außer Schafen und Bergen."

- Kombinationen von Buchstaben und Ziffern für homophone Wörter („B4" für „before", „gr8" für „great");
- Emoticons („:-@" für „schreiend", „{:-/" für „besorgt");
- typografische Symbole („&" für „und", „^^^^^" für „Berge");
- Auslassungen von Zeichensetzung und Groß- und Kleinschreibungen („its" statt „it's");
- verstärkte Nutzung von Zeichensetzung und Großschreibung für Betonung des Inhalts („ILNY" für „I love New York", „CWOT" für „complete waste of time") sowie
- wiederholte Buchstabenverwendung, um Bedeutung zu betonen („vvv" statt „very"; Auswahl, Verheijen, 2013, S. 584).

Man kann in dem ungewöhnlichen Sprachgebrauch im „Text Messaging" durchaus – zunächst einmal auf einer beschreibenden Ebene – ein Potenzial der Schriftsprachverwendung erkennen (Crystal, 2008). Dieses Potenzial ist direkt angesiedelt in den beiden gegenläufigen Aufgaben, die die Peers in der Schreibsozialisation erfüllen sollen:

- **Innovative gesellschaftliche Teilhabe:** Peers haben „die Aufgabe, die Voraussetzung für die Teilnahmefähigkeit des Individuums in der Gesellschaft durch innovative Teilhabe an kollektiven Identitätsentwürfen zu fördern." (Groeben & Schroeder, 2004, S. 330)
- **Freiräume und Distinktion:** Peers haben „die Aufgabe, (erlebnisorientierte) Freiräume gegenüber der (leistungsorientierten) Erwachsenenwelt zu behaupten und jugendliches Probehandeln zu ermöglichen." (ebd., S. 331)

Die innovative gesellschaftliche Teilhabe erfüllt das „Text Messaging" im Kreis der Peers prototypisch, indem Heranwachsende in einer zunehmend vom Schreiben kurzer digitaler Texte geprägten Welt (Cohen et al., 2011) genau das tun: Sie schreiben viele und kurze Texte, die in diesem Fall eher kommunikativen Zwecken dienen. Mit den „kollektiven Identitätsentwürfen" ist gemeint, dass man Teil einer schreibenden Gemeinschaft wird und dies als kongruent mit der eigenen Identität erlebt (s. auch das Beispiel Peter aus dem Teilkapitel 5.1). Die zweite Aufgabe, bei der es um die Abkehr von Leistungszwängen und die Gestaltung jugendkultureller Refugien geht, bedienen Peers, indem sie etwa über nicht-schulische Themen schreiben oder aber Schriftsprache so verfremden, wie sie es beim „Text Messaging" offenkundig tun. Damit erhalten sie die Möglichkeit, sich schreibend abzugrenzen und trotzdem (mehrheitlich kurze) Texte herzustellen.

5.7 Die Individuen als Sozialisanden und aktive Akteure

Die Sicht auf das Individuum ist bereits im Kapitel 4 bei der Schreibentwicklung angesprochen worden, allerdings ging es dabei eher um eine allgemeine, kognitiv dominierte Phasenabfolge. Es gibt aber noch weitere Merkmale von Heranwachsenden, die von sozialisatorischer Bedeutung sind. Eines ist in Teilkapitel 3.2.2 bereits genannt worden: das biologische **Geschlecht**. In aller Regel schneiden Mädchen in Schreibleistungstests wie NAEP besser ab als ihre männlichen Altersgenossen. Das wurde auch schon bei deutschen Neuntklässlern beobachtet. In einer aufwändigen Studie wurden diverse sprachliche Leistungen erfasst, darunter auch im Lesen und Schreiben. In der Studie bestanden die größten und in ihrem Umfang substanziell zu nennenden Differenzen zwischen beiden Geschlechtern zugunsten der weiblichen Jugendlichen im Schreiben (Hartig & Jude, 2008). Oder anders gesagt: In keinem anderen sprachlichen Leistungsbereich wurden so große Unterschiede festgestellt. Auch andere Studien zeigen, dass mehrheitlich Mädchen besser in Schreibtests abschneiden, sei es in der Rechtschreibung (Mücke, 2009), sei es in anderen basalen oder auch anspruchsvollen Schreibleistungen (Philipp & Sturm, 2011). Außerdem wird aus empirischer Sicht berechtigt angenommen, dass Mädchen höhere Kompetenzüberzeugungen beim Schreiben haben (s. Teilkap. 5.5.1.1; Philipp & Sturm, 2011) und dass sich das Geschlecht möglicherweise systematisch auf die gesamte Schreibsozialisation auswirkt, zum Beispiel bei den Inhalten der Texte, der Wahrnehmung des Schreibens und der Art, wie Mädchen Texte zur Beziehungspflege einsetzen (Peterson, 2008). Außerdem ist schon für das Primarschulalter nachgewiesen worden, dass Mädchen stärker intrinsisch motiviert schreiben (Guay, Chanal, Ratelle, Marsh, Larose & Boivin, 2010). Das zeigt sich bis ins hohe Schulalter, denn bei der NAEP-Studie zum Schreiben aus dem Jahr 2011 stimmten 53 Prozent der Zwölftklässlerinnen der Aussage zu, Schreiben sei eine der bevorzugten Aktivitäten, aber nur 35 Prozent der männlichen Gleichaltrigen (National Center for Education, 2012).

Daneben gibt es auch noch **individuelle Unterschiede in kognitiven und motivationalen Bereichen**, die ihrerseits wiederum mit

1) dem Leistungsvermögen beim Schreiben,
2) Vorhandensein bzw. Nicht-Vorhandensein von Lernschwierigkeiten und
3) dem Alter der Person

zusammenhängen. Beispielsweise beschreibt Steve Graham (2006), dass sich gute von schwachen Schreibern in ihren

4) basalen Schreibfähigkeiten (Handschrift und Rechtschreibung) ebenso systematisch unterscheiden wie in ihrer
5) Fähigkeit, selbstreguliert zu schreiben. Selbiges gilt für das
6) schreibbezogene Wissen und
7) die Schreibmotivation.

Diese vier Bereiche mit interindividuellen Differenzen hängen systematisch mit allen drei Ebenen des Komponentenmodells aus Teilkapitel 2.2 zusammen und sind in Abbildung 27 prototypisch gegenübergestellt. In der Tabelle werden zwei Gruppen unterschieden, nämlich gute bzw. in ihrer Schreibentwicklung (Kap. 4) schon weiter fortgeschrittene Personen auf der einen und schwache resp. in der Schreibentwicklung noch nicht weit fortgeschrittene Personen auf der anderen Seite. Selbstverständlich sind dies Extremgruppen, zwischen denen es graduelle Abstufungen gibt (Hayes, 2012 b).

	Gute bzw. ältere Schreiber	**Schwache bzw. jüngere Schreiber**
Basale Schreibfähigkeiten (Teilprozess Verschriften)	automatisierte Handschrift bzw. automatisiertes Tastaturschreiben, wenig Mühe mit Rechtschreibung, Grammatik etc.	noch keine Automatisierung beim Schreiben per Hand/Tastatur, hohe Absorption durch Sprachformalia und Graphomotorik
Selbstregulation und Schreibstrategien (Teilprozesse Planen und Revidieren)	breites Repertoire an effektiven Schreibstrategien und umfassende Fähigkeit zur (meta-)kognitiven und motivationalen Selbstregulation	schmales Repertoire an Strategien
Schreibmotivation	▪ hohe Selbstwirksamkeitsüberzeugungen ▪ hoher Wert der Schreibaufgaben ▪ realistische Selbstevaluationen ▪ Fokussierung auf Anstrengung bei Misserfolg	▪ unrealistisch hohe oder niedrige Selbstwirksamkeitsüberzeugungen ▪ geringer Wert der Schreibaufgabe ▪ unrealistische Selbstevaluationen ▪ Fokussierung auf unveränderbare Aspekte bei Misserfolg
Schreibbezogenes Wissen	systematische und umfassende Wissensbestände zu Prozessen, Zwecken und Produkten beim Schreiben	unsystematische und fragmentarische Wissensbestände zu Prozessen, Zwecken und Produkten beim Schreiben

Abbildung 27: Gegenüberstellung von Merkmalen guter bzw. älterer Schreiber vs. schwacher resp. junger Schreibern (eigene Darstellung, basierend auf Graham, 2006; Graham & Harris, 2000; Philipp, 2014)

	Inhaltlich geprägtes und lernzentriertes Schreiben mit Konzentration auf Tiefenmerkmale des Textes	Schreiben als Reproduktion mit Oberflächenorientierung
Funktionen und Nutzen des Schreibens	▪ Schreiben dient als nützliches Lernwerkzeug, das ein Schüler selbstständig nutzt und dabei das Vorgehen selbst festlegt. ▪ Der Erfolg wird über Passung von Inhalt und sprachformaler Gestaltung im Prozess bestimmt. ▪ Meisterschaft beim Schreiben wird über Passung von Inhalt und sprachlicher Gestaltung definiert, dabei ist die Verbesserung des eigenen Schreibens das Ziel.	▪ Das Schreiben dient nicht als Lernwerkzeug, sondern zur Leistungsdemonstration. ▪ Der Erfolg beim Schreiben wird über intendierte Informationen im Textprodukt bestimmt. ▪ Meisterschaft beim Schreiben bedeutet vor allem sprachformale Korrektheit.
Verhältnis von Planung und Verschriften	▪ Der Schreibprozess wird als komplexer, rekursiver Prozess verstanden, der formale und inhaltliche Entscheidungen benötigt und sich auf die Gesamthierarchie des Textes bezieht. ▪ Die Planung ist fundamental und bezieht sich auf Kontext, Ziele und z.T. auf die Adressaten.	▪ Der Schreibprozess besteht darin, rein linear das zu erzählen, was man weiß. ▪ Eine Planung ist nicht vorhanden bzw. – wenn doch – minimal und nur auf Inhalte bezogen, dabei gibt es kaum eine Adressatenorientierung.
Revidieren	▪ Revisionen sind nötig für die Verbesserung von Text und eigenem Wissen. ▪ Revidieren bezieht sich auf sprachformale und Tiefenmerkmale des Textes wie Inhalt und Struktur (und damit auf die Gesamttextebene).	▪ Revisionen werden für wenig wichtig gehalten. ▪ Revidieren bezieht sich auf oberflächliche sprachformale und sehr lokale Aspekte.

Abbildung 28: Gegenüberstellung von zwei Arten des Schreibens (eigene Darstellung, basierend auf Bereiter & Scardamalia, 1987; Lavelle, Smith & O'Ryan, 2002, S. 416, und Villalón et al., im Druck)

Besonders wichtig bei den Differenzen scheinen die **schreibwissensbezogenen Differenzen** zwischen den Extremgruppen zu sein, da Wissensbestände (und kognitiv repräsentierte Überzeugungen im weitesten Sinne) die Basis für Selbstregulation und Schreibstrategienbilden und auch für die angemessene Schreibmotivation bedeutsam sind. Solche Wissensbestände lassen sich nach dem Stand der Forschung zu **zwei prototypischen Formen** verdichten:

- erstens eine Sicht auf das Schreiben als **inhaltlich geprägtes und lernzentriertes Schreiben** mit einer starken Betonung der Texttiefenmerkmale (eher bei geübten und älteren Schreibern) und
- zweitens eine Sicht auf das **Schreiben als Reproduktion** mit Oberflächenorientierung (eher bei schwächeren und in ihrer Schreibentwicklung am Anfang stehenden Personen).

Beide Sichtweisen haben mit Wissensbeständen zu den Funktionen und dem Nutzen des Schreibens zu tun, aber auch mit dem Verhältnis von Planen und Verschriften sowie dem Vorgehen beim Revidieren (s. Abbildung 28).

Damit lässt sich für die Individualebene festhalten: Neben dem biologischen Geschlecht als unveränderlicher Größe gibt es noch veränderliche Merkmale wie schreibbezogenes Wissen, Schreibmotivation etc., die bedeutsam für die Schreibsozialisation sind. Denn es sind diese individuellen Merkmale, die im komplexen Geschehen die jeweiligenVoraussetzungen bilden, die für die Interaktionen zwischen den Instanzen der Meso- und Mikro-Ebene bedeutsam sind (s. Teilkap. 5.2). Deshalb ist es gerade für (angehende) Lehrpersonen so wichtig, über die individuellen Merkmale (im Zusammenspiel mit der kognitiven Schreibentwicklung, Kap. 4) in Kenntnis zu sein.

5.8 Der mutmaßliche Engels- und Teufelskreis der Schreibsozialisation als prototypische Enden eines Kontinuums

In den bisherigen Ausführungen wurden die verschiedenen Ebenen und Akteure der Schreibsozialisation aus Gründen der Darstellbarkeit getrennt betrachtet. Für das faktische Sozialisationsgeschehen ist es geradezu prototypisch, dass die Ebenen und Akteure zusammenwirken und sich hochkomplexe Dynamiken ergeben, die vom Zusammenspiel der Ebenen und Beteiligten ebenso abhängen wie beispielsweise vom Zeitpunkt innerhalb des längerfristigen Schreibkompetenzerwerbs und der individuellen Schreibentwicklung. Darin deutet sich schon an, dass **Schreibsozialisation ein hochgradig individueller Prozess** ist, der sich zudem noch in wandelbaren gesellschaftlich-historischen Zuständen (etwa: vor oder nach der Ausbreitung von Computer oder Smartphones) vollzieht. Das macht es – einerseits – aus Sicht der Wissenschaft schwierig, sämtliche schreibbezogene Schreib(erwerbs- und -sozialisations-)prozesse angemessen zu modellieren (Alamargot & Chanquoy, 2012).

Aus dieser Dynamik erwächst – andererseits – die Herausforderung, die Schreibsozialisationsprozesse angemessen (kurz) zu beschreiben. Für die Zwecke dieses Bandes soll es an dieser Stelle genügen, wenn die beiden Extrempunkte eines Kontinuums möglicher Verlaufsformen in den Blick geraten, nämlich der best- und der schlechtestmögliche aller Fälle, also der prototypische Positivfall (Engelskreis) und der prototypische Negativfall (Teufelskreis) innerhalb der Schreibsozialisation. Zwischen diesen beiden prototypischen Dynamiken lassen sich sämtliche Verlaufsformen beschreiben – auch und gerade jene mit Brüchen und von außen erwartungswidrig wirkenden Entwicklungen.

Um diese Dynamiken zunächst einmal überblicksartig darzustellen, sind die **Ebenen** in Abbildung 29 dargestellt. Ganz oben in der Grafik stehen auf der Makro-Ebene die Funktionen des Schreibens, die als erwünschte Soll-Zustände des kompetenten Schreibens als „Makro-Normen" bezeichnet werden. Im Grunde handelt es sich um die verschiedenen Hauptfunktionen des Schreibens aus dem Teilkapitel 5.3. Darunter befinden sich drei der mutmaßlich wichtigsten **Schreibsozialisationsinstanzen** auf der Meso-Ebene, nämlich die Familie (5.4), die Schule (5.5) und die Peers (5.6). Ganz unten dargestellt ist das Individuum mit einer spezifischen Position innerhalb der verschiedenen Schreibentwicklungen sowie spezifischen motivationalen und epistemischen Überzeugungen (Kap. 4, Teilkap. 5.7).

In der Grafik sind die für die Makro-Ebene komplementären Funktionen des Schreibens ebenso zu finden wie die Polaritäten bei den Aufgaben der Sozialisationsinstanzen auf der Meso-Ebene. Die Polarität ist für die hohe Dynamik entscheidend, die sich über die Logiken der Situation (= Wahrnehmung und Interpretation der Situation auf der nächstniedrigen Ebene) und der Selektion (Auswahl der Handlungsoptionen) ebenso ergibt wie über die Rückkopplungen auf die nächsthöhere Ebene (in der Logik der Aggregation; 5.2). Dies entspricht den Doppelpfeilen zwischen den Ebenen. Zugleich gibt es auch noch auf der Meso-Ebene Interaktionen zwischen den drei einzelnen Instanzen (aus Darstellungsgründen fehlen diese für die Instanzen Familie und Peers). In dem Modell aus der Abbildung gibt es noch zwei sogenannte **Moderatorvariablen**, für die man begründet und zumindest für das Lesen annimmt, dass sie die Art und Weise der Wirkungsgefüge im Set der drei Logiken beeinflussen (oder technischer ausgedrückt: moderieren). Dabei handelt es sich zum einen um den sozioökonomischen Status, der sich an zwei Stellen bemerkbar macht (Makro-Normen–Familie; Schule–Individuum). Zum anderen spielt das Geschlecht vermutlich eine gesonderte Rolle, wie das Schreiben als Option des (jugendkulturellen) Ausdrucks in das (vermutlich deutlich mehrheitlich digital erfolgende) Medienhandeln integriert wird.

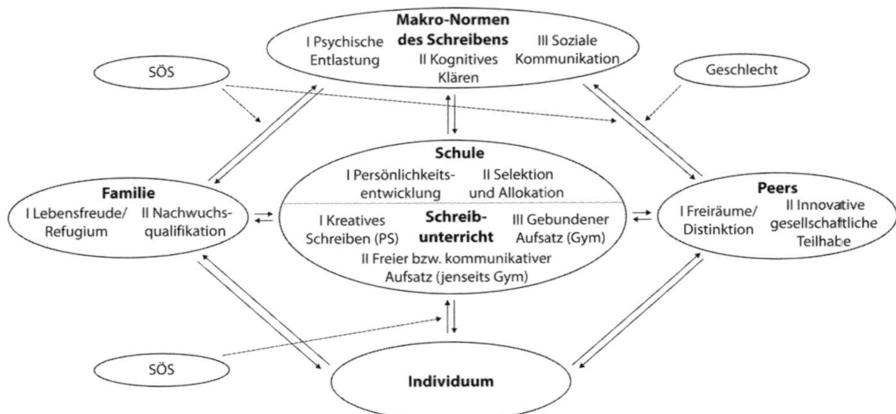

Abbildung 29: Dynamik der Schreibsozialisation (Darstellung, basierend auf den Inhalten dieses Bandes und Groeben & Schroeder, 2004, S. 336; Legende: Gym = Gymnasium, PS = Primarschule, SÖS = sozioökonomischer Status)

Ehe im Folgenden die Dynamiken beschrieben werden, sei noch ausdrücklich darauf verwiesen, dass das Modell aus Abbildung 29 aus dem **Kontext der Lesesozialisationsforschung** stammt. Es handelt sich damit also um einen Transfer von der einen Schriftsprachdomäne in die andere. Dabei gilt die Lese(sozialisations)forschung ungleich besser aufgestellt und in ihren Befunden absolut detailreicher, aber auch entsprechend unübersichtlicher. Wegen dieses Transfers von einer Domäne in eine andere müssen viele der Überlegungen vorab als dezidiert vorläufig bezeichnet werden. Inwiefern sie sich empirisch halten lassen oder gar modifiziert werden müssen, bleibt beim gegenwärtigen Kenntnisstand notgedrungen offen.

Gleichwohl erscheint es zumindest in einem gewissen Maße ertragreich, diesen Transfer von der Lese- auf die Schreibsozialisation vorzunehmen. Denn es gibt Hinweise darauf, dass ein umfassenderes Bücherleseverhalten (als Folge und Teil einer gelingenden Lesesozialisation) sowohl positiv mit schreibbezogenem Wissen (Korat & Schiff, 2005) als auch mit einem umfassenderen expressiven Wortschatz und einer besseren Rechtschreibung korrespondiert (Mol & Bus, 2011). Insofern ist gerade die Ebene der Ressourcen aus dem Modell aus Teilkapitel 2.2, die ihrerseits ja das Lesen als eigenständige Komponente enthält, angesprochen. Deshalb könnte die Lesesozialisation mitsamt ihren Dynamiken als Vorläufer fungieren oder sogar als expliziter Bestandteil der Schreibsozialisation anzusehen sein.

5.8.1 Der prototypische Positivfall

Der prototypische Positivfall der Schreibsozialisation beginnt in der **Familie**, und zwar eher in bildungsnäheren Familien mit entsprechend höherem sozioökonomischen Status (die folgende Paraphrase folgt weitestgehend Groeben & Schroeder, 2004, und wird für das Schreiben spezifiziert). Die Eltern in solchen Familien schaffen es, die gegenläufigen Aufgaben des Refugium-Schaffens einerseits und der Nachwuchsqualifikation andererseits in ein produktives Verhältnis aufzulösen, indem sie beide Normen gleichermaßen bedienen. Deutlich verweisen die Eltern auf den Autonomie-Zugewinn durch das Schreiben, der sowohl für die Nachwuchsqualifikation als auch für Schreibmotivation wichtig ist (Ryan & Deci, 2000 b). Dies zeigt sich zum Beispiel am Exempel der bildungsnahen Familie aus Teilkapitel 5.4, in der Sprachspiele wie Stadt–Land–Fluss gespielt werden und der Nachwuchs positiv verstärkt wird.

Bereits in der **frühen Kindheit** führen Mittelschicht- bzw. bildungsnahe Eltern ihren Nachwuchs durch Vorlesen, Sprachspiele, Reime, Lieder-Singen in die Welt der konzeptionellen Schriftlichkeit im Medium der Mündlichkeit hinein (Enkulturation). Das bedeutet, dass Kinder mit komplexerer Syntax sowie literarisch verformter Sprache etc. konfrontiert werden, die aus dem Hier und Jetzt der üblichen mündlichen Kommunikation herausgelöst ist. Dadurch werden sie für die Besonderheiten schriftsprachlicher Merkmale sensibilisiert. All dies vollzieht sich in einer sozial-interaktiven Umgebung, in der die Kinder aktiv Textbedeutungen mit aushandeln und Anschlusskommunikation über Texte üblich ist. Für das Kind auf der Mikro-Ebene erwächst daraus die Chance, in seiner phonologischen Bewusstheit, sprachlichen Sensibilität und dem Wissen über mündliche und schriftliche Sprache gefördert zu werden – allesamt wichtige Vorläuferfähigkeiten für das Lesen und Schreiben.

Im **Primarschulalter** und in der **Jugend** profitiert der Nachwuchs von einem anregungsreichen Familienklima auf der Meso-Ebene, in dem die Leistungsemphase zugunsten einer kognitiv anspruchsvollen und zugleich emotional positiven Atmosphäre hintangestellt und indirekt trotzdem bedient wird. Schriftsprachnutzung – vor allem in Form des Lesens und der Gespräche darüber – sorgt für eine soziale Präsenz der Schriftsprache. Auf der Individualebene eifert der Nachwuchs den Eltern nach und verstärkt das schriftsprachnahe Familienklima.

Von der eben skizzierten spielerisch wirkenden Förderung profitieren die Kinder beim Eintritt in die **Schule**. Gerade in der **Primarschule** gelingt es den (Mittelschicht-)Lehrpersonen, die beiden widersprüchlichen Normen der Persönlichkeitsförderung und der leistungsbezogenen Auslese zu vereinen. Der

Grund dafür besteht darin, dass die Kinder über den Schriftspracherwerb handlungsfähig werden, was für spätere Selektionsprozesse relevant wird. Indem die (sich mehrheitlich gut ausgebildet wähnenden) Lehrpersonen die technischen Prozesse des Lesen- und Schreiben-Lernens betonen und zugleich eine Vielzahl von Schreibanlässen (darunter das narrative und kreative Schreiben) nutzen, schaffen sie einen kognitiv und motivational anregenden Unterricht auf der Meso-Ebene. Auf der Mikro-Ebene realisieren die Kinder, dass Lesen und Schreiben regelgeleitete Aktivitäten sind und der Bedürfnisbefriedigung bezüglich Kompetenzerleben und Streben nach Autonomie dienen (Ryan & Deci, 2000 b).

Mit dem Übertritt der Kinder in die **Sekundarschule** kommt es zu einigen ungünstigen Veränderungen im Schreibunterricht, darunter Veränderungen und Engführungen des Schreibens als Aktivität der Leistungsdemonstration (etwa in Form verschiedener Aufsätze) bei gleichzeitig abnehmender Schreibzeit und relativ wenigen als effektiv geltenden Fördermaßnahmen, was klar aus den Befunden aus Teilkapitel 5.5 hervorgeht. Außerdem stehen die beiden Aufgaben der Persönlichkeitsbildung und der Selektionsdruck nun unverbunden nebeneinander, nachdem durch die (schriftsprachbasierten) Schullaufbahnen die Leistungsemphase und der Selektionsmechanismus des Schulsystems spätestens am Ende der Primarschule endgültig sichtbar geworden sind. Auf der Meso-Ebene des Sprachunterrichts kommt es zu einer Orientierung an Leistung und einem sukzessiven Ablösen der schulseitigen Gleichförmigkeit der Unterrichtsinhalte von der außerschulischen Lebenswelt der Schüler. Diese eher leistungsbetonten Elemente versucht der Unterricht im Sinne der Persönlichkeitsbildung durch zum Teil freie Themenwahlen (s. freier Aufsatz) und singuläre motivational stimulierende Schreibanlässe anzureichern. Dies ist für Mittelschicht-Nachwuchs auf der Mikro-Ebene insofern günstig, als er diese Schreibanlässe positiv wahrnimmt und Schreiben als abwechslungsreiche und motivierende Tätigkeit erlebt. Gleichwohl führt die Leistungsemphase dazu, dass die Jugendlichen Schreiben als schulische mühevolle Pflichtaktivität identifizieren, die der Leistungsdemonstration dient und in einem klasseninternen Konkurrenzklima stattfindet. Diese Polarität führt dazu, dass die eigenen Interessen schreibend außerhalb der Schule realisiert werden.

Dies geschieht zum Beispiel im Kreise der **Peers** auf der Meso-Ebene. Dort herrscht die Meinung, dass man sich einerseits zwar von Erwachsenen und anderen abgrenzen, zur gleichen Zeit andererseits nicht völlig den Kontakt zur Gesellschaft verlieren soll. In Mittelschicht-Gruppen und tendenziell eher unter weiblichen Jugendlichen liegt ein klarer Fokus bei der Aufgabe der Abgrenzung, dennoch kann man gleichwohl schreiben und dabei durchaus innovativ sein –

etwa durch die vielen Formen des digitalen Schreibens (s. das Beispiel der SMS aus Teilkap. 5.6). Schreiben ist dabei gar kein sonderlich dominanter Gegenstand der permanenten sozialen Reflexion, sondern dient innerhalb der Peer-Beziehungen vor allem den sozialen Funktionen (Teilkap. 5.3) und gewinnt dadurch an sozialer Präsenz und Selbstverständlichkeit. Auf der Mikro-Ebene nehmen die Jugendlichen Schreiben als Möglichkeit zur Teilhabe in einer wichtigen Bezugsgruppe wahr und werden in ihrem Selbstkonzept als schreibende Person indirekt gefördert. Über Rückkopplungsprozesse etabliert sich ein schreibfreundliches Klima innerhalb der Peer-Beziehungen, allerdings überwiegen im Lichte der Befunde zum digitalen Schreiben aus Teilkapitel 5.6 eher kurze Texte.

Alles in allem ergibt sich aus der kurzen Darstellung der noch kaum verstandenen Dynamiken im Positivfall eine Stabilisierung der Schreibmotivation und des -verhaltens nebst einem steten Kompetenzzuwachs. Dabei legt die Familie im besten Fall den Grundstein und schafft dadurch Anschlussmöglichkeiten für die Schule. Wenn es in der Schule kritisch wird, schaffen es im Optimalfall die Peers, dass das Schreiben durch seine sozial-kommunikative Funktion nicht vollständig an Wert verliert. Bei alldem spielt der sozioökonomische Status eine große Rolle, da diese Variable diese Dynamiken positiv beeinflussen kann, indem gerade in den Sozialisationsinstanzen Familie und Peers die Leistungsbetonung bzw. die Leistungsverweigerung nicht Überhand nimmt.

Ein konkretes Beispiel dafür, dass selbst unter erschwerten Bedingungen die Schreibsozialisation gelingen kann, bildet das Beispiel 3 (Peter) aus dem Teilkapitel 5.1. Von Lehrpersonen und den weiblichen Familienmitgliedern gefördert und mit einer schulaffinen Einstellung gelingt es Peter, handfeste Nachteile zu überwinden, die sich gerade in seiner schwierigen Zeit in New York besonders deutlich als Risiken der gelingenden Schreib- und schulischen Sozialisation manifestieren. Als nachdenklicher junger Mann ist Schreiben für Peter Ausdrucksmittel geworden, mit dem er sich positioniert und das Bestandteil seiner sozialen Interaktionen ist. Insofern stellt der Fall Peter insgesamt zwar nicht *den* Prototypen einer gelingenden Schreibsozialisation dar, aber er enthält doch zumindest einige zentrale Elemente und positive Dynamiken.

5.8.2 Der prototypische Negativfall

Nachdem im Teilkapitel zuvor der prototypische Positivfall der Schreibsozialisation in den drei Sozialisationsinstanzen skizziert wurde, erfolgt dies nun für den prototypisch negativen Fall, in dem die Schreibsozialisation misslingt. Dies äußert sich nicht nur in einer gering entwickelten Schreibmotivation, sondern auch in einem entsprechend gering ausgeprägten Schreibverhalten und einer stagnierenden Schreibkompetenz. Analog zum Positivfall stehen auf der Meso-Ebene die Vertreter der Schreibsozialisationsinstanzen vor der Aufgabe, konträren Ansprüchen in Formen von Aufgaben zu genügen. Im Positivfall – und das ist das entscheidende Verdienst der Fähigkeiten der jeweiligen Vertreter der Sozialisationsinstanzen im Engelskreis – gelingt es, unvereinbar Wirkendes durch intelligente soziale Interaktionen zu vereinen bzw. wenigstens nicht gegeneinander auszuspielen oder nur eine der Aufgaben zu erfüllen. Im Negativfall ergibt sich aus anfänglicher Überforderung eine sich selbst verstärkende Dynamik, die dazu führt, dass Schreiben eine vor allem leistungsbezogene, schulisch assoziierte Tätigkeit wird. Ursache dafür ist im Grunde eine deutliche Friktion bei den Aufgaben der Sozialisationsinstanzen, die sich darin niederschlägt, dass Familie und Peers als informelle Sozialisationsinstanzen sich dem Leistungsgedanken konsequent verweigern und die formelle Sozialisationsinstanz Schule nolens volens genau diese Leistungsemphase betont und damit die ungünstige Dynamik noch befeuert.

In den bildungsfernen **Familien** nehmen die Eltern eher die Aufgabe des Refugiums als ihren Auftrag der Nachwuchsqualifikation wahr und halten den Umgang mit Schriftsprache für einen Wirkbereich anderer. Das bedeutet auf der Meso-Ebene der Eltern-Kind-Interaktionen, dass der Kontakt zur Schriftsprache ausbaufähig ist, weil er entweder nicht stattfindet oder aber in rigiden Interaktionen besteht, die es Kindern nicht ermöglichen, gemeinsam und lustvoll Bedeutungen von Texten zu konstruieren. Damit entgeht ihnen die Chance, mit situationsabstrakter Schriftsprache in Kontakt zu treten, die wiederum Schriftsprache und auch die Sprache innerhalb der Schule ausmacht. Auf der Mikro-Ebene des Kindes kommt es dazu, dass das Kind Lesen als Brücke zum Schreiben als unattraktive Handlungsoption wahrnimmt und es meidet (s. das Beispiel der bildungsfernen Jugendlichen aus Teilkap. 5.1). Die Absenz des Lesens (und des Schreibens) innerhalb der Familie setzt sich nebst einem eher dysfunktionalen Familienklima (worunter auch ein starker Bildschirmmedien-Konsum zählt) auf der Meso-Ebene fort. Auf der Mikro-Ebene des Kindes korrespondiert eine eher passive Freizeitgestaltung ohne Lesen, welches wiederum mit Leistungsdruck konnotiert ist. Durch diese sich verfestigende Sicht werden schriftsprachliche Aktivitäten zu Handlungen mit hohem Konfliktpotenzial innerhalb der Familie. In der Essenz resultieren aus den hilflosen Versuchen, dem Nachwuchs ein vermeintlich leistungsbefreites Refugium zu schaffen, gravierende Startnachteile für dessen gelingende Schreibsozialisation.

Für die Lesesozialisation schreiben Groeben und Schroeder (2004), dass der Schriftspracherwerb in der **Schule** weitestgehend unbehelligt von Merkmalen der Herkunft wie dem sozioökonomischen Status gelingt. Ergebnisse aus der Lesestudie IGLU mit Viertklässlern zeigen jedoch, dass die Ausbildung der Eltern, deren Berufsstatus und die Anzahl der Bücher im Haushalt (als Indikatoren des sozioökonomischen Status) in Deutschland ca. ein Sechstel der Unterschiede in der erbrachten Leseleistung statistisch aufklären (Wendt, Stubbe & Schwippert, 2012). Das ist viel und unterstreicht, dass es der Schule anscheinend nicht gelingt, herkunftsbedingte Nachteile auszugleichen. Für das Schreiben konnte zudem gezeigt werden, dass geringes Einkommen und geringe Schreibkompetenzen für Viertklässler zusammenhängen (Teilkap. 3.2.2). So mag es zwar sein, dass der Schriftspracherwerb in der **Primarschule** für die Kinder aus sozial schwach gestellten Familien partiell gelingt und der Konflikt zwischen den beiden schulischen Aufgaben auf der Meso-Ebene des Unterrichts noch nicht zutage tritt. Entscheidend ist aber zweierlei.

- Erstens hat **Schriftlichkeit** einen **schulischen Beigeschmack** mit einem mehr oder minder stark ausgeprägten **Leistungsaspekt**.
- Zweitens ist durch den Rückstand bei der familialen Schreibsozialisation ein **Entwicklungsnachteil** entstanden.

Spätestens in der **Sekundarschule** tritt der Konflikt zwischen der Selektionsaufgabe und jener der Persönlichkeitsbildung für die Jugendlichen zutage (und ist es im Grunde genommen schon durch den Wechsel in bestimmte Schulformen). In Deutschland konnte beispielsweise anhand der DESI-Studie gezeigt werden, wie systematisch der Deutschunterricht innerhalb der Schulformen differiert und beispielsweise in Hauptschulen vor allem auf Sprachformales fokussiert (Teilkap. 5.5.2). Möglicherweise ist dies als Indiz für die Betonung der leistungsbezogenen Selektionsaufgabe zu werten. Zumindest für die Lesesozialisation wurde als mögliche Negativ-Dynamik herausgearbeitet, dass mit der Bildungsbiografie der sozial schwächer gestellten Jugendlichen die schulische Aufgabe der Selektion präsenter ist und sie sich daran orientieren (Groeben & Schroeder, 2004). Das kann als sozialer Aufstieg gelingen oder als Resignation angesichts der nicht bewältigbaren Schreibaufträge negative Folgen haben. Im letztgenannten Fall schwinden auf der Mikro-Ebene der Schreibsozialisation Interesse sowie individuelles Engagement, und schulisches und außerschulisches Schreiben fallen völlig auseinander. Schreiben wird für Jugendliche dann reines Leistungsmittel oder sogar eine Strafe (s. die Beispiele David und Jacques aus Teilkap. 5.1). Durch Rückkopplungsprozesse (etwa durch die Wahrnehmung, als Lehrperson die Schüler nicht zu erreichen) wird im schlimmsten Fall im Unterricht ein Teufelskreis initiiert, der zu einer weiteren Betonung der Selektionsaufgabe führt (s. aber das Beispiel David aus Teilkap. 5.1, in dem der Teufelskreis von einer Lehrperson durchbrochen wurde, die stärker auf die Persönlichkeitsbildung setzte).

Hier könnten nun die **Peers** als Korrektiv fungieren, aber im Negativfall fällt diese Ressource aus. Durch die Erlebnisse mit Schriftsprache im Allgemeinen und mit dem Schreiben im Besonderen ist Schreiben eine unerreichbare Fähigkeit. Damit wird, teils ohne dies explizit auszuhandeln, auf der Meso-Ebene die Aufgabe, Freiräume zu schaffen und sich gezielt von der Welt der Erwachsenen abzugrenzen, ungleich höher gewichtet als die, innovativ an der (schriftsprachlichen) Welt teilzuhaben. Mit dieser Abkehr von der umfassenden Schriftlichkeit vollzieht sich ein kollektives Handeln, in dem Schriftlichkeit nur eine geringe Rolle spielt und beispielsweise audiovisuelle Medien den Medienalltag prägen. Auf der Mikro-Ebene des Jugendlichen wird das Schreiben immer weniger attraktiv und nötig, sondern im Gegenteil Manifestation einer zutiefst schulischen Tätigkeit, die im Freizeitkontext im Kreis der Peers nicht auftauchen soll (s. nur den negativen Wettbewerb, von dem der Beispielschüler David in Teilkap. 5.1 berichtet). Durch Rückkopplungsprozesse entstehen eine zunehmende Ablehnung des Schreibens und damit eine immer größere Differenz zwischen ungeliebter Schule und wertgeschätzten Peer-Beziehungen und dem Kontext Freizeit.

C. Schreibförderung in der Schule

Steckbrief

In diesem abschließenden Teil des Bandes wird Zentrales aus dem Bereich Schreibförderung gebündelt. Dabei werden im Kapitel 6 drei Perspektiven eingenommen: eine historisch geprägte Sichtweise auf die Entwicklung von divergierenden Schreibförderansätzen, eine empirische Perspektive auf die Wirksamkeit von Förderansätzen und ein Blick auf die systematische Schreibförderung. Die systematische und empirische Perspektive werden im sich anschließenden Kapitel 7 weiter dazu genutzt, um drei Schwerpunkte samt Beispielen für die Förderung darzustellen (Schulung basaler Schreibfertigkeiten, Verbesserung anspruchsvoller Fähigkeiten sowie die Entlastung des Schreibprozesses). Das letzte Kapitel 8 widmet sich schließlich drei Erfolgsgeschichten der schulischen Schreibförderung. So werden eine erfolgreiche Schule in den USA und zwei neuseeländische Lehrerinnen porträtiert, die auffällig guten Schreibunterricht durchführen. Diese drei Porträts sollen als mögliches Leitbild für den eigenen Schreibunterricht bzw. den im gesamten Kollegium fungieren.

6 Drei Perspektiven auf die Schreibförderung

6.1 Eine historisch geprägte Perspektive auf Schreibförderung in Deutschland

Vielleicht kennen Sie das Buch „Gullivers Reisen“, das der britische Autor und Politiker Jonathan Swift im Jahr 1727 veröffentlichte. Es war damals eine scharfzüngig geschriebene Satire über die Zustände der damaligen Zeit und wurde erst später zu einem Kinderbuchklassiker, was im Grunde eine Degradierung ist. In seiner ersten Reise gelangt Gulliver in das Land Liliput, und dort ist er ein Riese. Im Land Liliput herrscht Krieg zwischen den „Tramecksan“ und den „Slamecksan“. Der Grund für den Unfrieden war ein Unfall eines Vorfahrens des Kaisers, der sich einmal beim Öffnen eines Eis an der breiteren Seite verletzt hatte, sodass sein Vater einen Erlass verfügte, nach dem man von nun an Eier nur noch auf der spitzen Seite öffnen dürfe. Darüber war die Bevölkerung empört. Und zwar sehr: Seit diesem Erlass haben 11.000 Liliputaner im Bürgerkrieg ihr Leben gelassen und bekämpften sich noch zu der Zeit, als Gullivers Reise ihn in dieses Land führte (s. Abbildung 30).

Abbildung 30: Der Krieg der Liliputaner (Quelle: Swift, o.J., S. 55)

Nun ist Schreibdidaktik nicht auf ein banales Alltagsphänomen wie das Öffnen von gekochten Hühnereiern zu reduzieren, und das Liliputaner-Beispiel soll auch nicht als despektierliche Äußerung zu Wissenschaftsdebatten missverstanden werden, sondern als Analogie: In der **Geschichte der Förderung schriftsprachlicher Kompetenzen** hat es teilweise **erhebliche Verwerfungen** zwischen ganzen Lagern gegeben, welche Förderung denn optimal sei. In den USA etwa ereigneten sich die sogenannten „reading wars", die „Lesekriege" (Pearson, 2004). Das trifft auf das Schreiben und dessen Förderung in ähnlicher Weise ebenfalls zu (Ivanic, 2004; McCarthey, 2007). Im Grunde handelt es sich um teilweise hochideologisch geführte Debatten zwischen Personen mit divergierenden Überzeugungen (Teilkap. 5.5.1.4), die im Regelfall auf dem Rücken der Schüler und der Lehrpersonen ausgetragen werden. Die Forscherin Virginia Berninger (1999) hat dies einmal treffend als „Zebra-Syndrom" bezeichnet und meint damit, dass manche Menschen dazu neigen, die Welt nur weiß oder nur schwarz zu sehen, obwohl sie beides gleichzeitig ist.

In Deutschland gab es derartige Debatten ebenfalls, sie dauern im Grunde bis heute an. Das Ergebnis zeigt sich im Nebeneinander von Förderkulturen und -programmen, die heute mehr oder minder unverbunden parallel vorliegen (Abraham, 2014; Becker-Mrotzek, 2014, die folgende Darstellung folgt dieser Bezugsliteratur). Dies hat dazu geführt, dass es unterschiedliche Schreibanlässe in unterschiedlichen Schulformen gibt, deren größtes Problem darin besteht, dass sie unverbunden nebeneinander stehen.

An **Schulformen jenseits des Gymnasiums** gibt es **drei prototypische verschiedene Schreibaufträge und typische Texte**. So ist an Primarschulen heute der freie Aufsatz dominant. Er macht wenig Vorgaben zu dem, was verlangt wird, sondern offeriert größtmögliche Freiheiten insofern, als Kinder (und Jugendliche) zu Themen der eigenen Wahl schreiben. Damit versteht sich diese Aufsatzform dezidiert als Abgrenzung vomgebundenen Aufsatz, der im Gymnasium dominiert (s. u.). Der kommunikative Aufsatz ist eine zweite Form des Aufsatzes (tendenziell eher nicht an der Primarschule, sondern mehr an den Schulformen jenseits des Gymnasiums in der Sekundarschule). Hierbei geht es darum, sich an einen echten Adressaten zu richten und bei ihm eine Wirkung zu erzielen. Damit werden vor allem die sozialen Funktionen des Schreibens betont (Teilkap. 5.3). Eher typisch für die Primarschule ist das kreative Schreiben (mehrheitlich bezogen auf narrative Texte) als Potenzialentfaltung und Förderung der Imaginationsfähigkeiten.

Am **Gymnasium**, insbesondere an der Oberstufe, dominiert deutlich der **gebundene Aufsatz**. Gebunden ist dieser Aufsatz deshalb, weil es in der Regel klare Formvorgaben gibt, welche Elemente er zu enthalten hat. Neben der

Erörterung, also einem argumentativen Aufsatz, gibt es weitere Formen, etwa Beschreibungen oder narrative Aufsätze bis hin zu den für den Literaturunterricht so typischen interpretierenden Aufsätzen. Damit dominiert eine Textsorte mit wenigen Ausprägungen, die die ursprüngliche Funktion (auf wissenschaftliches Schreiben vorzubereiten) inzwischen nicht mehr erkennbar erfüllt.

Wie unschwer erkennbar ist, gibt es also eine **Kluft zwischen gymnasialem Schreiben und dem Schreiben an anderen Schulformen**: Analytisches, formal stark gebundenes Schreiben mit einem eher literarisch orientierten Bezugspunkt bildet den Schwerpunkt des gymnasialen Schreibens (s. auch Teilkap. 5.5.2). Offenere Schreibanlässe mit weniger Vornormierung bilden hingegen einen deutlichen Akzent an anderen Schulformen. Bei alldem gilt: Die Über- oder Unterlegenheit einer gewissen Art der Schreibdidaktik und ihrer spezifischen Fördermaßnahmen ist in aller Regel nicht empirisch im Sinne von Interventionsstudien abgesichert, sodass man im Grunde genommen gar nicht weiß, ob die tradierten Schwerpunkte mit einer faktischen Verbesserung der Schreibkompetenzen von Heranwachsenden einhergehen bzw. diese bedingen. Dieser Frage nach effektiver Schreibförderung geht das nun folgende Teilkapitel nach.

6.2 Eine empirische Perspektive auf effektive Schreibförderung weltweit

Die Erforschung der Wirksamkeit von Fördermaßnahmen im Bereich Schreiben ist trotz erkennbarer Empirisierungstendenzen in der deutschsprachigen Schreibdidaktik eher ein Gebiet einer anderen Disziplin mit zum Teil von deutschdidaktischen Vorstellungen abweichenden Konzepten. Das hat zusätzlich damit zu tun, dass beispielsweise in der Pädagogischen Psychologie eine deutlich internationalere Ausrichtung besteht. Insofern kann die Pädagogische Psychologie ihre Stärke der Evidenzbasiertheit nutzen, zugleich erscheint es aus einer deutschdidaktisch geprägten Warte nötig, diese Perspektive auch noch zu kontextualisieren und anzureichern. Denn das, was in Deutschland diskursbestimmend ist (Teilkap. 6.1), weist nur eine geringe Schnittmenge mit der angelsächsischen Forschung auf, wobei es aber zunehmend Annäherungsversuche gibt (Becker-Mrotzek, 2014). Umgekehrt gibt es in vielen pädagogisch-psychologischen Veröffentlichungen zum Teil so wenig Informationen zu den konkreten Fördermaßnahmen, dass es selbst einem um Verständnis bemühten Leser zum Teil nicht gelingen kann, die Art der Förderung nachzuvollziehen, was wiederum ein massives Problem der Transferierbarkeit in die schulische Praxis ist.

Wie geht man nun in der Forschung vor? In aller Regel erforschen Wissenschaftler, ob sich bestimmte Förderansätze wirklich in Verbesserungen der Schreibkompetenz niederschlagen. Dazu führen sie **quasi-experimentelle Studien** durch. (Anders als im Labor lassen sich im schulischen Kontext selten die Bedingungen wie bei einem echten Experiment konstant halten.) In den Studien erhält eine Gruppe von Personen eine bestimmte Fördermaßnahme (Experimentalgruppe), während eine möglichst vergleichbare andere Gruppe regulären Unterricht durchführt oder ein alternatives Förderprogramm durchläuft (Kontrollgruppe). Jeweils vor und nach der Förderung misst man mit Tests etwaige Veränderungen in den interessierenden Merkmalen, also etwa in der Schreibmotivation oder – und durchaus häufiger – in der Textqualität, womit die **Produktperspektive auf kompetentes Schreiben** dominiert (Teilkap. 3.1). Mittels statistischer Analysen wird bestimmt, ob sich die geförderte Experimentalgruppe in ihrer Entwicklung von der Kontrollgruppe statistisch signifikant unterscheidet.

Das Schreiben ist zwar keine sonderlich prominent untersuchte Domäne, was mit dem hohen Forschungsaufwand zu tun hat, aber es gibt doch inzwischen so viele Studien, dass die Forschungslage längst unübersichtlich geworden ist. Zum Teil widersprechen sich die Befunde oder fallen in ihrer tatsächlich erzielten Verbesserung unterschiedlich aus. Außerdem gibt es nur sehr wenige Replikationsstudien im Bereich der Bildungsforschung (Makel & Plucker, 2014). Wegen dieser Probleme werden zunehmend die Befunde der einzelnen verstreuten Studien gebündelt und in sogenannten „Metaanalysen" zusammenfassend analysiert.

Metaanalysen werden quantitativ arbeitende Verfahren genannt, in denen Forscher vorliegende Studien spezifisch analysieren, um die einzelstudienübergreifende, durchschnittliche Effektivität von Fördermaßnahmen (oder sonstigen interessierenden Zusammenhängen) zu bestimmen. Dafür recherchieren Forscher zu einer Forschungsfrage – etwa: Was hilft dabei, qualitativ bessere Texte zu schreiben? – umfassend vorhandene Studien. Diese werden kriterienbasiert in den Pool auszuwertender Studien integriert und dann mittels statistischer Verfahren ausgewertet. Am Ende läuft eine Metaanalyse darauf hinaus, dass man eine Effektstärke erhält, die dann objektiv zeigt, was nach dem bisherigen Stand der Kenntnis wie effektiv ist. Je höher die Effektstärke ist, desto stärker wirkt eine Fördermaßnahme (Ellis, 2010) – in diesem Falle: auf die Textqualität. Entsprechend gibt Abbildung 31 darüber Auskunft, welche Förderansätze Heranwachsenden bis zur achten Klassenstufe wie gut dabei helfen, sich in ihren Textqualitäten zu steigern.

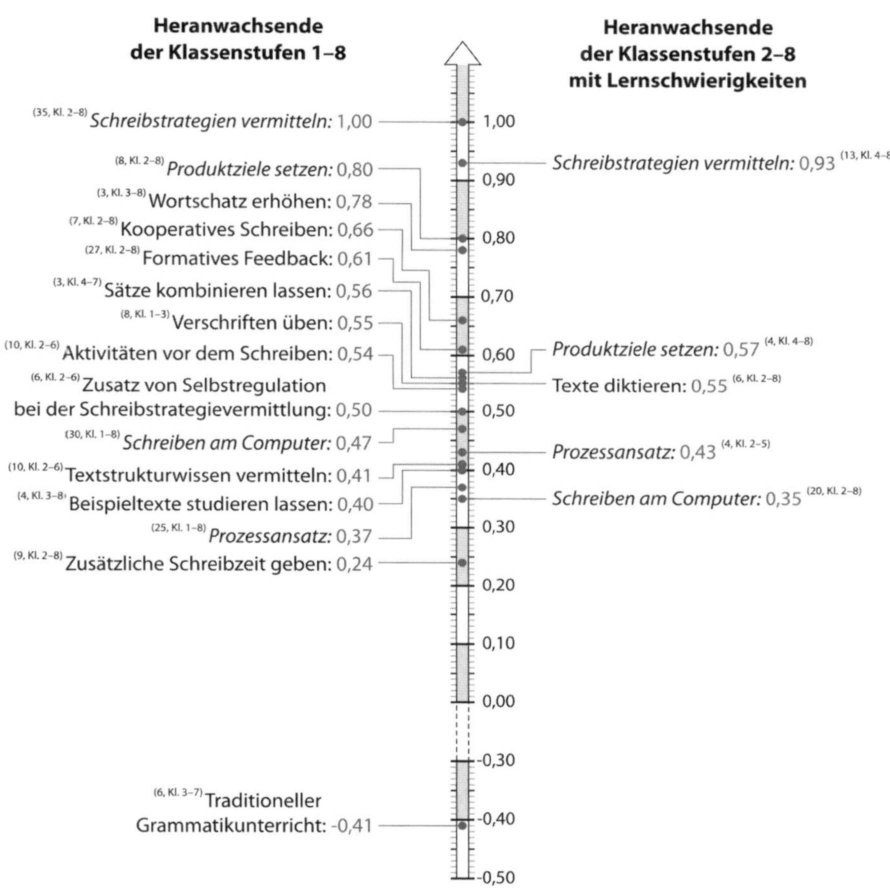

Abbildung 31: Effekte verschiedener Fördermaßnahmen auf die Textqualität (Quelle: eigene Darstellung, basierend auf Graham et al., 2015a und b; grau eingefärbte Koeffizienten geben die Effektstärken an; die vier kursiv gesetzten Förderansätze sind sowohl für Regelschüler als auch solche mit Lernschwierigkeiten effektiv; in Klammern und hochgestellt: Anzahl der primären Effektstärken und Angaben zu den Klassenstufen, in denen die Wirksamkeit in den Originalstudien überprüft wurde)

Ehe die Ergebnisse kommentiert und gebündelt werden, seien noch einige Anmerkungen vorangestellt. Abbildung 31 umfasst im Kern **mehr als 200 Effektstärken** (ES) aus Originalstudien. Damit sind hier auf knappstem Raum Jahrzehnte der Forschungsbemühungen aus der Schreibinterventionsforschung versammelt. Diese Studien haben sich auf die Primar- und eher frühe Sekundarschulzeit konzentriert, was mit dem Ziel der beiden zugrunde liegenden Metaanalysen zu tun hat, die sämtliche Studien für die Klassenstufen jenseits der Klassenstufe 8 bewusst ausgelassen haben. Prinzipiell bildet die Gruppe älterer Jugendlicher – zumal solcher ab Klasse 9 – in der internationalen Forschung wirklich einen blinden Fleck der Interventionsforschung.

In Abbildung 31 wird zwischen zwei Gruppen jüngerer Heranwachsender unterschieden, nämlich **Regelschülern** und solchen mit **Lernschwierigkeiten**. Dass die letztgenannte Gruppe auftaucht, hat mit den gegenwärtigen Inklusionsbemühungen im deutschen Schulsystem zu tun, dessen erklärtes politisches Ziel es ist, Heranwachsende mit Lernschwierigkeiten in Regelschulen zu integrieren. Entsprechend sollten angehende Lehrpersonen darüber informiert sein, was dieser ganz spezifischen Risikogruppe im Schreiben hilft (Troia, 2008). Zwar gibt es zu dieser Gruppe wie in der Abbildung erkennbar im Vergleich weniger Interventionsstudien, aber immerhin lässt sich bei vier der fünf Ansätze eine **Schnittmenge** insofern feststellen, dass sie auch Regelschülern helfen, sich in ihren Schreibleistungen zu steigern. Es handelt sich dabei im Einzelnen um

1) das Vermitteln von Schreibstrategien,
2) das Setzen von Produktzielen,
3) das Schreiben am Computer und
4) den sogenannten Prozessansatz.

So nützlich die Synthese in der umfassenden Metaanalyse von Steve Graham und Kolleginnen (2015 a) ist, der die meisten Effektstärken aus Abbildung 31 zu verdanken sind, so sehr fehlen auch noch einige Befunde – zum Teil stammen sie sogar aus den eigenen Metaanalysen des Forschungsteams. So ist beispielsweise auffällig, dass die Förderung des Wortschatzes in der Liste der Förderansätze auftaucht, obwohl es nur drei Studien dazu gab, die berücksichtigt wurden. In einigen vorherigen Metaanalysen hatte das Forschungsteam aber mindestens vier Studien pro Förderansatz als Minimum für die Auswertung zum Kriterium gemacht, wobei es teilweise trotz Erreichen dieses Kriteriums mitunter nicht zu Berechnungen kam (Graham et al., 2012; Graham & Perin, 2007 a). Folgende Förderansätze sind in der Abbildung 31 nicht enthalten, wurden aber bereits metaanalytisch hinsichtlich ihrer Verbesserung von Schreibleistungen ausgewertet und werden hier in absteigender Höhe der Effektstärken präsentiert:

1) Schriftliches Zusammenfassen: ES = 0,82 (4, Kl. 5–12) (Graham & Perin, 2007 a);
2) Schulung der Kreativität und der Imagination: ES = 0,70 (4, Kl. 3–6) (Graham et al., 2012);
3) Schreiben als Forschen: ES = 0,56 (6, k. A. zur Klassenstufe) (Hillocks, 1984) bzw. 0,32 (5, Kl. 7–12) (Graham & Perin, 2007 a);

4) Prozedurale Unterstützung: ES = 0,24 [6, Kl. 4–8] (Gillespie & Graham, 2014; nicht signifikant) – in der Metaanalyse von Graham und Perin (2007 a) erfolgten keine Berechnungen für den Förderansatz, obwohl es vier Studien aus den Klassenstufen 4 bis 9 gab, von denen aber drei dieser Studien zu einem positiven Ergebnis kamen (ES = 0,25–1,37) – deshalb wird der Förderansatz hier auch behandelt;
5) Rechtschreibtrainings: ES = 0,19 [6, Kl. 1–6] (Graham & Santangelo, 2014) – diese Effektstärke ist aus Sicht der Statistik allerdings nicht belastbar, und deshalb wird das Thema auch nicht in diesem Band behandelt;
6) Freies Schreiben ohne Themenvorgabe und ohne Benotung: ES = 0,16 [10, k. A. zur Klassenstufe] (Hillocks, 1984);
7) Einsatz von Kriterienrastern zur Selbst- und Fremdbeurteilung: ES = 0,16 [6, k. A. zur Klassenstufe] (Hillocks, 1984) bzw. ES = 0,05 [4, Kl. 3–6] (Graham et al., 2015 b) – die letztgenannte Effektstärke ist nicht signifikant.

Damit ergänzen die sieben genannten (bzw. besser: sechs, weil die Rechtschreibtrainings keine statistisch signifikanten Ergebnisse erbracht haben) die 15 Förderansätze aus Abbildung 31. Es lässt sich festhalten, dass nach dem bisherigen Kenntnisstand insgesamt 21 Förderansätze auf Basis mehrerer internationaler Studien mehr oder weniger dazu geeignet sind, Schreibleistungen bei der Textqualität zu erhöhen. Eine **Ausnahme** bildet der **traditionelle Grammatikunterricht**, der keine positiven Effekte hat, wobei dieser in einigen Studien als Kontrollbedingung genutzt wurde. Weil schon seit vielen Jahren bekannt ist, dass dieser Förderansatz mit schlechteren Auswirkungen assoziiert ist (bereits Hillocks, 1984, berichtete davon: ES = –0,29), könnten damit bestimmte Effektstärken aus den Experimentalbedingungen von der bewusst oder unbewusst gewählten Kontrollbedingung Grammatikunterricht mit ihrer schlechteren Ausgangschance auf Fördererfolg profitiert haben.

Damit lässt sich zusammenfassen: Lehrpersonen stehen gegenwärtig mindestens **20 verschiedene** (zum Teil sich inhaltlich ähnelnde), **empirisch wirksame Förderansätze** zur Verfügung. Bei so vielen Förderansätzen ist es natürlich sinnvoll bzw. notwendig, dass man sie systematisiert, um sie dadurch besser in ihrer Einsatzmöglichkeit zu beurteilen. Nachdem die empirische Bestandsaufnahme in diesem Teilkapitel erfolgt ist, wird im nachfolgenden Teilkapitel eine solche Systematisierung vorgeschlagen.

6.3 Eine systematische Perspektive auf Förderbereiche bei der Schreibförderung

Schreibförderung ist ein unscharf gebrauchter Begriff. Wenn man bei großen Buchverkäufern im Internet nach ihm sucht, stößt man auf Aufgabensammlungen, Rechtschreibtrainings, DaZ-Förderansätze und auffälligerweise auf diverse Publikationen, die sich mit dem kreativen Schreiben befassen. In der Mehrheit handelt es sich um je nach Publikation theorieferner oder -näher begründete Förderansätze, die ihrerseits natürlich nur einen Ausschnitt der Schreibförderung abbilden. Das trifft auch auf diesen Band zu.

Trotz der notgedrungenen Ausschnitthaftigkeit soll hier unter dem **Begriff der Schreibförderung** jegliche von einer Lehrperson herbeigeführte Maßnahme verstanden werden, die dazu dient, die Schreibleistungen bzw. die Schreibmotivation positiv zu beeinflussen. Dabei können die Schreibleistungen ganz Unterschiedliches betreffen: zum einen hierarchieniedrige und eher die auf Textoberflächenmerkmale abzielende Fertigkeiten wie Rechtschreibung, Grammatik und Syntax und zum anderen hierarchiehöhere Fähigkeiten wie das Planen und Überarbeiten, die eher mit dem Inhalt und der Textstruktur zu tun haben. Hier setzen einige Förderansätze gezielt an. Die Schreibmotivation, die expliziter Bestandteil der Schreibkompetenz ist (Teilkap. 2.1), ist leider aber kein sonderlich prominent untersuchter Bereich in der Interventionsforschung (Caso & García, 2006). Notgedrungen muss für diesen Band auf diesen im Kern wichtigen Förderbereich verzichtet werden (s. dazu Philipp, 2013 b). Außerdem können Fördermaßnahmen Schreibprozesse nicht direkt betreffen, sondern eher auf verschiedene Arten entlasten, etwa durch personelle Unterstützung oder technische Hilfsmittel, die man gezielt dazu einsetzt, das Schreiben zu erleichtern.

Schreibfördermaßnahmen haben also **unterschiedliche Zielbereiche**, und diese kann man dazu nutzen, die Fördermaßnahmen zu verorten. Für die Zwecke dieses Buches ist die Systematisierung in grafischer Form in Abbildung 32 erfolgt. Es gibt natürlich auch andere Möglichkeiten der Zuordnung. Kriterienraster etwa dienen dem Revidieren, das Setzen von Produktzielen (von außen) kann man auch als Ausgangspunkt des Planens ansehen. Insofern soll die Systematisierung auch dezidiert als Vorschlag bezeichnet werden, der eher der kognitiven Orientierung dienen soll. Darüber hinaus dient dieser Systematisierungsvorschlag der Strukturierung des folgenden Kapitels 7, in welchem die drei Schwerpunkte der Schreibförderung entfaltet, verortet und mittels Beispielen verdeutlicht werden.

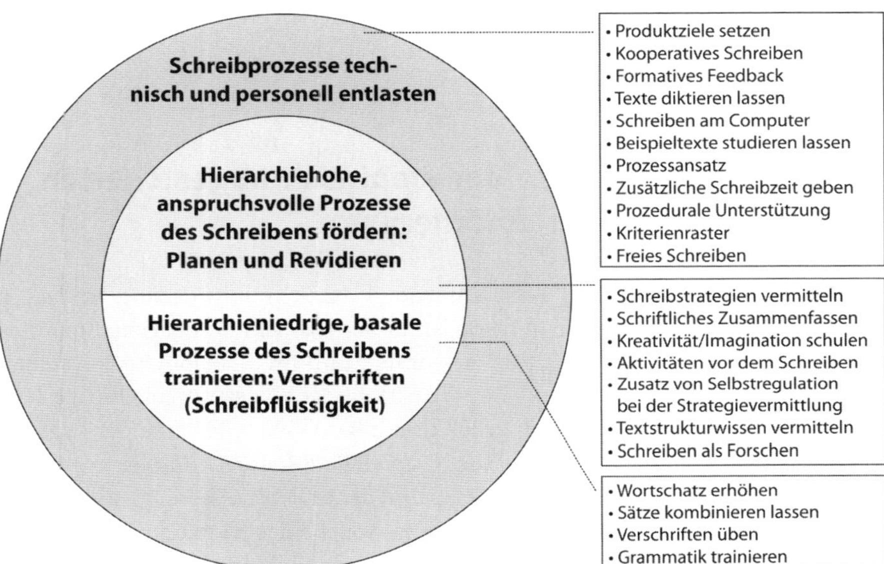

Abbildung 32: Systematisierung der Schreibfördermaßnahmen aus Teilkapitel 6.2 (die Schreibfördermaßnahmen im rechten Teil der Abbildung sind nach der Höhe der Effektstärken sortiert)

7 Drei Schwerpunkte der empirisch abgesicherten schulischen Schreibförderung

Nach den drei theoretischen Perspektiven auf die Schreibförderung werden in diesem Kapitel mit unmittelbarer Praxisrelevanz die Schreibfördermaßnahmen konkretisiert, die im Teilkapitel 6.2 gewonnen und im Teilkapitel 6.3 systematisiert wurden. Dabei werden in ihren Zielstellungen zusammengehörige Fördermaßnahmen als Gruppen gebündelt und inhaltlich eng beieinander liegende Förderansätze entsprechend dargestellt. In Teilkapitel 7.1 sind jene Förderansätze vereint, die sich dem Verschriften und dessen Verbesserung widmen. Das Teilkapitel 7.2 versammelt die Förderansätze, welche das Planen und Revidieren betreffen. Das Teilkapitel 7.3 schließlich beinhaltet die Maßnahmen, die man als Lehrperson ergreifen kann, wenn man das Schreiben entlasten will.

Ein weiterer darstellerischer Hinweis: In den folgenden Teilkapiteln werden die Zielpunkte und beteiligten Komponenten aus dem Mehrebenen-Modell aus Teilkapitel 2.2 verortet, damit deutlich wird, wo die Förderansätze ansetzen. Außerdem werden Beispiele gegeben, um die Förderansätze zu veranschaulichen. Dabei sollte vermieden werden, dass es zu Doppelungen mit dem UTB „Lese- und Schreibunterricht" (Philipp, 2013 a) kommt, da dieses Buch ebenfalls mit solchen Beispielen arbeitet. Aufgrund der beschränkten Beschreibbarkeit der Förderansätze und der Verfügbarkeit der Originalliteratur konnte dieses Prinzip nicht immer konsequent durchgehalten werden.

Es ist noch ein letzter Hinweis zur Darstellung nötig, der die Beispiele für Förderansätze betrifft. In Metaanalysen müssen Forscher die gefundenen Studien einem Förderansatz zuordnen, was in der Regel über den Schwerpunkt bei der einzelnen Fördermaßnahme begründet wird. Wenn Sie die Beispiele aus den folgenden Teilkapiteln lesen, werden Sie schnell feststellen, dass die konkreten Beispiele häufig eine Kombination aus Fördermaßnahmen darstellen und zum Beispiel Strategievermittlungsansätze Feedback enthalten oder mit dem Schreiben am Computer kombiniert wurden (Teilkap. 7.2.1). Das bedeutet für die Praxis, dass Sie das bei Ihrem konkreten Schreibunterricht erstens ebenfalls tun können (und sollen!). Zweitens deutet sich darin der modulare Charakter von Fördermaßnahmen an, da sie prinzipiell (mit wenigen Ausnahmen) kombinierbar sind. Und drittens sind solche Kombinationen auch wirksam. So konnten Steve Graham und seine Kolleginnen (2012) bereits für Primarschulkinder zeigen, dass derartige umfassenden Schreibfördermaßnahmen mit diversen Elementen sehr effektiv sind (ES = 0,55).

7.1 Verschriften üben

In diesem Teilkapitel werden insgesamt vier Förderansätze vorgestellt, die das Verschriften fördern und aufeinander aufbauen. Zunächst geht es um Handschrifttrainings (Teilkap. 7.1.1) und danach um die Förderung des Schreibwortschatzes (7.1.2). Dem Thema Grammatik widmen sich gleich zwei Teilkapitel. Einerseits wird ein kontextualisierter Grammatikunterricht dargestellt (7.1.3). Andererseits geht es um einen Förderansatz, der grammatische Kenntnisse in einen Anwendungszusammenhang bringt, indem man Schüler Sätze kombinieren lässt (7.1.4).

7.1.1 Verschriften üben lassen (Handschrifttrainings)

Effektiv ist es beim Teilprozess Verschriften und für die Textqualität, wenn man Primarschulkinder beispielsweise das technische Verschriften üben lässt (ES = 0,55). Damit sind vor allem **in der jeweiligen Übungslektion zeitlich kurze, aber insgesamt längerfristig angelegte Trainings** gemeint, in denen Schüler das Schreiben per Hand (sei es mit dem Stift, sei es mithilfe einer Tastatur) oder die Rechtschreibung trainieren und – und das ist der Kern dieses Förderansatzes – ausreichend automatisieren sollen. Bei Rechtschreibtrainings hat es sich überdies als günstig für mehrere Schreibleistungsmaße erwiesen, wenn Lehrpersonen die Orthografie-Fortschritte regelmäßig dokumentieren (ES = 0,18; Graham et al., 2015b).

An dieser Stelle sollen aber nicht Rechtschreibtrainings im Fokus stehen, sondern vor allem Förderansätze, die sich der **Graphomotorik beim Schreiben** per Hand und Stift widmen, weil es leider noch kaum Interventionsstudien im Bereich des Schreibens mit dem Computer bei Regelschülern gibt (Freeman, Mackinnon & Miller, 2005). Bei den Förderansätzen, die das Schreiben per Hand trainieren wollen, ist das erklärte Ziel, dass dieses so stark automatisiert wird, dass es das Arbeitsgedächtnis nicht mehr absorbiert. Dazu werden gezielt Bewegungsabläufe trainiert und im Langzeitgedächtnis abgespeichert. Auf der Ebene der Prozesse sind vor allem der „Übersetzer“ (wenn es denn nicht mehr nur um einzelne Buchstaben geht) und insbesondere der „Verschrifter“

aktiv (s. Abbildung 33). Wie schon erwähnt, spielt auch das Schreibmedium eine Rolle, da beispielsweise beim Schreiben mit dem Stift andere feinmotorische Anforderungen bestehen als beim Schreiben per Tastatur (Mangen & Velay, 2010). Zudem konnte bereits gezeigt werden, dass es jungen Kindern hilft, wenn sie Buchstaben per Hand abschreiben, weil sie durch ein solches Training besser Buchstaben korrekt wiedererkennen als Kinder, die die Buchstaben abtippen (Longcamp, Zerbato-Poudou & Velay, 2005). Wie ein solches Training konkret aussieht, ist im Beispiel 1 dargestellt (ES = 2,40; Graham et al., 2012).

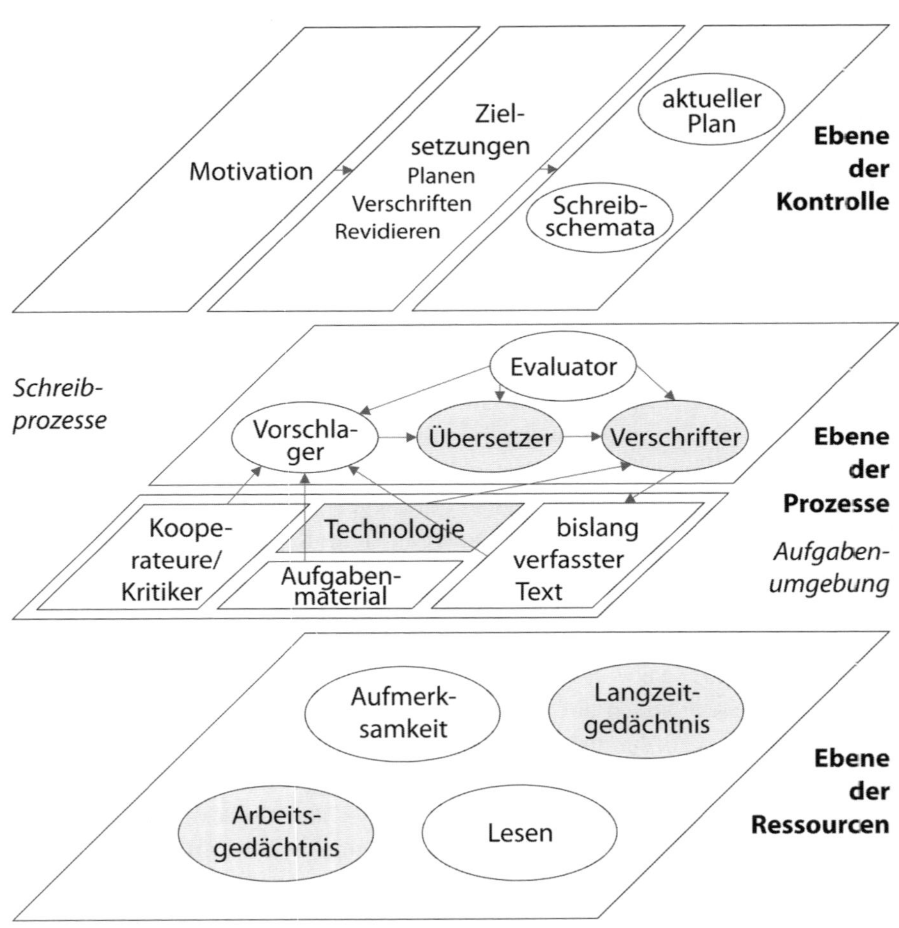

Abbildung 33: Zielpunkte und Komponenten bei Handschrifttrainings

Beispiel 1: Mit handschriftschwachen Erstklässlern das Schreiben per Hand trainieren

In einer australischen Studie wurden Erstklässler gezielt unterstützt, die bei einem Screening schwache Werte in der Leserlichkeit und Schreibflüssigkeit aufwiesen (Jones & Christensen, 1999). Die Förderung dauerte insgesamt acht Wochen lang, wobei es tägliche Einheiten von zehn Minuten gab. Die Sozialform variierte, es gab Einzel-, Kleingruppen- und Arrangements mit der gesamten Klasse. Im Zentrum der Studie stand die direkte Vermittlung, wie man effektiv Buchstaben schreibt. Hierfür demonstrierte (modellierte) die Lehrperson, wie sie einen Buchstaben schreibt, damit das Kind zunächst die graphomotorische Ausführung beobachten konnte. Erst danach sollte es selbst üben. Zu Beginn erhielten die Kinder individuelle Unterstützung, um Fehlermuster zu bereinigen.

Mit zunehmendem Erfolg wurde in Kleingruppen das korrekte Buchstabenschreiben geübt. Um das zu erreichen, gab es eine Menge Hilfestellungen. Beispielsweise dienten grüne und rote Punkte wie bei einer Ampel als Start- und Endpunkte für die Bewegungen bei den Buchstaben. Die Kinder sollten „Regenbogen-Wörter" schreiben, das bedeutet hier, dass sie die Buchstaben in drei Farben ihrer Wahl schreiben sollten. Außerdem verbanden die Kinder Punkte miteinander zu Buchstaben, formten die Buchstaben in der Luft ohne Stift nach, hopsten Buchstaben nach und assoziierten die Wörter mit anderen Inhalten (zum Beispiel das „w" mit „Wurm"), um sie dadurch besser im Gedächtnis zu behalten. Auch das Memorieren des Alphabets wurde explizit gefördert, indem die Kinder gebeten wurden, in einer alphabetischen Reihenfolge mit Lücken die fehlenden Buchstaben zu ergänzen. Regelmäßig wurden die Kinder ebenfalls gebeten, eine Minute lang die Buchstaben des Alphabets hintereinander aufzuschreiben. Das Ergebnis wurde für jedes Kind im Sinne einer Fortschrittsdiagnostik festgehalten und sollte die Anstrengungsbereitschaft erhöhen und damit die Schreibmotivation festigen.

Der im Beispiel 1 skizzierte Förderansatz wurde auch mit Sekundarschuljugendlichen der Klassenstufen 8 und 9 erfolgreich durchgeführt (Christensen, 2005). Hierbei wurden zusätzlich noch Buchstabengruppen, einzelne Wörter, Wortgruppen und Sätze geschrieben und die Trainingsdauer auf 20 Minuten erhöht. Damit kam es zu einer für die Altersgruppe angemessenen Adaption.

Anhand des Beispiels können zudem die **Prinzipien der Handschrifttrainings** abstrahiert werden. Es handelt sich um längerfristige Fördermaßnahmen mit regelmäßigen und häufigen Übungslektionen, die ihrerseits kurz sind (Hoy, Egan & Feder, 2011). Buchstaben werden immer und immer wieder geschrieben, bis bestimmte Grenzwerte erreicht werden. Um das zu erreichen, werden die Heranwachsenden auf vielfältige Weise unterstützt, aber das Schreiben müssen sie selbst ausführen. Das unterscheidet diesen Förderansatz vom Diktieren (Teilkap. 7.3.5).

7.1.2 Wortschatz erhöhen

Mit einer ES von 0,78 ist die Verbesserung des Wortschatzes der effektivste Förderansatz in puncto Verschriften. Bei dieser Fördermaßnahme geht es darum, die sprachliche Präzision durch umfassende Wissensbestände zu erhöhen und dadurch auch stilistisch prägnanter zu werden, weil Heranwachsende treffendere und abwechslungsreichere Formulierungen nutzen. Damit setzt der Förderansatz prinzipiell auf der Ebene der Ressourcen an und will dort im Langzeitgedächtnis dauerhaft sprachliche Wissensbestände etablieren und verankern. Hierfür werden spezifische Aufgaben gestellt und Übungen durchgeführt (s. Abbildung 34). Wie das konkret aussehen kann, verdeutlicht Beispiel 2, für das Graham und Perin (2007 a) eine ES von 0,90 berichten.

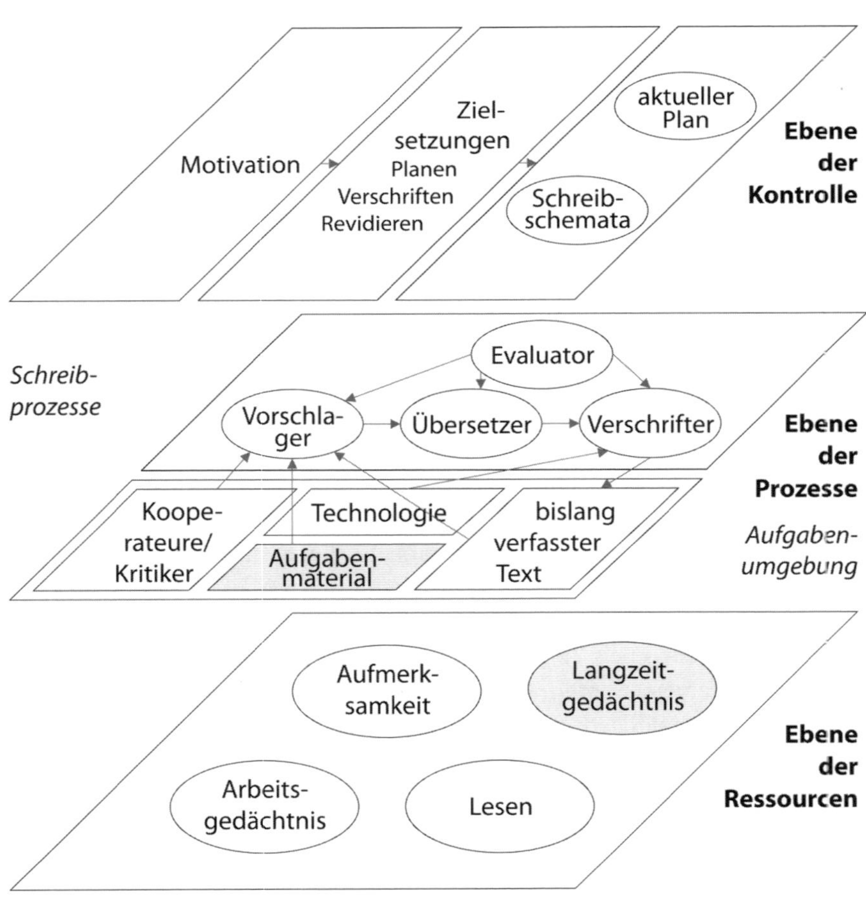

Abbildung 34: Zielpunkte und Komponenten bei der Erhöhung des Schreibwortschatzes

Beispiel 2: Den Schreibwortschatz bei Siebtklässlern erhöhen

Bereits in den 1980er Jahren wurde eine Fördermaßnahme mit Siebtklässlern durchgeführt (Duin & Graves, 1987). Die Siebtklässler wurden über sechs Lektionen/Tage hinweg mit Begriffen aus dem Wissensgebiet Weltall vertraut gemacht. Diese Begriffe wählte das Forschungsteam danach aus, dass sie einerseits relevant und häufig im Zusammenhang mit dem Thema auftauchten, aber andererseits auch nicht zu spezifisch sein sollten. Insgesamt 13 Begriffe wurden ausgewählt, nämlich diese: aufnehmen, bergen, Beschaffenheit, bewohnbar, Kriterien, Modul, Potenzial, realisierbar, Suche, Tragkraft, Unordnung, verfechten, vergegenwärtigen. Extra für die Fördermaßnahmen wurden 24 Arbeitsblätter und acht Seiten mit Bildern zum Weltraum gestaltet, die die Fördermaßnahme begleiteten.

Am **ersten Tag** diskutierte die Lehrperson zu Beginn mit den Jugendlichen darüber, was sie über das Thema Weltraum wussten. Dabei wurde das damals aktuelle Unglück der Space-Shuttle-Explosion aufgegriffen. Im Anschluss las die Lehrperson eine 600 Wörter lange Passage zum Thema Raumverkehr vor und bat die Jugendlichen, für sie neue Wörter parallel zum Vorlesen aufzuschreiben. Über diese Wörter und deren Bedeutung diskutierten die Schüler im Anschluss an das Vorlesen. Nach diesem Anwärmen wurden zunächst fünf Wörter von der Lehrperson eingeführt, indem sie die Wörter mit dem zuvor gelesenen Text inhaltlich verknüpfte. Dadurch sollten die Jugendlichen für die Bedeutungen der neuen Wörter sensibilisiert werden. Die neuen Wörter wurden aber nicht als disparate Einheiten eingeführt, sondern eher im Sinne von Wortfeldern. Dafür ein Beispiel: Die Wörter „realisierbar" und „Suche" wurden durch folgende Fragen inhaltlich verbunden: „Ist eure Suche möglich? Könnt ihr erfolgreich eure Suche abschließen? Ist eure Suche realisierbar? Realisierbar ist die nächste neue Welt." Danach wurde das jeweilige Wort an die Tafel geschrieben und eine explizite Definition an eine Leinwand projiziert, worauf die Jugendlichen ihre Arbeitsmappen erhielten. Die Arbeit mit den Arbeitsmappen, in denen die oben schon erwähnten Arbeitsblätter enthalten waren, umfasste das Abschreiben des Zielworts nebst Definition, das Beenden von Satzanfängen mit dem Zielwort und das Teilen der Antworten untereinander.

Als letzte Aktivität am ersten Tag wurden zwei Elemente erklärt, die einer vertieften Aneignung dienen sollten. Die erste betraf ein geheimes Wort. Die Lehrperson bestimmte für jeden Tag ein geheimes Wort, das die Jugendlichen erraten und in einem schriftlichen Memo verwenden sollten. Gelang dies, winkte ein kleiner Preis als Belohnung. Die zweite Aktivität betraf das Finden der neuen Wörter im Alltag. Hier sollten die Jugendlichen aufmerksam auf die Umwelt achten und berichten, wo und wann sie das Wort gefunden hatten. Solche Funde wurden belohnt, indem der Name des Jugendlichen auf einem Blatt notiert wurde, das das jeweilige Wort enthielt und im Klassenzimmer hing.

Der **zweite Tag** begann mit der eben beschriebenen, zweiten Aktivität. Danach wurden die fünf Zielwörter noch einmal genannt und sollten mit einer Zuordnungsaktivität von Wörtern und Definitionen gesichert werden. Im Anschluss daran bearbeiteten die Schüler in einer Assoziationsaktivität Fragen mit den Zielwörtern (etwa: „Denkst du, dass diese Schule Schüler mit Lernschwierigkeiten besser aufnehmen könnte?“). Dabei ermutigte die Lehrperson die Jugendlichen, die neuen Wörter in ihren Antworten zu verwenden. Danach erfolgte eine kombinierte Lese- und Schreibaktivität. Die Jugendlichen bearbeiteten einen Text (über einen Astronauten), den sie lasen und für den sie am Ende der Absätze Fragen beantworteten. Den Abschluss bildete die Aktivität zum geheimen Wort. Dazu wurde an verschiedenen Orten im Raum jeweils ein Kärtchen mit einem der fünf Zielwörter verteilt. Die Jugendlichen sollten zu dem Wort gehen, das sie für das geheime Wort hielten. Ehe die Auflösung erfolgte, sollten die Jugendlichen ihre Antworten zum Astronauten-Text vergleichen und diskutieren.

Am **dritten Tag** kam ein zweites Set von fünf neuen Wörtern ins Spiel. Zunächst las die Lehrperson einen 300 Wörter langen Text über Raumstationen vor. Während des Vorlesens schauten sich die Jugendlichen in ihren Arbeitsmappen Illustrationen dazu an, wie eine Raumstation aufgebaut ist. Danach las die Lehrperson einen 400-Wörter-Text vor, in dem die fünf neuen Wörter vorkamen. Die Schüler sollten sich – passend zum Thema des Textes – vorstellen, wie sie selbst mit einem Shuttle fliegen und sich einer Raumstation nähern. Jeweils vor der Nennung des neuen Zielwortes wurde den Schülern mündlich die Wortbedeutung vorgängig erläutert. Das Wort „Beschaffenheit“ etwa wude so eingeführt:

> Wenn sich ein Shuttle der Raumstation nähert, sieht man einen Stern, der in der Größe und Helligkeit immer stärker zunimmt, bis man – fast augenblicklich – eine andere Anordnung sieht: Rechtecke, Quadrate und Zylinder. Bald merkten sie [die Insassen], dass diese helle Anordnung von Formen nicht ein Stern war, sondern die Hauptanordnung einer Raumstation. Es ist die *Beschaffenheit* einer Raumstation.

Nach der Begriffseinführung folgte eine Diskussion über die Wortbedeutung, und die Schüler schrieben die neuen Wörter nebst der Definition in ihre Arbeitsmappe. Zusätzlich bearbeiteten sie noch schriftliche Fragen.

Es folgte eine Aktivität, in der es um Wort-Synonyme ging. Ziel war es, die Jugendlichen für die präzise Wortbedeutung zu sensibilisieren. Dafür lasen sie vorbereitete Texte, in denen das jeweilige Zielwort und ein semantisch verwandtes Wort vorkamen. Dafür ein Textbeispiel für das Wort „aufnehmen“:

> Jim fühlte sich wie der stolzeste Hundebesitzer der Welt! Er hatte seinem Hund beigebracht, einen Ball *aufzunehmen*. *Aufnehmen* ist etwas anders als *zurückbringen*. Man kann ein T-Shirt *zurückbringen*, das man gekauft hat, das aber nicht passt. Man kann versuchen, etwas *aufzunehmen*, das man weggeworfen oder verloren hat, das man aber zurückhaben will. Jim wollte, dass sein Hund sowohl den Ball findet als auch zu ihm zurückbringt.

Die Jugendlichen lasen solche Passagen und trafen dann auf jeweils zwei Sätze, in denen Lücken waren. Sie sollten dann das jeweilige passende Wort selbst hineinschreiben und damit also eine Anwendungsaufgabe lösen. Eine größere Textmenge produzierten die Jugendlichen danach. In Vierergruppen sollten sie einen Text verfassen und dabei die neuen Wörter nutzen. Als Schreibhinweise gab es Angebote, dass sie über das Aussehen von Raumstationen schreiben oder das Energiesystem beschreiben könnten. Alternativ gab es die Möglichkeit, einen Ort zu beschreiben, den Weltraumtouristen attraktiv finden könnten, welches Essen auf der Station verfügbar sein könnte etc. Die Jugendlichen verbrachten den Rest der Lektion mit dem Schreiben ihres Textes.

Die **vierte Lektion** startete damit, dass die Jugendlichen ihre in der dritten Lektion begonnenen Texte abschlossen. Danach suchte sich jedes Mitglied der Vierergruppe eine Rolle aus, nämlich die des „Richters", des „Zählers", des „Lesers" und des „Überwachers". Danach wurden Gruppen formiert, wobei in jeder Gruppe die Jugendlichen mit der gleichen Rolle zusammenkamen. Die Mitglieder bekamen folgende Aufgaben: Die „Richter" bestimmten, nach welchen Kriterien die vier Texte beurteilt werden sollen. Die „Zähler" listeten die neuen Wörter auf, die verwendet werden sollten. Die „Leser" übten kurz das Vorlesen und bestimmten die Reihenfolge vorzulesenden Texte. Die „Überwacher" überprüften in den Texten die Begriffsbestimmungen der Zielwörter und kürten jemanden innerhalb der Gruppe, der die korrekte bzw. inkorrekte Verwendung der Zielwörter in den Texten überprüfen sollte. Danach las jeder Leser einen Text aus seiner ursprünglichen Gruppe vor. (Wie die Entscheidung zu einem vorzulesenden Text von ursprünglich vier aus der Gruppe getroffen wurde, wurde in der Beschreibung des Förderansatzes allerdings nicht klar beschrieben.) Nach dem Vorlesen konferierten die „Richter" und kürten den besten Text.

Direkt im Anschluss wurden die letzten drei Wörter eingeführt. Hierfür kam wieder ein Bezugstext (zum Thema Astronautenanzüge, Textlänge: 300 Wörter) zum Einsatz. Anders als in den Tagen zuvor lasen die Jugendlichen diesen Text parallel leise mit, während die Lehrperson den Text laut vorlas. Nach einer Definition der Zielwörter schrieben die Jugendlichen wie gewohnt die Wörter nebst den Definitionen in ihre Arbeitsmappen. Danach vervollständigten die Jugendlichen unvollständige Sätze mit den 13 gelernten Zielwörtern. Ein Beispiel für das Zielwort „aufnehmen" lautete: „Wenn man einen Tisch für vier Personen hat und man fünf Personen hat, die am Tisch sitzen wollen, muss man dafür sorgen, dass der Tisch die fünfte Person ______ kann." Danach wurden die Lösungen verglichen und diskutiert.

Der **fünfte Tag** war insofern speziell, als er von einem externen Fachmann bestückt wurde, der einen Vortrag zum Thema Weltraumtransport und -kolonialisierung hielt. Auf diesen Vortrag hin schrieben die Jugendlichen in der **sechsten Lektion** einige Reaktionen in ihre Arbeitsmappe. Danach erfolgte wieder eine Zuordnung von Wörtern und Wortbedeutungen. Eine sich direkt anschließende Übung diente wiederum der Wissensvertiefung hinsichtlich der präzisen Wortbedeutung. Dazu wurden den Jugendlichen zwei Wörter vorgegeben, und es folgten (hier am Beispiel der Wörter „Suche" und „Traum") Aufträge wie „Markiere das dramatischere Wort." Die letzte Aktivität des sechsten Tages bestand darin, dass sich die Jugendlichen vorstellen sollten, sie seien selbst Arbeiter auf einer Raumstation, die ihrem

Vorgesetzten auf der Erde einen Bericht schreiben sollten. In dem Bericht sollte es darum gehen, was die Jugendlichen auf der Raumstation tun und wie erfolgreich ihre Arbeit ist. Nach dem Verfassen dieses Berichts tauschten die Jugendlichen ihre Texte untereinander aus und unterhielten sich über sie.

Das ausführliche Beispiel 2 zeigt, dass sich der Wortschatz und die Textqualität über diverse didaktische Maßnahmen in einer vergleichsweise kurzen Zeit stark verbessern lassen. Was an dem Beispiel ebenfalls deutlich geworden ist: Es gibt diverse Fördermaßnahmen bei der Wortschatzförderung, die man als Lehrperson einsetzen kann. Hierin liegt eine **wichtige Parallele zur Leseförderung**, denn in diesem Bereich konnte schon nachgewiesen werden, dass einige Fördermaßnahmen besonders vielversprechend sind. Besonders günstig für das Leseverstehen sind drei Merkmale:

- **Definition und Kontextualität:** Neue Wörter werden explizit definiert und Schüler können sie zusätzlich im Kontext betrachten;
- **Aktive Aneignung:** Die Schüler verarbeiten die Wortbedeutung aktiv weiter, statt nur die Bedeutung auswendig zu lernen.
- **Häufiger Kontakt:** Das Zielwort taucht bzw. die Zielwörter tauchen bei vielen Gelegenheiten in verschiedenen Texten auf.

Genau diese Parallelen lassen sich im Beispiel 2 regelrecht mustergültig auch für den beschriebenen Schreibförderansatz herausarbeiten.

7.1.3 Grammatiktrainings

Die bislang beschriebenen Ansätze eint, dass sie sich auf die Buchstaben-, Wort- bzw. Satzebene konzentrieren. Das gilt partiell auch für den traditionellen Grammatikunterricht, nur ist dieser in seiner herkömmlichen Art nicht dafür geeignet, die Textqualität (die sich auch durch die Fokussierung auf die Gesamttextebene und Aspekte wie Kohärenz bezieht) zu steigern – im Gegenteil (ES = –0,41). Wie schon erwähnt wurden in einigen Studien zwei Förderansätze verglichen, bei denen der traditionelle Grammatikunterricht mit der Bestimmung von Wortarten und Satzgliedern die Kontrollbedingung darstellte. Auch dadurch lassen sich die negativen Werte erklären. Inhaltlich mag dieser Effekt dadurch begründet sein, dass der Blick auf die **Textoberfläche** gerichtet wird, während es bei anderen Förderansätzen, die dem Verschriften dienen sollen, vor allem um **Automatisierung** geht. Und: Wenngleich metaanalytische Befunde mit einer gewissen Konstanz von leicht negativen Effekten berichten, so gibt es auch positive Ausnahmen. Eine solche Ausnahme vermelden selbst Graham und

Perin (2007 a): den kontextualisierten Grammatikunterricht. Mit einer Effektstärke von 1,07 ist der Wert sogar ausgesprochen hoch (s. Beispiel 3).

Der **kontextualisierte Grammatikunterricht** rückt den funktionalen Charakter für das Schreiben in sein Zentrum: Grammatik wird nicht um ihrer selbst willen untersucht, sondern als dem Schreiben dienende und zugrundeliegende Vorläuferfähigkeit (Fearn & Farnan, 2007; Myhill, Lines & Watson, 2011). Mit Bezug zum Mehrebenen-Modell des Schreibens sind sämtliche Schreibprozesse angesprochen, die stark mit den Aufgaben interferieren. Außerdem wird die Aufmerksamkeit gezielt auf einzelne grammatische Einheiten gelenkt. Wissensbestände aus dem Langzeitgedächtnis (hier: Schreibschemata) sorgen dafür, dass die Schreibprozesse gelingen können (s. Abbildung 35).

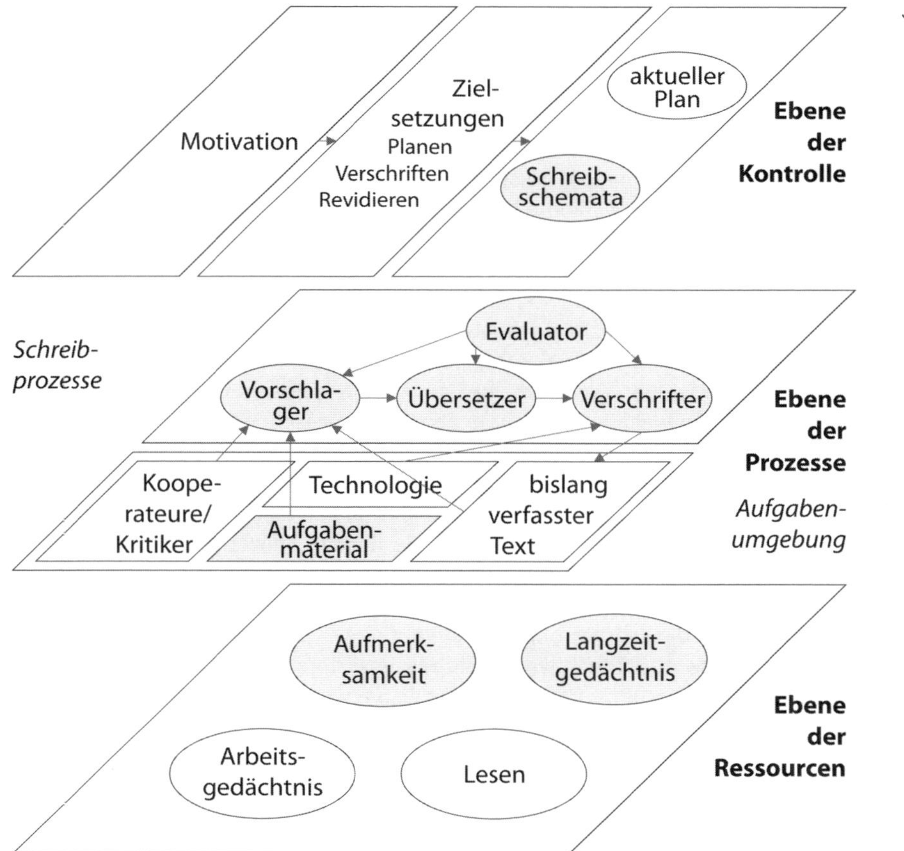

Abbildung 35: Zielpunkte und Komponenten beim kontextualisierten Grammatikunterricht

Beispiel 3: Kontextualisierter Grammatikunterricht mit leistungsschwachen Zehntklässlern

In einer Studie mit eher leistungsschwachen Zehntklässlern wurde kontextualisierter Grammatikunterricht im Verlauf von fünf Wochen durchgeführt (Fearn & Farnan, 2007). Mit „kontextualisiertem Grammatikunterricht" ist gemeint, dass es nicht um das Identifizieren, Beschreiben und Definieren von sprachlichen Einheiten, sondern um die Funktionen sprachlicher Einheiten (hier: Satzteile) im Schreiben geht. Damit verwahrte sich diese Studie gegen die oft beklagte Ferne des Grammatikunterrichts zur direkten (schrift-)sprachlichen Verwendung.

Die eigentliche Intervention war zeitlich relativ begrenzt, denn es gab pro Woche nur 40 Minuten kontextualisierten Grammatikunterricht. Dieser verteilte sich auf vier Blöcke. Jeweils montags und mittwochs gab es jeweils zehn bis zwölf Minuten Minilektionen, und am Folgetag verbrachten die Jugendlichen noch einmal acht bis zehn Minuten mit einem Rückblick und Übungen zur Grammatikverwendung. Inhaltlich wurde Folgendes behandelt: Substantive, Verben, Adjektive, Hauptsätze und Nebensätze. An der Einheit zu den Verben sei im Folgenden erläutert, was in den Minilektionen geschehen ist. Bei der Schilderung wird zunächst recht ausführlich dargelegt, wie anhand eines (grammatikalisch nicht eins zu eins auf die deutsche Sprache zu übertragenden) Beispiels die Sensibilität hinsichtlich der sprachlichen Funktionen von Satzbestandteilen geschult wurde.

Bei der Verb-Einheit fragte die Lehrperson die Jugendlichen zunächst, was ein Verb ist, und die Schüler antworteten schnell: „Es zeigt eine Handlung oder einen Zustand an." Auf die Nachfrage, was ein Beispiel für ein Handlungswort ist, kam die Antwort „laufen". Daraufhin schrieb die Lehrperson den Satz „Ein Pferd läuft die Strecke herum" an die Tafel (im Original: „A horse is running around the track"). Auf die Frage, was hier das Verb ist, erhielt die Lehrperson die Antwort „läuft" („running"). Ein weiterer Satz wurde an die Tafel geschrieben: „Unsere neue Laufstrecke ist gummiert" („Our new running track is rubberized"). Auf die Frage nach dem Verb erhielt die Lehrperson wie schon zuvor die falsche Antwort („running").

Es schloss sich eine Frage an, was das Merkmal der Strecke rund um das Fußballfeld sei. Hier gaben die Schüler die richtige Antwort, nämlich „gummiert". Eine weitere Frage schloss sich an, mittels derer die Schüler die Eigenschaften der Strecke charakterisieren könnten. Hier waren „neu" und „rot" zutreffende Antworten. Danach fragte die Lehrperson, was man auf dieser Strecke für gewöhnlich tut, und erhielt die Antwort „laufen", was sie als das bezeichnende Merkmal von Laufstrecken herausstellte. Daraufhin fragte die Lehrperson, welche Wortart das Wort „Strecke" („track") ist, was die Schüler zutreffend als Substantiv kategorisierten. Nun fragte die Lehrperson, welches Wort das Wort „Strecke" näher beschreibe, und die Schüler antworteten richtig „Lauf" („running"). Jetzt machte die Lehrperson die Schüler auf die Paradoxie aufmerksam, dass die Schüler das Wort „running" sowohl als Handlungsbezeichnung (und damit als Verb) als auch als charakterisierendes Wort (Adjektiv) genannt hatten. Deshalb fragte die Lehrperson, wie man Wörter wie „running" in diesem Satz nennt, worauf ein Schüler die richtige Antwort „Adjektiv" gab, zugleich aber darauf hinwies, dass durch die Endung „-ing“ ein Hinweis auf ein Verb gegeben werde. Die Lehrperson fragte, was – wenn „running“ als Adjektiv fungiert – denn dann das Verb sei und erhielt die korrekte Antwort „is“.

Hierin zeigt sich, dass es weniger um Definitionen der Wortart ging, sondern eher um deren ganz konkrete Funktion im konkreten Satz. Dies wurde nun noch weiter am Beispiel Adjektive vertieft, denn die Schüler sollten nun weitere Wörter nennen, die zwischen „neue“ und „Strecke“ passen könnten. Die Nennungen („schnelle“, „rote“, „hübsche“, „größere“, „poröse“, „linierte“) wurden an der Tafel notiert. Die Lehrperson fragte nach der Wortart, bekam die zutreffende Antwort „Adjektiv“ samt allgemeiner Begründung und sagte dann, das sei zwar richtig, aber entscheidender sei es, dass die Nennungen das Loch zwischen „neue“ und „Strecke“ füllen und aus diesem Grund als Adjektive fungieren. Danach lenkte die Lehrperson die Aufmerksamkeit auf Alternativen zum Verb „ist“ und bekam Antworten wie „war“, „wird sein“ oder „kann sein“, die ebenfalls an der Tafel notiert wurden.

Nach dieser Sensibilisierung hinsichtlich der Funktionen der grammatikalischen Elemente erhielten die Jugendlichen den Auftrag, mit einem der an der Tafel notierten Sätze einen Satz zu bilden. Dies sollte nur mental erfolgen. Die Antworten der Schüler (z. B. „Die neue Strecke *wird* großartig für das Laufen *sein*“) wurden mündlich gesammelt. Es folgten weitere Aufträge, etwa das Schreiben eines Sechs-Wörter-Satzes, in dem ein Teil der gesammelten Wörter vorkommen sollte. Ein weiterer und schwierigerer Auftrag forderte die Schüler dazu auf, einen Satz mit acht Wörtern zu bilden, in dem das Verb an fünfter Stelle auftauchen sollte.

In der zweiten Lektion wurden die Aufträge nochmals anspruchsvoller. Nach wie vor ging es aber darum, absichtsvoll Verben zu nutzen. Ein Auftrag sah es vor, dass die Jugendlichen nicht mehr nur einzelne Sätze schreiben sollten, sondern mehrere. So gab es – in der gesamten Studie zyklisch auftauchende – Aufträge, bei denen die Lehrperson zwei Wörter als Schreibanlass vorgab (z. B. „Moskito“ und „Taxi“), von denen die Jugendlichen eines auswählen und eine Minute lang dazu schreiben sollten. Im Falle der Verben wurden sie dazu angehalten, so viele Verben wie möglich zu verwenden. Nach exakt einer Minute sollten die Jugendlichen die Wortmenge zählen, und diese Wortmengen wurden für jeden Schüler im Sinne einer Fortschrittsdiagnostik festgehalten. In weiteren solcher Übungen wurden die Schüler gebeten, die jeweils spezifischen Elemente, um die es in der jeweiligen Woche ging, ebenfalls zu zählen, um ihre Aufmerksamkeit gezielt auf diese Elemente zu lenken.

Die Ausführungen zum kontextualisierten Grammatikunterricht illustrieren, wie stark der funktionale Charakter der Grammatik für das Schreiben bei dieser Form der Schreibförderung betont und konsequent genutzt wird. Ferner ist deutlich, dass hier viel geschrieben wird und die Übungszeit ähnlich wie bei den Verschriftungstrainings aus Teilkapitel 7.1.1 eher kurz und intensiv ist.

7.1.4 Sätze kombinieren lassen

Ein weiterer Förderansatz beim Teilprozess Verschriften besteht darin, dass man aus einfachen Sätzen inhaltlich und syntaktisch komplexere Sätze kombinieren lässt (ES = 0,56). Hierdurch erhofft man sich ein höheres Bewusstsein für Informationsanordnung, Zeichensetzung und Adressatenorientierung. Beim Kombinieren von Sätzen erhalten Schüler vorbereitetes Material in Form von kurzen Sätzen, die sie – zum Teil mit expliziten Hilfestellungen – zu syntaktisch komplexeren Sätzen kombinieren sollen. Wie sich dies in der Praxis gestalten lässt, zeigt Beispiel 4 (ES = 0,42; Graham & Perin, 2007 a). Welche Komponenten des Schreibprozesses dieser Förderansatz adressiert, geht aus Abbildung 36 hervor. Zentral ist das Aufgabenmaterial, das den Ausgangspunkt bildet. Gezielt werden keine Inhalte aus dem eigenen Langzeitgedächtnis generiert, gleichwohl braucht man Schreibschemata im Sinne grammatischer Grundfähigkeiten. Aus diesen beiden Komponenten speisen sich die Schreibprozesse, dank derer Schüler neue Sätze bilden. Hierfür bedarf es auf der Ebene der Ressourcen der Fähigkeit, die Ausgangssätze aufmerksam zu lesen und die Inhalte im Arbeitsgedächtnis zu halten.

Beispiel 4: Wenn schreibschwache und -starke Viertklässler kooperativ Sätze kombinieren

In einer US-amerikanischen Studie wurden schwach und gut schreibende Kinder mithilfe eines kooperativen Förderansatzes darin geschult, Sätze zu kombinieren (Saddler & Graham, 2005). Die Primarschulkinder wurden in insgesamt 30 Lektionen (jeweils 25 Minuten bei drei Lektionen/Woche) über zehn Wochen gefördert. Diese Förderung erfolgte außerhalb des Regelunterrichts in Tandems von Kindern.

Die 30 Lektionen umfassten insgesamt fünf Einheiten mit jeweils sechs Einzellektionen. In der ersten Einheit ging es darum, mithilfe von Konjunktionen zusammengesetzte Sätze zu bilden (etwa „Der Wurm war matschig, aber er schmeckte nicht schlecht" aus „Der Wurm war matschig" und „Der Wurm schmeckte nicht schlecht"). Einheit zwei verfolgte das Ziel, dass Adverbien bzw. Adjektive integriert werden sollten (z. B. sollte aus den Sätzen „Sie liefen zur Höhle" und „Sie liefen schnell" der Satz „Sie liefen schnell zur Höhle" werden). In der darauffolgenden dritten und vierten Einheit wurden Adverbialsätze geübt, also Sätze mit Haupt- und Nebensatz (so sollte aus „Die Schüler spendeten Beifall" und „Der Film endete" der Satz „Die Schüler spendeten Beifall, als der Film endete" werden). In der fünften und letzten Einheit wurden wiederum alle in den Einheiten zuvor gelernten Dinge integrativ genutzt, indem alle soeben beschriebenen Elemente zusammenkamen. Beispielsweise sollten die Kinder folgende Sätze kombinieren:

- „Ralph steckte seinen Kopf hinaus",
- „Ralph befand sich in Ryans Tasche",

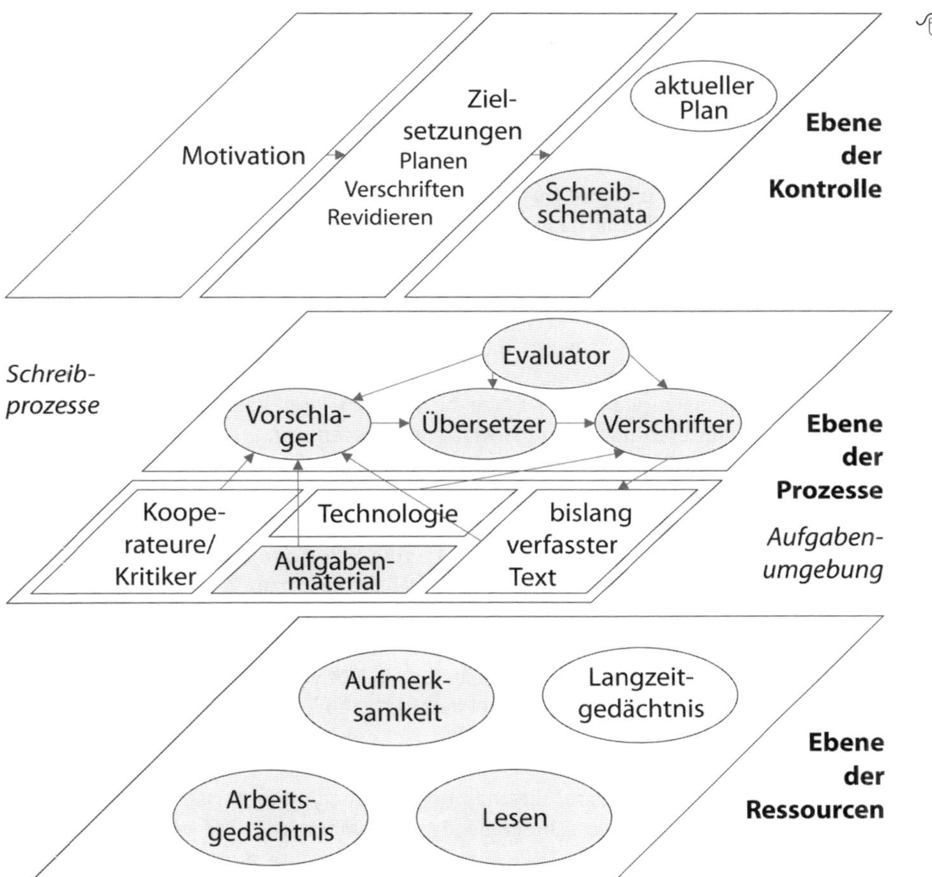

Abbildung 36: Zielpunkte und Komponenten beim Kombinieren von Sätzen

- „Ralph schaute herum“ und
- „Ralph wusste nicht, wo er war“.

Im Folgenden soll anhand einer Einheit prototypisch der Ablauf der Fördermaßnahme verdeutlicht werden. Der Grundablauf jeder Lektion sah es vor, dass zunächst die Lehrperson modellierte, wie man vorgeht, damit die Kinder eine mentale Vorstellung davon aufbauen konnten, was sie später selbst tun sollten. Erst danach kam es zu einer schülerseitigen Anwendung. Dabei schrieb zunächst die Lehrperson die mündlich produzierten Lösungen auf, erst im Anschluss waren die Kinder gefordert, dies selbst zu tun. Falls nötig, half die Lehrperson. Ein ebenfalls integraler Bestandteil war das gemeinsame Besprechen der Lösungen im Tandem.

Eine weitere Form der Unterstützung bestand darin, dass die miteinander zu kombinierenden Sätze anfänglich Hilfestellungen enthielten, die dann sukzessive entfernt wurden. Bei den Hilfestellungen handelte es sich erstens um in Klammern geschriebene Wörter und zweitens Unterstreichungen der zu integrierenden Wörter im zweiten Satz. Hierfür ein Beispiel:

Joe legte den Wurm in das Maismehl.
Joe <u>tat den Wurm in die Pfanne</u>. (und)

Diese Hilfestellungen wurden nur bis zur zweiten Lektion beibehalten. Sämtliche Sätze aus den ersten drei Lektionen stammten aus populären Kinderbüchern, aus denen die Sätze entnommen und aufgelöst wurden. In der Reihenfolge entsprachen sie der faktischen Sequenz der Geschichte. Durch die angesprochene Vereinfachung der Ursprungssätze waren die Sätze hinsichtlich ihrer Verständlichkeit auf dem Niveau, das für Erst- und Zweitklässler angemessen war.

Grundsätzlich waren die Einheiten so aufgebaut, dass die ersten drei Lektionen die gewünschten Fertigkeiten vermitteln sollten, während in den Lektionen vier bis sechs die Anwendung im Vordergrund stand. In der **ersten Lektion** der ersten Einheit erklärte die Lehrperson den Kindern, dass gute Schreiber mit ihren Sätzen spielen und diese variieren. Einen solchen Trick sollten die Kinder auch kennen lernen, damit ihre Sätze für Leser interessanter klingen. Hierfür modellierte die Lehrperson im Anschluss das Vorgehen, machte also vor, wie sie selbst zwei Sätze kombinierte. Hierfür zeigte sie den Kindern die Sätze, las sie laut vor und kombinierte die ersten beiden. Danach sollten die Kinder bei den nächsten Sätzen Lösungen vorschlagen, die die Lehrperson dann assistierend aufschrieb und mit den Kindern über die rhetorische Effektivität diskutierte, indem die Kinder sagen sollten, welche Lösung besser klang als die andere, und das textnah begründen mussten. Im Anschluss sollten die Kinder selbst schreibend Sätze kombinieren und ebenfalls auf die rhetorische Qualität prüfen. Die Lehrperson überwachte die Kinder und griff bei Problemen unterstützend ein. Es folgte ein kooperatives Zusammenarbeiten, in dem mit wechselnden Rollen ein Kind anhand eines Sets von Sätzen einen Satz schriftlich kombinierte und das andere Kind mittels Kärtchen das Vorgehen strukturierte. Das „Lehrer-Kind“ hatte vier Schritte auf Kärtchen, die als Handlungsanweisungen dienten:

1) Lies das Paar Sätze vor.
2) Entscheide, wie du die Sätze kombinieren willst.
3) Schreib die Antwort auf das Blatt.
4) Lies den neuen Satz vor.

Wenn dies erfolgreich gelang, wurde das „Schüler-Kind“ mit den Worten „Gute Arbeit“ gelobt. War ein Satz ungrammatisch, dann schlug das „Lehrer-Kind“ eine sprachformal korrektere Variante vor. Es folgte ein Wechsel der Rollen, und das Ganze wurde solange durchgeführt, bis die zu kombinierenden Sätze abgearbeitet waren. Danach lasen die Kinder jeweils einen kombinierten Satz der Lehrperson vor. Die Lektion endete mit einem Rückblick auf das Sätze-Kombinieren und der Bitte an die Kinder, diese neue Technik auch im Schulalltag zu verwenden und für sich zu dokumentieren und beim nächsten Mal zu berichten, wo und wie häufig sie die neue Technik angewendet hatten. Dies sollte in Form einer Dokumentation für alle Kinder sichtbar gemacht werden.

Die **zweite Lektion** war ähnlich aufgebaut wie die erste. Sie unterschied sich insofern, als zu Beginn die Verwendungssituationen für das Sätze-Kombinieren seit der ersten Lektion in einer individuellen Tabelle dokumentiert wurden. Dafür wurde für jede Verwendung ein Aufkleber aufgeklebt. Diese Dokumentation erfolgte für jeden einzelnen Tag und sollte sicherstellen, dass die Kinder von der neuen Technik möglichst viel Gebrauch machen.

In der **dritten Lektion** kam etwas Neues hinzu: Statt der von der Lehrperson geleiteten Kombination von Sätzen und dem kooperativen Vorgehen bestand die Aufgabe vornehmlich darin, aus einem Set von zusammengehörigen Sätzen kooperativ einen Absatz zu erstellen. Dabei gab es wie bereits oben erwähnt keine Hilfestellungen mehr, um den Kindern mehr Freiheiten anzubieten. Stattdessen wurden sie angehalten, alles zu nutzen, was sie bis dahin über das Kombinieren von Sätzen gelernt hatten. Waren sie damit fertig, las eines der Kinder den Absatz vor und die beiden Tandemmitglieder prüften die rhetorische Effektivität ihrer Lösungen.

In der **vierten Lektion** stieg der Schwierigkeitsgrad nochmals an. Nun sollten die Kinder nämlich eine kurze Geschichte schreiben, wofür ihnen ein Planungsdenkblatt und fünf Kernsätze für ein mögliches Ende der Geschichte gegeben wurden. Von diesen fünf Sätzen sollten sie drei verwenden. Das Planungsdenkblatt war eine dreispaltige Tabelle, in welche mögliche Inhalte eingetragen waren. Die erste Spalte enthielt zwei Figuren, die zweite Spalte zwei verschiedene Settings und die dritte zwei mögliche Themen, über die die Kinder schreiben konnten. Die Kinder planten zunächst fünf Minuten lang ihre Geschichte, schrieben dann 15 Minuten lang und sollten dann vorlesen, was sie geschrieben hatten. Die Lehrperson assistierte sodann abschließend bei der Rechtschreibung.

In der **fünften Lektion** wurde ein kleiner Test mit fünf Kernsätzen veranstaltet, der innerhalb der Studie als kontinuierliche Fortschrittsdiagnostik fungierte. Außerdem schrieben die Kinder – ausgehend von einem Bildimpuls – einzeln eine Geschichte und sollten die Technik des Sätze-Kombinierens gezielt einsetzen. Diese Geschichte überarbeiteten die Kinder in der **sechsten Lektion**, wobei ihnen gesagt wurde, dass sie mindestens drei Sätze verändern und dabei auf das Gelernte zurückgreifen sollen.

Das erfreuliche Ergebnis dieser Studie ist: Gerade die schwach schreibenden Kindern haben von dem Ansatz profitiert. Sie schlossen in ihren Schreibleistungen innerhalb eines standardisierten Schreibtests an ihre besser schreibenden Mitschüler auf.

Das Beispiel 4 macht deutlich, dass das Kombinieren von Sätzen keine rein mechanische Angelegenheit ist, sondern einer klar erkennbaren **Progressionslogik** nebst starker Vorstrukturiertheit folgt. Prinzipiell lassen sich auch ganze Texte mit einer langen Liste von Kernsätzen herstellen (Saddler, 2012). Das Kombinieren von Sätzen ist anders als der traditionelle Grammatikunterricht ein Verfahren, bei welchem grammatikalische Kenntnisse die Grundlage bilden, da es – wie aus der Darstellung deutlich wurde – um die Anwendung dieses Wissens geht.

7.2 Inhalte und Texte planen und revidieren lernen

Mit dem Planen und Revidieren kommen anspruchsvolle Fähigkeiten im Schreibprozess zum Tragen, in denen Vorgehensweisen und Inhalte bei der Texterstellung initiiert, kontrolliert und modifiziert werden. Diese Fähigkeiten setzen umfassende Wissensbestände voraus, sei es zum Thema, zum Vorgehen, zu Konventionen oder über sich selbst als schreibende Person. An diesen Fähigkeiten setzen die insgesamt sieben Förderansätze in diesem Teilkapitel gezielt an. Dabei gibt es zwei Gruppen von Förderansätzen. Die erste Gruppe setzt auf die Vermittlung von schreibbezogenem Wissen und dessen Anwendung im Schreibprozess. Hierunter fällt die Strategievermittlung (Teilkap. 7.2.1), die Fähigkeit, selbstreguliert beim Schreiben vorzugehen (7.2.2), die Förderung des schriftlichen Zusammenfassens (7.2.3) und die Vermittlung von Textstrukturwissen als Ressource für Schreibprozesse (7.2.4). Die zweite Gruppe von Förderansätzen eint, dass sie sich mit der Inhaltsgenerierung als Teil des Teilprozesses Planens befassen. Das kann man fördern, indem man auf das kreative Schreiben bzw. die Verbesserung der Imaginationsfähigkeiten setzt (7.2.5), Schreiben als Forschen betreibt (7.2.6) oder vor dem Schreiben verschiedene Aktivitäten absolvieren lässt (7.2.7).

7.2.1 Schreibstrategien vermitteln

Schreibstrategien sind **absichtsvolle, zielgerichtete Handlungspläne**, die eine schreibende Person dafür nutzt, **schreibbezogene Probleme zu lösen** (Teilkap. 2.2.3). Hier setzt beispielsweise der bislang effektivste Förderansatz an: das Vermitteln von Schreibstrategien (ES = 1,00 bzw. 0,93). Tiefergehende Analysen ergaben, dass jüngere Primarschulkinder etwas stärker als solche aus der Mittelstufe von der Strategievermittlung profitieren (ES = 1,09 vs. 0,87). Außerdem zeigte sich, dass ein bestimmtes Strategietraining namens **„Self-Regulated**

Strategy Development" (SRSD; s. Philipp, 2014, für einen umfassenden Überblick über diesen Förderansatz) bessere Effekte erzeugt als alternative Strategieförderansätze (ES = 1,24 vs. 0,53; Graham et al., 2015 a).

Generell setzt der Förderansatz Strategievermittlung auf allen Ebenen des Mehrebenen-Modells an (s. Abbildung 37). Zentrales Ziel ist es, Schreibstrategien als vor allem planungs- und revisionsbezogene Schreibschemata im Langzeitgedächtnis abzuspeichern, um sie dort als Ressource zur Verfügung zu stellen. Bei den **Planungsstrategien** geht es darum, dass man bezogen auf die konkrete Aufgabe und einen spezifischen Adressaten mit gezielter Aufmerksamkeitslenkung potenzielle Inhalte aus dem Langzeitgedächtnis generiert, welche die Schreibprozesse steuern und zum Teil auch noch mit dem bislang verfassten Text interagieren. Hierfür ist ein aktueller Schreibplan von Belang, der die schreibauftragspezifischen Merkmale adressiert. Im Falle der **Revisionsstrategien** gilt die Aufmerksamkeit dem bisher geschriebenen Text, den man mit Blick auf die Aufgabenstellung aufmerksam liest. Bei Abweichungen zwischen Ist und Soll initiiert der „Evaluator" Änderungen am Text bzw. können auch keine Änderungen erfolgen, wenn die Diskrepanz nicht gravierend ausfällt.

Um die Unterschiede zwischen der Vermittlungsform gemäß dem SRSD-Ansatz bzw. alternativen Förderprogrammen zu verdeutlichen, werden in diesem Teilkapitel zwei Beispiele gegeben, die beide aus Kanada stammen (Beispiel 5.1 und Beispiel 5.2). Dort hat die Forscherin Bernice Wong mit einer Arbeitsgruppe einmal die Vermittlung von Planungs- und Revisionsstrategien bei argumentativen Texten mit einem eigenen Förderansatz und einmal per SRSD hinsichtlich der Wirksamkeit geprüft. Dabei war der eigene Ansatz SRSD im Gegensatz zu den weiter oben geschilderten metaanalytischen Befunden überlegen (ES = $3{,}50_{(\text{nicht SRSD})}$ vs. $0{,}64_{(\text{SRSD})}$; Graham & Perin, 2007 a; Graham et al., 2012). Das mag damit zu tun haben, dass die 1996 veröffentlichte Studie ohne SRSD länger dauerte und die Jugendlichen mehr Zeit dafür hatten, um ihre Texte zu erstellen. Außerdem könnte auch der Umstand, dass in der einen Studie sehr leistungsschwache Schüler gefördert wurden, für die ungewöhnlich starke Verbesserung gesorgt haben. Eine Gegenüberstellung beider Studien erfolgt am Ende dieses Teilkapitels in Abbildung 47.

Eine weitere Bemerkung zur Darstellung: Schreibstrategien sind vor allem für **argumentative und narrative Texte** (jeweils mit deutlichem Schwerpunkt in der Sekundar- bzw. Primarstufe) untersucht worden. Ein Beispiel für Planungsstrategien für narrative Texte wird in Teilkapitel 7.2.2 gegeben.

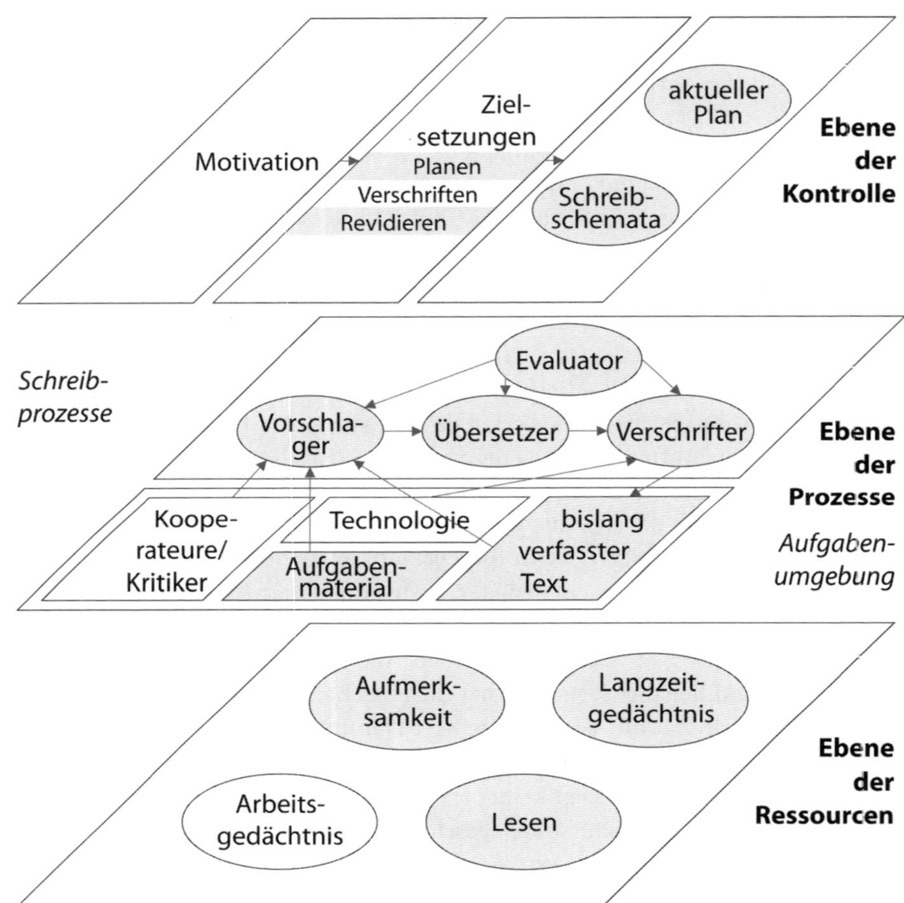

Abbildung 37: Zielpunkte und Komponenten bei der Vermittlung von Schreibstrategien

Beispiel 5.1: Wenn Acht- und Neuntklässler argumentative Texte planen und überarbeiten (keine Vermittlung mit dem Förderansatz SRSD)

In einer Studie mit schwach schreibenden Jugendlichen (zum Teil mit Lernschwierigkeiten) lernten die Schüler achter und neunter Klassen, wie man Argumentationen plant, schreibt und überarbeitet (Wong, Butler, Ficzere & Kuperis, 1996). Diese Argumentationen hatten für die Jugendlichen einen hohen Gebrauchswert, denn die insgesamt sechs Aufsätze, die jeweils in einer Woche in insgesamt je drei Lektionen geschrieben wurden, machten ein knappes Drittel der Englischnote aus.

Die Förderung begann damit, dass die Jugendlichen zunächst von einer der insgesamt drei zeitgleich die Vermittlung durchführenden Lehrpersonen über die **Merkmale von Argumentationen** aufgeklärt wurden. Demnach enthält eine Argumentation zwei konfligierende Positionen, die am Ende in einer Schlussfolgerung miteinander in Einklang gebracht werden müssen. Dabei steht es einer schreibenden Person frei, ob sie während des Verfassens ihren Standpunkt ändert oder aber bei der ursprünglichen Meinung bleibt. Entscheidend ist eher, dass man beide Positionen ernst nimmt.

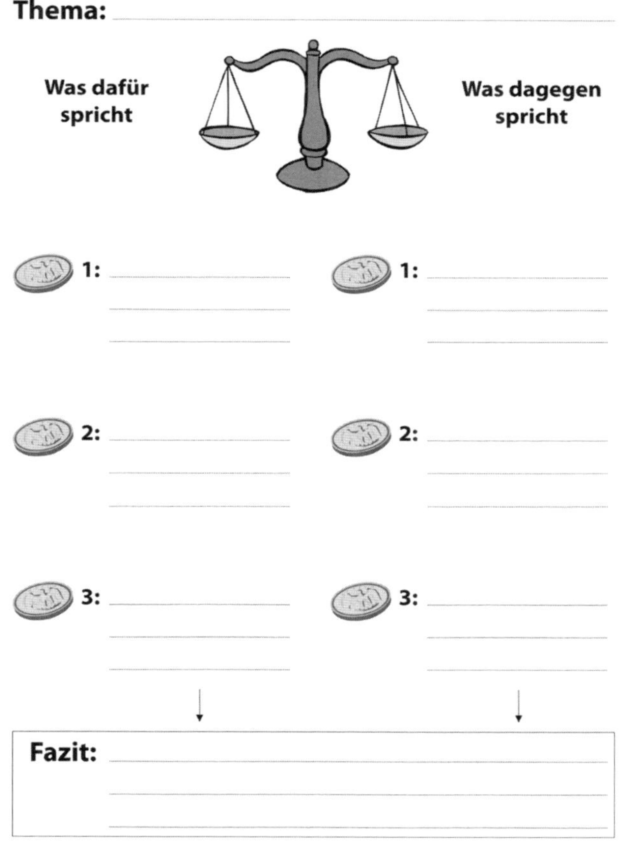

Abbildung 38: Plan-Denkblatt für einen argumentativen Text (eigene Darstellung, basierend auf Wong et al., 1996, S. 203)

Nach dieser Vermittlung deklarativen Wissens, ging es in einem weiteren Schritt um den **Erwerb prozeduralen Strategiewissens**. Anhand des Schreibauftrags „Sollten High-School-Schüler Walkman im Unterricht tragen dürfen?" wurden Pro- und

Kontraargumente gesammelt. Eine Lehrperson war für die Walkman-Seite. Sie erläuterte, weshalb: Schüler seien erstens an Musik in ihrer Umgebung gewöhnt, könnten zweitens mit Musik gut arbeiten und konzentrierten sich besser bei Musik. Eine andere Lehrperson war gegenteiliger Meinung und brachte ihre Argumente hervor: Schüler würden nur ihre Lieblingsmusik hören, diese dann laut aufdrehen und dadurch möglicherweise andere Schüler stören. Außerdem könnten sie dadurch die Lehrperson nicht hören. Daraufhin entgegnete die erste Lehrperson, sie habe sich überzeugen lassen, weil die Gegenargumente besser seien. Nach dieser Einleitung nutzte eine Lehrperson eine Folie mit einem Plan-Denkblatt, welches die möglichen Argumente für oder gegen etwas als provisorischer Themenspeicher aufnehmen kann (s. Abbildung 38). Die Lehrperson machte die Jugendlichen darauf aufmerksam, dass man die eben gefundenen Argumente auf dem Denkblatt eintragen kann (beim richtigen Modellieren wird genau das auch getan und kommentiert).

Gleich nach dem Planen von Argumenten und Gegenargumenten und dem Vermitteln, wie man mittels Denkblatt die Inhalte ordnen kann, wurden die Schüler in Tandems eingeteilt, die **gemeinsam Inhalte planen** sollten. Dafür erhielten sie Plan-Denkblätter. Die Themen waren als Vorschläge formuliert, denn die Jugendlichen konnten alternativ eigene Themen einbringen. Beim gemeinsamen Planen sollte jeder Jugendliche die Pro- bzw. Kontra-Position einnehmen und Argumente beisteuern. Waren beide Jugendliche eigentlich einer Meinung, sollte einer der beiden gezielt die andere Position einnehmen. Diese Tandems wurden bei jedem neuen Text neu gebildet; dies erfolgte nach dem Zufallsprinzip.

Das Planen vollzog sich im Rahmen eines Dialogs, bei dem die Jugendlichen spontan laut dachten. Es ging also nicht unbedingt darum, sofort sehr überzeugende Argumente beizusteuern, diese wurden durch Nachfragen, Erklären, Klären, Elaborieren etc. erzielt. Am Ende sollten die Jugendlichen pro Position zwei bis drei gute Argumente gefunden haben. Sie notierten diese auf dem Denkblatt, welches von einem Mitglied des Forschungsteams kontrolliert wurde, ehe es an das Verschriften ging. (Was passierte, wenn die Denkblätter nicht zufriedenstellend waren, bleibt in der Darstellung leider ausgespart.)

Das **Verschriften** erfolgte am Computer, die im Klassenzimmer zur Verfügung standen. Dabei schrieb jeder Jugendliche für sich eine Argumentation. Um möglichst ansprechende Texte zu erstellen, erhielten die Jugendlichen noch Hinweiskarten mit Formulierungsbausteinen, die signalisieren, an welcher Stelle man in der Argumentation ist und wie sich Argumente sprachlich miteinander verbinden lassen (s. Abbildung 39). Während des Verschriftens assistierten die Lehrpersonen den Jugendlichen und stellten sicher, dass die Schüler auch wirklich arbeiteten.

Hatten die Jugendlichen ihre ersten Entwürfe geschrieben, druckten sie drei Exemplare aus, die für eine **Revisionsrunde** benötigt wurden. Dabei erhielten die Jugendlichen sowohl vom Tandemmitglied als auch von einer der Lehrpersonen Rückmeldungen hinsichtlich der Klarheit des Inhalts und der rhetorischen Überzeugungskraft. Die Texte wurden gelesen und unklare Stellen bzw. wenig überzeugende Passagen markiert. Zunächst gab der Tandempartner Rückmeldungen, danach die Lehrperson. Dieses Feedback war lösungsorientiert, da Mitschüler und Lehrperson nicht einfach nur Probleme markierten, sondern auch gefragt waren, Lösungsvorschläge zu machen. Dies erfolgte für beide Jugendliche mit entsprechendem Rollentausch.

Hinweiskarte
Argumentation: Signalwörter

Ausdrücke für den Einstieg
Nach meiner Meinung … Ich stimme (nicht) zu, dass … Von meinem Standpunkt aus … Ich glaube, dass …

Ausdrücke für die Gegenmeinung
Dennoch … Auf der anderen Seite … Im Gegensatz dazu … Wer jedoch nicht mit mir übereinstimmt, könnte sagen …

Ausdrücke für den Schluss
Nachdem ich über beide Seiten nachgedacht habe … Selbst wenn … Um zusammenzufassen … Im Schluss …

Unterstützende Ausdrücke und Formulierungen
Erstens … Zweitens … Schließlich … Gleichermaßen wichtig … Zum Beispiel … Ebenso …

Abbildung 39: Formulierungshilfen/Konnektoren für das Verfassen der Argumentation (Quelle: Wong et al., 1996, S. 204)

Präpariert mit diesen Hinweisen überarbeiteten die Jugendlichen ihre Texte und nutzten noch eine Revisionsstrategie für Sprachformales, indem sie nacheinander Rechtschreibung, Groß- und Kleinschreibung, Zeichensetzung und allgemeines Erscheinungsbild des Textes prüften und bei Bedarf modifizierten. Von dem fertigen Text druckten sie zwei Exemplare aus: Einen behielten sie selbst, einen gaben sie einer Lehrperson. Die eben beschriebene Textherstellung erfolgte insgesamt sechs Mal.

Beispiel 5.2: Wenn Sechstklässler argumentative Texte planen und überarbeiten (mittels SRSD)

Den SRSD-Förderansatz darf man zu den am besten erforschten Schreibförderansätzen überhaupt zählen. Es gibt sogar allein für diesen Förderansatz eine eigene Metaanalyse (Graham, Harris & McKeown, 2013). Grundlegend für SRSD ist, dass er bei einer Vielzahl von Schreibstrategien zum Einsatz kommen kann, er aber dabei einer Progressionslogik folgt, die sich in sechs Stufen abbildet (s. dazu ausführlich Philipp, 2014). Diese Stufen werden im Folgenden anhand eines konkreten Beispiels genauer erläutert.

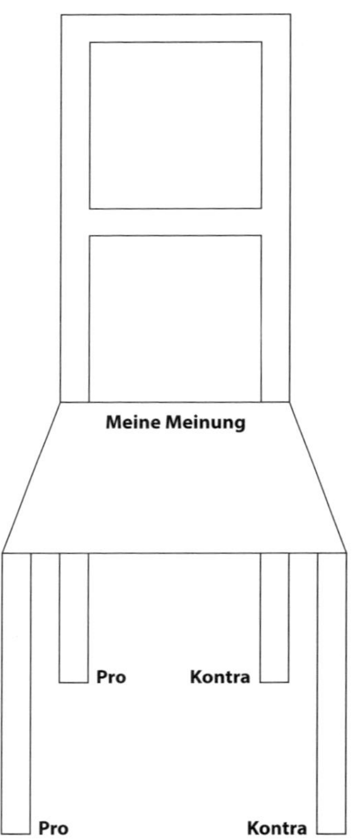

Abbildung 40: Visuelle Hilfestellung für eine Argumentation mit einem Stuhl (Quelle: Wong et al., 2008, S. 765, grafisch leicht modifiziert)

In einer der SRSD-Studien erlernten durchschnittlich leistungsstarke Sechstklässler, wie sie argumentative Texte planen und überarbeiten können (Wong, Hoskyn, Jai, Ellis & Watson, 2008). In einer **ersten Phase (Hintergrundwissen entwickeln)**, die insgesamt zwei Wochen dauerte, ging es darum, bei den Jugendlichen ein Bewusstsein für die Merkmale guter und schlechter argumentativer Texte zu schaffen. Hierfür waren insgesamt sechs Lektionen (jeweils eine Doppelstunde) vorgesehen. Zu Beginn wurde explizit von der Lehrperson erklärt, dass ein argumentativer Text eine klare Position bzw. einen klaren Standpunkt einnimmt und von Pro- und Kontraargumenten unterfüttert bzw. entkräftet wird (im Folgenden wird der Ausdruck „unterstützende Gründe" synonym mit „Argument" verwendet). Um dies zu veranschaulichen, wurden zwei Texte, jeweils ein guter und ein schwacher, projiziert, analysiert und diskutiert. Kommentare und Fragen seitens der Schüler waren ausdrücklich erlaubt und erwünscht. Diese Analyse wurde in den folgenden Lektionen fortgesetzt, in denen die Schüler diverse Texte erhielten, welche sie analysierten und in Diskussionen die Merkmale gelungener und weniger gelungener Texte klar benennen sollten. Am Ende der zwei Wochen wussten die Jugendlichen, welche Merkmale eine gute Argumentation hat.

Damit kam es zum Übergang in die **zweite Phase (Diskutieren)**, der im Grunde genommen durch die klassenweite Diskussion schon in der ersten Phase angelegt war. In dieser zweiten Phase kamen drei Materialien zum Einsatz: das Stuhl-Denkblatt (s. Abbildung 40), ein doppelseitiges Plan-Denkblatt (Abbildung 41 und Abbildung 42) sowie Selbstinstruktionen zum Vorgehen beim Aufschreiben (Abbildung 43). Mittels des Materials zum Stuhl sollte den Jugendlichen an einem Beispiel aus ihrer Lebenswelt verdeutlicht werden, dass eine Argumentation ohne unterstützende Gründe vergleichbar mit einem Stuhl ist, dem die Beine fehlen. Diese Analogie mit dem Stuhl bildete eine erste Annäherung an die eigentliche Planungsstrategie. Mittels der Stuhl-Analogie wurde den Jugendlichen zusätzlich erklärt, dass sie die Planungsstrategie für diverse Schreibanlässe in mehreren Schulfächern nutzen können, nämlich immer dann, wenn sie persönlich zu etwas Stellung nehmen sollen.

Die Lehrperson führte sodann zum Plan-Denkblatt über, das als provisorischer Speicher für mögliche Argumente fungiert und auf das man auch noch während des Schreibens weitere Inhalte notieren kann (Abbildung 41). Sie erklärte ferner, weshalb das Planen noch einmal überprüft wird, nämlich als Selbstkontrolle, ob man richtig vorgegangen ist (Abbildung 42). Zusätzlich erfuhren die Jugendlichen, wozu die Selbstinstruktionen (Abbildung 43) dienten: dem Sicherstellen, dass man Inhalte nicht nur sorgfältig plant, sondern sie auch systematisch in den eigenen Text integriert. Insofern haben die Selbstinstruktionen einen sichernden Charakter. Den Jugendlichen wurde zudem erläutert, dass eine gewisse Anstrengung nötig ist, um eine gute Argumentation zu verfassen, und dass sich diese Anstrengung bezahlt macht. Ebenso betonte die Lehrperson die Wichtigkeit von Schreibplänen und zog eine Parallele zu Geburtstagspartys, die ebenfalls eine ausreichende Planung voraussetzen, damit sie gelingen. Zu guter Letzt erfuhren die Jugendlichen, dass sie insgesamt sieben Trainingstexte schreiben würden, da man Schreiben wie eine Sportart wie Fußball trainieren muss, um darin gut zu werden.

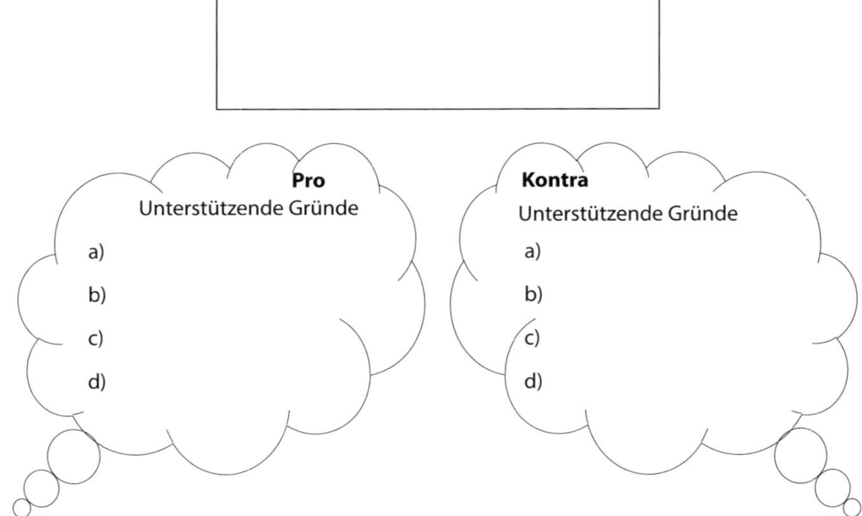

Abbildung 41: Plan-Denkblatt für das Planen von Pro- und Kontraargumenten (Quelle: Wong et al., 2008, S. 766, grafisch leicht modifiziert, es fehlt der Hinweis, dass das Denkblatt zweiseitig ist und dass die Jugendlichen das Blatt umdrehen sollen; die Rückseite ist in Abbildung 42 dargestellt)

Selbstüberprüfung

1) Sind alle meine unterstützenden Gründe (für Pro und Kontra) gut und stark?

☐ Ja. ☐ Nein. ☞ Ergänze weitere Gründe.

2) Habe ich meine unterstützenden Gründe (für Pro und Kontra) in einer guten Reihenfolge nummeriert?

☐ Ja. ☐ Nein. ☞ Ändere die Reihenfolge.

Abbildung 42: Denkblatt zur Selbstüberprüfung beim Planen (Quelle: Wong et al., 2008, S. 767, grafisch und inhaltlich leicht modifiziert, dies war ursprünglich die Rückseite von Abbildung 41)

Das sage ich mir selbst

1) Was ist meine Meinung?
(Ich schreibe sie in den ersten Absatz.)

2) Was sind meine unterstützenden Gründe für die Pro-Seite? (Ich ordne sie in einer guten Reihenfolge und schreibe sie in den zweiten Absatz.)

2) Was sind meine unterstützenden Gründe für die Kontra-Seite? (Ich ordne sie in einer guten Reihenfolge und schreibe sie in den dritten Absatz.)

4) Fass es zusammen! (Ich schreibe meinen Abschluss und fasse meine unterstützenden Gründe für meine Meinung im vierten Absatz zusammen.)

Abbildung 43: Selbstinstruktionen für das Verfassen der Argumentation (Quelle: Wong et al., 2008, S. 766, sprachlich leicht modifiziert und vereinheitlicht)

Nach diesen Vorarbeiten folgte eine für die erfolgreiche Strategievermittlung besonders wichtige **dritte Phase (Modellieren)**. Beim Modellieren geht es darum, den Einsatz der Schreibstrategien buchstäblich live vor einem lernenden Publikum zu demonstrieren und ganz genau zu erklären, was man tut, warum man es tut und wie man es tut. Das ist deshalb nötig, weil die zentralen kognitiven Prozesse des Schreibens von außen nicht zugänglich sind. Um sie „sichtbar" zu machen, müssen sie verbalisiert werden. Um sie verständlich zu machen, bedarf es der Kommentierung. Das ist übrigens nicht mit einem lehrerzentrierten Unterricht zu verwechseln und wendet sich dezidiert gegen die populäre Auffassung, Schüler sollten rein entdeckend lernen. Das Modellieren versteht sich als didaktisch inszeniertes Fenster in den Geist einer schreibenden Person, die sicherstellen will, dass die Zuschauer verstehen, was sie stellvertretend erleben.

Um das Modellieren zu situieren, sollten sich die Schüler vorstellen, die Firma Coca Cola habe beim Schulleiter angefragt, ob sie einen Cola-Automaten innerhalb der Schule aufstellen darf. Hierfür sollten die Jugendlichen dem Schulleiter einen Brief schreiben, in dem sie ihre Meinung zu dem Sachverhalt darlegen sollten. Das Stuhl-Denkblatt wurde dafür genutzt, den Jugendlichen zu verdeutlichen, dass ein Stuhl seine Balance nur dadurch erhält, dass er gleich viele Beine hat, und dass eine ausgewogene Argumentation gleich viele Pro- und Kontra-Argumente enthalten sollte. Die Jugendlichen wurden ausdrücklich ermutigt, nicht nur eine Seite zu vertreten, sondern von Anfang an auch immer die andere Position mitzubedenken.

Die Lehrperson demonstrierte, wie sie auf Gründe für oder gegen den Automaten kam, und die Jugendlichen assistierten ihr dabei, indem sie selbst Gründe dafür oder dagegen beisteuerten. Nach dem gemeinsamen Planen (mittels einer Plan-Denkblatt-Folie und einem Projektor) wandte sich die Lehrperson den Fragen zu Selbstüberprüfung zu und demonstrierte, wie sie die zwei Fragen an ihrem Plan-Denkblatt systematisch anwandte und die Güte der Argumente prüfte. Zudem, und das entspricht der zweiten Frage in Abbildung 42, sollten die Jugendlichen die Argumente so reihen, dass das überzeugendste als erstes im Text auftauchen sollte, und zwar sowohl bei der Pro- als auch bei der Kontra-Seite. Danach schrieb die Lehrperson auf dem Projektor den Text. Dazu nutzte sie die Selbstinstruktionen aus Abbildung 43 und erklärte den Jugendlichen, dass das Planen noch nicht automatisch zu einem guten Text führt. Die Lehrperson demonstrierte, wie sie die vier Schritte befolgte, während sie das Plan-Denkblatt nutzte. Nach dem Planen wurde mit dem Stuhl-Blatt am Text überprüft, ob gleich viele Pro- und Kontra-Argumente im Text enthalten waren.

Der umfangreichen beobachtbaren Strategieanwendung in situ folgte die **vierte Phase (Memorieren)**. Diese Phase dient allgemein dazu, dass man sich Strategieschritte einprägt, damit man sie später relativ mühelos als Ressource nutzen kann. Im Falle der kanadischen Studie gab man den Jugendlichen Zeit, sich die vier Selbstinstruktionsschritte einzuprägen, denn es wurde annonciert, dass diese Unterstützungsleistung nach dem vierten Trainingstext nicht mehr zur Verfügung stehen würde.

Ausdrücke für den Einstieg
Nach meiner Meinung … Ich stimme (nicht) zu, dass … Von meinem Standpunkt aus …

Ausdrücke für die Gegenmeinung
Dennoch … Auf der anderen Seite … Wer jedoch nicht mit mir übereinstimmt, könnte sagen …

Ausdrücke für den Schluss
Nachdem ich über beide Seiten nachgedacht habe … Selbst wenn … Um zusammenzufassen … Im Schluss …

Abbildung 44: Formulierungshilfen/Konnektoren für das Verfassen der Argumentation (Quelle: Wong et al., 2008, S. 768, leicht modifiziert)

Nun erst fingen die Jugendlichen an, selbst zu schreiben. In der **fünften Phase (Unterstützen)** sollten sie den ersten Trainingstext zum Thema „Sollten Kinder Geld für Hausarbeit erhalten?“ einen Text schreiben. Dabei gab es mehrfache Unterstützungsleistungen. Zum einen zirkulierte die Lehrperson im Klassenzimmer und half, falls es Probleme gab. Zum anderen hatte jedes Klassenmitglied ein Stuhl-Blatt, ein Plan-Denkblatt und ein Blatt mit den Selbstinstruktionen zur Verfügung. Schließlich gab es auch noch Formulierungshilfen (s. Abbildung 44), damit Übergänge gestaltet werden konnten bzw. klar wurde, welches Element einer Argumentation sprachlich markiert wird.

Trainingstext Nr. ___	
Erster Entwurf	
Mein Ziel	Lehrerurteil
Klarheit ___/5	Klarheit ___/5
Organisation ___/5	Organisation ___/5
Rhetorik ___/5	Rhetorik ___/5
Überarbeiteter Text	
Klarheit ___/5	
Organisation ___/5	
Rhetorik ___/5	

Trainingstext Nr. ___	
Erster Entwurf	
Mein Ziel	Lehrerurteil
Klarheit ___/5	Klarheit ___/5
Organisation ___/5	Organisation ___/5
Rhetorik ___/5	Rhetorik ___/5
Überarbeiteter Text	
Klarheit ___/5	
Organisation ___/5	
Rhetorik ___/5	

Trainingstext Nr. ___	
Erster Entwurf	
Mein Ziel	Lehrerurteil
Klarheit ___/5	Klarheit ___/5
Organisation ___/5	Organisation ___/5
Rhetorik ___/5	Rhetorik ___/5
Überarbeiteter Text	
Klarheit ___/5	
Organisation ___/5	
Rhetorik ___/5	

Abbildung 45: Blatt für das Setzen von Zielen und Fremdeinschätzungen durch die Lehrperson (Quelle: Wong et al., 2008, S. 769, grafisch und sprachlich leicht modifiziert)

Mit dem ersten Trainingstext kam eine weitere Unterstützungsleistung zum Tragen. Die Jugendlichen sollten sich vor dem Planen schreibbezogene Ziele in drei Bereichen setzen: der Klarheit, der Organisation und der Rhetorik. Hierfür stand ihnen ein eigenes Blatt zur Verfügung (s. Abbildung 45). Hinsichtlich des Ziele-Setzens und des damit verbundenen Feedbacks muss einschränkend eingeräumt werden, dass in der kanadischen Studie drei Erwachsene (Lehrperson und zwei Mitglieder des Forschungsteams) im Klassenzimmer anwesend waren, was hinsichtlich der logistischen Leistung den Einsatz von Feedback und Ziele-Setzen überhaupt erst möglich machte. Das Ziel-Blatt verblieb zudem bei den Erwachsenen, um die Jugendlichen nicht mit zu vielen Materialien zu überfordern.

Beim Ziele-Setzen waren Werte zwischen eins und fünf möglich, wobei ein Wert von eins der geringsten Ausprägung entspricht. Vor dem Schreiben sollten die Jugendlichen für sich ein realistisches Ziel hinsichtlich ihrer anvisierten Verständlichkeit (Klarheit), der nachvollziehbaren und logischen Argumentanordnung (Organisation) sowie der Überzeugungskraft der Argumentation (Rhetorik) setzen. Solche Definitionen der drei Bereiche wurden in der ersten Zielsetzungslektion den Jugendlichen explizit mitgeteilt. Realistische Ziele bezogen sich dabei auf den jeweils letzten Text. Weil die Jugendlichen vor der Fördermaßnahme einen Test absolviert hatten, der in den drei Bereichen bewertet wurde, war der Bezug zu einem vorherigen Text selbst beim allerersten Trainingstext möglich. Die Werte der Jugendlichen aus dem Test wurden auf dem Blatt notiert und waren damit bekannt. In jeweils kurzen Individualsitzungen mit rund fünf Minuten Dauer sollten die Jugendlichen ein angemessenes Ziel formulieren, das sie erreichen wollten. Dieses Ziel sollte im Vergleich zum vorherigen höher bzw. gleichbleibend hoch sein. Mehrheitlich wurden Ziele mit einer nächsthöheren Zahl vereinbart.

Damit die Jugendlichen ihr Urteil kalibrieren konnten, wurden nach dem Schreiben des ersten Entwurfs die Texte von einer erwachsenen Person im Unterricht gelesen. Dieses Lesen war Teil von etwa fünfzehnminütigen Mini-Konferenzen innerhalb der jeweils zwei Doppellektionen. Die Lehrperson ging systematisch mit dem jeweiligen Schüler die Texte durch und markierte, an welchen Stellen es Unklarheiten, ausbaufähige Organisation oder wenig überzeugende Argumente gab (natürlich gab es auch Lob). Mit diesen Informationen überarbeitete der Schüler dann seinen Text, indem er die eingeführten Schreibstrategien nutzte. Der überarbeitete Text war wieder Gegenstand einer zweiten Mini-Konferenz, in welcher die Lehrperson den Text bepunktete und die Werte in das Blatt eintrug. Der Schüler wurde außerdem für die Strategieanwendung gelobt, und es wurde mit ihm besprochen, wie die eigenen Schreibziele und das eigene Vorgehen zur besseren Leistung geführt haben. Im Laufe der Zeit sollten die Jugendlichen zusätzlich erkennen, dass sich ihre Leistungen steigern und sich der Aufwand lohnt. Ihren Aufwand schätzten die Jugendlichen noch auf einem Extra-Blatt ein (s. Abbildung 46). Außerdem schrieben sie auf das Blatt noch einen positiven Kommentar zum jeweiligen Trainingstext (z. B. „Ich habe gute Arbeit geleistet“).

Trainingstext Nr. ___	Trainingstext Nr. ___	Trainingstext Nr. ___
Anstrengung ___ 10	Anstrengung ___ 10	Anstrengung ___ 10

Abbildung 46: Blatt zur Selbstbeurteilung der eigenen Anstrengung beim Schreiben (Quelle: Wong et al., 2008, S. 771, leicht modifiziert)

Die fünfte Phase erstreckte sich über die ersten fünf Trainingstexte, wobei pro Woche ein Trainingstext geschrieben wurde. Ab dem sechsten Text begann die **sechste Phase (unabhängiges Üben)**. Wie schon bei den Selbstinstruktionen, die ab Text vier nicht mehr zur Verfügung standen, wurde das Blatt mit dem Stuhl ab dem fünften Text nicht mehr zur Verfügung gestellt. Ab Text sechs gab es auch das Plan-Denkblatt nicht mehr. Nun sollten die Jugendlichen lediglich mit einem leeren Blatt Papier und nur mit dem Stift eine Argumentation schreiben. Dies war ihnen zuvor mitgeteilt worden, so wie es das Ziel bei der Strategievermittlung ist, dass man die Strategien selbstständig ausführen kann.

Die beiden Förderansätze aus Beispiel 5.1 und Beispiel 5.2 weisen Parallelen und Differenzen auf. Diese sind abschließend in Abbildung 47 gegenübergestellt. Die **markanteste Differenz** zwischen beiden Förderprogrammen besteht darin, dass **in der SRSD-Variante die Schüler viel stärker dazu angeleitet werden, den Schreibprozess strategischer zu planen, darüber zu reflektieren und das Planen mit dem Verschriften zu verbinden**. Außerdem lernten sie nützliche Selbstinstruktionen kennen, die sie verinnerlichen sollten. Ihnen wurde ausreichend Unterstützung gegeben, gleichwohl wurde diese Unterstützung immer geringer. Dadurch übernahmen die Schüler immer mehr Verantwortung für ihr Schreiben. Ein solches Vorgehen ist absolut typisch für SRSD (Harris & Graham, 1996; Philipp, 2014).

Vergleichsdimension	Beispiel 5.1 – Nicht-SRSD	Beispiel 5.2 – SRSD
Altersgruppe	Klasse 8 und 9	Klasse 6
Leistungsniveau	schwach	durchschnittlich
Anzahl Texte	6	7
Ziele setzen lassen	–	+
Fixe Themenvorgabe	–	+
Plan-Denkblatt	+	+
Modellieren des Planens	(+)	+
Selbstständiges Überprüfen des Planens	–	+

Vergleichsdimension	Beispiel 5.1 – Nicht-SRSD	Beispiel 5.2 – SRSD
Selbstinstruktionen beim Schreiben	–	+
Kooperatives Planen	+	(+)
Explizites Verbinden von Planen und Verschriften	–	+
Verschriften am Computer	+	–
Formulierungshilfen durch Wörterlisten	+	+
Anzahl Überarbeitungen	1	1
Peer-Feedback	+	–
Rückmeldungen von Erwachsenen	+	+
Selbsteinschätzung	–	+
Selbsteinschätzung des Aufwands	–	+
Fokus des Feedbacks	Klarheit, Rhetorik	Klarheit, Rhetorik, Organisation
Sprachformale Korrektur	+	(+)
Explizite Vermittlung von Inhalten	(+)	+
Üben lassen	+	+
Ausblenden der Unterstützung	–	+
Memorieren von Schritten	–	+

Abbildung 47: Vergleich der beiden Schreibstrategievermittlungsansätze mit oder ohne den Förderansatz SRSD (Legende: + = Element ist enthalten, (+) = Element ist teilweise enthalten, – = Element ist nicht enthalten)

Die Elemente Explizite Vermittlung, Modellieren und Üben lassen, die typisch für die Schreibstrategievermittlung SRSD (aber zum Teil auch für andere Fördermaßnahmen) sind, sind nach neueren Erkenntnissen besonders wichtig. Das gilt zumindest für die besondere Problemgruppe der **Kinder und Jugendlichen mit Lernschwierigkeiten**. Für diese konnte gezeigt werden, dass der Erfolg bei der Verbesserung um den Faktor vier höher ist, wenn diese Elemente dezidierter Bestanteil der Förderung waren. Dann fiel die Effektstärke mit 0,93 mehr als viermal so hoch aus, als wenn es diese Elemente nicht gab (ES = 0,22). Im letztgenannten Fall war diese Effektstärke sogar nicht einmal mehr statistisch abgesichert (Gillespie & Graham, 2014). Für **Regelschüler** scheint es hingegen besonders wichtig zu sein, das Modellieren zu beobachten (und darüber gemeinsam zu reflektieren). So konnte unlängst für Sechstklässler gezeigt werden, dass in dieser Phase die höchsten Zuwächse in der Schreibkompetenz zu verzeichnen waren (Fidalgo et al., 2015).

7.2.2 Zusatz von Selbstregulation bei der Strategievermittlung

Die ohnehin schon effektiven Schreibstrategietrainings lassen sich in ihrer Wirksamkeit nochmals steigern, wenn zusätzlich noch selbstregulatorische Fähigkeiten integriert werden. Das erklärt zudem den Erfolg des Förderansatzes

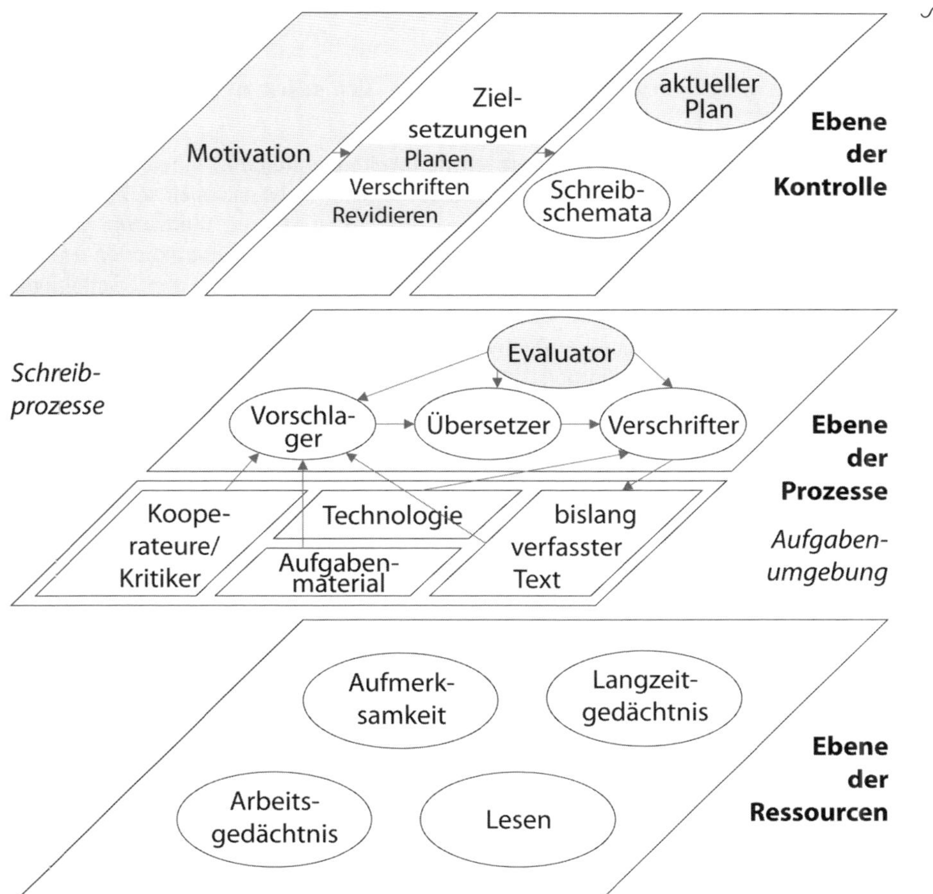

Abbildung 48: Zielpunkte und Komponenten bei der zusätzlichen Förderung von Selbstregulation bei der Schreibstrategievermittlung

„Self-Regulated Strategy Development“ (Teilkap. 7.2.1). Bei dem Förderansatz geht es häufig darum, die Fähigkeiten zum Zielesetzen und zur Selbstüberwachung mit zu trainieren. Nicht-SRSD-Förderansätzen hilft das zusätzlich (ES = 0,50). Selbstregulatorische Fähigkeiten haben vor allem mit der Ebene der Kontrolle zu tun, wo sie die Motivation günstig beeinflussen, bei den anspruchsvolleren Teilprozessen die Schreibziele betreffen und diese in ganz konkrete Pläne für das aktuelle Schreibprojekt überführt werden müssen. Davon profitiert wiederum der „Evaluator“ auf der Prozessebene (s. Abbildung 48). Dass selbst Kinder mit Lernschwierigkeiten – eine echte Sorgengruppe des eigenständigen Schreibens (Troia, 2002) – diese Fähigkeit zur Selbstregulation für sich gewinnbringend nutzen können, stellt das Beispiel 6 deutlich heraus (ES = 1,09; Graham et al., 2012).

Beispiel 6: Schreibschwache Kindern lernen, sich selbst zu steuern, wenn sie Geschichten planen und schreiben

In einer Studie mit Kindern mit Lernschwierigkeiten lernten die teilnehmenden Dritt- bis Sechstklässler in kleinen Gruppen à sechs Schüler, wie sie sich selbst Schreibziele für Geschichten setzen und diese überprüfen können (Kurtz, 1987). Dafür sollten sie lernen, sich selbst Fragen zu stellen und Selbstinstruktionen an sich richten. Die Fördermaßnahme erstreckte sich über 18 Wochen bei drei 45-minütigen Lektionen pro Woche, sodass am Ende 36 Stunden Förderzeit zusammenkamen.

Der Förderansatz baute auf einer Routinisierung der Lektionen auf. Die Schüler suchten sich nach der Klärung organisatorischer Dinge zunächst ein freies Thema, über das sie gern schreiben wollten, planten die Geschichte, schrieben sie dann auf, evaluierten sie und erhielten Feedback. Für die Wahl des Themas standen den Kindern einige Anregungen in Form von kurzen Skizzen von Charakteren, Wörtersammlungen, grafischen Darstellungen etc. zur Verfügung. Diese Ideensammlung war in einer Kiste versammelt, die alle Kinder als Ideenreservoir nutzen konnten. Hatten die Kinder nach fünf Minuten noch kein Thema, assistierte ihnen die Lehrperson bei der Themenfindung.

Nachdem das Thema feststand, nutzten die Kinder ein Denkblatt als provisorischen Speicher möglicher Inhalte. Der **„Geschichtenstern“**, wie das Denkblatt in der Studie benannt wurde, ist in Abbildung 49 abgebildet. Neben dem zentralen Platz für den Titel gibt es fünf Dreiecke, in welchen die für eine Geschichte typischen Elemente wie Handlungsträger („Figuren“), Setting („Ort“) und Komplikationshandlung („Problem“, „Aktion“ und „Ende“) auftauchen, welche die Kinder als Planungshilfe nutzten. Parallel konnten sie dazu ein Set von Aussagen und Anweisungen nutzen, das sie zusammen mit dem Geschichtenstern aus ihren Mappen genommen hatten (s. u.).

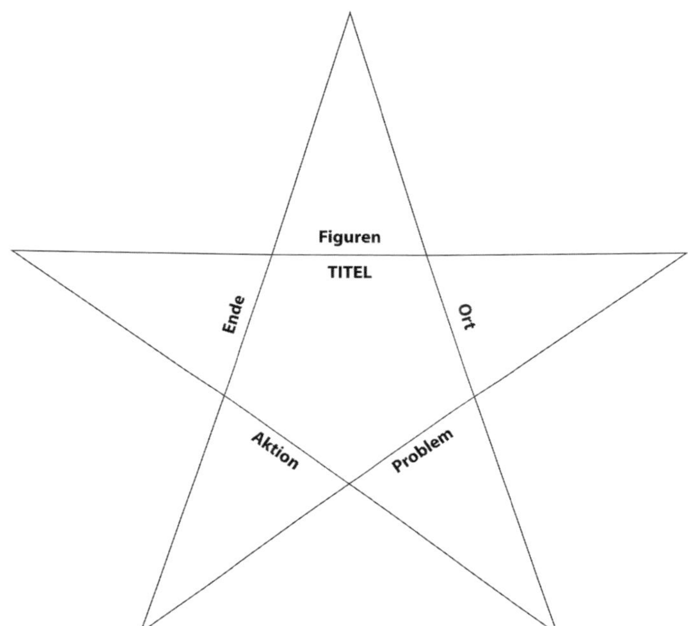

Abbildung 49: Denkblatt „Geschichtenstern" (Darstellung basierend auf Kurtz, 1987, S. 121, mit kleinen grafischen und inhaltlichen Modifikationen)

Beim Ausfüllen des Geschichtensterns konnten die Kinder eine Reihe von zehn Fragen bzw. **Anweisungen, die sie systematisch durch den Planungsprozess lenkten**:

1) Ich kann über alles schreiben, was ich will.
2) Ich kann meine eigenen Ideen nutzen oder die aus der Ideenkiste.
3) Ich kann mit dem Geschichtenstern meine Geschichte vor dem Schreiben planen.
4) Ich glaube, ich mag das für meinen Titel. Ich werde das auf meinen Geschichtenstern schreiben.
5) Ich weiß, wer in meiner Geschichte vorkommen soll. Ich schreibe deren Namen in die Figurensektion im Stern.
6) Wo soll meine Geschichte stattfinden? Ich schreibe den Ort auf den Stern.
7) In allen guten Geschichten gibt es ein Problem. Was könnte das Problem in meiner Geschichte sein? Ich schreibe es auf den Stern.
8) Was werden meine Figuren mit dem Problem machen? Ich schreibe es bei der Aktion in den Stern.
9) Meine Geschichte hört auf, wenn die Aktion fertig ist. Wie soll meine Geschichte enden? Ich fülle das Ende im Stern aus.
10) Mein Lehrer möchte meinen Stern sehen, bevor ich mit dem Schreiben anfange. Ich zeige meinem Lehrer den Stern.

War das Planen beendet, präsentierten die Kinder der Lehrperson ihren Stern, welche daraufhin die Inhalte prüfte und danach die Kinder die Texte selbst schreiben ließ. Waren die Texte fertig, lasen die Kinder sie der Lehrperson vor. Außerdem überprüften die Kinder im Sinne der metakognitiven Selbstüberwachung, ob sie tatsächlich alle geplanten Inhalte in der Geschichte verwirklicht hatten. Die Geschichten wurden danach nicht mehr überarbeitet.

Mit den zahlreichen „Regieanweisungen an sich selbst“ und der Planungsstrategie mit dem Denkblatt zum Geschichtenstern gelingt es selbst schwach schreibenden Kindern, sich in ihren Textqualitäten erheblich zu steigern. Das Ziel von Förderansätzen wie jenem aus Beispiel 6 besteht darin, dass die Regieanweisungen später nur noch gedacht werden sollen. Damit sollen sie die komplexe Orchestrierung der Schreibteilprozesse ermöglichen und flexible und individuelle Vorgehensweisen erlauben. Dies bildet ein wichtiges Fernziel der schulischen Schreibförderung und im Grunde das Wesen einer elaborierten Schreibkompetenz.

7.2.3 Schriftliches Zusammenfassen

Das schriftliche Zusammenfassen bildet einen **Sonderfall der integrativen Lese- und Schreibförderung**, weil es ein komplexes Strategiebündel ist, für das man beides können muss: lesen und schreiben. Zugleich ist es mit einer Effektstärke von 0,82 eine der wirksamsten Maßnahmen, um die Textqualitäten bei Jugendlichen zu steigern. Dieser Förderansatz setzt auf allen Ebenen des Mehrebenen-Modells an (s. Abbildung 50). Besonders wichtig ist das Aufgabenmaterial, also der Text, den man zusammenfassen soll. Diesen muss man aufmerksam lesen und anhand der Vorwissensbestände im Langzeitgedächtnis verarbeiten und die Informationen beurteilen. Dazu braucht es auf der Kontrollebene ein Ziel, wie umfangreich die Zusammenfassung werden soll – und damit einen Schreibplan –, sowie Wissen über das Vorgehen bei der Herstellung der Textsorte Zusammenfassung (Schreibschemata). Mit all dem finden dann die Schreibprozesse statt, die in eine Zusammenfassung münden. (Wird noch überprüft, ob die Zusammenfassung alle Informationen enthält, kommen der bislang verfasste Text und die Zielsetzungen beim Revidieren hinzu, beides ist für die Zwecke dieser Darstellung nicht grau eingefärbt.) Eine kurzfristige Fördermaßnahme mit hohem Effekt (ES = 1,09; Graham & Perin, 2007 a) ist Gegenstand von Beispiel 7.

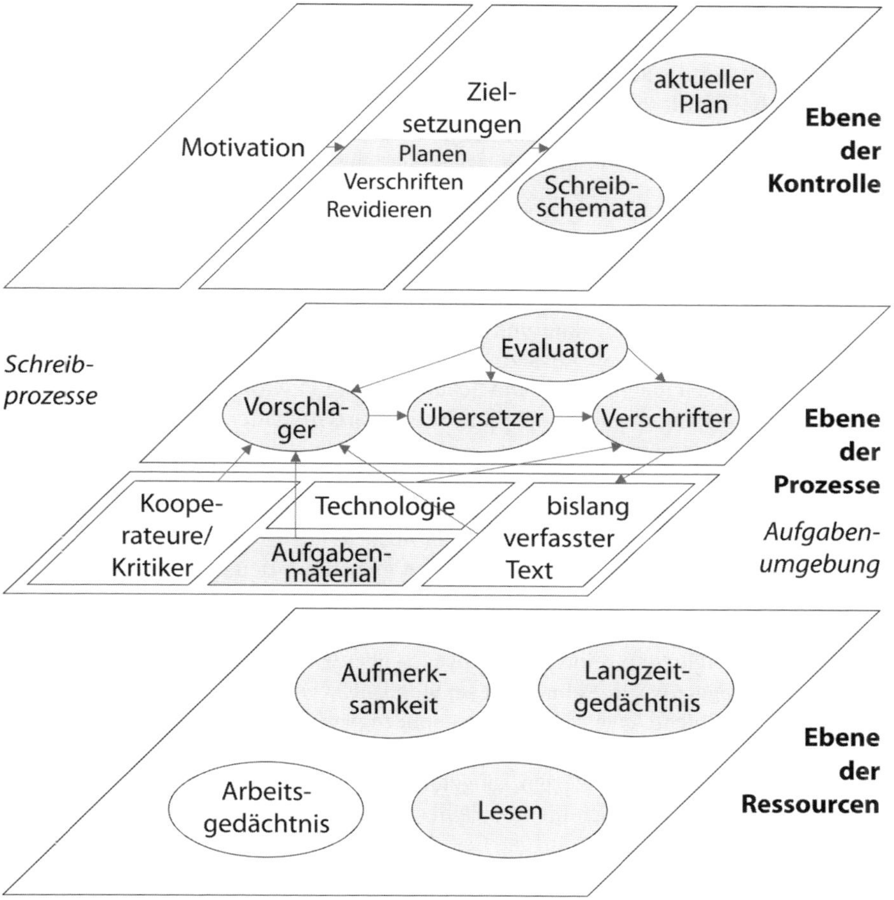

Motivation
Ziel-setzungen
Planen
Verschriften
Revidieren
aktueller Plan
Schreib-schemata
Ebene der Kontrolle

Schreib-prozesse
Evaluator
Vorschla-ger
Übersetzer
Verschrifter
Ebene der Prozesse
Koope-rateure/ Kritiker
Technologie
Aufgaben-material
bislang verfasster Text
Aufgaben-umgebung

Aufmerk-samkeit
Langzeit-gedächtnis
Arbeits-gedächtnis
Lesen
Ebene der Ressourcen

Abbildung 50: Zielpunkte und Komponenten beim schriftlichen Zusammenfassen

Beispiel 7: Sechstklässler erlernen Regeln, um kurze Texte zusammenzufassen

Sechstklässler bildeten die Zielgruppe einer Studie, in der den Jugendlichen die Fähigkeit vermittelt wurde, Absätze aus Schulbuchtexten zusammenzufassen (Bean & Steenwyk, 1984). Die Länge der Absätze betrug im Durchschnitt 50 Wörter, und die Intervention erfolgte in insgesamt zwölf Lektionen in einem Zeitraum von fünf Wochen. Die eigentlichen Lektionen dauerten 25 bis 30 Minuten.

Im Zentrum der Fördermaßnahmen standen **sechs Regeln zum Zusammenfassen**. Diese Regeln helfen dabei, von einem Text zu dessen Zusammenfassung zu gelangen. Die Regeln lauten im Einzelnen:

1) Regel 1: Lösche unwichtiges Material.
2) Regel 2: Lösche überflüssiges Material.
3) Regel 3: Entwickle ein Wort, das eine Liste von Einzelinformationen ersetzt.
4) Regel 4: Entwickle ein Wort, das die einzelnen Teile einer Handlung wiedergibt.
5) Regel 5: Wähle einen themenbezogenen Satz aus.
6) Regel 6: Erfinde einen themenbezogenen Satz, wenn es ihn nicht gibt.

Die Regeln 1 und 2, 3 und 4 sowie 5 und 6 ähneln einander jeweils inhaltlich. Eingeführt wurden sie in der oben genannten Reihenfolge. In der **ersten Lektion** wurden anhand zweier Absätze, die an die Wand projiziert wurden, jeweils an einem Absatz in der Klasse Diskussionen darüber geführt, welche Informationen unwichtig erschienen. Diese wurden dann von der Lehrperson durchgestrichen. In **Lektion zwei** kamen dieselben beiden Absätze wieder vor. Nun ging es darum, überflüssige Informationen zu identifizieren. Die Schüler stellten in dieser Lektion fest, dass sie zuvor zu viele Informationen als unwichtig markiert hatten und wurden für die notwendige Genauigkeit der beiden ersten Regeln sensibilisiert. In der **dritten Lektion** übten sie deren Anwendung.

In der **vierten Lektion** lernten die Jugendlichen die Regeln 3 und 4 im Verbund kennen. Hierfür kamen erneut die beiden Absätze aus Lektion eins und zwei zum Einsatz. Die Regeln 5 und 6 wurden danach eingeführt. Dabei kam es den Jugendlichen zugute, dass sie die beiden Lösch-Regeln (1 und 2) schon kannten, sodass sie leichter auf den themenbezogenen Satz stießen, welcher die zentralen Informationen explizit wiedergibt und seinerseits selbst so etwas wie eine Mini-Zusammenfassung bildet. Die Regel 6 war im Rahmen dieser Studie nicht wichtig (in der Realität ist sie es aber!), da sämtliche Absätze einen themenbezogenen Satz aufwiesen. Es ergab sich also nicht die Notwendigkeit, ihn zu konstruieren.

Nachdem die sechs Regeln eingeführt waren, übten die Schüler sie. Die **Sozialform** veränderte sich hierbei. Es begann wie schon bei der Regel-Einführung mit dem Zusammenfassen in der Gesamtklasse. In der Regel waren die hierbei entstandenen Zusammenfassungen 15 bis 30 Wörter lang. Dem Zusammenfassen im Klassenverband folgte die Arbeit in kleineren Gruppen, welche wiederum schlussendlich in Einzelarbeit mündete.

Eine ganz wichtige Komponente bei der Förderung, die in der Publikation nur beiläufig und relativ informationsarm erwähnt wird, war **Feedback**. Die Jugendlichen bekamen zu ihren Zusammenfassungen von der Lehrperson eine Rückmeldung in Form von Kommentaren. Wie regelmäßig und umfangreich das geschah, geht aus der Darstellung leider nicht hervor.

Die Fördermaßnahme aus Beispiel 7 ist – gemessen an der reinen Förderdauer – ungewöhnlich effektiv. Zentrale Botschaft ist jedoch: Zusammenfassungen werden anhand von Regeln möglich, die bei der zusammenfassenden Person Weltwissen voraussetzen, weil es sonst nicht möglich ist, übergeordnete Begriffe oder zentrale Informationen zu finden. Hierin bildet sich die voraussetzungsreiche Arbeit mit Texten ab. Für den Erfolg des Förderansatzes dürften ferner das flankierende Feedback und die vielen Interaktionen mit verantwortlich sein (s. dazu das Beispiel 17 in Teilkap. 7.3.6).

7.2.4 Textstrukturwissen vermitteln

Die Vermittlung von Textstrukturwissen (ES = 0,41) zielt darauf ab, Konventionen von Textsorten hinsichtlich ihres herkömmlichen Aufbaus und ihrer typischen Elemente zu erlernen. Einige Textsorten wie Geschichten oder Argumentationen sind besonders stark hinsichtlich ihrer strukturellen Elemente geprägt (so muss es bei Geschichten in aller Regel eine Hauptfigur bzw. mehrere

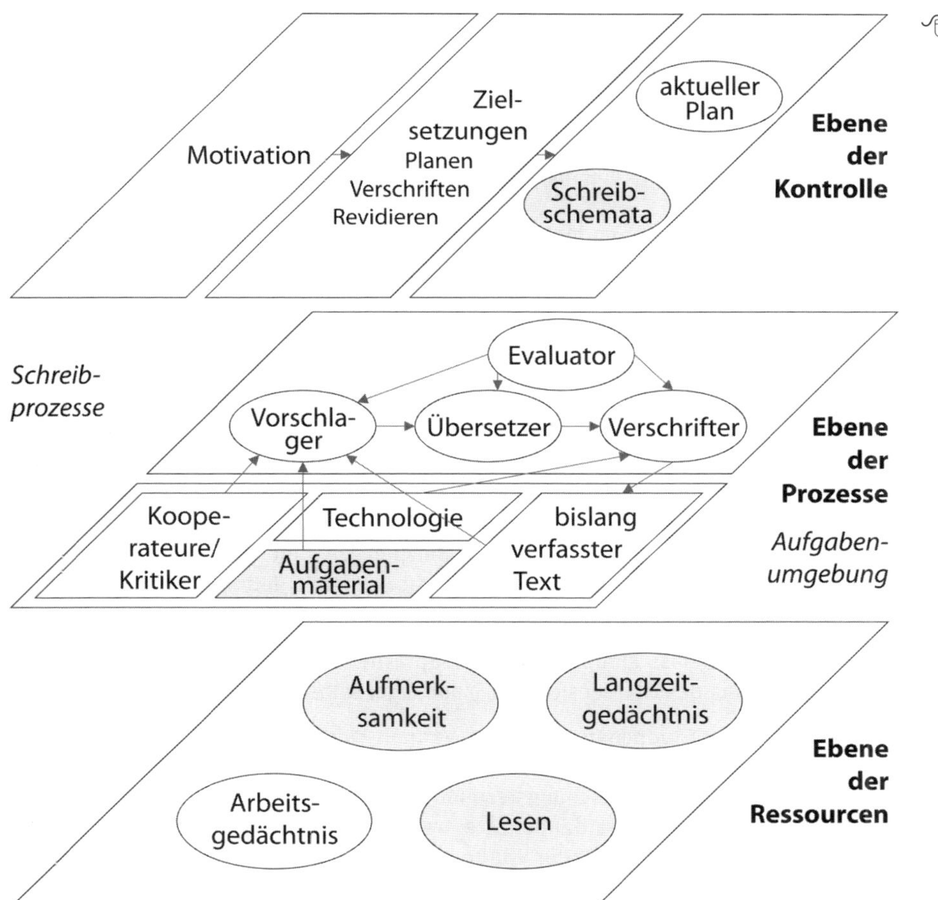

Abbildung 51: Zielpunkte und Komponenten der Vermittlung von Textstrukturwissen

geben, die in einer Komplikationshandlung ein bestimmtes Ziel zu erreichen versuchen). Um genau diese Elemente geht es bei diesem Förderansatz. Er zielt im Mehrebenen-Modell vor allem durch Mustertexte in der Aufgabenumgebung, die man aufmerksam liest und analysiert, darauf, dass man sich die Elemente im Langzeitgedächtnis einprägt (s. Abbildung 51). Damit will er eine Ressource insofern schaffen, dass man dann bei Schreibaufträgen in der entsprechenden Textsorte Schreibschemata gezielt nutzen kann. Dadurch werden für das Planen und Revidieren wichtige Grundlagen gebildet. Das Beispiel 8 beschreibt eine solche Vermittlung von Textsortenwissen (ES = 0,77; Graham & Perin, 2007a).

Beispiel 8: Sechst- und Zehntklässler erwerben systematisch Wissen zu den Bestandteilen von Argumentationen

Die wichtigen Elemente von Argumentationen wurden in einer experimentellen Studie kanadischen Jugendlichen explizit vermittelt (Scardamalia & Paris, 1985). Dabei handelte es sich um die folgenden Elemente, die bewusst nicht mit „These“ oder „Argument“ bezeichnet wurden:

a) Aussage zur Überzeugung (sagt, was man glaubt, gibt eigene Meinung oder Gefühle an),
b) Grund (erklärt, warum man etwas glaubt),
c) Grund für die andere Seite (ein Grund gegen die eigene Idee, sagt, warum jemand nicht übereinstimmen könnte),
d) Elaboration (sagt mehr über eine Idee),
e) Beispiel (gibt einen Einzelfall an),
f) Abschluss (beendet den Text, bringt alles zusammen).

In Einzelsitzungen, die von einem Forschungsteammitglied geleitet wurden, wurden die oben genannten Begriffe auf Karten parat gehalten. Die Jugendlichen sollten Definitionen zu den Begriffen und Beispiele geben. Wenn sie dabei Schwierigkeiten hatten, erhielten sie eine Definition (gemäß der Klammern oben in der Liste) und sollten diese dann wiederholen und ein Beispiel generieren. Dabei konnten sich die Jugendlichen auf einen Text beziehen, den sie vor der Förderung geschrieben hatten. Die beiden Schreibaufträge lauteten:

- „Denkst du, dass Kinder eine zweite Sprache lernen sollten?“
- „Denkst du, dass Kinder sich ihre Schulfächer selbst aussuchen können sollten?“

Das Ziel dieser Gruppenarbeit war ein Vertraut-Werden mit der Terminologie.

Im Anschluss folgten acht einstündige Gruppensitzungen mit jeweils drei bis fünf Jugendlichen, die ein Forschungsteammitglied leitete und die an acht aufeinander folgenden Schultagen stattfanden. Ziel war hier die Anwendung mit korrekten und inkorrekten Beispielen. Hierfür wurde den Jugendlichen bekannt gegeben, dass Schreiber „Minipläne“ haben, was hier einzelne Handlungen in Bezug auf das Schreiben von Argumentationen meint. Beispielsweise wurde eine Karte mit dem

Satz „Schreib eine Aussage zur Überzeugung" auf den Tisch gelegt. Eine zweite Karte enthielt ein Thema, zum Beispiel „Denkst du, dass Kinder sich ihre Schulfächer selbst aussuchen können sollten?". Auf einer dritten Karte erschien dann ein möglicher Auszug aus einer Argumentation, etwa „Ich denke, dass Kinder sich ihre Schulfächer selbst aussuchen können sollten.". Die Jugendlichen sollten nun entscheiden, ob das dritte Kärtchen ein korrektes Beispiel eines ausgeführten Miniplans darstellt oder nicht. Hierfür hatten sie im Vorfeld ein Kärtchen erhalten, auf dessen Vorderseite „ja" und auf dessen Rückseite „nein" stand. Diese Kärtchen drehten sie für andere nicht sichtbar unter dem Tisch um. Das Forschungsteammitglied ließ die Jugendlichen nach der Ergebnispräsentation diskutieren, wenn sie anderer Meinung waren. Pro Übungsstunde kamen 25 Einschätzungen zustande, die aus Texten zu vier Themen stammten. Eine Besonderheit bei diesen Gruppenaktivitäten bestand darin, dass gezielt Nicht-Beispiele auf den dritten Kärtchen auftauchten. So gab es etwa bei als Gründen für die andere Seite deklarierten Aussagen Begründungen, die eigentlich für die Pro-Position standen. Die Jugendlichen waren damit gefordert, sehr genau zu lesen und zu entscheiden.

Insgesamt zwölf Themen tauchten im Verlauf der Fördermaßnahme auf: Denkst du, dass ...

1) ... Kinder sich ihre Schulfächer selbst aussuchen können sollten?
2) ... es Jungen und Mädchen erlaubt werden sollte, in den gleichen Sportteams zu spielen?
3) ... Kinder sich ihre Zu-Bett-Geh-Zeit selbst aussuchen können sollten?
4) ... Kinder frei entscheiden können sollten, was sie sich im Fernsehen anschauen?
5) ... Kindern bzw. Jugendlichen in deinem Alter Mini-Mopeds fahren dürfen sollten?
6) ... Kinder eigene Haustiere haben sollten?
7) ... der Schultag kürzer sein sollte?
8) ... Eltern für ihre Kinder die Freunde aussuchen sollten?
9) ... Eltern zu den Partys ihrer Kinder gehen sollten?
10) ... Kinder eine zweite Sprache lernen sollten?
11) ... Kinder für ihr Taschengeld arbeiten sollten?
12) ... Eltern ihren Kindern vorschreiben sollten, was jene zum Frühstück essen?

Der Förderansatz, Textstrukturwissen zu vermitteln, setzt auf die Methoden der direkten Vermittlung, indem explizite Definitionen gegeben werden, die sich die zu fördernden Personen merken und später anwenden sollen. Insofern ähnelt er der Strategievermittlung (Teilkap. 7.2.1). Diese Parallelen treten bei der häufigen Übung ebenfalls zutage. Wegen ihrer Nähe zu textsortenspezifischen Schreibstrategien lassen sich beide Förderansätze kombinieren. Eine deutliche Differenz besteht hingegen zum Studieren von Beispieltexten, da dies eine eher implizite Form der Förderung ist und es an gezielten Übungen sowie expliziter Wissensvermittlung fehlt (7.3.8).

7.2.5 Kreativität bzw. Imaginationsfähigkeiten schulen

Das kreative Schreiben hat im deutschsprachigen Raum jenseits des Gymnasiums vor allem im Primarschulbereich Konjunktur (Teilkap. 6.1). Schreiben wird hierbei als motivierende Potenzialentfaltung verstanden, für das die Lehrperson die richtigen Rahmenbedingungen schaffen soll. Im Mehrebenen-Modell der Komponenten ist beim kreativen Schreiben vor allem der Schreibanlass im Sinne der Aufgabe wichtig, also das Aufgabenmaterial. Dies soll persönlich bedeutsame Inhalte aus dem Langezeitgedächtnis abrufen helfen, zudem will man die Motivation damit fördern, was allerdings ein umstrittener

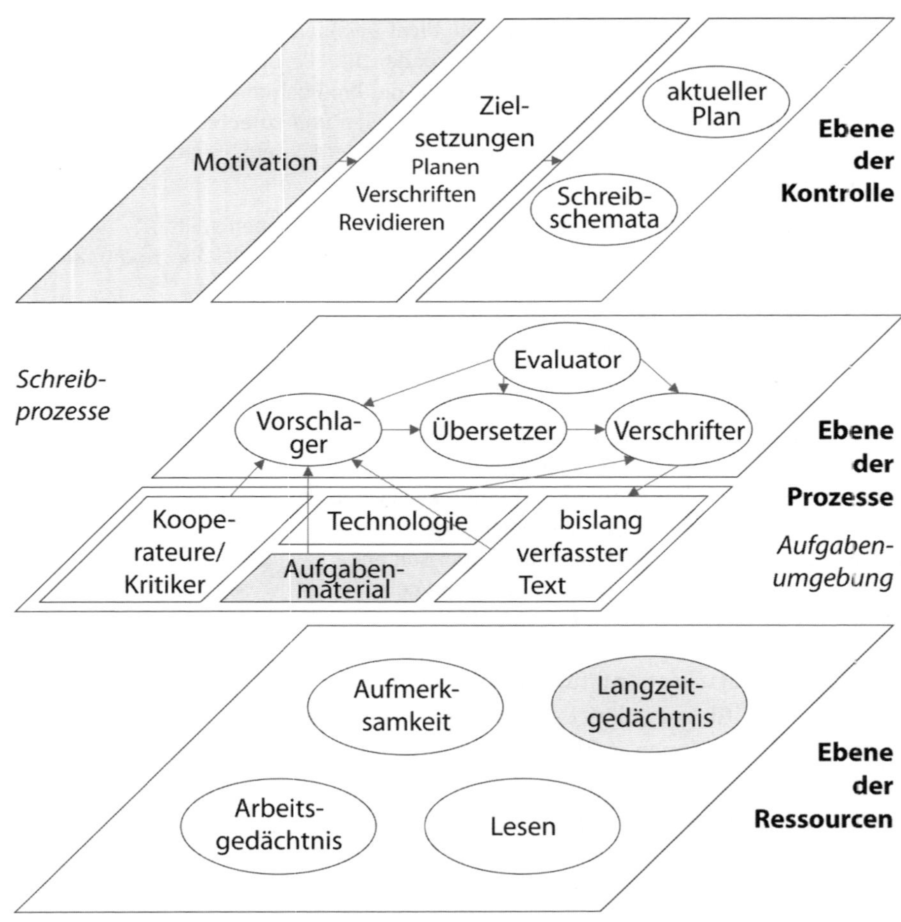

Abbildung 52: Zielpunkte und Komponenten beim Förderansatz, Kreativität bzw. Imaginationsfähigkeiten zu schulen

und empirisch nicht gut abgesicherter Aspekt ist (Boscolo, Gelati & Galvan, 2012). Dass in dem Modell die Schreibprozesse nicht hervorgehoben sind, hat damit zu tun, dass das kreative Schreiben das Schreiben über Aufgaben anregen will, aber über die Ausgestaltung der Schreibprozesse gezielt keine Vorgaben macht. Um das kreative Schreiben nachvollziehbar zu machen, gibt es in diesem Teilkapitel ein Doppelbeispiel. Zwei Förderansätze für zwei sehr unterschiedliche Gruppen werden im Beispiel 9.1 (ES = 0,84) und Beispiel 9.2 (ES = 0,83; Graham et al., 2012) skizziert. „Skizziert" ist hier übrigens im besten Wortsinne zu verstehen, denn die Angaben zur Förderung waren in den Originalstudien ungewöhnlich knapp.

Beispiel 9.1: Dritt- und Viertklässlern mit überdurchschnittlicher Intelligenz werden sinnliche Texte vorgelesen, danach verfassen die Kinder eine Geschichte

Eine der wenigen Studien zum Thema Vorstellungkraft hat Dritt- und Viertklässler in den Blick genommen (Jampole, Mathews & Konopak, 1994). In insgesamt fünf Lektionen à einer Schulstunde gab es zwei Hauptbestandteile: Vorlesen und Schreiben. Beim Vorlesen kamen vier Kurzgeschichten zum Einsatz, die zwischen 1.000 und 1.500 Wörter lang waren. Diese Geschichten waren nach Interessantheit und Thema und nach einem weiteren wichtigen Kriterium ausgewählt worden: Sie enthielten relativ wenige Beschreibungen, dafür aber sehr viele Ausdrücke, die die menschlichen Sinne adressierten. Dafür ein Beispiel: „Ein muffiger, trockener Geruch [Riechsinn] kam von den braunen Blättern unter dem Tritt hervor [Sehsinn], welcher knackte [Hörsinn], wenn man auf ihm entlanglief [Körperwahrnehmung]." (Jampole, Konopak, Readence & Moser, 1991, S. 186 f.)

Bevor den Kindern eine dieser Geschichten vorgelesen wurde, erklärte ihnen die Lehrperson, dass die Kinder ihre Vorstellungen dazu nutzen können, kreativer zu werden. Die Kinder sollten durch das Vorstellen so tun, als könnten sie die Dinge aus der Geschichte Realität werden lassen. Hierfür sollten sie die Augen schließen und im Geist Bilder formen, während der Text laut vorgelesen wurde. In der ersten Übungslektion war eine Parade von vielfältig gefärbten Tieren der Gegenstand, in der zweiten Lektion handelte es sich um einen Alltagsgegenstand mit vielen Verwendungsmöglichkeiten. Weitere Inhalte bildeten eine Geschichte zum Bergklettern, ein Strandbesuch und die Sicht eines Ping-Pong-Balls von innen. Nach dem Vorlesen gab es eine Diskussion über die individuellen Vorstellungsbilder. So sollten die Kinder untereinander ihre Vorstellungen schildern und dabei auf Gemeinsamkeiten und Unterschiede eingehen (Jampole et al., 1994). Danach schrieben die Kinder selbst Texte und erhielten ein Bild als Schreibimpuls. Auf den Bildern waren ein Garten, ein nebliger Berg, eine Häuserreihe, ein Ozean bzw. Wasserstraßen zu sehen. Dazu hatten sie 25 Minuten Zeit und den Auftrag, sich in die Szene hineinzuversetzen und in einer Geschichte zu beschreiben, was innerhalb des jeweiligen Settings geschieht.

Beispiel 9.2: Kinder mit Lernschwierigkeiten (Kl. 3–6) lernen das Brainstorming kennen

Eine Studie mit Kindern, die Lernschwierigkeiten hatten, diente dazu, den Kindern das Brainstorming als eine Arbeitstechnik näher zu bringen (Fortner, 1986). Dies geschah in 15-minütigen Lektionen, die dreimal wöchentlich über insgesamt neun Wochen stattfanden und mit Materialien aus einem damals populären Kreativitätstraining bestückt waren. Zusätzlich gab es täglich eine Viertelstunde Brainstorming und die Möglichkeit, sich über derart gefundene Inhalte auszutauschen. Dabei gab es drei Richtlinien:

- Erstens waren alle Ideen akzeptabel und wurden weder von der Lehrperson noch von den Mitschülern bewertet.
- Zweitens konnte sich jeder Schüler einbringen, solange seine Idee sich von den bisher geäußerten unterschied.
- Drittens notierte die Lehrperson die Ideen systematisch und ließ sie als Reservoir beobachtbar für den Rest der Woche hängen.

Was die Themen waren, zu denen die Kinder Ideen entwickelten, geht aus der sehr knappen Darstellung der Fördermaßnahme ebenso wenig hervor wie die Antwort auf die Frage, ob überhaupt Texte geschrieben bzw. besprochen und geteilt wurden.

Der erste, sehr kurze Förderansatz greift eine Technik auf, die auch erfolgreiche Schriftsteller nutzen (Zimmerman & Risemberg, 1997). Beide Förderansätze eint, dass sie vor allem das Generieren von Inhalten betreffen, sei es durch Imagination, sei es durch unzensierte Ideen. Das rückt diesen Förderansatz in die Nähe der Aktivitäten vor dem Schreiben (Teilkap. 7.2.7) und des Schreibens als Forschen (7.2.6). Eine gewisse Teilparallele lässt sich auch zu den Schreibstrategien erkennen (7.2.1). Allerdings fehlen das so wichtige Modellieren und das umfassende Üben. Beim Beispiel 9.2 ist zu guter Letzt nicht auszuschließen, dass durch die Kombination von anderen Kreativitätsübungen der Trainingseffekt zustande gekommen ist, da im Text davon die Rede ist, dass in den drei wöchentlichen Lektionen Arbeitsblätter bearbeitet wurden. Eine weitere kritische Anmerkung betrifft den Umstand, dass in der Metaanalyse von Graham und Kolleginnen (2012) drei Viertel der Studien mit leistungsstarken Primarschulkindern durchgeführt wurde (die Studie von Fortner, 1986, aus Beispiel 9.2 bildet eine veritable Ausnahme).

7.2.6 Schreiben als Forschen

Der „Schreiben als Forschen" genannte Prozess hat gewisse Parallelen mit dem, was in Teilkapitel 4.1 als „epistemisches Schreiben" bezeichnet wurde, allerdings sind die Begriffe nicht vollständig deckungsgleich (ES = 0,56 bzw. 0,32). Laut

Graham und Perin (2007 a) sind damit all jene Fördermaßnahmen gemeint, bei denen es darum geht, dass **vor dem Schreiben Daten oder Informationen gezielt analysiert und geprüft** werden. Es geht also um Aktivitäten vor dem Schreiben, denen dann ein schriftliches Produkt folgt, in welchem Dinge analysiert, verglichen, gegenübergestellt oder auch im Sinne einer datenbasierten Argumentation aufeinander bezogen werden. Die eigentlichen Beobachtungen bzw. der Umgang mit Daten sollen die Schüler damit sensibilisieren und zur Genauigkeit beim Schreiben führen, indem der „Vorschlager" möglichst präzise Inhalte generiert.

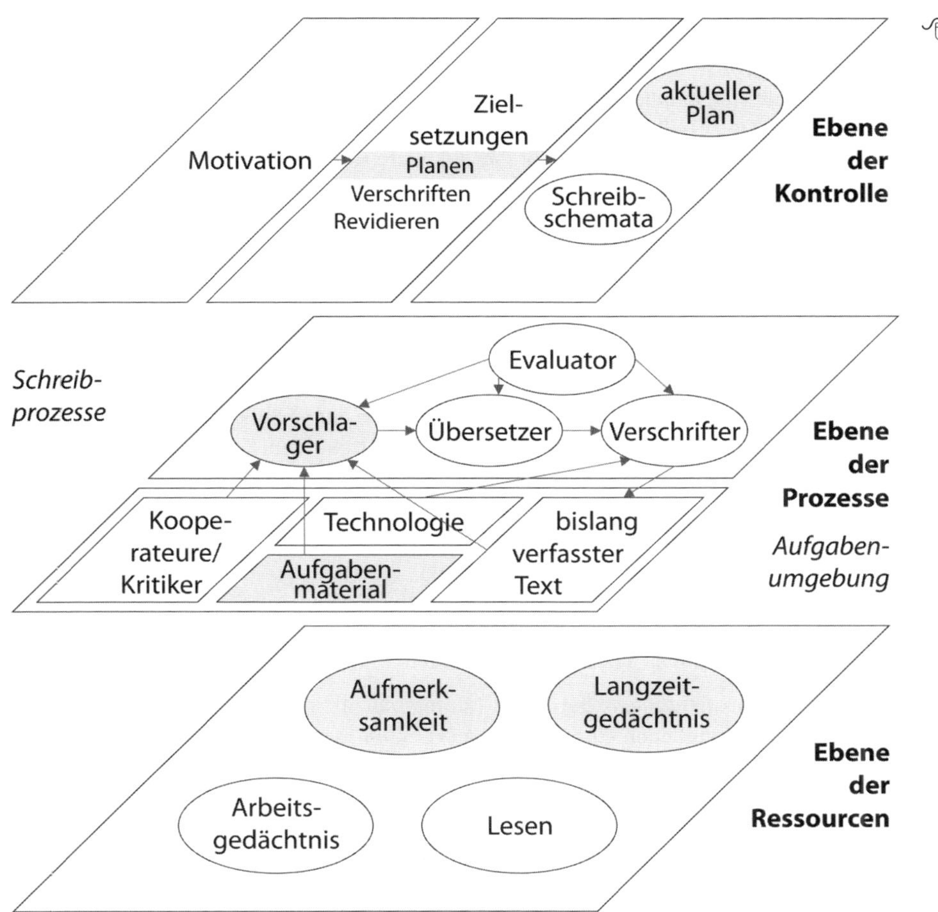

Abbildung 53: Zielpunkte und Komponenten beim Förderansatz „Schreiben als Forschen"

Damit zielen solche Förderansätze darauf ab, mittels spezifischer Aufgaben und zum Teil noch zusätzlicher Materialien gezielt die Aufmerksamkeit auf die Daten zu lenken, Wissensbestände für die Aufgabenbearbeitung zu nutzen und sich planungsbezogene Zielsetzungen vorzunehmen, die dann in einen aktuellen Schreibplan überführt werden. Damit spricht dieser Förderansatz Komponenten auf allen Ebenen an (s. Abbildung 53) und ließe sich beispielsweise Planungsstrategien vorschalten (Teilkap. 7.2.1). Wie dieser Förderansatz aussehen kann, verdeutlicht Beispiel 10 (ES = 0,14; Graham & Perin, 2007 a)

Beispiel 10: Wenn Siebt- und Achtklässler für Daten sensibilisiert werden und dann schreiben

In einer schon etwas älteren Studie mit Siebt- und Achtklässlern kamen diverse Fördermaßnahmen zum Einsatz, die ihrerseits systematisch gekoppelt wurden (Hillocks, 1982). In der folgenden Darstellung geht es um nur eine Variante von insgesamt vier, nämlich jener mit Beobachtung und Kommentaren von Lehrpersonen zu den Texten (Teilkap. 7.3.2). Zwei weitere Varianten sahen nur die Beobachtung bzw. nur das Feedback vor, während die letzte Gruppe die Kontrollgruppe bildete.

Die gesamte Förderlaufzeit betrug rund vier Wochen. In der hier vorzustellenden Version wurde die Unterrichtszeit dafür genutzt, Dinge zu beobachten, um danach darüber zu schreiben. Dabei entstanden insgesamt vier Texte (also einer pro Woche), wobei die Lehrpersonen anscheinend selbst auswählen konnten, welche Texte sie schreiben ließen. Die **Textthemen und Schreibanlässe** waren im Einzelnen:

1) eine Beschreibung einer Person anhand einiger präsentierter persönlicher Gegenstände der Person;
2) die Textur von Gegenständen mit verbundenen Augen über den Spürsinn ertasten und wahrnehmen und danach die Textur beschreiben;
3) Meeresmuscheln intensiv betrachten und befühlen und sie danach beschreiben;
4) Geräusche aufmerksam wahrnehmen und im Anschluss beschreiben;
5) eine sportliche Übung durchführen und danach die körperliche Wahrnehmung beschreiben;
6) bildliche Darstellungen prüfen und beschreiben;
7) Dialoge entwickeln und vortragen;
8) kurze Situationen pantomimisch darstellen und beschreiben.

Bei den Rückmeldungen durch die Muttersprachlehrpersonen erhielt jeweils die Hälfte der Jugendlichen eine spezifische Form an Feedback. Das konnten einerseits kurze Kommentare mit maximal zehn Wörtern sein. Andererseits gab es auch längere Kommentare, die neben einem Lob auch konkrete Verbesserungsvorschläge enthielten.

Zwei der Schreibaufträge sollen nun genauer beschrieben werden (die Quelle dafür: Hillocks, 1975; dieses (englischsprachige) Dokument ist im Internet frei verfügbar, lässt sich leicht in Suchmaschinen als PDF-Dokument finden und richtet sich in seiner Schreibweise erklärtermaßen an Lehrpersonen). Es handelt sich um die Nummern 1 und 8 aus der obigen Liste.

Im Falle der Personenbeschreibung handelt es sich um das **„Spion-Spiel"**. Dafür kann man prinzipiell diverse Gegenstände zusammenstellen. Hillocks (1975) nennt folgende, die er verwendet hat:

1) drei britische Münzen und eine orientalische,
2) sieben miteinander verbundene Büroklammern,
3) drei in der Mitte zerbrochene Streichhölzer,
4) ein Stück Papier mit einer deutschen Adresse,
5) eine Karte, auf der drei, vier und sieben Punkte in Mustern angeordnet waren,
6) ein altes Taschenmesser,
7) einen angekauten Stift,
8) drei Pfeifenreiniger, die zusammengezwirbelt waren,
9) eine Pfeife mit etwas Asche darin,
10) einen Nagelknipser,
11) einen Schlüsselring ohne Schlüssel,
12) ein Stück Tonband und
13) ein Stück belichteten Films.

Die Schüler sollten sich vorstellen, Spione in Paris zu sein, und sie hatten eine Minute Zeit, sich die Gegenstände des vorgeblich gefassten Spions genau anzusehen. (Damit alle Schüler die Möglichkeit dazu haben, die Objekte zu betrachten, empfiehlt es sich, zwei oder drei solcher Sets an verschiedenen Stellen im Schulzimmer zu deponieren und mit einem Tuch zu bedecken, das auf ein Signal hin für eine Minute entfernt wird.) Nach Ablauf der Minute, wurden die Objekte wieder verdeckt, und die Schüler gehen zu ihrem Platz zurück, um darüber zu schreiben, was sie gesehen hatten (es ging nur um eine Liste der Objekte). Im Anschluss gab es eine Diskussion untereinander über die Listen, die zunächst verglichen werden sollten. Bei der Diskussion fielen Fragen wie: Wie könnte der Spion sein? Welche Hinweise gibt es zu seinem vorgetäuschten Beruf? Welche Hinweise gibt es auf seine Persönlichkeit? (Solche Diskussionen können bis zu 25 Minuten dauern, und dabei geht es weniger um die Attribute, die dem Spion zugeschrieben werden, sondern um die datenbasierte Diskussion und Argumentation.)

Hillocks (1975) berichtet davon, dass man nach einer einmaligen Anwendung auch kleinere Gruppen mit jeweils einem Diskussionsleiter bilden kann, um mehr Redezeit pro Schüler zu haben. Außerdem lässt sich auch in Paaren ein kurzer Absatz über den Spion schreiben. Eine weitere Anpassungsmöglichkeit besteht darin, dass man Taschen mit Objekten zum Gegenstand der genauen Beobachtung macht.

Eine andere Form des „Schreibens als Forschen" besteht darin, kurze **Situationen pantomimisch darzustellen und zu beschreiben**. Das Ziel dahinter ist, die Schüler für menschliche Bewegungen zu sensibilisieren. Dazu saßen die meisten der Schüler in einem großen Kreis, während andere freiwillig innerhalb des Kreises pantomimisch agierten. Der Auftrag war, dass die Schüler im Sitzkreis genau auf die Bewegungen und Haltungen der Pantomime-Darsteller achten sollten, die ihnen vorher nicht mitgeteilt wurden. Zunächst lag der Fokus auf den Händen. Diese sollten mal Bosheit, Ärger, Hilflosigkeit, Gier oder Scham darstellen. Als Nächstes richtete sich die Aufmerksamkeit auf die Füße. Dieses sollten rastlos, verlegen, ungeduldig oder verärgert bewegt werden. Direkt daran anschließend wurde die Körpergesamthaltung zum Gegenstand der Betrachtung. Hier sollten die Kreis-Inneren mit Selbstvertrauen, Angst, Müdigkeit, Entmutigen oder Frohsinn posieren. In der letzten Übung im großen Kreis ging es um das Gehen. Die Freiwilligen sollten mit einer bestimmten Einstellung bzw. Emotion durch den Raum laufen.

Nach jedem Durchgang gab es bei den Beobachtern eine Diskussion, welche Emotion dargestellt worden war und woran die Schüler das erkannt hatten. Beim Durchgang mit dem Gehen sollten die Schüler zudem noch ein paar Sätze schreiben, in denen die Bewegungen und die Emotionen dargestellt werden sollten. Dafür erhielten sie Beispielsätze zur Veranschaulichung, etwa diesen: „Der alte Mann lief langsam, der Kopf war etwas nach vorn geneigt, die Augen starrten leer auf den Bürgersteig, die Arme hingen welk an der Seite, die Schritte erfolgten schleppend und schlurfend."

Nach dieser großen Runde wurde die Klasse in Teilgruppen (mit jeweils sieben bis neun Personen und einem zusätzlichen verantwortlichen Gruppenleiter) geteilt, in denen prinzipiell das Gleiche wie eben durchgeführt wurde. Die Schüler schrieben ebenfalls kurze Texte zu dem, was sie gesehen hatten.

Hillocks (1982) erwähnt noch ein weiteres Element des Förderansatzes. Zusätzlich zu den Schreibaktivitäten wurde innerhalb der Klasse über zwei entstandene Texte gesprochen, wobei diese Diskussion eine halbe Schulstunde dauerte und von der Lehrperson geleitet wurde. Allerdings wird aus der Darstellung nicht zweifelsfrei klar, worüber konkret gesprochen wurde.

Das Beispiel 10 verdeutlicht, dass es in dem Förderansatz nicht nur um „harte Daten" wie bei Experimenten geht, sondern alltägliche Beobachtungen im Zentrum stehen, die schriftlich gedeutet werden sollen. Im Grunde wird etwas Ähnliches auch beim textbezogenen Interpretieren gefordert; Selbiges trifft auf den Fachunterricht zu, in dem sich ausgehend von beobachtbaren Phänomenen Schreibanlässe anbieten.

7.2.7 Aktivitäten vor dem Schreiben durchführen

Die Aktivitäten vor dem Schreiben bilden ein Sammelbecken für sehr unterschiedliche Förderansätze und dienen dazu, **Inhalte von Texten zu generieren und zu ordnen**. Insofern ähneln sie den Planungsstrategien (Teilkap. 7.2.1), allerdings erfolgt hier in der Regel **keine explizite Vermittlung**. Eine weitere Parallele liegt zum Schreiben als Forschen vor (7.2.6). In der Forschung hat sich eine Trennung beider Ansätze durchgesetzt, die hier für diesen effektiven

Förderansatz (ES = 0,54) aufrechterhalten wird. Im Mehrebenen-Modell in Abbildung 54 ist der prinzipiellen Ähnlichkeit von Aktivitäten vor dem Schreiben und dem Schreiben als Forschen insofern Rechnung getragen, dass dieselben Komponenten angesprochen sind (s. 7.2.6 für eine Beschreibung). Der Eigenheit der Aktivitäten vor dem Schreiben wird das Modell dadurch gerecht, dass noch das Lesen hinzukommt, weil vorgängige Lektüren für die Inhaltsgenerierung bei diesem Förderansatz vorkommen können.

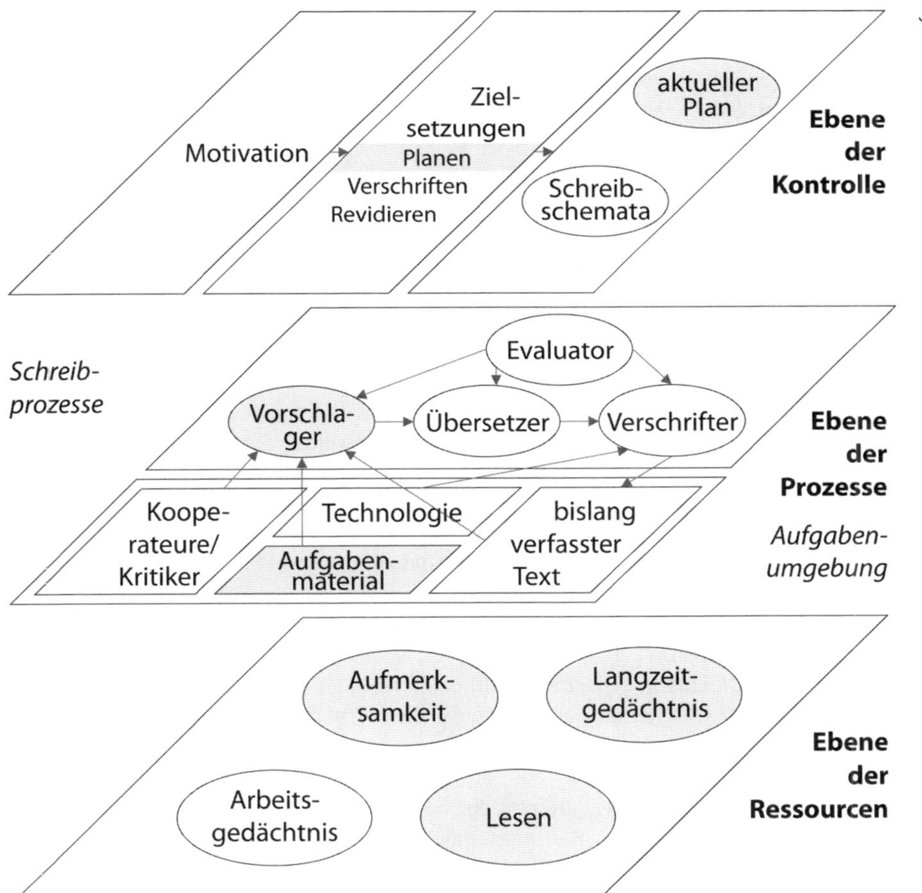

Abbildung 54: Zielpunkte und Komponenten beim Förderansatz „Aktivitäten vor dem Schreiben"

Wegen der schon angesprochenen großen Heterogenität bei den Aktivitäten vor dem Schreiben, sollen zwei Beispiele verdeutlichen, wie solche Aktivitäten aussehen. Während sich Beispiel 11.1 um gestalterische Handlungen vor dem narrativen Schreiben dreht (ES = 0,88; Graham et al., 2012), befasst sich Beispiel 11.2 mit Leseaktivitäten vor dem expositorischen Schreiben (ES = 0,95; Graham & Perin, 2007 a).

Beispiel 11.1: Zweit- und Drittklässler zeichnen oder spielen Theater, ehe sie Geschichten schreiben

Mit gleich zwei Arten von Aktivitäten vor dem Schreiben kamen Primarschulkinder in einer 15-wöchigen Fördermaßnahme mit jeweils einer 90-minütigen Lektion pro Woche in Kontakt (Moore & Caldwell, 1993). Dabei handelte es sich entweder um eine Malaktivität oder eine darstellerische vor dem eigentlichen Schreiben. Beide Aktivitäten führen zu vergleichbaren Leistungssteigerungen. Die beiden Varianten waren Teil eines weiter gefassten Förderansatzes, in dem es darum ging, dass die Kinder lernten, Geschichten zu schreiben. Hierfür wurde ihnen vor der eigentlichen Intervention in Diskussionen Textsortenwissen über Elemente von Geschichten vermittelt. Zudem hatten die Kinder täglich eine halbe Stunde Zeit, eigene Geschichten zu planen, zu schreiben und zu revidieren. Die dabei entstandenen Texte wurden in Buchform gesammelt.

Jede Woche fand zunächst eine **15-minütige Diskussion** in der gesamten Klasse **über narrative Texte** statt. Hierfür verwendeten die Lehrpersonen Beispiele aus der Kinderliteratur, die sie mitgebracht hatten. Behandelt wurden Beispiele wie persönliche und Problemgeschichten, Fantasy, Helden und Bösewichte, Geschichtensettings, Geschichtenanfänge und -enden, der Kontrast von Figuren, Dialoge, Beschreibungen und Details von Geschichten. Nach dieser Einführung folgten jeweils 45 Minuten darstellerischer oder malerischer Beschäftigung, und danach schrieben die Kinder für eine halbe Stunde ihre Geschichten.

Die Gruppe jener Kinder mit **darstellerischen Aktivitäten** absolvierten eine große Bandbreite von Aktivitäten. Sogenannte Aufwärmübungen bildeten den Auftakt und nahmen Bezug zu den Inhalten der vorherigen Diskussion. Beispiele für die Aufwärmübungen waren pantomimische Darstellung, Improvisation in Tandems, Improvisation bei Dialogen, Darstellung von Gedichten, Gruppengeschichten, Bewegungen etc. Nach dem Aufwärmen arbeiteten die Kinder auf verschiedene Art an den Inhalten ihrer Geschichten weiter. Es gab die Möglichkeit, die Geschichte zu diskutieren, sie darzustellen, geplante Szenen zu improvisieren und die Geschichte der Klasse vorzustellen.

Die Gruppe der **Kinder, die malten**, hatten ebenfalls ein breites Repertoire an Entfaltungsmöglichkeiten. Bei ihnen gab es auch eine Aufwärmphase, in der sie Figuren oder Karikaturen zeichnen, Gesichtsausdrücke zu Papier bringen, Handlungssettings malen (z. T. aus ungewöhnlichen Perspektiven), persönliche Erfahrungen zeichnen oder Röntgenbilder herstellen konnten. Im Anschluss daran arbeiteten die Schüler in Kleingruppen sitzend an ihren eigenen Storyboards, das die Figuren, das Setting und die Hauptszenen umfasste. Dabei konnten sie sich frei untereinander über ihre Ideen austauschen.

Beispiel 11.2: Fünftklässler lesen, ehe sie einen Sachtext schreiben

In einer sehr kurzen Studie mit lediglich drei Lektionen sollten Fünftklässler expositorische Texte zum Thema Vulkane schreiben (Brodney, Reeves & Kazelskis, 1999). Dafür sahen sie nach einer Einführung in einer ersten Lektion ein 24-minütiges Video zu einem aktiven Vulkan. Tags darauf wurden in der zweiten Lektion diverse Aktivitäten durchgeführt. Die Schüler hatten zunächst zehn Minuten Zeit, einen achtseitigen Auszug aus einem Buch über Vulkane zu lesen. Danach standen ihnen wiederum zehn Minuten zur Verfügung, um sich Notizen zu Vulkanen zu machen, die auf dem Gelesenen zum einen und den Videoinhalten zum anderen basierten. Den Schülern stand es frei, ob sie Mind-Maps, Listen, unverbundene Notizen etc. verwendeten. Danach sollten sie eine halbe Stunde lang einen Text mit einer Länge von ein bis zwei Seiten über Vulkane schreiben. Dabei konnten sie jederzeit auf ihre Notizen zurückgreifen. In Lektion drei am nächsten Tag konnten die Schüler ihre Texte überarbeiten und schrieben sie auf ein neues Blatt Papier.

Die beiden Beispiele illustrieren, dass Aktivitäten vor dem Schreiben inhaltlich ganz unterschiedlich gefüllt werden können. Trotz aller Differenz eint die Ansätze, dass vor dem Schreiben eine intensive Beschäftigung mit dem Schreibgegenstand erfolgt. Dies rückt den Förderansatz in die Nähe des Teilprozesses Planen. Ebenfalls am Beispiel 11.1 bei den darstellerischen Aktivitäten ist festzustellen, dass es stark dem ähnelt, was bei den pantomimischen Darstellungen aus Beispiel 10 in Teilkapitel 7.2.6 beschrieben wurde. Insofern besteht eine große schreibdidaktische Schnittmenge zwischen den beiden Förderansätzen, die zusätzlich zu den rein kognitiven Aspekten des Schreibens vielfältige sensorische Erfahrungen offerieren.

7.3 Den Schreibprozess personell und technisch entlasten

Schreiben ist eine hochanspruchsvolle menschliche Aktivität, die mental kostspielig ist und einiger Energie bedarf, um sie zu initiieren und aufrecht zu erhalten. Deshalb wurden vielfältige Förderansätze in der Schreibforschung erdacht, die dabei helfen sollen, Schüler auf verschiedene Arten zu entlasten. Diese Entlastungen können personell erfolgen oder technisch-organisatorischer Natur sein. Die Förderansätze wurden jedoch bewusst nicht nach diesem Prinzip getrennt in diesem Teilkapitel aufgeführt. Das hat damit zu tun, dass personell oder technisch orientierte Förderansätze zum Teil gleiche oder sehr ähnliche inhaltliche Schwerpunkte setzen. Deshalb erschien es günstiger, die Förderansätze in zwei anderen Gruppen zu verorten: solchen mit expliziter Unterstützung (in den Teilkapiteln 7.3.1 bis 7.3.4) und solchen, die eine indirektere, impliziter wirkende Form der Entlastung bieten. In der zweitgenannten Gruppe gibt es Förderansätze, die einen hohen Transfergedanken beinhalten (7.3.8 bis 7.3.11), während andere deutlich geringere Transferleistungen anstreben und überwiegend das Verschriften betreffen (7.3.5 bis 7.3.7).

7.3.1 Produktziele setzen

Eng verknüpft mit den Schreibstrategien sind Fördermaßnahmen, in denen Lehrpersonen Produktziele setzen (ES = 0,80). Das Setzen von Produktzielen gehört zum strategischen Vorgehen (Teilkap. 2.2.3), nur tun sich insbesondere schwache Schreiber damit schwer, sich selbst realistische und zugleich heraus-

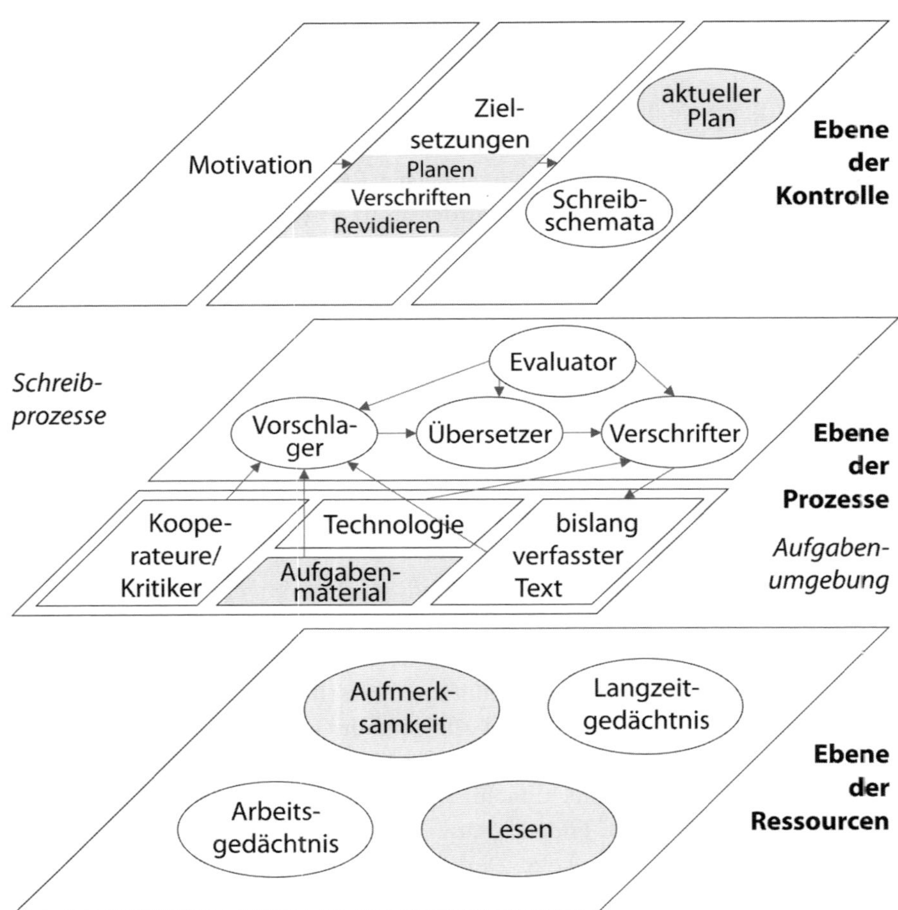

Abbildung 55: Zielpunkte und Komponenten beim Förderansatz, explizite Produktziele zu setzen

fordernde Ziele zu setzen (Philipp, 2015 a). Um hier Abhilfe zu schaffen, besteht ein sehr wirksamer Förderansatz darin, dass man **als Übergangslösung externe, explizite Ziele** vorgibt. Dadurch können Schüler den Schreibprozess optimaler gestalten und dabei die Zielvorgaben wie mit einer Checkliste am entstehenden Text von Anfang an überprüfen.

Weil die Produktziele von außen gesetzt werden, sind im Mehrebenen-Modell in Abbildung 55 relativ wenige Komponenten beteiligt. Die wichtigste ist das Aufgabenmaterial, in welchem die Produktziele spezifiziert werden. Dieses Aufgabenmaterial müssen Schüler aufmerksam lesen und die darin enthaltenen Zielsetzungen mental repräsentieren, um daraus einen Schreibplan zu erstellen. Die sich daran anschließenden Prozesse ähneln wiederum denen bei der selbstständigen Anwendung von Schreibstrategien (Teilkap. 7.2.1).

In der Forschung sind solche externen Ziele besonders häufig bei der Textrevision zum Einsatz gekommen. Zwei unterschiedliche Beispiele demonstrieren, wie dies in der Praxis aussehen kann. Beispiel 12.1 (ES = 0,75) bezieht sich auf die Revision persönlicher narrativer Texte, Beispiel 12.2 (ES = 0,58; Graham & Perin, 2007 a) widmet sich der Überarbeitung von Argumentationen.

Beispiel 12.1: Viert- bis Sechstklässler erhalten Zielvorgaben für Textrevisionen 

Viert- bis Sechstklässler mit Lernschwierigkeiten wurden in einer kurzen Interventionsstudie gebeten, ohne zeitliche Vorgaben eine persönliche Erzählung zu schreiben (Graham, MacArthur & Schwartz, 1995). Der Schreibauftrag lautete zum Beispiel: „Denk an eine Zeit, als jemand etwas Besonderes für dich getan hat. Es kann ein Freund, ein Klassenmitglied, ein Nachbar oder ein Verwandter gewesen sein. Schreib eine Geschichte für deine Klassenmitglieder, in der du deine Erfahrungen erzählst.“ Nach zwei bis vier Tagen wurden die Kinder gebeten, ihre Texte zu überarbeiten und auf einem neuen Blatt Papier zu schreiben.

Bei der Überarbeitung der Texte variierten die Hinweise. Eine erste Gruppe erhielt ein **unspezifisches Überarbeitungsziel**, das die Kinder anwies, „den Text besser zu machen“. Diese Gruppe fungierte als Vergleichsgruppe. Eine zweite Gruppe erhielt eine **Zielvorgabe, drei Dinge zu ergänzen**. Konkret wurde ihnen mitgeteilt, dass sie Ereignisse, Beschreibungen, Details etc. ergänzen können. Außerdem erhielten die Schüler den Hinweis, dass sich über solche Ergänzungen die Textqualität verbessern lässt. In einer dritten Gruppe wurden die drei Hinzufügungen noch flankiert von einer **Unterstützung zur Ausführung**. Hierfür wurde den Schülern von einem Forschungsassistenten demonstriert, wie man auf einem Plan-Denkblatt mindestens fünf zusätzliche Informationen festhalten kann. Danach demonstrierte der Forschungsassistent, wie er die drei besten Ideen kürte, um sie in den Text zu integrieren. Ehe die Kinder danach die eigenen Geschichten überarbeiteten, wurden sie noch ermutigt, so viele Ideen wie möglich zu generieren, ehe sie eine Auswahl trafen. Die dritte Gruppe steigerte sich in ihrer Textqualität am stärksten.

Beispiel 12.2: Fünft- und Achtklässler überarbeiten gezielt ihre Argumentation

Fünft- und Achtklässler wurden in einer ersten Lektion gebeten, einen Text zum Thema „Sollte es jungen Menschen erlaubt sein, alle möglichen Shows und Filme im Fernsehen zu sehen? Was denkst du?“ zu schreiben (Midgette, Haria & MacArthur, 2008). In einer zweiten Lektion sollten die Jugendlichen ihre Texte überarbeiten. Entscheidend war dabei, wie der Überarbeitungsauftrag lautete. Die **erste Gruppe** erhielt ein **unspezifisches Überarbeitungsziel**. Dieses Ziel lautete im Wortlaut: „Überprüfen und Überarbeiten sind ein wichtiger Teil des Schreibprozesses, den Schreiber dazu nutzen, um ihre Texte zu verbessern.

1) Bitte lies aufmerksam (mehrfach) deinen ersten Entwurf;
2) nimm Änderungen vor, von denen du denkst, dass sie deinen Text verbessern;
3) du kannst auf deinen ersten Entwurf schreiben, während du über Änderungen nachdenkst;
4) schreib einen zweiten Entwurf mit all deinen Änderungen auf ein neues Blatt, wenn du bereit bist.“

Eine **zweite Gruppe** wurde mit **zusätzlichen Anweisungen für die Inhalte** ausgestattet. Hier war der Auftrag folgender: „Wenn du einen Text überprüfst und überarbeitest, ist es wichtig, darüber nachzudenken, ob deine Begründungen deine Meinung unterstützen und ob es deine Beispiele und Belege ebenfalls tun.

1) Bitte lies aufmerksam (mehrfach) deinen ersten Entwurf;
2) stell sicher, dass deine Meinung klar in deinem Text vorkommt;
3) denk an andere Gründe, um deine Meinung zu unterstützen, und stell sicher, dass du mindestens drei dieser Gründe in deinen überarbeiteten Text einbeziehst;
4) denk über Beispiele und Belege nach, die deine Gründe unterstützen;
5) stell sicher, dass dein Text einen Abschluss hat;
6) schreib einen zweiten Entwurf mit all deinen Änderungen auf ein neues Blatt, wenn du bereit bist.“

Eine **dritte Gruppe** bekam einen noch dezidierteren Überarbeitungsauftrag, der neben inhaltlichen Aspekten zusätzlich die **Adressaten des Textes** miteinbezog: „Eine Argumentation soll die Meinung von einer anderen Person ändern. Es ist wichtig, über die Leser, die nicht mit dir übereinstimmen, und ihre Begründungen nachzudenken. Dann kannst du einen Weg finden, ihnen zu zeigen, dass ihre Begründungen falsch sind. Es ist auch wichtig, darüber nachzudenken, ob all deine Begründungen deine Meinung unterstützen und ob du weitere Begründungen hinzufügen kannst.

1) Stell sicher, dass deine Meinung klar in deinem Text vorkommt;
2) ergänz drei oder mehr Gründe, um deine Position zu unterstützen;
3) denk darüber nach, ob deine Begründungen klar mit Beispielen und Belegen unterstützt werden;

4) denk an Menschen, die deiner Meinung nicht zustimmen;
5) denk darüber nach, welche Gründe sie anführen würden, um ihre Meinung zu unterstützen;
6) denk darüber nach, wie du deine Meinung verteidigen würdest und wie du zeigen kannst, dass die anderen falsch liegen;
7) stell sicher, dass dein Text einen Abschluss hat;
8) schreib einen zweiten Entwurf mit all deinen Änderungen auf ein neues Blatt, wenn du bereit bist."

Die Schüler der dritten Gruppe steigerten die Qualität ihrer Argumentation am stärksten, denn sie erhielten die meisten und präzisesten Hinweise.

Beide Beispiele eint, dass die dezidiertesten Anweisungen mit dem größten Zuwachs in der Textqualität korrespondierten. Indem die Erwartungen expliziert werden, die man an die Schüler hinsichtlich des Revidierens hat, schafft man eine wichtige Ressource für die Schüler, die Texte gezielt verbessern können. Dies steht jedoch inhaltlich in deutlichem Widerspruch zum freien Schreiben (Teilkap. 7. 3. 10).

7.3.2 Formatives Feedback geben

Produktziele aus dem Teilkapitel zuvor geben vor, was jemand bei der Textüberarbeitung, also dem Revidieren, tun soll. Eine etwas interaktivere und spezifischer auf den jeweiligen Schreibauftrag zugeschnittene Alternative ist das effektive **formative Feedback** (ES = 0,61). Formatives Feedback ist schreibprozessnah und – anders als das summative Feedback – weniger produktbezogen. Das **summative Feedback** steht anders als das formative Rückmeldungen ganz am Ende eines Schreibprozesses, wenn ein Text beurteilt oder benotet wird. Formatives Feedback hingegen soll dabei helfen, den eigentlichen Schreibprozess zu optimieren. Vertiefende Analysen aus den Metaanalysen ergaben hierbei, dass es einen **Unterschied** macht, **von wem die Beurteilungen und Verbesserungsvorschläge kommen**. Am effektivsten ist es, wenn Erwachsene (Eltern bzw. Lehrpersonen) Rückmeldungen geben (ES = 0,87). Wenn Schüler ihre Texte selbst bzw. untereinander beurteilen, hilft dies zwar ebenfalls, aber im Vergleich nicht mehr so stark (ES = 0,62 bzw. 0,58). Am vergleichsweise wenigsten effektiv ist es, wenn das Feedback automatisch von Computern generiert wird (ES = 0,38; Graham et al., 2015 b).

Im Mehrebenen-Modell ist das formative Feedback vor allem auf der Prozessebene in der Aufgabenumgebung zu verorten. Der bislang verfasste Text wird aufmerksam von jemandem gelesen. Das kann der Verfasser selbst sein, aber auch andere Personen. Durch die Rückmeldungen zum Text bzw.

Selbsteinschätzungen werden Zielsetzungen zum Revidieren greifbar, und der „Vorschlager" wird aktiviert für die Textüberarbeitung (s. Abbildung 56).

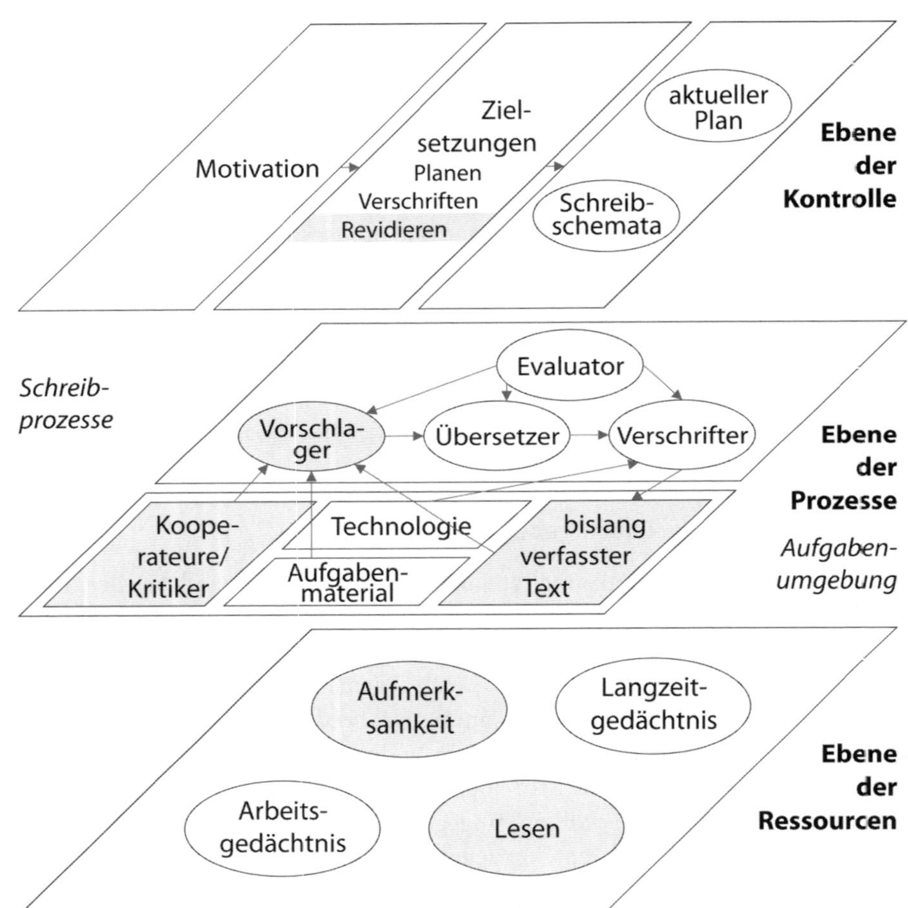

Abbildung 56: Zielpunkte und Komponenten beim Förderansatz, formatives Feedback zu geben

Wegen der oben genannten differenzierten Befunde zu den Quellen der Rückmeldungen gibt es in diesem Teilkapitel drei Beispiele. Beispiel 13.1 beschreibt einen Förderansatz mit Feedback von Lehrpersonen (ES = 0,92), Beispiel 13.2 zum Peer-Feedback (ES = 0,58) und Beispiel 13.3 zur Selbstbeurteilung (ES = 0,17; Graham et al., 2015 b).

Beispiel 13.1: Viertklässler erhalten von Lehrpersonen Rückmeldungen zu ihren Texten und dem Strategieeinsatz 

Leistungsstarke Viertklässler lernten in einer US-amerikanischen Studie, wie sie Strategien anwenden und erhielten dazu noch positive verstärkende Rückmeldungen (Schunk & Swartz, 1993). Die Kinder in der Studie erhielten insgesamt 20 45-minütige Lektionen zu insgesamt vier verschiedenen Arten von Absätzen. Diese vier Absätze waren

1) deskriptiv (beschreiben Objekte, Handlungen, Personen oder Orte),
2) informierend (transportieren korrekt und effektiv Informationen),
3) narrativ (erzählen in einer Reihenfolge von Handlungen eine Handlung von Anfang bis Ende) bzw.
4) anleitend (leiten in einer Sequenz von Schritten jemanden dazu an, eine Handlung selbstständig durchzuführen).

Jeweils fünf Lektionen befassten sich mit einer Art von Absatz. Die Vermittlung fand in Kleingruppen statt und erfolgte für jede Art von Absätzen identisch. In der ersten Sitzung wies die Lehrperson auf eine Sequenz von fünf Schritten hin, die auf einem Poster gut lesbar aufgeschrieben waren:

„Was soll ich tun?

1) Such dir ein Thema, zu dem du schreiben willst.
2) Notier Ideen zu dem Thema.
3) Nimm deine Hauptidee.
4) Plane den Absatz.
5) Schreib deine Hauptidee und die Hauptideen auf."

Die Lehrperson modellierte zehn Minuten lang, wie sie die fünf Schritte selbst ausführte. Danach übten die Kinder 15 Minuten lang unter der Aufsicht der Lehrperson, wie sie selbst die Schritte ausführten. Weitere 20 Minuten übten sie dann selbstständig die Schritte und bearbeiteten zwei bis drei Absätze pro Lektion.

Die fünf Lektionen folgten einem **identischen Aufbau**. Die ersten drei Schritte aus der Liste oben waren Gegenstand der schülerseitigen Bearbeitung in der ersten Lektion. In Lektion 2 bzw. 3 wurden nur die Schritte 4 bzw. 5 ausgeführt. In den Lektionen 4 und 5 wurden alle Schritte ausgeführt. In den ersten fünf Lektionen sagte die Lehrperson den Kindern: „Während ihr arbeitet, hilft es euch, euch darauf zu konzentrieren, was ihr tun sollt. Ihr werdet lernen, wie ihr die Schritte nutzen könnt, um einen informierenden Absatz zu schreiben." Diese Erinnerungen wurden bei den anderen Arten von Absätzen entsprechend angepasst und flankierten damit die gesamte Förderdauer. Zusätzlich erhielt jedes Kind pro Lektion drei- bis viermal ein Fortschrittsfeedback in Form von Aussagen wie „Das machst du gut, weil du den Schritten in ihrer Reihenfolge nachgehst". Derlei gefördert, verbesserte sich bei diesen Kindern nicht nur die Schreibleistung, sondern auch die Schreibmotivation.

Beispiel 13.2: Fünft- und Neuntklässler lesen und schreiben Texte zu Tangrammen

In einer Studie wurden Fünft- und Neuntklässler einer von zwei Gruppen zugeteilt: den Schreibern und den Lesern, welche insgesamt drei Lektionen absolvierten (Holliway, 2004). Die Aufgabe der Schreiber bestand in der ersten Lektion darin, dass sie drei Tangramme (s. Abbildung 57 für ein Beispiel) beschreiben sollten. Dafür erhielten sie ein Heft mit den Tangrammen und entsprechenden Arbeitsaufträgen, wobei für jedes Tangramm eine Seite reserviert war.

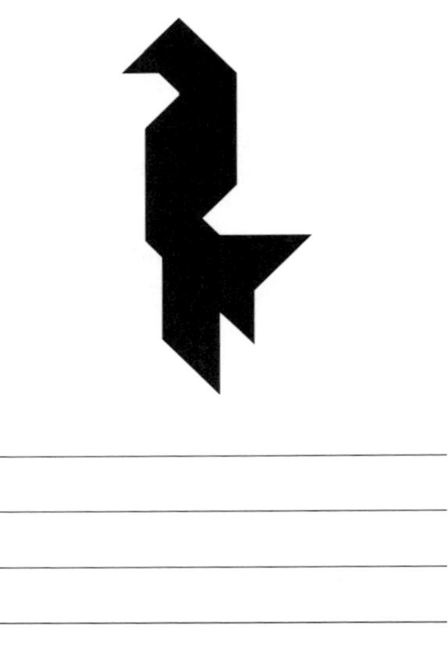

Abbildung 57: Ein Beispiel-Tangram mit Platz für eine Beschreibung (Quelle: Holliway, 2004, S. 342)

Diese Beschreibungen erhielten dann die Leser zeitversetzt nach einer Woche. Jeder Leser wurde drei Schreibern zugeteilt, die fix blieben. Die Leser lasen die insgesamt neun Texte pro Lektion und sollten zunächst aus einem Set von vier sich ähnelnden Tangrammen dasjenige auswählen, das ihrem Verständnis nach in der jeweiligen Beschreibung charakterisiert wurde. Im Anschluss daran sollten die Leser die Textqualität mit einem kurzen Kommentar beurteilen. Die Kommentare bezogen sich in Lektion 1 auf einen ersten Entwurf, in Lektion 2 auf eine revidierte Fassung und in Lektion 3 auf eine neue Beschreibung.

Die Schreiber wurden in der zweiten Lektion insgesamt drei Gruppen hinsichtlich des Revidierens zugeteilt: 1) nur Feedback, 2) Feedback mit Beurteilung fremder Texte oder 3) Feedback mit Zuordnung der Tangramme. In der ersten dieser Gruppen erhielten die Jugendlichen nur die Information, ob ihr Leser-Gegenpart die Figur erfolgreich zugeordnet hatte oder nicht. Danach sollten die Schüler ihren Text überarbeiten. Die zweite Gruppe erhielt neben dieser Rückmeldung noch die beiden anderen Texte, die der Leser-Schüler gelesen hatte, und sollte die Adäquatheit der anderen Texte beurteilen. Im Anschluss überarbeiteten die Schüler ihre Entwürfe. Die dritte Gruppe erhielt neben dem Feedback noch die Aufgabe, wie die Leser drei Tangrammbeschreibungen eines Schülers zu lesen und dann ein Zieltangramm zuzuordnen. Direkt danach überarbeiteten sie die eigenen Tangramm-Beschreibungen. In der dritten Lektion sollten sie drei neue Tangramme beschreiben. Alle drei Gruppen von Schreibern verbesserten sich vergleichbar in ihren Schreibleistungen.

Beispiel 13.3: Viert- bis Sechstklässler beurteilen ihre eigenen Texte mit dynamisch erstellten Kriterienrastern

Einen vergleichsweise dynamischen Ansatz verfolgte eine Studie mit Viert- bis Sechstklässlern (Ross, Rolheiser & Hogaboam-Gray, 1999). In der achtwöchigen Fördermaßnahme etablierten die Lehrpersonen im Unterricht die Selbstbeurteilung von narrativen Texten. Dazu gab es in der Regel eine gemeinsame Sammlung von Kriterien, die damit nicht oktroyiert waren, sondern von den Schülern mitentwickelt wurden. Die Lehrpersonen sammelten die Antworten der Schüler und ergänzten ihre eigenen Vorschläge auf einer Flipchart. Die Schüler stimmten über die wichtigsten Kriterien ab. Im Anschluss entwickelten sie anhand konkreter Texte Merkmalsausprägungen (hier: hohe, mittlere und schwache Leistungen), welche die Lehrpersonen danach zusammenstellten und im Laufe der Förderung anpassten. Dabei arbeiteten sie häufig mit Ankerbeispielen, also konkreten Textauszügen, um die Ausprägung zu verdeutlichen.

Waren die Kriterien etabliert, demonstrierte die Lehrperson, wie sie Texte mit dem Raster beurteilte. Erst dann sollten die Kinder ihre eigenen Texte beurteilen (insgesamt zwölf Texte). Hierbei wurden die Schüler durch mindestens wöchentliche Treffen unterstützt, in denen die Lehrpersonen den Schülern Rückmeldungen über die Genauigkeit ihrer Urteile gaben. Außerdem wurden die Schüler ermutigt, basierend auf den Selbsteinschätzungen und dem Feedback der Lehrpersonen bei den zukünftigen Schreibanlässen adaptive Ziele zu setzen. Dieser Förderansatz half insbesondere den schwach schreibenden Schülern, die sich stärker verbesserten als ihre leistungsstarken Altersgenossen.

Formatives Feedback kann man auf unterschiedliche Art und Weise geben und erhalten. Beispiel 13.1 führt Rückmeldungen zu eigenen Texten von Lehrpersonen auf, Beispiel 13.2 zu eigenen Texten durch Mitschüler und Beispiel 13.3 die Selbstbeurteilung von Texten. Überarbeitungen sind dabei nicht zwingend nötig, wie es Beispiel 13.3 zeigt. Die Bezugspunkte variieren ebenfalls: So können eigene und fremde Texte beurteilt werden oder aber – im Falle von Beispiel 13.1 – der korrekte Strategieeinsatz. Und: Es ist nicht zwingend, dass man selbst Feedback gibt, um in seiner Schreibkompetenz davon zu profitieren (Beispiel 13.2). Das gegenseitige Beurteilen ist hingegen häufiger Gegenstand des kooperativen Schreibens (Teilkap. 7.3.4).

7.3.3 Kriterienraster verwenden

Die Verwendung von Kriterienrastern zählt zu den im Licht der Forschung weniger ergiebigen Förderansätzen (ES = 0,05 bzw. 0,16). Kriterienraster zur Selbstbeurteilung sind im angelsächsischen Raum jedoch relativ weitverbreitet. Dort gibt es das sogenannte **6+1-Raster**, mit welchem 1) Ideen, 2) Organisation, 3) Stimme, 4) Wortwahl, 5) Fluss der Sätze, 6) Sprachformalia und 7) – dies allerdings fakultativ – das Aussehen des Textes beurteilt wird. Mit dem Einsatz

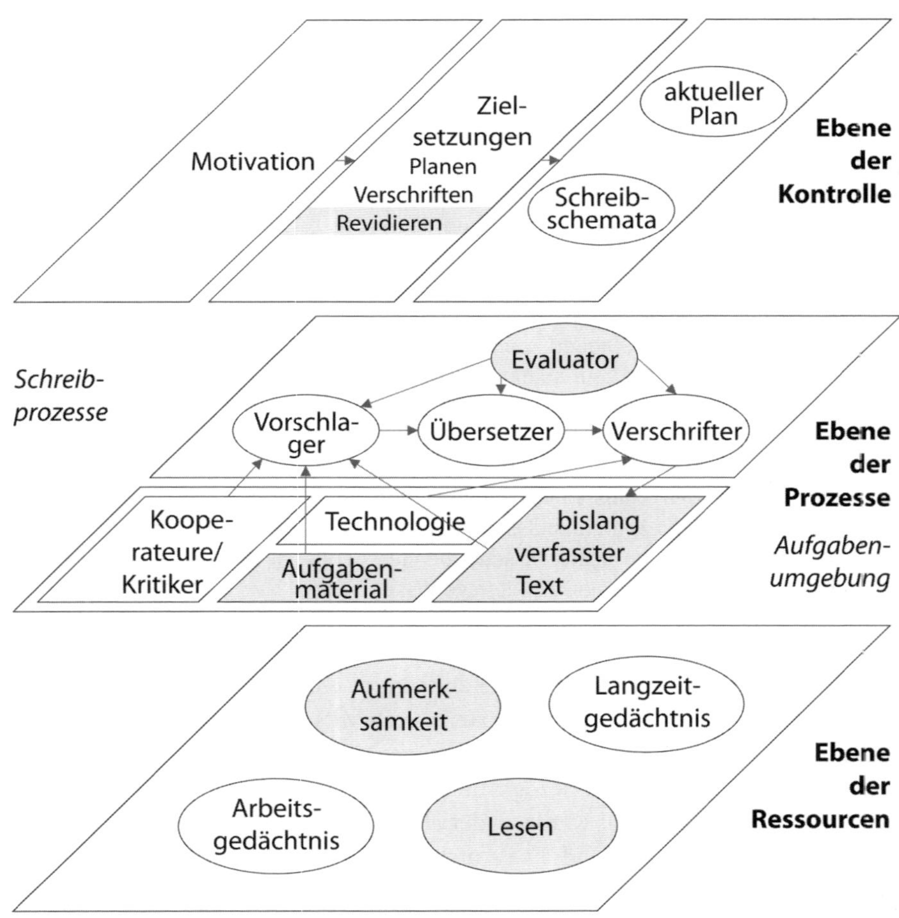

Abbildung 58: Zielpunkte und Komponenten beim Förderansatz Einsatz von Kriterienrastern

von Kriterienrastern werden prinzipiell ähnliche Handlungen ausgeführt wie beim formativen Feedback im Sinne der Selbstbeurteilung (Teilkap. 7.3.5). Allerdings gibt es den Unterschied, dass nicht konkrete Änderungswünsche an den „Vorschlager" adressiert werden, sondern der „Evaluator" besonders wichtig ist, weil es um den eigenen Text geht, der mit dem Raster aus der Aufgabenumgebung geprüft wird. Mittels der Kriterienraster wird das Revidieren gelenkt, indem man durch den Soll-Ist-Vergleich konkrete Ziele entwickeln kann, was man am Text verändern möchte.

Ein effektiver Förderansatz (ES = 0,85; Graham et al., 2015 b), bei dem ein Kriterienraster eine große Rolle spielte, wird im Beispiel 14 dargestellt. Dabei ist noch anzumerken, dass in der Metaanalyse von Graham und Kollegen (2015 b) dieser Förderansatz nicht dem Kriterienraster-Schwerpunkt zugeschlagen wurde, sondern den Selbstbeurteilungen.

Beispiel 14: Dritt- und Viertklässler beurteilen eigene Geschichten bzw. Argumentationen mit einem Kriterienraster

Primarschüler absolvierten eine fünf Lektionen umfassende Fördermaßnahme, in der sie entweder einen narrativen oder einen argumentativen Text schreiben sollten (Andrade, Du & Wang, 2008). In der ersten Lektion wurde nach einer allgemeinen Einführung ein exemplarischer Text laut vorgelesen. Die Kinder sollten parallel zum Vorlesen Stärken und Schwächen des Textes wahrnehmen. Nach dem Vorlesen kam es zu einer textbasierten Diskussion, in der die Kinder ihre Meinung zum Text darlegen sollten. Nach der Diskussion sollten die Kritikpunkte zu Kriterien abstrahiert werden, die die Lehrperson auf der Tafel sammelte. Mit dem Hinweis, dass es um solche Kriterien in der folgenden Lektion gehen würde, endete die erste Lektion.

In der zweiten Lektion wurde ein Kriterienraster verteilt (s. Abbildung 59) und erklärt. Die Schüler hatten die Gelegenheit zur Nachfrage. Im Anschluss daran sollten sie für einen Text Ideen sammeln und ihren Text planen. Dies taten sie bis zum Ende der Lektion, und in der dritten Lektion schrieben sie den ersten Entwurf.

	4 Punkte	**3 Punkte**	**2 Punkte**	**1 Punkt**
Ideen und Inhalte	Der Text gibt klar eine Meinung wieder und enthält drei klare, detaillierte Gründe, die die Meinung unterstützen.	Eine Meinung wird angegeben. Einer der Gründe kann unklar sein oder nicht genügend Details enthalten.	Eine Meinung wird angegeben. Die Gründe tendieren dazu, schwach oder nicht korrekt zu sein. Zum Teil weicht der Schreiber vom Thema ab.	Die Meinung und die unterstützenden Gründe sind verborgen, verwirrend und/oder unklar.

	4 Punkte	3 Punkte	2 Punkte	1 Punkt
Organisation	Der Text hat einen Anfang mit einem interessanten Einstieg, einen Mittelteil und einen Abschluss. Die Reihenfolge wirkt sinnvoll. Die Absätze sind absichtsvoll geschrieben und enthalten einen themenbezogenen und einen abschließenden Satz sowie Hauptideen.	Der Text hat einen Anfang, einen Mittelteil und einen Abschluss. Die Reihenfolge wirkt sinnvoll. Die Absätze sind absichtsvoll geschrieben und einige enthalten einen themenbezogenen sowie einen abschließenden Satz.	Der Text versucht, einen Anfang und/oder einen Schluss zu enthalten. Einige Ideen sind nicht sinnvoll gruppiert. Es gibt einige Probleme bei den Absätzen.	Es gibt keinen echten Anfang und kein echtes Ende. Die Ideen sind nur lose miteinander verbunden. Es gibt keine erkennbaren Absätze.
Stimme und Ton	Der Text zeigt, was der Schreiber denkt und fühlt. Er klingt, als würde sich der Schreiber mit dem Thema beschäftigen.	Der Text wirkt ernsthaft, aber nicht enthusiastisch. Die Stimme des Schreibers erscheint hin und wieder.	Der Text hätte von jeder möglichen Person stammen können. Er zeigt wenig darüber, was der Schreiber denkt und fühlt.	Der Text ist langweilig und klingt nicht so, als würde sich der Schreiber mit dem Thema beschäftigen. Er enthält keine Gedanken oder Gefühle.
Wortwahl	Es gibt beschreibende Wörter (z. B. „hilfreich“ statt „gut“ oder „schädlich“ statt „schlecht“).	Die Wörter sind meistens gewöhnlich mit ein paar Versuchen bei beschreibenden Wörtern.	Die Wörter sind gewöhnlich, aber mehrheitlich korrekt.	Dieselben Wörter werden immer wieder verwendet. Einige Wörter werden nicht korrekt benutzt.
Fluss der Sätze	Die Sätze sind vollständig, klar und haben unterschiedliche Anfänge.	Die Sätze sind für gewöhnlich korrekt.	Es gibt viele unvollständige Sätze und/oder Schachtelsätze.	Der Text ist schwer verständlich, weil er unvollständige und/oder Schachtelsätze enthält.

	4 Punkte	3 Punkte	2 Punkte	1 Punkt
Sprachliche Korrektheit	Rechtschreibung, Zeichensetzung, Groß- und Kleinschreibung sowie Grammatik sind korrekt. Es braucht nur geringe Korrekturen.	Rechtschreibung, Zeichensetzung, Groß- und Kleinschreibung sind überwiegend richtig. Es gibt Grammatikprobleme.	Es gibt so viele Fehler, dass der Text schwer verständlich ist.	Der Text ist wegen der Fehler kaum lesbar.

Abbildung 59: Kriterienraster für argumentative Texte (Übersetzung von Andrade et al., 2008, S. 12, mit leichten sprachlichen Anpassungen)

Die vierte Lektion war voll und ganz dem Einsatz des Kriterienrasters gewidmet. Die Kinder nahmen ihre Entwürfe und prüften diese systematisch mit dem Raster durch. Sie sollten das Raster genau lesen und mit farbigen Stiften wichtige Elemente unterstreichen. Mit derselben Stiftfarbe sollten sie in ihrem Entwurf Passagen markieren, die das Erfüllen der Kriterien demonstrierten. Hatten sie ein Kriterium nicht erreicht, sollten sie für sich schriftlich festhalten, wie sie dies bei der Überarbeitung erreichen können. Systematisch wurde – bis auf die sprachliche Korrektheit – jedes Kriterium durchgeprüft. In der fünften Lektion erhielten die Kinder eine Rückmeldung der Lehrperson zum ersten Entwurf und überarbeiteten ihn.

Das Beispiel 14 verdeutlicht das Potenzial von Kriterienrastern für die Revision von eigenen Texten. Prinzipiell kann man mit solchen Rastern ebenso fremde Texte beurteilen, sodass solche Raster ebenfalls beim formativen Feedback (Teilkap. 7.3.2) sowie beim kooperativen Schreiben zum Einsatz kommen können (7.3.4). Das ist bereits in einer Studie mit Viertklässlern nachweislich erfolgt, die mittels eines Kriterienrasters Texte von Zweitklässlern einschätzten und sie auf dieser Basis besprachen (Paquette, 2009). Allerdings führte dies bei den jungen Primarschulkindern nicht zu Verbesserungen (ES = –0,02; Graham et al., 2015 b); dies ist konsistent mit Befunden, dass Rückmeldungen von Erwachsenen im Primarschulalter doppelt so effektiv sind wie solche von Mitschülern oder Selbstbeurteilungen (ES = 0,80 vs. 0,37; Graham et al., 2012).

7.3.4 Kooperatives Schreiben

Das kooperative Schreiben zeichnet sich dadurch aus, dass mindestens zwei Personen aktiv und unter Beteiligung aller Texte planen, verschriften oder – und hier liegt das Schwergewicht der bisherigen Forschung – revidieren (Hoogeveen & van Gelderen, 2013). Die andere(n) Person(en) hat bzw. haben innerhalb der Aufgabenumgebung als Kooperateure oder Kritiker die Funktion, auf den entstehenden Text einzuwirken. Dies erfolgt auf der Prozessebene seitens der schreibenden Person mit sämtlichen dort zu verortenden Komponenten. Die kooperierende Person ist gefragt, ihre Aufmerksamkeit gezielt zu lenken und den Text aktiv zu lesen, weil dies die Basis für Verbesserungsvorschläge bildet (s. Abbildung 60). Wie ein solcher Förderansatz in der Praxis aussehen kann (er basierte auf dem SRSD-Ansatz, Teilkap. 7.2.1), wird in Beispiel 15 deutlich (ES = 1,26; Graham et al., 2012).

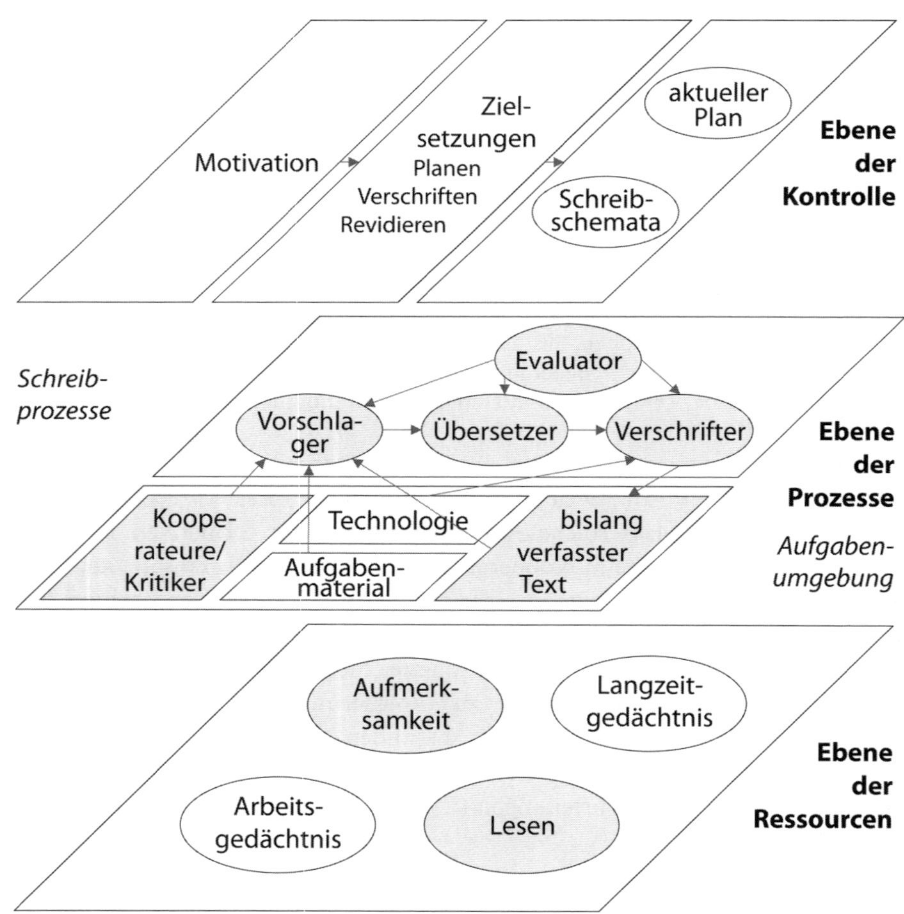

Abbildung 60: Zielpunkte und Komponenten beim Förderansatz kooperatives Schreiben

Beispiel 15: Viert- bis Sechstklässler mit Lernschwierigkeiten prüfen gegenseitig Texte und regen Verbesserungen an 

In einer Studie mit Heranwachsenden, die Lernschwierigkeiten aufwiesen, lernten die Schüler, wechselseitig Texte zu überprüfen (MacArthur, Schwartz & Graham, 1991). Das Vorgehen sah insgesamt zwei Sitzungen vor, in denen sich jeweils zwei Schüler trafen. In beiden Sitzungen hatten die Schüler zwei Rollen inne: die des Autors und die des Redakteurs. Die Rollenverteilung hing davon ab, ob der besprochene Text der eigene war – dann hatte man die Autorenrolle inne – oder ob man als Redakteur einen fremden Text begutachtete. Die erste Sitzung diente inhaltlichen Revisionen, die zweite sprachformalen.

Grundsätzlich folgte die erste Lektion **vier Schritten**: Zuerst las der Autor seinen Text laut vor, und der Redakteur hörte zu. Danach erzählte der Redakteur im zweiten Schritt dem Autor, worum es im Text ging und was ihm am besten gefallen hatte. Nun tauschten die Schüler die Rollen und wiederholten die Prozedur am zweiten Text. Im dritten Schritt las jeder Schüler den Text des anderen still und sollte Vorschläge für die Überarbeitung machen. Dabei waren zwei Fragen leitend:

1) Gibt es Stellen, an denen etwas unklar ist?
2) Wo lassen sich Details und Informationen ergänzen?

Nachdem der Text hinsichtlich dieser Fragen systematisch geprüft worden war, trafen sich die Schüler, um im vierten Schritt die Texte zu diskutieren und die Verbesserungsvorschläge zu unterbreiten.

Direkt im Anschluss erfolgte die Überarbeitung (wie schon das Schreiben des ersten Entwurfs geschah das mit einem Computer). Nach der Überarbeitung druckten die Schüler den zweiten Entwurf aus, der dem Redakteur gegeben wurde. Die Schüler diskutierten, welche der Änderungsvorschläge umgesetzt worden waren (und welche aus welchem Grund nicht). Im Anschluss daran überprüfte der Redakteur den Text des anderen Schülers hinsichtlich sprachformaler Aspekte. Als Unterstützung gab es eine Checkliste, in der vier Bereiche angesprochen waren:

1) komplette Sätze,
2) Groß- und Kleinschreibung,
3) Zeichensetzung und
4) Rechtschreibung.

Nach der sprachformalen reziproken Korrektur erfolgte eine letzte Überarbeitung.

Die soeben geschilderte Prozedur wurde von Lehrpersonen eingeführt, indem sie den Zweck und Wert der gegenseitigen Textrevision als nützliches Hilfsmittel zur Textoptimierung benannten und mit bisherigen Schreibaktivitäten verknüpften. Danach nannten und begründeten die Lehrpersonen die einzelnen Teilschritte und deren Zwecke. Dabei wurde die hohe Bedeutung des positiven Feedbacks hervorgehoben. Danach sahen die Schüler ein Video, in dem Schauspieler demonstrierten, wie man die Schritte anhand eines konkreten Beispiels ausführt. Die Beurteilung des fremden Textes wurde im Video mithilfe des lauten Denkens gezeigt, um sie den Zuschauern zugänglich zu machen. Dies wurde von einer Demonstration der Schritte mit lautem Denken durch die Lehrpersonen an einem Textbeispiel ergänzt, das per Projektor projiziert wurde („Modellieren"). Jeden einzelnen Schritt übten die Schüler an eigenen Texten. Danach sahen sie noch einmal das Video an und übten erneut, dieses Mal an fremden Texten. Die Lehrpersonen teilten den Schülern schlussendlich auch noch mit, dass sie diese Schritte in Zukunft bei ihren eigenen Texten nutzen konnten. Erst danach folgten die beiden Lektionen mit der wechselseitigen Überprüfung.

Das kooperative Schreiben, wie es in Form der Rückmeldungen zu Texten von Mitschülern typisch ist, ist im Kern eine Revisionsstrategie, die eine andere Person mit größerem Abstand zum konkreten Text anwendet. Sie fungiert damit als externe Ressource. Diese Parallelen zur Strategievermittlung (Teilkap. 7.2.1) sind sehr deutlich, denn es bedarf einer umfangreichen Vorbereitung, ehe Schüler fremde Texte angemessen und zielführend beurteilen. Im Beispiel ist außerdem deutlich geworden, dass man dieses Vorgehen modellieren sollte, damit Schüler das erwünschte Verhalten zunächst erst einmal bei anderen stellvertretend nachvollziehen können. Die im Beispiel beschriebene Förderung ist dicht am formativen Feedback (7.3.2), zum Beispiel dem zu kombinierten Sätzen (7.1.4). Es lässt sich mit Kriterienrastern koppeln (7.3.3). Erfolgt das Verschriften mittels Skriptor, lässt sich ebenfalls von kooperativem Schreiben sprechen (7.3.5).

7.3.5 Texte diktieren lassen

Das Diktieren von Texten ist ein Förderansatz, der speziell für die Risikopopulation der Kinder und Jugendlichen mit Lernschwierigkeiten in den Blick geraten ist (ES = 0,55). Der Förderansatz soll damit eine zeitweilige Entlastung darstellen, indem bei den Schreibprozessen gezielt der „Verschrifter" nicht benötigt wird und dadurch das Arbeitsgedächtnis entlastet wird. Das Aufschreiben übernimmt entweder ein Skriptor oder aber ein Diktiergerät. Die diktierende Person nutzt ihre Langzeitgedächtnisinhalte nebst planerischen Elementen dazu, einen mündlichen Text zu erstellen (s. Abbildung 61). Man kann das Diktieren, wenn es mit Skriptor erfolgt, dem kooperativen Schreiben zurechnen (Teilkap. 7.3.4). Das Beispiel 16 illustriert, wie sich das Diktieren zusammen mit der Strategievermittlung kombinieren lässt (ES = 0,64; Gillespie & Graham, 2014).

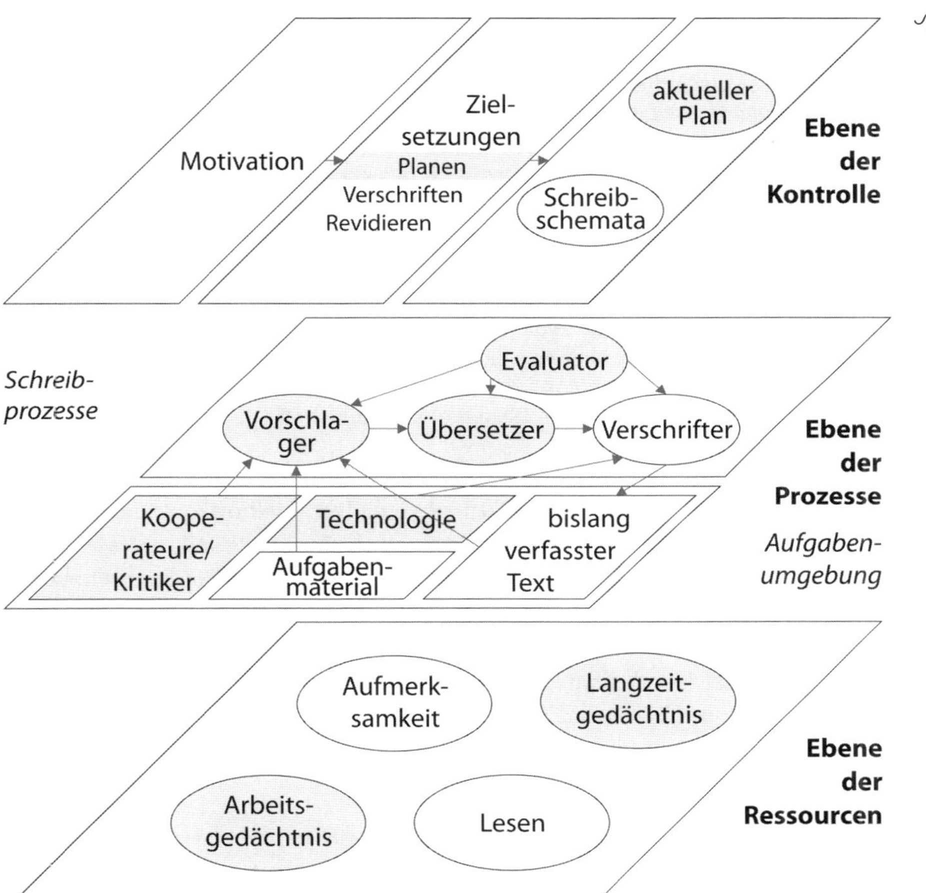

Abbildung 61: Zielpunkte und Komponenten beim Förderansatz, Texte diktieren zu lassen

Beispiel 16: Fünft- bis Siebtklässler mit Lernschwierigkeiten lernen, wie man Argumentationen plant und diktiert

Im Kern einer Studie mit Jugendlichen stand die Vermittlung einer Planungsstrategie für argumentative Texte (La Paz & Graham, 1997). Der erste Teil der Strategie diente dazu, möglichst viele Argumente zu finden und sie auf einem Denkblatt zu organisieren. Das Strategiebündel trug den Namen STOP (*S*uspend judgement – Misstraue einem vorschnellen Urteil; *T*ake a side – Entscheide dich für eine Seite; *O*rganize ideas – Organisier Ideen; *P*lan more as you write – Plan mehr, als du schreibst). Der zweite Teil der Strategie DARE (*D*evelop your topic sentence – Entwickle deinen themenbezogenen Satz; *A*dd supporting details – Ergänze unterstützende Details; *R*eject at least one argument from the other side – Entkräfte mindestens ein Argument der Gegenseite; *E*nd with a conclusion – Schließ mit einer abschließenden Äußerung ab) leitete das Verschriften an. Die Vermittlung erfolgte analog zu dem SRSD-Vorgehen (s. Beispiel 5.2 in Teilkap. 7.2.1). Die Besonderheit bei der einen Gruppe von Schülern bestand darin, dass sie bei den Testungen, mittels derer der Fördererfolg bestimmt werden sollte, ihre Texte mündlich produzierten und Forschungsassistenten die Texte aufschrieben. Den Schülern wurde mitgeteilt, dass dieses Vorgehen durchaus üblich ist, etwa bei Reportern oder Politikern. Die durch das mündliche Formulieren entstandenen Texte von jenen Schülern, die im Planen gefördert worden waren, waren am Ende der Förderdauer erheblich länger und wurden auch hinsichtlich ihrer Qualität besser beurteilt als die Texte von jenen Gleichaltrigen, welche im Planen geförderten wurden, die ihre Argumentationen jedoch selbst aufschrieben. Hierin deutet sich eine Konkurrenz beider Teilprozesse Planen und Verschriften um das Arbeitsgedächtnis an, die man durch zeitweiliges Diktieren entlasten kann.

Texte diktieren zu können, soll gerade schreibschwachen Schülern als Übergangslösung dabei helfen, Inhalte zu planen. Der Zielhorizont des Schreibunterrichts besteht darin, dass die Schüler selbstständig alle Teilprozesse – auch den des Verschriftens – erfolgreich selbstständig meistern. Hier kann Diktieren eine zeitweilige Form der Entlastung bilden. Es ersetzt dezidiert nicht die Förderansätze, die den Teilprozess Verschriften verbessern wollen (Teilkap. 7.1). Diktieren lässt sich – das hat das Beispiel demonstriert – mit Strategievermittlung kombinieren (7.2.1) und entfaltet dann ein offenkundig großes Potenzial.

7.3.6 Schreiben am Computer

Das Schreiben am Computer erleichtert den Schreibern – ausreichende Kenntnisse der Soft- und Hardware und eine gewisse Geübtheit im Schreiben mit der Tastatur vorausgesetzt – den Teilprozess Verschriften. Davon profitiert die Textqualität (ES = 0,47 bzw. 0,35). Vertiefende Analysen zeigten, dass Mittelstufenschüler stärker vom Computereinsatz profitieren als junge Grundschüler (ES = 0,60 vs. 0,39). Eine Metaanalyse nur zum Computereinsatz bei schwachen Schreibern (Morphy & Graham, 2012) demonstrierte, dass sich neben der Textgüte auch dessen Länge (ES = 0,48), Organisation (ES = 0,66) und sprachformale Richtigkeit erhöht (ES = 0,61). Insbesondere der Schreibmotivation schwacher Schreiber scheint der Einsatz von Rechnern sehr gut zu tun (ES = 1,42), zumal sie nach der Förderung das Schreiben am Rechner gegenüber demjenigen per Hand vermehrt vorziehen (ES = 0,64).

Im Kern ist bei dem Förderansatz die Prozessebene zentral, auf welcher der „Verschrifter" Texte produziert (und bei Bedarf verändert) und dabei von der Schreibtechnologie beeinflusst wird (s. Abbildung 62). Häufig wird der Computer nebst Textverarbeitungssoftware eingesetzt. Graham und Perin (2007 a) berichten bei den von ihnen gesichteten Studien von einer Dauer zwischen einer Woche und einem Jahr. In der oben schon erwähnten Metanalyse nur zum Computereinsatz konnte gezeigt werden, dass die **Effekte noch erheblich gesteigert** werden können, wenn weitere technische Hilfsmittel wie **automatische Feedbacks** genutzt werden (ES = 0,91; Morphy & Graham, 2012). Ein solcher Ansatz wird im Beispiel 17 genauer beschrieben, allerdings wurde hier nicht ermittelt, wie er sich auf die Textqualität auswirkt, sondern auf das Leseverstehen (ES = 0,59; Lenhard, Baier, Endlich, Lenhard, Schneider & Hoffmann, 2012).

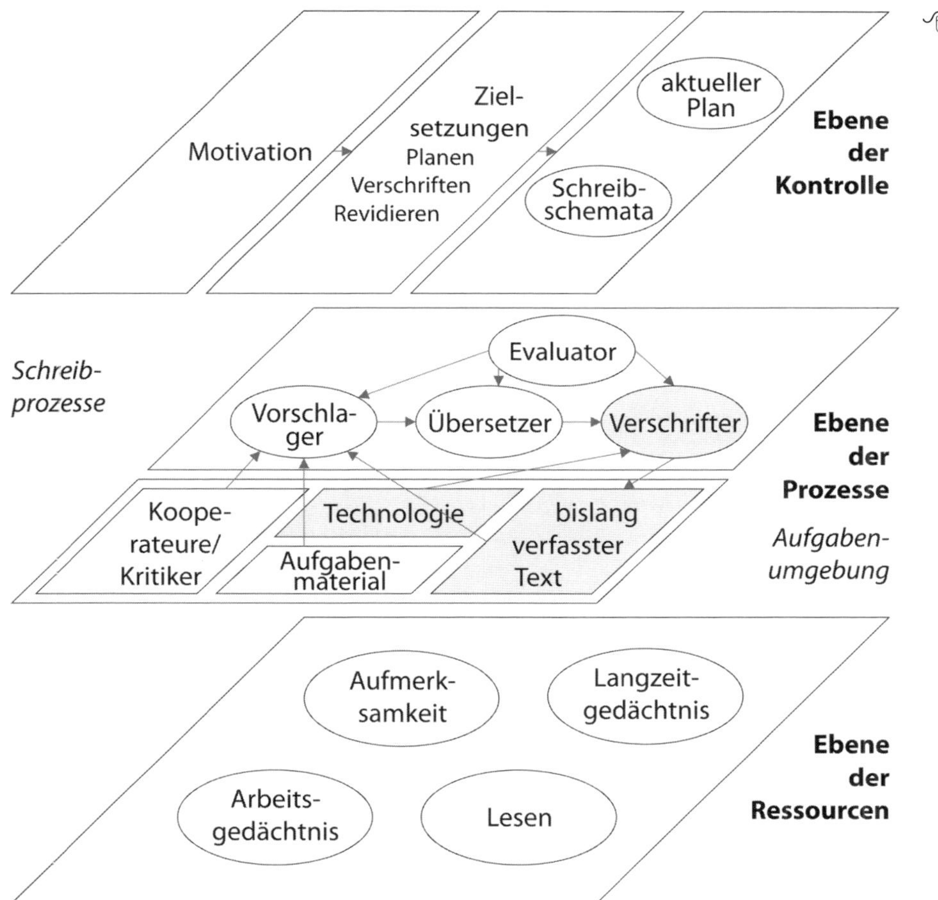

Abbildung 62: Zielpunkte und Komponenten beim Förderansatz, Texte am Computer schreiben zu lassen

Beispiel 17: Leseschwache Sechstklässler fassen Texte mit der Software „conText“ zusammen und erhalten automatisches Feedback

In einer Förderstudie mit Hauptschuljugendlichen der sechsten Jahrgangsstufe kam eine Software mit dem Namen „conText“ zum Einsatz, mit der sich schriftliche Zusammenfassungen am Computer erstellen lassen (Lenhard et al., 2012; die Software ist käuflich erwerbbar und offen für eigene Modifikationen im Sinne von neuen Texten, die man zusammenfassen lässt; Lenhard, Baier, Lenhard, Hoffmann & Schneider, 2013). Insgesamt 18 Lektionen wurden durchgeführt. Der Förderansatz basiert auf einer Sachtextsammlung im Computerprogramm. Diese Texte lasen die Jugendlichen und sollten dann in einer zweiten Phase innerhalb einer Maske eine Zusammenfassung schreiben (s. Abbildung 63).

Phase 1: Text lesen

Phase 2: Zusammenfassen

Phase 3: Analyse der Sätze

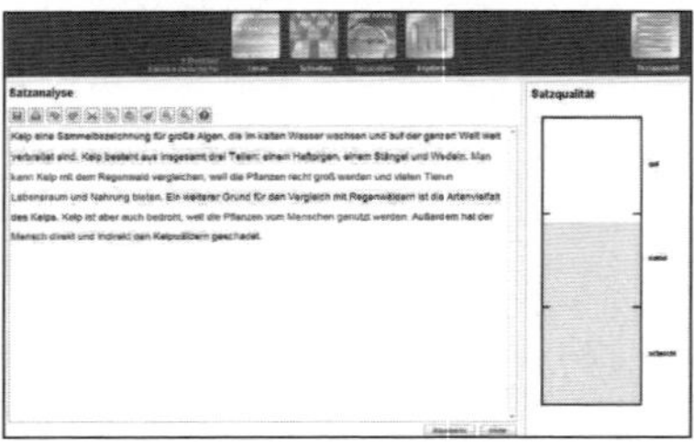

Phase 4: Feedback zum Text

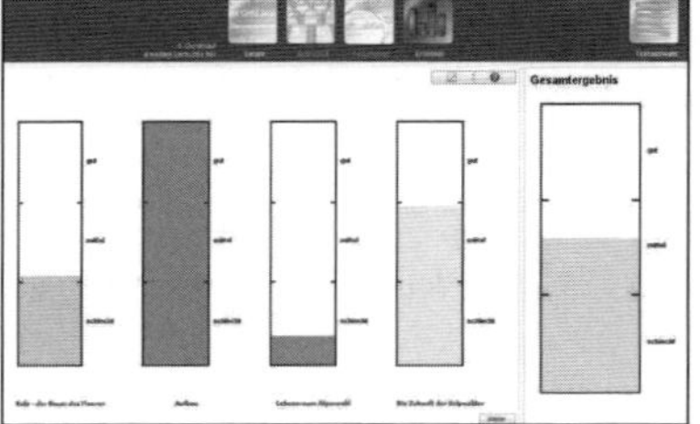

Abbildung 63: Vier Phasen (Screenshots) beim schriftlichen Zusammenfassen mit „conText“

Parallel zum Schreiben erhielten die Jugendlichen ein grafisches Feedback zur Länge des Textes („zu kurz“, „gut“ bzw. „zu lang“). Hatten die Jugendlichen die Texte verfasst, konnten sie in einer dritten Phase die Satzlänge bzw. -qualität analysieren lassen, zum Beispiel hinsichtlich problematischer Begriffe. Hier gab es ebenfalls eine grafische Rückmeldung und Kategorisierung in drei Gruppen („schlecht“, „mittel“ und „gut“). Ferner wurden problematische oder redundante Sätze grafisch hervorgehoben, um die Aufmerksamkeit auf sie zu lenken. Am Ende in der vierten Phase erhielten die Jugendlichen genaueres Feedback zu einzelnen Teilen des Textes und ein Gesamtergebnis mit denselben Kategorisierungen wie bei der Satzqualität. Pro

Text bestand die Möglichkeit, den Text bis zu zehnmal zusammenzufassen, außerdem offerierte die Software noch Tipps zum Schreiben.

7.3.7 Prozedurale Unterstützung

Mit prozeduraler Unterstützung sind externe Hinweise gemeint, die die Ausgestaltung des Schreibprozesses erleichtern sollen (ES = 0,24, nicht signifikant). In aller Regel handelt es sich um Schritte aus der Aufgabenumgebung, die eine schreibende Person befolgen oder um Denkblätter, die jemand vor dem Schreiben mit möglichen Textinhalten füllen soll. Mit diesem Schwerpunkt

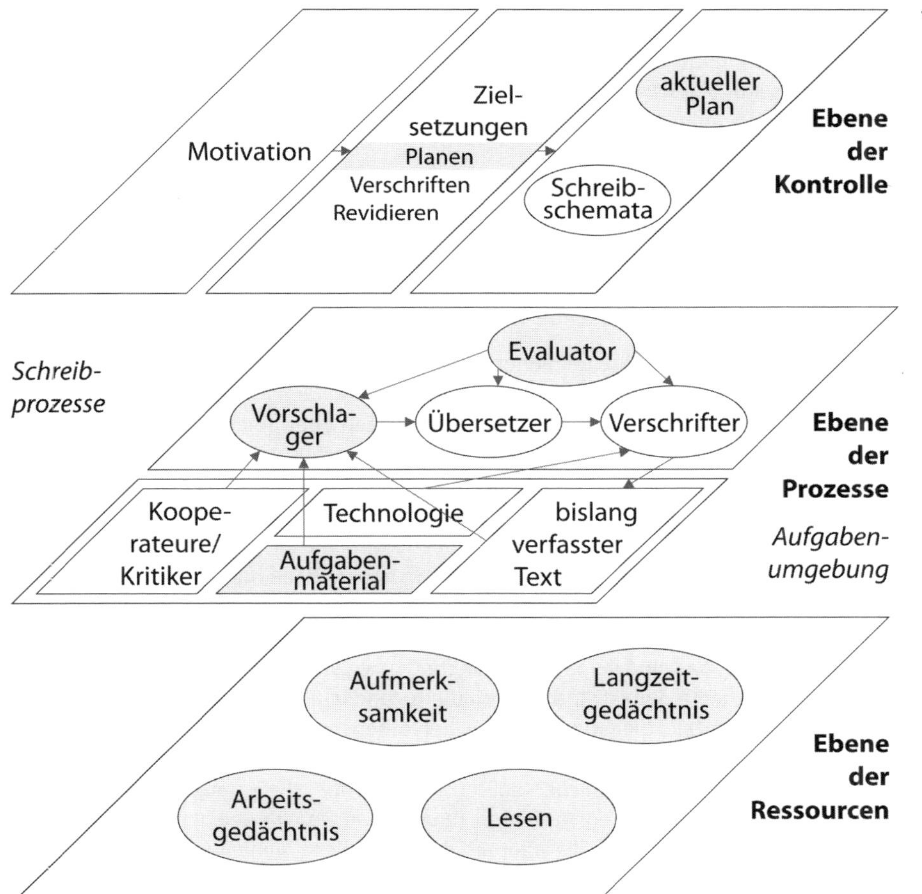

Abbildung 64: Zielpunkte und Komponenten beim Förderansatz prozedurale Unterstützung

setzt der Förderansatz vor allem auf der Ebene der Ressourcen an, die die Schüler vollumfänglich nutzen sollen, um planungsbezogene Zielsetzungen in einen Plan für den aktuellen Text zu überführen. Die meisten Förderansätze setzen beim Teilprozess Planen an, weshalb auf der Prozessebene in Abbildung 64 die entsprechenden Hauptkomponenten, der „Vorschlager" und der „Evaluator" hervorgehoben sind. Im Beispiel 18 (ES = 1,37; Graham & Perin, 2007 a) kommen noch Revisionen des eigenen Textes hinzu, die in der Abbildung 64 nicht eigens hervorgehoben sind.

Beispiel 18: Sechst- und Neuntklässler erhalten parallel zum Schreiben Hinweise

Eine israelische Studie prüfte, inwieweit es Jugendlichen half, wenn sie parallel zum Schreiben eines Textes Hinweise erhielten (Zellermayer, Salomon, Globerson & Givon, 1991). Diese Hinweise wurden von einem Computerprogramm gegeben, welches simultan zum Schreiben mitlief. Die Jugendlichen schrieben in insgesamt fünf zweistündigen Lektionen zwei bis drei deskriptive bzw. argumentative Texte und durften sich in jeder Sitzung einen von zwei Schreibaufträgen aussuchen, den sie dann bearbeiteten.

Die Hinweise an die Jugendlichen bezogen sich auf drei Bereiche:

- erstens das Planen vor dem Schreiben,
- zweitens die kontinuierliche Beurteilung des entstehenden Textes während des Schreibens sowie
- drittens eine abschließende Textbeurteilung.

Damit sind die beiden hierarchiehohen Teilprozesse Plan und Revidieren in den Blick geraten. Hinsichtlich der **Hinweise zum Planen** erschienen Fragen wie folgende auf dem Bildschirm: „Willst du einen beschreibenden oder einen überzeugenden Text schreiben?" bzw. „Was ist das Thema deines Textes?". Die Schüler gaben ihre Antworten in einer Maske ein, was bei allen planungsbezogenen Fragen der Fall war. Einige Fragen bezogen sich auf die **Adressaten** des Textes: „An wen schreibst du? Schreibst du für jemanden, der Experte bei dem Thema ist? In diesem Fall braucht er kein Hintergrundwissen, sondern ist eher an neuen Ideen interessiert." bzw. „Ist er ein Neuling? Denk daran, dass er einige Basisinformationen zu dem Thema benötigt.". Ein wiederum anderes Set von Fragen widmete sich der **thematischen Elaboration**: „Was sind deine Hauptpunkte?" bzw. „Was kommt dir in den Sinn, wenn du an das Thema denkst?". Nachdem die Jugendlichen ihre Antworten eingegeben hatten, sollten sie diejenigen Punkte hervorheben, die ihnen besonders wichtig erschienen. Die Antworten der Schüler dienten für die Ausgestaltung eines Schreibplans, auf den die Jugendlichen später zurückgreifen, die getätigten Angaben aber nicht mehr ändern konnten. Außerdem fungierten die Antworten der Jugendlichen als Reservoir für die Software, die während des Schreibens immer wieder Hinweise gab.

Bei der **zweiten Kategorie von Fragen**, die während des Schreibens ohne Zutun der Schüler in Pop-up-Fenstern erschienen, wurden insgesamt vier Subkategorien mit nahezu identischer Anzahl von Fragen bedient:

1) Themenelaboration („Was weiß ich noch zu dem Thema?“),
2) Themenorganisation („Wäre es nicht besser, diese Information an den Anfang zu stellen?“),
3) Explizitheit („Gibt es Konzepte, die ich erklären muss?“) und
4) Zweck des Schreibens („Gehe ich noch in die richtige Richtung?“ bzw. „Ist das die Schlussfolgerung, zu der ich wirklich gelangen will?“).

Anders als die vorgängigen Planungsfragen erschienen die insgesamt 30 Fragen während des Schreibens in einer zufälligen Reihenfolge. Die Jugendlichen sollten jede Frage für sich selbst mental beantworten und danach das Pop-up-Fenster schließen.

Hatten die Jugendlichen ihren ersten Entwurf verfasst, leitete ein **drittes Set von Fragen** eine Textrevision an. So wurden die Schüler gefragt, ob sie genügend Details (bei den beschreibenden Texten) oder unterstützende Begründungen (bei Argumentationen) in den Text integriert hatten. Andere, weniger textsortenspezifische Fragen lauteten: „Enthält dein Text die nötigen Übergänge zwischen dein Ideen?“. Wiederum andere Fragen hatten einen Bezug zu den vorgängigen Schreibplänen, etwa: „Ist dein Argument von ausreichend Daten unterstützt, um einen Neuling zu überzeugen?“ Die Schüler wurden gebeten, jeden Teil des Textes zu prüfen und die ihnen notwendig erscheinenden Modifikationen vorzunehmen.

Mit der prozeduralen Unterstützung sollen Schüler dazu angeleitet werden, ihre Schreibprozesse zu optimieren. In gewisser Weise bilden auch Kriterienraster (Teilkap. 7.3.3) eine Form der prozeduralen Unterstützung. Eine weitere Parallele besteht zu den Schreibstrategien, die ebenfalls eine Reihe von Schritten bilden (7.2.1). Ein Hauptunterschied liegt darin, dass bei den Strategien explizit das Vorgehen demonstriert wird, während dies bei der prozeduralen Förderung gleich erwartet wird. Damit ist dieser Förderansatz **eher für leistungsstärkere Schüler geeignet**, da er umfassende Wissensbestände beim prozeduralen Wissen voraussetzt.

7.3.8 Beispieltexte studieren lassen

Beim Studieren-Lassen von Beispieltexten (ES = 0,40 bzw. 0,22) geht es im Kern darum, anhand einer aufmerksamen Analyse eines fremden Textes für Textqualitäten sensibilisiert zu werden und diese Informationen als Schreibschemata im Langzeitgedächtnis abzuspeichern (s. Abbildung 65). Im Anschluss daran wird ein Transfer einer produktbezogenen Fördermaßnahme auf die Schreibprozesse implizit erwartet, was in eine Verbesserung des eigenen Textes münden soll. Die im Vergleich zu anderen Fördermaßnahmen eher geringen Effektstärken sprechen aber eine andere Sprache und zeigen, dass dieser Transfereffekt – wenn er denn überhaupt erfolgt – eher gering ist.

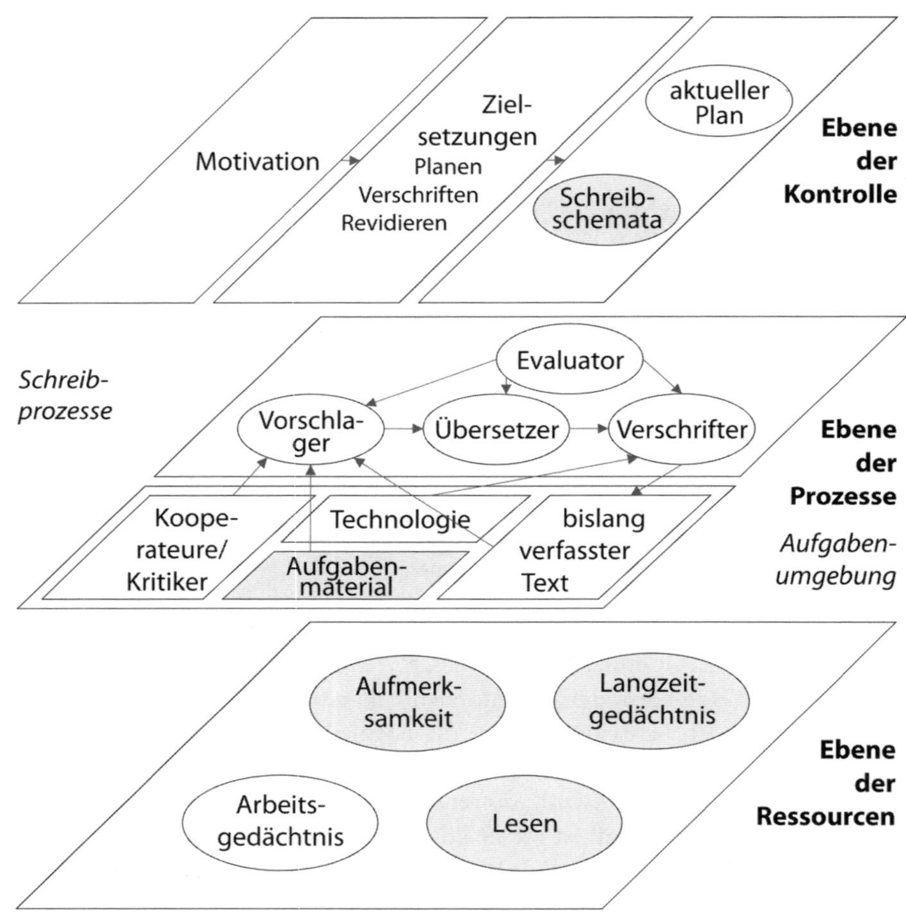

Abbildung 65: Zielpunkte und Komponenten bei dem Förderansatz, Beispieltexte studieren zu lassen

Für das Studium von Beispieltexten erfolgt an dieser Stelle kein gesondertes Beispiel. Das hat damit zu tun, dass die in den Metaanalysen ausgewerteten Studien sehr häufig unveröffentlichte Doktorarbeiten sind. Deshalb sollen an dieser Stelle die vielfältigen Möglichkeiten des Förderansatzes im Stile eines kurzen Forschungsüberblicks demonstriert werden. Die folgenden Darstellungen basieren auf Hillocks (1986).

Eine Möglichkeit des Beispieltexte-Studierens besteht darin, anspruchsvolle Kinder- und Jugendliteratur entweder **selbst lesen oder vorlesen** zu lassen. Dabei hat es Studien gegeben, die entweder auf den reinen Kontakt mit den Texten setzten, oder aber konkrete Arbeitsaufträge enthielten, worauf sich die Schüler konzentrieren sollen. Eine weitere Möglichkeit besteht darin, dass man bei den Beispieltexten die Schüler **funktionale Elemente wie Hauptideen oder Details suchen** lässt. Zielführend scheint es insbesondere zu sein, wenn mithilfe kurzer Textbeispiele ganz spezifische Aspekte gelungener Texte in den Blick geraten.

Unter den von Hillocks gesichteten (aber nicht metaanalytisch ausgewerteten) Studien ist eine besonders hervorzuheben. In ihr sollten Drittklässler zwei beschreibende Absätze zu ungewöhnlichen Tieren lesen. Danach sollten sie den besser beschreibenden Absatz auswählen, untereinander besprechen, warum die Wahl so und nicht anders ausgefallen war und danach den anderen Absatz umschreiben. Hierfür stand ihnen ein Bild des Tieres zur Verfügung. Dies erfolgte insgesamt achtmal. Kurze und intensive Kontakte mit exemplarischen Texten wirken demnach hilfreicher als längere.

Wie Hillocks (1986) selbst zugibt, ist der Kenntnisstand in Sachen effektiver Förderung durch das Studium von Beispieltexten ausgesprochen unbefriedigend und inkonsistent – und diese Einschätzung gilt im Grunde bis in die heutige Zeit hinein. Das Studieren von exemplarischen Texten ist jedoch Gegenstand von anderen Fördermaßnahmen, darunter dem Nachprüfen, ob Produktziele erreicht wurden (Teilkap. 7.3.1), wie gut Satzkombinationen (7.1.4), eigene (7.3.3) oder fremde Textentwürfe (7.3.2) geglückt sind. Bei Lichte betrachtet kommt dieser Förderansatz also relativ häufig vor. Er ist dann aber (dienender) Teil einer anderen, umfassenderen Fördermaßnahme, weshalb es sich empfiehlt, ihn nicht völlig isoliert zu nutzen.

7.3.9 Zusätzliche Schreibzeit geben

Der Förderansatz der zusätzlichen Schreibzeit verlängert Schreibprozesse, damit die Schüler Ressourcen für das Schreiben nutzen und sich ihre Texte verbessern können. Die Grundidee ist, über die verlängerte Schreibzeit als Gestaltung der Aufgabenumgebung individuelle Schreibprozesse anzuregen (s. Abbildung 66). Die Effektivität dieses Förderansatzes ist eher als gering einzustufen (ES = 0,24). Ein in seiner Effektivität deutlich nach oben abweichendes Exempel wird in Beispiel 19 beschrieben (ES = 0,69; Graham et al., 2012). Das lässt sich dadurch erklären, dass der Förderansatz deutliche Parallelen zum Prozessansatz (Teilkap. 7. 3. 11) aufweist.

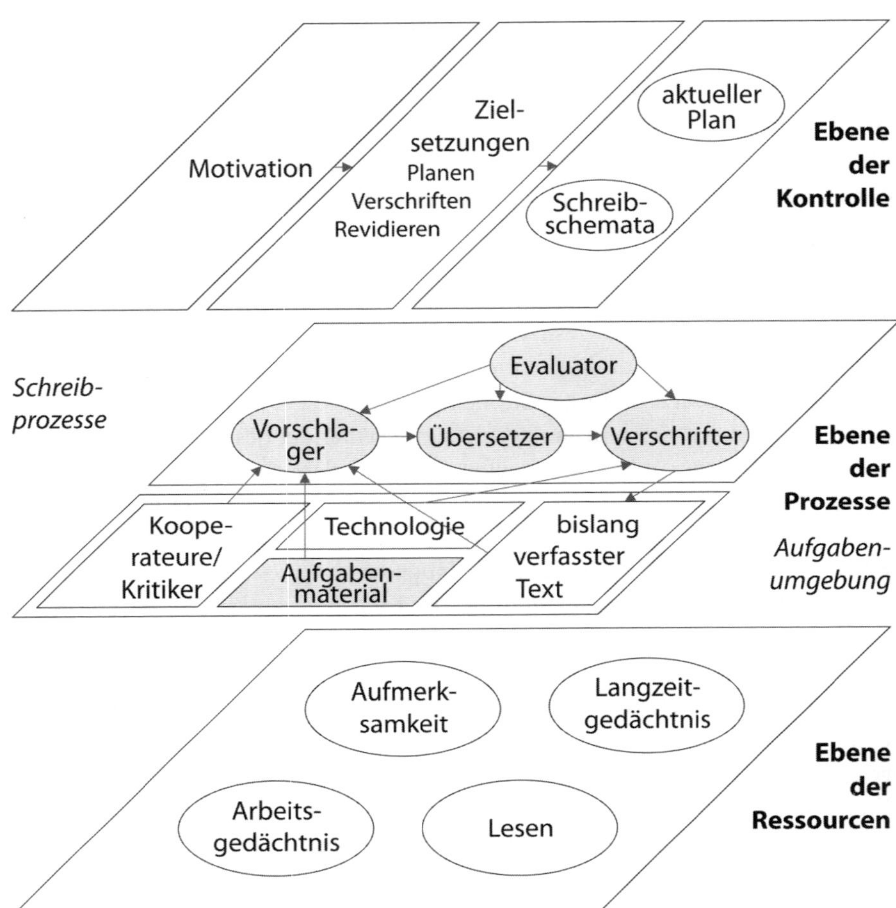

Abbildung 66: Zielpunkte und Komponenten bei dem Förderansatz, zusätzliche Schreibzeit zu gewähren

Beispiel 19: Fünft- und Sechstklässler erhalten die Gelegenheit, mehr zu schreiben

In einer US-amerikanischen Studie mit 20-wöchiger Dauer lernten Mittelstufenschüler, Texte innerhalb eines sozialen Kontextes zu schreiben (Raphael, Englert & Kirschner, 1986). Ziel war es, dass Zweck, Adressaten, der eigene Beitrag und die eigene Stimme hervorgehoben wurden. Hierfür kam eine Prozedur zum Einsatz, die „Schreibkreis" genannt wurde. Ein Schreibkreis umfasste alle Phasen des Schreibprozesses, nämlich das vorgängige Planen (mittels Denkblättern, s. Abbildung 67), das Schreiben des ersten Entwurfs, die Durchführung einer Prüfung des Textes innerhalb einer Gruppe von Schülern und die Überarbeitung. Danach wurden die

Denkblatt für das Planen vor dem Schreiben

Thema

Mein Thema ist ____________________

Ich will über dieses Thema schreiben, weil ____________________

____

Zwei Dinge, von denen ich weiß, dass sie es erleichtern, diesen Text zu schreiben, sind:

1. ____________________

2. ____________________

Leser

Wer liest meinen Text? ____________________

Mein Leser wird an dem Thema interessiert sein, weil

1. ____________________

2. ____________________

Zweck

Mein Zweck beim Schreiben über dieses Thema ist ____________________

____

Mein Leser soll sich beim Lesen des Textes ____________________ fühlen.

Organi-sation

Welche Ideen werde ich in den Text tun, damit er für meinen Leser interessant ist?

1. ____________________ 2. ____________________

3. ____________________ 4. ____________________

Ich werde meine Ideen in dieser Reihenfolge organisieren, damit man ihnen leicht folgen kann:

Erstens ____________________

Zweitens ____________________

Drittens ____________________

Viertens ____________________

Abbildung 67: Denkblatt für das Planen eines Textes (Quelle: Raphael et al., 1986, S. 34, leicht modifiziert)

Texte veröffentlicht, wobei den Jugendlichen zugestanden wurde, dass sie über die Form der Veröffentlichung selbst entscheiden konnten. Diese Aktivitäten wurden innerhalb der ersten zehn Wochen eingeführt, und Schreiben wurde als Vehikel für den Ideentransport betont. Die zweiten zehn Wochen wurden in ähnlicher Weise dafür genutzt, dass die Schüler über sozialwissenschaftliche Themen schreiben.

Die Extra-Zeit beim Schreiben, die den Kindern aus Beispiel 19 eingeräumt wird, ist mehr als zusätzliche Zeit: Dadurch, dass das Schreiben ritualisiert und alle Prozesse durchlaufen werden, und durch die Anreicherung mit anderen Elementen wie den Aktivitäten vor dem Schreiben (Teilkap. 7.2.7) und dem kooperativen Schreiben (7.3.4) entsteht etwas, das Graham und Perin (2007 a) in einer Sammelkategorie „umfassende Förderprogramme“ für nicht eindeutig zuordenbare Schreibförderanlässe reserviert haben (ES = 0,55). Das Besondere bei dem im Beispiel 19 beschriebenen Förderansatz ist die Kontinuität, mit der das Schreiben erfolgt, und die eine Zuordnung zur Kategorie „Zusätzliche Schreibzeit“ legitimiert. Hierin liegt ein gewinnbringender Schwerpunkt in der schulischen Schreibförderung, da die Stetigkeit und Ritualisierung des Schreibens dem Lernen und der Kommunikation (5.3) dient. Dadurch wird Schreibförderung nichts Singuläres, sondern eine Selbstverständlichkeit.

7.3.10 Freies Schreiben

Über das freie Schreiben, das sich im deutschsprachigen Raum explizit gegen den gebundenen Aufsatz am Gymnasium verwahrt (Teilkap. 6.1), ist erstaunlich wenig bekannt. Studien dazu liegen kaum vor, und es ist beispielsweise auffällig, dass (analog zum traditionellen Grammatikunterricht) das freie Schreiben bei drei der von Graham und Perin (2007 a) ausgewerteten Studien die Kontrollbedingung bildete und die derart geförderten Kinder schlechter abschnitten. Selbst die von Hillocks (1986) berichteten Effekte sind gering (ES = 0,16; s. aber eine positive Ausnahme in Beispiel 20; ES = 0,53; Hillocks, 1986). Das freie Schreiben, das weder das Thema vorgibt noch die Texte benotet, adressiert im Mehrebenen-Modell explizit das Aufgabenmaterial, das inhaltlich offen ist und dadurch motivieren soll. Die konkrete Ausgestaltung des Schreibprozesses obliegt dann dem Schüler. Damit will das freie Schreiben einerseits bewusst nicht einengen, andererseits erhöht es – jedenfalls dann, wenn es nicht um andere Maßnahmen ergänzt wird – den Schwierigkeitsgrad erheblich – vermutlich ohne es wollen.

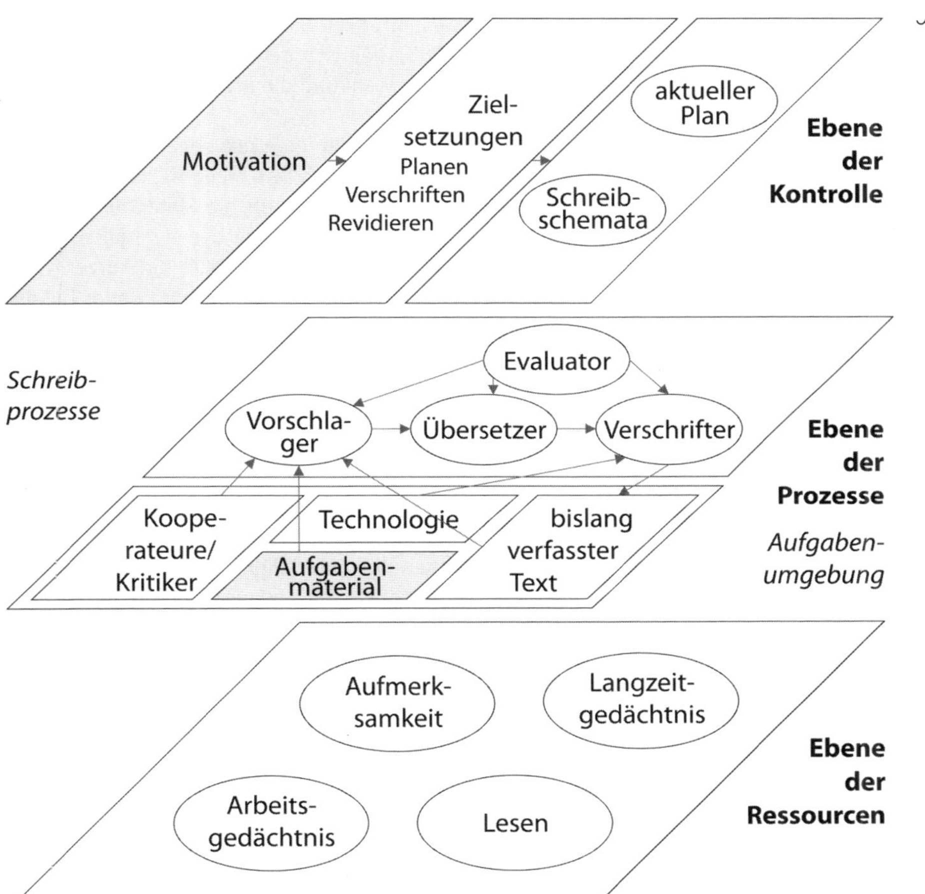

Abbildung 68: Zielpunkte und Komponenten beim Förderansatz freies Schreiben

Beispiel 20: Lehrpersonen entwickeln ein Curriculum von freien Schreibaufträgen für Siebt- bis Neuntklässler

Einen Förderansatz, der einerseits starken Basisbewegungscharakter hat und andererseits ein gutes Beispiel für die Zusammenarbeit von Lehrpersonen und Hochschulangehörigen darstellt, wurde schon in den 1970er Jahren durchgeführt (Olson & DiStefano, 1980). Im „Colorado Writing Project" wurden gezielt Multiplikatoren angeworben, die über eine Zeit von acht Wochen freigestellt waren, unter wissenschaftlicher Begleitung Materialien für Sekundarschüler zu erstellen, die für den Schreibunterricht gedacht waren. Mit den entwickelten Materialien sollten in einer zweiten Phase dann die Kollegien vor Ort weitergebildet werden. Es war erklärtes Ziel, dass die Materialien als Gesamtpaket und passend für die konkreten Gegebenheiten vor Ort funktionierten. Außerdem wurden die Materialien als ein Curriculum entwickelt, was durch die Themenwahl und die Arbeitsaufträge geleistet wurde.

Mit diesem Anspruch nahmen die Forscher zusammen mit der Schulverwaltung eine informelle Bedürfnisanalyse der Schulbezirke vor. Das Ergebnis, eine Liste von Themen, die aktuell waren, bildete den Ausgangspunkt für die Materialerstellung. Die Multiplikatoren sollten zu einem Thema (weitestgehend der eigenen Wahl) in Gruppen ein Paket aus mehreren Elementen herstellen. So sollte ein kurzer theoriebasierter Text zur Verortung des Förderansatzes entstehen und als zweiter Teil die Materialien, die man für eine interne Weiterbildung für den konkreten Förderansatz braucht. Im Zentrum stand dabei das Schreiben zu eigenen Themen mit der Möglichkeit, in der Klasse gemeinsam Inhalte zu generieren; die individuelle inhaltliche Ausgestaltung beim Schreiben sollte dann jedem Schüler individuell obliegen. Insofern stand das freie Schreiben damit im Kern der zu erstellenden Materialien.

Für das Erstellen des ersten Entwurfs blieb den Multiplikatoren-Lehrpersonen fünf Wochen Zeit. In der sechsten Woche kamen die Gruppen zusammen und stellten ihre Materialien den anderen vor. Sie unterzogen die Materialien damit einer Art Praxistest und konnten erleben, wie die Kollegen reagierten und was sie kritisierten. Das offerierte die Möglichkeit zur Überarbeitung. Die siebte und achte Woche diente dazu, alle Materialien selbst auszuprobieren. In diesen Wochen wurde auch ein Schreibcurriculum herbeigezogen, in dem die Materialien wie einzelne Module fungierten. Die Lehrpersonen demonstrierten, wie die Materialien zum Einsatz kommen sollten, was eine Form des Übens war, denn danach sollten sie Kollegien fortbilden.

Wie so viele andere Förderansätze geht es beim freien Schreiben um die Inhaltsgenerierung. Hier eine gewisse Freiheit zu ermöglichen, ist aus Sicht der Selbstbestimmungstheorie ein grundsätzlich **motivationsförderlicher Grundgedanke** (Ryan & Deci, 2000a). Nur ist in schulischen Kontexten die freie Wahl nicht unbedingt ein Garant für automatisch geglücktes Lernen, da hier andere Handlungen von Lehrpersonen, insbesondere das Vermitteln, dass der Lerngegenstand relevant ist, mit höherem Engagement korrespondieren (Katz & Assor, 2007). Sein Potenzial scheint beim freien Schreiben vor allem in der thematischen Offenheit zu liegen. Allerdings ist das freie Schreiben **absolut voraussetzungsreich**, weil sämtliche technischen Aspekte (und hierzu zählt das Planen ebenfalls; Teilkap. 2.2.4.1 und 2.2.4.2) sowie Textsortenkenntnisse vorhanden sein müssen, um die offenen Aufträge erfolgreich bearbeiten zu können. Dies nebst der sehr geringen Wirksamkeit und den eher problematischen Befunden steht in deutlicher Konkurrenz zur gegenwärtigen Konjunktur des

Förderansatzes „Freies Schreiben“ im deutschsprachigen Diskurs zur Schreibförderung (6.1).

7.3.11 Prozessansatz

Der Prozessansatz (ES = 0,37 bzw. 0,43) zu guter Letzt ist einer der inhaltlich komplexesten Förderansätze mit **sieben Charakteristika**, die je nach Studie mehr oder minder stark ausgeprägt waren und die in den Originalstudien zum Teil nur sehr knapp beschrieben wurden:

- Erstens umfasst das Schreiben sämtliche Teilprozesse wie Planen, Verschriften und Revidieren.
- Zweitens haben die Texte echte Adressaten,
- und das Schreiben erfolgt drittens längerfristig.
- Viertens fallen die Texte und ihre Gestaltung in die Hoheit der Schüler, wiewohl
- fünftens Reflexionen über das Schreiben und die Texte gefördert werden.
- Die Schüler arbeiten sechstens in einer sicheren Schreibumgebung und können kooperieren.
- Die Lehrpersonen nutzen siebtens permanent Gelegenheiten zur Vermittlung und zum Feedback (Graham & Sandmel, 2011).

Mit diesen Schwerpunkten und Merkmalen setzt der Prozessansatz auf der gleichnamigen Ebene im Mehrebenen-Modell des Schreibens an, wo er außer der Schreibtechnologie jede andere Komponente tangiert. Außerdem will er zum Schreiben motivieren und die Gestaltung von Schreibplänen durch das häufige Schreiben erleichtern (s. Abbildung 69).

Die oben geschilderte Kombination von verschiedenen, gemäß Metaanalysen als wirksam geltenden Elementen macht den Prozessansatz zu einem schreibdidaktisch reizvollen Förderprogramm. Allerdings ergaben einige vertiefende Analysen eher **problematische Befunde**. So verpufft die Wirkung, wenn es keine professionelle Weiterbildungsmaßnahmen für Lehrpersonen gab (ES = 0,03 vs. 0,46 mit begleitender Entwicklungsmaßnahme; Graham & Perin, 2007 a). Außerdem hilft der Ansatz – zumindest bisher – schwachen Schreibern nicht, wirkt sich nicht signifikant positiv auf die Motivation aus und entfaltet seine Wirkung anscheinend nur bei Erzähltexten (Graham & Sandmel, 2011). Es scheint, dass gerade die inhaltlich überzeugende Kombination von Förderelementen dafür sorgt, dass die tatsächliche Umsetzung im Unterricht schwer ist, eben weil man so viele Elemente gleichzeitig angemessen bedienen und berücksichtigen muss. Dies wird eindrucksvoll im kurzen Beispiel 21 deutlich (ES = 0,37; Graham et al., 2012).

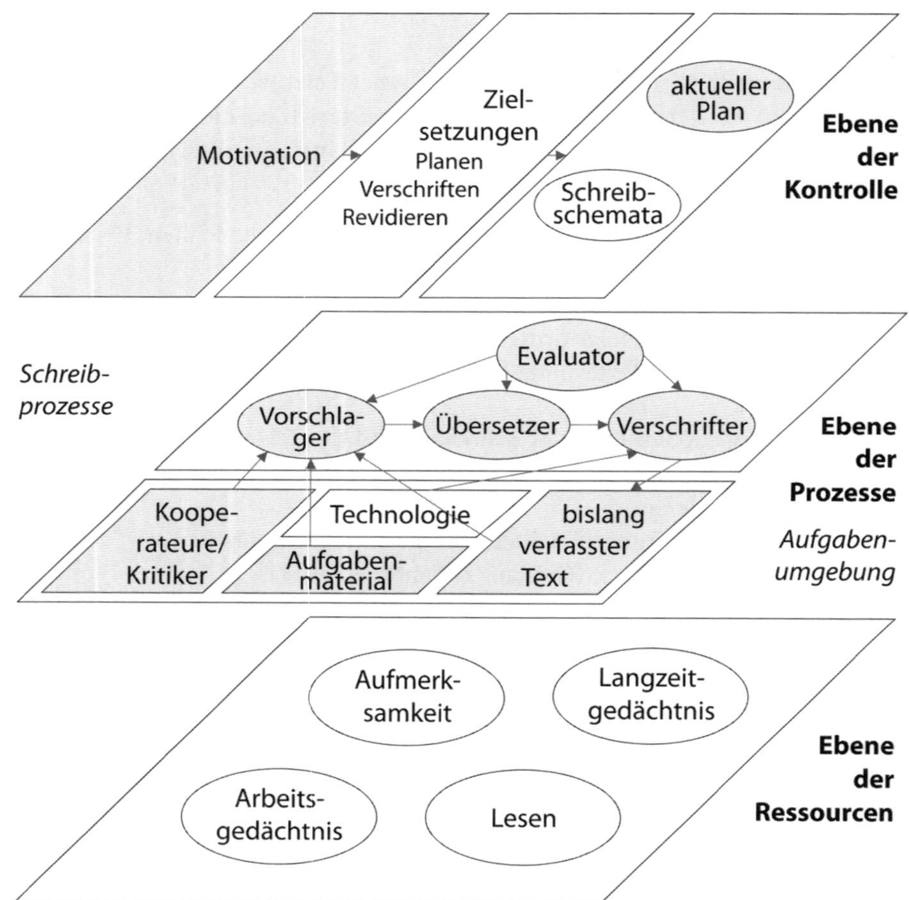

Abbildung 69: Zielpunkte und Komponenten beim Prozessansatz

Beispiel 21: Viert- und Fünftklässler mit Lernschwierigkeiten im steten Schreibworkshop

Sieben Monate lang erhielten Viert- und Fünftklässler mit Lernschwierigkeiten die Gelegenheit, an Schreibworkshops teilzunehmen, die dem Prozessansatz folgten (Clippard & Nicaise, 1998). Die Intervention umfasste pro Woche jeweils vier rund einstündige Lektionen zum Schreiben. Die Lektionen folgten einer stets gleichen Dramaturgie. Zunächst hatten die Kinder zehn Minuten Zeit, sich für ein Thema zu entscheiden und sich inspirieren zu lassen. In diese erste Phase fielen auch das

Lesen von Texten und auf Beobachtungen der Lehrpersonen basierende Minilektionen für einzelne Schüler. In der folgenden halben Stunde schrieben die Schüler für sich selbst, ehe sie danach 15 Minuten Zeit hatten, in Kleinkonferenzen untereinander oder mit der Lehrperson den Text zu diskutieren. Bei diesen Diskussionen ging es um Vorschläge für Verbesserungen, aber auch um den Ideenaustausch und das Vorstellen von fertigen oder sich noch in der Produktion befindlichen Texten. Alle sechs Wochen wurden zudem die Texte der Schüler zusammengestellt und als Buch sowohl im Klassenzimmer ausgestellt als auch in der Schulbibliothek deponiert.

Mit dem Förderansatz aus Beispiel 21 wurde dezidiert versucht zu **simulieren, was unter Experten-Schreibern üblich ist**:

- Man wollte erstens zyklische, habituelle und tägliche Schreibaktivitäten etablieren.
- Zweitens sollten die Kinder – analog zum freien Schreiben (Teilkap. 7. 3. 10) – zu frei wählbaren Themen Texte herstellen.
- Drittens sollte das Schreiben sozial gerahmt sein und
- viertens die Texte einer echten Leserschaft zur Verfügung gestellt werden (Clippard & Nicaise, 1998).

Mit diesem im Kern verdienstvollen Ansinnen und der Integration von sozialen Unterstützungsleistungen (Teilkap. 7.3.2, 7.3.4) zielt der Prozessansatz auf sehr anspruchsvolle Aspekte des Schreibens. Wenn er nämlich das Schreiben von Experten simulieren will, dies aber mit Personen auf dem Weg zur Expertise und in einem frühen Stadium tut, geraten Aspekte aus dem Blick, die für Expertenschreiber essenziell sind, nämlich vor allem Schreibstrategien (Kellogg, 2006). Die setzt der Förderansatz implizit voraus, statt sie explizit zu vermitteln. Es konnte aber schon gezeigt werden, dass sich der Prozessansatz mit der Strategievermittlung erfolgreich kombinieren lässt (Danoff, Harris & Graham, 1993).

Abschließend lässt sich sagen: Der Prozessansatz beschreibt im Grunde einen wünschenswerten Schreibunterricht, aber nicht, wie man ihn kurzfristig erreichen kann. Insofern lässt sich das Geschehen in Klassenzimmern mit dem Prozessansatz als **Kulminationspunkt der Schreibförderung** denken, wobei die einzelnen anderen in diesem Buch vorgestellten Förderansätze als Vorläufer des Prozessansatzes (vor allem beim Planen und Verschriften) zu verstehen sind bzw. als dessen integralen Bestandteile (s. für drei Beschreibungen solcher ‚Endzustände' das Teilkap. 8).

8 Drei Beispiele für guten schulischen Schreibunterricht

Der Schreibunterricht ist leider noch kein sonderlich prominent erforschter Bereich der Bildungs- und Unterrichtsforschung. Was gegenwärtig im Schreibunterricht, insbesondere in der Sekundarstufe, passiert, hat im deutschsprachigen Raum keine aktuelle Studie in den Blick genommen. Schreibunterricht, so ist der Eindruck, den man bei der Recherche nach rein deskriptiven und explorativen Studien haben muss, bildet eine Black Box, eine Terra Incognita. In den USA hat sich das gerade zu ändern begonnen, weil dort eine große und aufwändige Studie zur nationalen Schreibförderung durchgeführt wurde, in der insgesamt 26 Schulen in den Blick geraten sind. In diesen – mehrheitlich wegen ihrer Reputation als besonders gute Schreibförderschulen ausgewählten – Schulen der Sekundarstufe wurden umfangreiche Unterrichtsbeobachtungen durchgeführt, um so dicht wie möglich am Unterrichtsgeschehen Daten zu gewinnen. Besonders erfreulich an dieser Studie ist der Umstand, dass nicht nur der Muttersprachenunterricht, sondern auch der in den Fächern Mathematik, Naturwissenschaft und Gesellschaftswissenschaften betrachtet wurden. Damit konnte zugleich die Forschungslücke zum Schreiben in anderen Fächern jenseits des Sprachunterrichts zumindest ansatzweise geschlossen werden. Aus der besagten Studie soll nun abschließend ein Beispiel vorgestellt werden, das in der Publikation zu der Studie den kaum besser zu wählenden Titel **„Erfolgsgeschichten“** erhalten hat (die Darstellung folgt Beleg Applebee & Langer, 2013). Dieses erste Beispiel beschäftigt sich mit einer erfolgreichen Schule, in der das Schreiben auf Anliegen der Schulleiterin zu einem zentralen Förderbereich avanciert ist (Teilkap. 8.1).

Flankiert wird das erste Beispiel von zwei weiteren, die sich auf zwei neuseeländische Lehrerinnen konzentrieren. Die beiden Lehrerinnen und ihr Unterricht sind beforscht worden, weil die Schüler im Vergleich zu Altersgenossen derselben Kohorte auffällig hohe Leistungszuwächse im Schreiben erzielt hatten (Limbrick & Parr, 2011). Insgesamt drei Schulen und sechs verschiedene Lehrpersonen wurden auf diese Weise ausgewählt und umfassend betrachtet. Hierfür fanden Unterrichtsbeobachtungen ebenso statt wie Interviews mit den Lehrpersonen und den Schülern der Klassenstufen 1 bis 8. Innerhalb dieser Positivauswahl von Lehrpersonen fielen wiederum zwei Lehrerinnen, Elaine (Teilkap. 8.2) und Georgina (8.3), hinsichtlich dreier Aspekte besonders auf:

- Erstens war der Schreibunterricht auffällig **absichtsvoll**: Er war gut geplant, hatte ein klar erkennbares Lernziel, das auf mündliche und schriftliche Weise deutlich kommuniziert wurde und welches den Schülern zudem präsent war. Außerdem wurden diese Lernziele systematisch mit den Fortschritten verknüpft.
- Zweitens waren die beobachteten Lektionen in sich **kohärent**. Das bedeutet, dass die Lehrerinnen das jeweils Neue mit vorherigen Inhalten verbanden und daran anknüpften. Die Kohärenz spiegelte sich ferner darin wider, dass explizite Vermittlung, das Anbieten von Lerngerüsten und Lernerfolgskontrolle systematisch miteinander verknüpft waren.
- Drittens war der Schreibunterricht sehr **fortschrittsorientiert**. Die beiden Lehrerinnen überwachten das Verständnis der Schüler genau und orchestrierten ihren Unterricht entsprechend. Beide Lehrerinnen hatten ein genaues Wissen über ihre einzelnen Schüler. Umgekehrt wussten die Schüler, dass ihre jeweilige Lehrerin viel über sie als Schreiber wusste und schätzten dies außerordentlich (Parr & Limbrick, 2010).

Die Handlungsweisen der Lehrerinnen ließen sich vier (nicht trennscharfen) Bereichen zuordnen:

1) Lerner-Zentrierung,
2) Wissenszentrierung,
3) Beurteilungspraxis und
4) Aufbau einer Schreibgemeinschaft,

welche für die Reihenfolge in der Darstellung in den Teilkapiteln 8.2 und 8.3 leitend sind.

Einschränkend vor den eigentlichen Falldarstellungen muss unbedingt angemerkt werden, dass sie notwendigerweise eine verknappte Darstellung sind. Sie sind quasi eine unter dem Brennglas verdichtete Szenerie, die nur begrenzt Auskunft darüber erteilt, was längerfristige Ziele und Einbettungen betrifft. Hierin liegt ein generelles Problem von Falldarstellungen, denn entscheidend ist nicht nur die kurzfristige einzelne Maßnahme (die geradezu charakteristisch für die Interventionsstudien aus Teilkap. 7 sind), sondern eher die Langzeitperspektive auf die Lehrperson und auf die Art, wie sie ihren Unterricht (weiter-)entwickelt (Limbrick, Buchanan & Goodwin, 2010). Darüber jedoch liegen derzeit so wenige Daten vor, dass man aus Sicht der Forschung nur (begründet) spekulieren kann, wie Lehrpersonen ihren Schreibunterricht entwickeln. Diese Besonderheit, dass selbst in ambitionierten Studien immer nur ein *gegenwärtiger* Ausschnitt in den Blick gerät, bildet eine wichtige Limitation. Man kann sich das so vorstellen wie den Vergleich zwischen einem aktuellen Foto und einem Film bis zum Moment des Fotos: Die gegenwärtige Bestandsaufnahme (das ‚Foto') verrät nur wenig über den unter Umständen hindernisreichen und langen Weg (den ‚Film') dorthin. Ebenso sind Individualfälle zwar eindrucksvoll und sehr wertvoll, doch ohne die Kenntnis, wie erfolgreiche Lehrpersonen ihren Schreibunterricht allmählich gestalten, bleibt das Verständnis für guten Schreibunterricht unterkomplex. Dasselbe gilt für die Rolle der Schule und des Kollegiums, die als Kontextfaktoren als sehr wichtig gelten, aber leider bislang zu wenig in den Blick geraten sind (Peterson & McClay, 2014; Pressley, Mohan, Raphael & Fingeret, 2007). Diese Vorbemerkungen erscheinen geradezu zwingend, damit die folgenden Darstellungen nicht sphärischen Beschreibungen ähneln; vielmehr sind die Positivbeispiele als Ausdruck harter, längerfristiger und vor allem erfolgreicher Bemühungen für die Schreibförderung zu verstehen. Genau deshalb gebührt ihnen in diesem Band der prominente Platz am Ende des Buches. Sie als Leser bzw. Leserin werden viele geschickt kombinierte Elemente aus den quasi-experimentellen Studien aus dem Teilkapitel 7 wiederentdecken.

8.1 Erfolgsgeschichte Nr. 1: Die John Adams Middle School

Die John Adams Middle School (JAMS) in Kalifornien ist eine Schule, in der viele Jugendliche unterrichtet werden, die aus Elternhäusern mit geringem sozioökonomischem Status stammen, was ein Risikofaktor für gute Schreibleistungen ist (Teilkap. 3.2.2). Trotzdem liegen die Schreibleistungen der Schülerschaft über dem, was in anderen Schulen mit vergleichbarer Schülerschaft sonst üblich ist. Das Forschungsteam, das diese Schule wiederholt besucht hat, schreibt am Ende über die Schule:

> „Die Stärken der JAMS beinhalten ihre Vielfalt, ihre Lehrpersonen und ihre Verwaltung. Die Schule hat außerdem einen starken Wissenschaftsmagnet, ein Spanisch-Englisch-Immersionsprogramm und ein gefeiertes Musikprogramm. … Es gibt ein stabiles und engagiertes Kollegium, welches die Lehrpersonen selbst so begründen: ‚Die Magie von John Adams ist, dass jeder gewillt ist zu helfen, wir wollen den Schülern helfen.' Die Lehrpersonen arbeiten mit den Schülern während der Mittagspause und an Samstagen, wo sie sich auf Englisch und Mathematik fokussieren. Die

> Beziehungen zwischen Schule und Eltern sind exzellent." (Applebee & Langer, 2013, S. 152)

8.1.1 Die Schulleiterin

Die treibende Kraft hinter diesem Erfolg – und damit gewissermaßen die Gallionsfigur – ist die Schulleiterin, Ms. Bridges, denn sie legt Wert auf den **schulweiten Einsatz des Schreibens in allen Fächern als Lernwerkzeug**. Ein Lehrer, der naturwissenschaftliche Fächer in der sechsten Klasse unterrichtet, berichtet über die Schulleiterin:

> „Ich denke, ich wäre nicht von allein darauf [auf das Schreiben] gekommen. Sie überzeugte mich von dem Nutzen. Die Art, wie sie es als Orchester des Geistes bezeichnete, ist bei mir wirklich hängengeblieben. ... Man kann sicher sagen, dass jedes Treffen im Kollegium etwas mit Schreiben zu tun hatte." (S. 153)

Ein Kollege bestätigt diese Aussage, indem er die Philosophie der Schule hinsichtlich des Schreibens beschreibt:

> „Die Schule schätzt das Schreiben definitiv. Unsere Schulleiterin ist eine riesige Advokatin des Schreibens. Sie ist diejenige, die das Schreiben durch das gesamte Curriculum durchsetzt, mit allen Lehrpersonen aller Fächer, selbst in Fächern wie Sport und Musik." (S. 158)

Und tatsächlich macht sich die Schulleiterin auf verschiedenste Weise für das Schreiben stark. Als ehemalige Englischlehrerin hat sie in ihrer früheren Laufbahn intensiv Weiterbildungen besucht und ist über die Schreibleistungen der Jugendlichen gut informiert. Sie hat nämlich in den Ferien darum gebeten, dass die Lehrpersonen ihr Beispiele für die Schreibleistungen in Form von Textprodukten der Schüler geben. Ms. Bridges hält sich über das Thema Schreibförderung selbst kontinuierlich auf dem Laufenden und schafft für die Lehrerbibliothek Neuerscheinungen an und verteilt Fachartikel zum Thema Schreiben und Schreibförderung. Monatlich bietet sie ein Coaching an, in welchem sie Lehrpersonen dabei hilft, neue Schreibfördermaßnahmen im Unterricht zu implementieren.

Die Schulleiterin legt großen Wert darauf, dass die **Kollegen einer Jahrgangsstufe zusammenarbeiten**, indem sie regelmäßig den Unterricht gemeinsam planen und abstimmen. Selbst an Orten, an denen man das Schreiben nicht so prominent vermuten würde, etwa dem Sportunterricht, sind die Lehrpersonen dazu angehalten, Schreibaktivitäten in den Unterricht zu integrieren. Das können reflexive, analytische oder auch schulfachspezifische Aufgaben sein.

Das Thema kontinuierliche **professionelle Weiterentwicklung** wird an der JAMS mit Leben gefüllt, indem nicht nur Fachliteratur zirkuliert, sondern Lehrpersonen explizit ermutigt werden, Fortbildungen und Konferenzen zu besuchen und neue Ansätze den Kollegen mitzuteilen. Die Schulleiterin initiiert bei den Lehrpersonen im Kollegium vielfältige Schreibaktivitäten. So führen alle ein Reflexionsjournal bei monatlichen Treffen zum Erfahrungsaustausch, das die Schulleiterin regelmäßig liest und Rückmeldungen gibt, welche die Schulleiterin als echte Herzensangelegenheit für sich bezeichnet.

Ein weiteres Anliegen ist der Schulleitung und dem Kollegium das **digitale Schreiben**. Es besteht Unzufriedenheit darüber, nur wenige Computer zur Verfügung zu haben. Zum Zeitpunkt der Studie gibt es zwei Computerräume und 30 mobile Computerstationen mit Laptops und außerdem pro Klassenzimmer jeweils einen Rechner und einen Beamer. Weil der Verwaltungsaufwand für die Anschaffung groß ist und die Schule nicht warten will, bemüht sie sich aktiv um Stipendien und Zuwendungen bei Geldgebern, um die gewünschten Anschaffungen vornehmen zu können.

Damit lässt sich festhalten, dass durch das große und stetige Engagement der Schulleiterin die **Schreibförderung vitaler Teil der Schulkultur** ist. Schreiben ist eine kollektiv geplante und selbstverständliche Alltäglichkeit geworden, wobei nicht nur die Schüler schreiben, sondern auch die Lehrpersonen. Anzumerken ist ferner die große Bandbreite an Texten und Schreibanlässen an der JAMS.

8.1.2 Was die Schüler an der John Adams Middle School schreiben

Ehe es im Folgenden in die konkreten Schreibanlässe und in den **Schreibunterricht in verschiedenen Fächern** bzw. Fachgruppen an der JAMS geht, soll Abbildung 70 ein wenig vorgängige Orientierung stiften. Die Tabelle enthält die Textsorten, die besonders im Vordergrund des Faches resp. der Fachgruppen stehen. Wie unschwer zu erkennen ist, gibt es deutliche Akzente je nach Fach. Erzählende und literarische Texte sowie solcherlei Texte analysierende Textsorten dominieren im Muttersprachenunterricht. In sozialwissenschaftlichen Fächern wie Geschichte dreht sich vieles um den angemessenen Umgang mit Quellen. Naturwissenschaftliche Fächer verlangen analytische, genaue Texte, nutzen aber zugleich narrative Texte zur besseren Veranschaulichung. Im Fach Mathematik dominieren schließlich Texte, in denen mathematische Konzepte beschrieben bzw. angeeignet werden. Das bedeutet: Ebenso facettenreich, wie das Schreiben der Lehrpersonen ist, so ist es – auf einer anderen Ebene – dies bei den Schülern in den Fächergruppen.

Englisch	Sozialwissenschaftliche Fächer	Naturwissenschaftliche Fächer	Mathematik
▪ Anleitungen ▪ Aufsätze ▪ Einträge in ein Lernjournal ▪ Gedichte ▪ Biografische Texte ▪ Kurzgeschichten ▪ Sachtexte	▪ Analytische argumentative Texte ▪ Historisch-narrative Texte ▪ Notizen (für Zusammenfassungen) ▪ Schaubilder ▪ Zusammenfassungen	▪ Analytische Texte ▪ Beschreibungen ▪ Fiktionale Texte	▪ Einträge in ein Lernjournal ▪ Erklärende Texte ▪ Vergleichende Texte

Abbildung 70: Textsorten, die an der JAMS in verschiedenen Schulfächern bzw. Gruppen von Schulfächern geschrieben werden

8.1.3 Schreiben im Fach Englisch

Beim Schreiben im Fach Englisch achten die Lehrpersonen darauf, dass Schreiben eine Möglichkeit dafür bietet, sich tiefer mit Sprache und Stil in einer Reihe von verschiedenen Texten auseinanderzusetzen und beispielsweise Texte zu analysieren. Einen Einblick in den Unterricht gibt die Aussage des Lehrers Mr. Montana, der in der sechsten Klassenstufe Englisch unterrichtet:

> „Schreiben ist Denken auf dem Papier. Es demonstriert eine Fähigkeit, klar zu denken und Gedanken auszudrücken. Wir fokussieren auf das Schreiben von Aufsätzen in der ersten Jahreshälfte, besonders auf die Analyse von Literatur. Die Schüler lesen, denken kritisch, reagieren auf einen [kognitiv provokanten] Schreibauftrag, organisieren ihre Gedanken in einer logischen Reihenfolge – in einer logischen und sogar eloquenten Weise. Dann machen wir eine Einheit zur Kreativität, [mit] einer Kurzgeschichte. Das trainiert den kreativen Teil des Gehirns. Zuerst müssen die Schüler die Geschichtenstruktur verstehen, danach kreieren sie selbst [eine Geschichte] …
>
> Die Schüler erstellen mehr als einen Entwurf bei den meisten Hauptschreibaufgaben. Alle lassen die Texte von Mitschülern gegenlesen, dann schaut der Lehrer sich die Texte an und macht Notizen, und manchmal gibt es Schreibkonferenzen. Ich modelliere auch viel. Unsere Schulleiterin ist hiervon eine große Befürworterin … Ich starte jeden Tag mit Grammatik-Aufwärmübungen. Manchmal machen wir isolierte Grammatikaktivitäten. Wir planen die Lektionen gemeinsam mit anderen Lehrpersonen und schauen uns gegenseitig beim Lehren in den Lektionen zu. … Dieses Jahr nutze ich einen Laptop und einen Beamer, um das Schreiben zu modellieren. Das funktioniert gut. Ich spiele mit dem Gedanken, einen Blog mit Reaktionen auf Literatur zu starten." (S. 158)

Ein Schüler, Ramon, bestätigt dies: „Wir machen Themen, sagen den Text voraus, was wir über das Buch denken und warum – aber meistens Themen. Eigentlich machen wir eine ganze Menge unterschiedlichen Schreibens."

Der Englischunterricht in achten Klassen setzt andere Akzente. Hier nutzen die Lehrpersonen einen im Kern auf dem Prozessansatz basierenden Förderansatz, um literarische Texte analysieren zu lassen bzw. um auf die bundesstaatsweiten Vergleichsarbeiten vorzubereiten. Beispielsweise dürfen sich die Jugendlichen monatlich aus einem Genre der Literatur (z. B. prämierte Romane, Biografien oder historische Romane) ihren Lesestoff selbst aussuchen und lesen. Danach bekommen sie einen Schreibauftrag, der inhaltlich dicht an den Aufträgen aus dem Test liegt (etwa: „Analysier in vier Absätzen die Eigenschaften einer Figur aus dem prämierten Roman aus dem Dezember. Bezieh dich auf zwei spezifische Ereignisse aus dem Text."). Die entstandenen Texte werden danach mit einem Kriterienraster beurteilt, dass jenem aus dem Schreibtest buchstäblich bis aufs Haar ähnelt. (Was mit den Beurteilungen passiert und ob es Rückmeldungen gibt, geht aus der Beschreibung nicht hervor.)

Die Jugendlichen erhalten für die Bearbeitung solcher Aufträge Unterstützung in Form einer genauen Aufgabenanalyse mit einem Denkblatt. Sie bekommen den Auftrag, vor dem Schreiben im Klassenverband die Anweisung genau zu studieren. Ein Set von Fragen hilft dabei. So sollen die Jugendlichen Schlüsselwörter finden (hier: „analysier"), den Arbeitsauftrag in eigenen Worten wiederzugeben, die Regeln für diese Art von Aufsatz zu benennen (etwa: dritte Person, im Präsens schreiben) und danach spezifische Aufträge zu identifizieren (vier Absätze, zwei Ereignisse). Auf dem Blatt gibt es genügend Platz, vor dem Schreiben den Text zu planen. Manchmal schlagen die Lehrpersonen bestimmte Vorgehensweisen vor, zum Beispiel Listen, Skizzen oder „**Blasen-Cluster**" (dazu gleich mehr). Zum Teil überlassen die Lehrpersonen die Vorgehensweisen den Jugendlichen.

Die erwähnten „Blasen-Cluster" sind leere Denkblätter, auf denen Denkblasen aufgedruckt sind, die sich um einen mittigen Platz befinden. Zusätzlich gibt es folgenden Arbeitsauftrag: „Betrachte die Hinweise zur Charakterisierung [im Text] und füll die Blasen mit Passagen/Zitaten aus dem Text. Erklär dann unten auf den Zeilen, was sie ZEIGEN, aber nicht direkt über die Figur aussagen." Dadurch wird die Aufmerksamkeit gezielt gelenkt. Mit dem derartigen Vorgehen werden die Jugendlichen systematisch und kontinuierlich auf die anstehenden Testungen vorbereitet, bei denen sie regelmäßig positiv im Vergleich mit anderen hervorstechen.

8.1.4 Schreiben in sozialwissenschaftlichen Fächern

Wendet man sich dem Schreiben in sozialwissenschaftlichen Fächern zu, dominieren Textsorten, die Sachverhalte darstellen und belegen. Auffällig ist, dass viele sogenannte „Organisationsstrategien“ verwendet werden, in denen die Struktur der Informationen und ihre Beziehungen untereinander Gegenstand sind. Wie der Schreibunterricht vorbereitet und durchgeführt wird, erklärt eine Lehrperson so:

> „Unsere Schulleiterin möchte, dass wir einmal pro Woche in der Vorbereitungszeit zusammenarbeiten. Wir treffen uns mit unserem Partner und entscheiden, welchen Schreibauftrag/-hinweis bzw. welches -projekt wir nutzen, zum Beispiel ein analytischer Teil zur offensichtlichen Bestimmung [= der Glaube der Amerikaner, die Besiedlung des Kontinents sei eine für sie vorgesehene göttliche Fügung]. Das ist schwer zu koordinieren, weil einer von uns immer [im Unterricht] voraus ist. Wir fokussieren auf guten Inhalt und gutes Schreiben. Es geht um Qualität, nicht Quantität. Ich bin auch AVID-Lehrer, also haben wir Cornell-Notizen eingeführt.[4] ... Die Schüler machen Notizen, schreiben dann eine Zusammenfassung ihrer Notizen in drei bis fünf Sätzen. Im AVID-Programm fokussieren wir auf Notizen-Machen, wie man ein guter Schüler ist, wie Schüler sich selbst fördern können und gute Lese- und Schreibstrategien. Sie machen ihre Notizen aus den verschiedenen Klassen, nehmen die Notizen zu AVID mit, formen sie in Cornell-Notizen um, und fügen Informationen aus den [aktuell bei AVID zu lesenden] Texten oder ihren Erinnerungen hinzu, entwickeln Fragen und unterstreichen die Informationen. Am nächsten Tag schreiben sie eine Zusammenfassung.“ (S. 154)

Aus Schülersicht gestaltet sich der Unterricht wie folgt; das Zitat stammt von Sonia, einer Schülerin, die Englisch als Zweitsprache hat:

> „Meine Lehrerin hat mir gesagt, dass sie so stolz ist ... und sagt, dass ich es wirklich gut mache. Jeden Monat behandeln wir aktuelle Ereignisse, bei denen wir etwas Neues herausgefunden haben und erklärt haben, was passiert ist. Meist nutzten wir Obamas Wahl und die Debatten [darüber]. Und der letzte Absatz, den wir machen, ist dazu [da], wie wir es mit dem verbinden können, was wir in Sozialkunde machen. Einmal haben wir US-Präsidenten miteinander verglichen. Beim letzten Aufsatz sollten wir verschiedene Gruppen wählen, um die Herausforderungen der Besiedlung des Westens zu zeigen. Es hat mir viel geholfen, weil ich viel über die Besiedlung gelernt habe und es mir geholfen hat, das zu erklären.“ (S. 155)

---

4 AVID ist ein Programm zur Förderung von Schülern, um bessere Chancen im Bildungssystem zu erhalten. Die Cornell-Notizen bezeichnen eine bestimmte Vorgehensweise, um Notizen anzufertigen, die in den USA ausgesprochen häufig vermittelt wird und in den 1950er Jahren an der Cornell University entwickelt wurde.

8.1.5 Schreiben in naturwissenschaftlichen Fächern

In den naturwissenschaftlichen Fächern wird ebenfalls viel geschrieben, wenn auch etwas (partiell) anderes. Gleich ist aber, dass die internen Ressourcen als Reservoir dienen, wie es die Aussage eines Naturwissenschaftslehrers der achten Jahrgangsstufe lehrt:

> „Freitags haben die Schüler einen späten Start um 9:15. Die Lehrpersonen haben eine Art Treffen zwischen 8:00 und 9:15, wenn der stellvertretende Schulleiter oder jemand vom Schulbezirk einen Workshop zu etwas zum Lesen und Schreiben leitet. Ich habe die Idee für meine Wissenschaftsbroschüre aus einem dieser Workshops, genauso wie Ideen zu anderen Arten, wie meine Schüler forschen. Unsere Schulleiterin findet Wege, Lesen und Schreiben zu unterstützen, und die Organisation [des Unterrichts] in Blöcken gibt mir Gelegenheit für noch mehr Schreiben." (S. 156)

Das Schreiben im Naturwissenschaftsunterricht dient dazu, dass über Schreibaktivitäten naturwissenschaftliche Konzepte verstanden werden. Dafür kommen durchaus narrative Texte und Rollenspiele zum Einsatz. So sollen in einer Klasse die Schüler wie Meteorologen Wetterprobleme vorhersagen. In einer anderen Klasse sind die Schüler dazu angehalten, anhand der Beschreibung von Symptomen eines fiktiven Patienten mithilfe einer Medizin-Website eine schriftliche Diagnose zu erstellen. Eine weitere Lehrerin lässt ihre Klasse Experimente an echte jüngere Adressaten schreiben. Die Pädagogin erklärt es selbst so:

> „Mein Umwelt-Projekt dauert vier Wochen. ... Das Projekt beinhaltet das Vermitteln des Inhalts an Primarschüler. Meine Schüler erhielten ‚Was wäre, wenn?'-Fragen, dann testeten sie ihr Experiment aus und schrieben es so auf, dass jüngere Kinder es verstehen konnten. Drei oder vier Schüler kooperierten, schreiben einen ersten Entwurf und werden ihn Kindern aus den Altersgruppen Vorstufe bis Klasse 5 präsentieren." (S. 157)

Eine Lehrerin der sechsten Jahrgangsstufe bindet das Schreiben ebenfalls selbstverständlich in ihren Unterricht ein:

> „Wann immer sie eine Laboraktivität abschließen, gibt es für gewöhnlich eine abschließende Schreibaktivität, zum Beispiel: ‚Stell dir vor, du gehst zum Zentrum der Erde. Beschreib, wie man dorthin gelangt, was man vorfindet und was mögliche Probleme sind, dorthin zu gelangen.' ... Manchmal ist es technisch wie bei ‚Erzähl mir, wie es funktioniert'. ... Manchmal gebe ich ihnen Schreibbeispiele." (S. 157)

Aus Sicht der Schüler gibt es noch mehr Schreibanlässe. Ein leistungsschwacher Achtklässler fasst es so in Worte:

> „In den Naturwissenschaften machen wir Projekte, manchmal Poster wie zur Umwelt. Vor noch nicht allzu langer Zeit haben wir ein Projekt zu Drogen gemacht. Wir hatten

ein Projekt darüber, wie es auf dem Mond ist. Sie [die Lehrerin] gibt uns PowerPoint, und wir müssen die wichtigsten Details aufschreiben." (S. 157)

8.1.6 Schreiben im Fach Mathematik

Wie beim Schreiben im Naturwissenschaftsunterricht geht es beim Schreiben im Fach Mathematik darum, sich Konzepte – in diesem Fall mathematische – anzueignen und eigene Gedanken schriftlich darzulegen, wie man mathematische Probleme löst, also seinen Lösungsweg beschreibt und vor allem erklärt. Dadurch sollen die Schüler lernen, dass es verschiedene Möglichkeiten gibt, zu einer Lösung zu gelangen. Die Schüler sollen jedoch durch die Schreibaufträge grundlegende Konzepte kennenlernen, statt einfach nur Schritte zu beschreiben. Dafür dienen Schreibaufträge, in denen die Schüler unterschiedliche Konzepte miteinander vergleichen sollen. Eine Lehrperson schildert dies so:

> „Ich fühle, dass es sehr wichtig ist, in Worten zu erklären, was sie denken. ... Sie schreiben Reflexionen zu jeder Hausaufgabe, eine Reflexion, ob sie gut waren und wie sie sich verbessern können – um Mathematik in Worte zu fassen und umgekehrt. Die Schulleiterin ... glaubt wirklich, dass, wenn Schüler schreiben können, was sie denken, sie das in jedem Fach tun können. ... Sie müssen nicht nur ihren Mathematik-Inhalt zeigen, sondern müssen auch erklären, was sie getan haben. Sie [die Schulleiterin] fühlt, dass die Technik ... es den Schüler erlaubt, mehr zu schreiben und sich über mathematische Konzepte auszutauschen." (S. 155 f.)

Fester Bestandteil des Unterrichts ist es, die in den schriftlichen Äußerungen der Schüler dargelegten Herangehensweisen zu paraphrasieren. Das machen entweder die Mathematik-Lehrpersonen oder aber die Mitschüler. Dadurch soll die tiefere Verarbeitung angeregt werden. In eine ähnliche Richtung geht das kontinuierlich geführte Schreibjournal. In diesem Journal schreiben Schüler Antworten auf Fragen wie diese: „Wie könntest du dieses Problem anders lösen, wenn du es wieder lösen sollst, zum Beispiel um es einfacher zu machen?" Bei der Erstellung der Mathematikaufgaben ist den Lehrpersonen die enge Zusammenarbeit mit einer Hochschule eine Hilfe, weil sie dadurch mehr Ideen von außen bekommen.

Die Texte aus dem Fach Mathematik sind bei den regelmäßigen Treffen des Mathematik-Kollegiums selbstverständlicher Bestandteil, zum Beispiel dafür, dass die Mathematik-Lehrpersonen ein besseres Gespür für gutes Schreiben entwickeln. Eine Lehrperson sagt:

> „Die Lehrpersonen bringen die Schülerarbeiten mit zu den Treffen. Sie diskutieren darüber, was der Text des Schülers bezüglich des Inhalts zeigt [dabei benutzten sie ein

> Raster des Faches Mathematik], diskutieren, ob es eine gute Frage/ein guter Schreibauftrag gewesen ist und ob er abgedeckt hat, was die Lehrperson(en) angestrebt hat/haben, was die Schüler wissen sollten.“ (S. 156)

Die Mathematik-Lehrpersonen diskutieren damit über die Optimierung der Schreibaufträge, die Ziele des Unterrichts, die angestrebten Verknüpfungen bei den Schülern und die Komplexitätsebenen der Schreibaufträge und des Mathematik-Unterrichts.

8.2 Erfolgsgeschichte Nr. 2: die Lehrerin Elaine

Die Lehrerin Elaine hat zum Zeitpunkt der Studie eine Berufserfahrung von zehn Jahren. Sie wird zweimal im Unterricht beobachtet und interviewt. (Gruppen-)Interviews finden zudem mit drei der elf- bis zwölfjährigen Schülern verschiedener Leistungsgruppen statt, die beispielsweise zum Ziel der jeweiligen Lektion befragt werden. Außerdem sind auch noch Dokumente analysiert worden, die in der Planung des Unterrichts bzw. dessen Verlauf entstanden sind.

8.2.1 Lerner-Zentrierung

Elaine beschreibt ihren Zugang zum Schreiben-Lernen im Interview so: „Ich verbinde [den Unterrichtsinhalt] mit etwas, was sie schon können und drücke es in Begriffen aus [, die sie kennen] … so wie wir es heute mit der Orientierung gemacht haben“ (Limbrick & Parr, 2011, S. 63). Diese Anspielung bezieht sich auf eine erste beobachtete Stunde. Dieser Stunde sind Unterrichtseinheiten zu Nacherzählungen vorausgegangen. Elaine greift dies auf, indem sie vor der beobachteten Lektion das Schreibziel mitgeteilt hat, bei den aktuell zu schreibenden Texten gehe es darum, einen orientierenden Text zu schreiben, der den Lesern erzählt, wie, wo und wann etwas passiert ist. Elaine beginnt zu Beginn der beobachteten Stunde damit, dass sie folgenden Auftrag gibt:

> „Ihr wisst, dass wir mit den Nacherzählungen beginnen werden. Also werde ich euch einen Auszug einer Nacherzählung aus diesem Text vorlesen, und ich möchte, dass ihr darüber nachdenkt, was eine Nacherzählung gut macht.“ (S. 63)

Nach dem Lesen eines Textes, der als Referenzpunkt und Kontext für das Lernen dient, entlockt Elaine den Schülern Antworten zu Kriterien. Die Vorschläge der Jugendlichen erhalten von Elaine Rückmeldungen hinsichtlich der Angemessenheit, und danach gibt Elaine das Lernziel der Lektion explizit bekannt: „Wir fokussieren darauf, einen orientierenden Text zu schreiben, der uns erzählt, wie, wo und wann etwas geschieht. Das ist es, worauf wir uns heute konzentrieren, okay?“ (S. 64).

In der zweiten beobachteten Stunde baut Elaine erneut Brücken zwischen dem neuen Lernstoff und dem Vorwissen der Jugendlichen. Sie bezieht sich dabei auf zuvor gelesene Texte, auf Texte, die wie in der ersten Lektion als Modelle dienten, und auf die Lebenswelt der Schüler. Zu Beginn der Lektion aktiviert sie gezielt das Vorwissen mit folgendem Arbeitsauftrag:

> „Wir werden uns mit dem Schreiben von Antworten beschäftigen. Bevor ich euch die Ziele der Einheit erkläre, möchte ich, dass ihr mit einem Partner sprecht und entscheidet, was eine Antwort ist. Was ist eine Antwort?“ (S. 64)

Die Aufgabe, einen Transfer herzustellen, begleitet die Lehrerin aktiv. Die folgende Äußerung in einem Gespräch zwischen der Lehrerin und einem Schüler verdeutlicht dies:

> „Ich merke gerade, dass es für dich eine schwierige Aufgabe ist, was dort hineingehört, gerade weil du das ja noch nie zuvor gemacht hast. Aber was ich bemerkt habe, als mir Annabell und ein paar andere von euch etwas erzählt haben, ist, dass ihr lernt. … Ihr habt etwas über Anfänge und Schlussbemerkungen bei anderen Schreibformen gelernt, und genau dasselbe Wissen brauchst du jetzt bei dieser Form des Schreibens. Nur weil es eine andere Form des Schreibens ist, bedeutet es nicht, dass es nicht dieselben Bestandeile aufweisen muss. Okay? Du brauchst immer noch eine Einleitung, immer noch einen Titel und immer noch eine Schlussbemerkung.“ (S. 64)

8.2.2 Wissenszentrierung

Die Zentrierung des Unterrichts findet sich nicht nur bei den Adressaten des Unterrichts wieder, sondern auch in der Fokussierung auf die Wissensvermittlung und -aneignung. In der ersten Lektion lenkt Elaine gezielt die Aufmerksamkeit der Schüler, was sich in einer Analyse einer exemplarischen Nacherzählung verdichtet:

> Elaine: „Was haben wir noch bemerkt?“
> Schüler: „Es hat die Szene beschrieben.“
> Elaine: „‚Es hat die Szene beschrieben.‘ Was meinst du damit, dass es die Szene beschrieben hat?“
> Schüler: „Es sagte, dass er im Badezimmer war.“
> Elaine: „Okay, also hat es berichtet, wo er war. Was hat es uns noch erzählt?“
> Schüler: „Wann, warum, wer und wie.“
> Elaine: „Ja, wann, warum, wer und wie.“ (S. 67)

In der Lektion selbst nutzt Elaine Beispieltexte stark. So präsentiert sie einen Text über Naturkatastrophen zentral im Klassenzimmer und sagt zu den Schülern:

> „Ich bringe den Text hier oben an, damit jeder auf ihn schauen kann. Schaut euch an, wie er beginnt, und denkt darüber nach, was eine gute Nacherzählung ausmacht. … Findet einen Partner, geht zu ihm und sprecht mit ihm darüber, warum das eine gute Nacherzählung war. Was hat den Text zu einer guten Nacherzählung gemacht?" (S. 67)

Die schülerseitigen Diskussionen in Tandems erfolgen systematisch und beziehen Erfolgskriterien (hier: die Merkmale der Textsorte Nacherzählung) für das eigene Schreiben explizit ein. Am Ende der Lektion sichert Elaine noch einmal die Ergebnisse in Form eines finalen Auftrags:

> „Okay, noch eine Minute übrig. Nehmt einen Stift und schreibt darunter [im Text unterstrichene Passagen], was was ist. Also, wo ist euer ‚Wer'? Wo ist euer ‚Wann', und wo ist euer ‚Wo'? Damit könnt ihr sie benennen. … Schreibt es unter eure hervorgehobenen Textteile." (S. 67)

Mit diesem Vorgehen strebt Elaine an, dass sie die Bestandteile und Zwecke von Nacherzählungen verinnerlichen. Offenkundig hat sie damit Erfolg, denn in Interviews mit den Schülern sind diese dazu in der Lage, korrekte Antworten zu den Inhalten und Zielen der Lektion einerseits und andererseits zu dem, was eine gute Nacherzählung ausmacht, zu geben. So sagen die Schüler, sie würden die Vergangenheitsform nutzen, beschreibende Wörter verwenden, eine persönliche Stimme bei der Darstellung einsetzen, an die fünf W (Fragewörter, s. o.) denken, den Text logisch aufbauen und dafür sorgen, dass der Leser weiß, worum es geht.

8.2.3 Beurteilungspraxis

Die Beurteilung im Sinne der Diagnose mit anschließender adaptiver Vermittlung bildet ein Herzstück in Elaines Unterricht. Sie selbst schildert im Interview, dass ihr Ansatz darin bestehe, die Schüler in Kleingruppen arbeiten zu lassen, die sie beobachtet, um festzustellen, an welcher Stelle und Thematik noch Unterstützungsbedarf besteht. Die Beurteilung nimmt also zweierlei in den Blick: die Fähigkeiten der Schüler und die Effektivität des eigenen Unterrichts. Hierin zeigt sich ein konstanter Abgleich zwischen geplantem Soll und erreichtem Ist, der sich in klaren Lernzielen für jede Lektion und Unterrichtseinheit niederschlägt. So besteht das Lernziel der ersten Lektion darin, dass die Schüler

> „Erfolgskriterien bei einer Nacherzählung […] erkennen und beschreiben, damit sie ihre eigenen Texte überprüfen können, um dadurch sich selbst und Mitschülern Rückmeldungen zu geben und Verbesserungsvorschläge zu unterbreiten." (S. 70)

In besagter erster Lektion entstehen durch die Diskussion in Tandems Merkmale gelungener Nacherzählungen und werden dann – typisch für den Unterricht – schriftlich fixiert und elaboriert. Und sie stehen danach als Ressource zur Verfügung, was sich in Elaines Äußerung zeigt:

> „Okay, also, ihr habt mir gerade eure Erfolgskriterien gegeben. Wenn ihr anfangt, eure eigenen Nacherzählungen zu schreiben, könnt ihr hierher hochschauen und sagen: ‚Oh, ich sollte in der Vergangenheitsform schreiben.' Also ist Nummer eins [auf der Kriterienliste] ein Hinweis, den ihr kennen solltet. ... Ihr solltet klar die Szenerie beschrieben, also nutzt dafür eure ‚W' dort. Ihr habt mir gesagt, dass ihr eure Gefühle und Gedanken teilt, eure persönliche Stimme. Das sind alles coole Dinge, die ihr in Nacherzählungen nutzt. Das sind eure Erfolgskriterien, und es kann sein, dass noch ein paar mehr dazukommen." (S. 70)

Damit die Erfolgskriterien nicht nur träges Wissen bleiben, baut Elaine Lernüberprüfungen gezielt und geschickt ein:

> Elaine: „Ihr erstellt eure Texte: wer, wann und ... ich habe den anderen vergessen."
> Schüler: „Wo, Miss."
> Elaine: „Wer, wann und wo. Wenigstens wisst ihr es!" (S. 72)

8.2.4 Aufbau einer Schreibgemeinschaft

Die schon zuvor beschriebenen Elemente verweisen auf eine starke soziale Präsenz des Schreibens. Elaine tut aber noch mehr, um die Klasse als eine Schreibgemeinschaft zu stärken. Zum Beispiel hängen im Raum (auch bei der Lehrerin Georgina, Teilkap. 8.3) die Texte der Schüler öffentlich aus, und das Schreiben dient nachvollziehbaren und relevanten Zielen. Dadurch entsteht ein schreibfreundliches Klima in der Klasse, das sich in geradezu enthusiastischen Äußerungen auf die Frage niederschlägt, was die Schüler denken, warum sie gute Schreiber werden: „Es ist wegen der Miss", „Sie sagt uns, dass wir gute Schreiber sein können" oder „Die Lehrerin macht es einfacher, sie sagt es in einer Weise, die man versteht".

Im Klassenzimmer gibt es ein spezielles Element: die „Schreibwand" (die nicht näher beschrieben wird) und den „SCHREIBSTAR der Woche". Mit diesem (aus unisono geäußerter Sicht der Schüler für jeden Jugendlichen prinzipiell erreichbaren) Schreibförderelement wird ein Klassenmitglied benannt, das demonstrieren soll, dass es die Erfolgskriterien bei einem konkreten Schreibanlass erreicht hat.

Wenig verwunderlich ist, dass in Elaines Klassenzimmer viel über das Schreiben gesprochen wird. Dabei ist auffällig, dass ein hoher Anteil an Meta-Sprache zum Schreiben selbstverständlich ist. Dies schlägt sich in den weiter oben schon genannten Arbeitsaufträgen zu den Kriterien gelungener Nacherzählungen nieder. Die schreibbezogenen Diskussionen verlaufen mit viel Spontaneität und auf hohem Niveau. Mit all diesen Elementen bekommt Schreiben gewissermaßen ein ‚soziales Gesicht'.

8.3 Erfolgsgeschichte Nr. 3: die Lehrerin Georgina

Georgina ist mit 20 Jahren Berufserfahrung eine gestandene Lehrerin. Sie und ihr Unterricht wurden analog zu dem von Elaine untersucht, und es gibt viele Parallelen zwischen dem Schreibunterricht der beiden Pädagoginnen. Aus diesem Grund ist dieses Fallbeispiel bewusst kürzer geraten.

8.3.1 Lerner-Zentrierung

Ihre Lerner-Zentrierung wird in Georginas Interview deutlich, in dem sie sagt:

> „Du fragst sie, was sie lernen. Was ich zu tun versuche, ist, diese metakognitive Seite zu erhalten, wo die Kinder über das Lernen und das, was sie lernen, nachdenken, dass sie ein Gefühl der Mitverantwortung haben." (Limbrick & Parr, 2011, S. 65)

Das zeigt sich in der ersten beobachteten Lektion deutlich, in der es um Limericks geht. Die Jugendlichen sollen lernen, wie man diese fünfzeiligen, sich im Reimschema a/a/b/b/a reimenden Scherzgedichte schreibt. Hierfür gibt Georgina den Jugendlichen Beispieltexte und lässt diese hinsichtlich ihrer Merkmale und Struktur untersuchen. Der Arbeitsauftrag enthält den deutlichen Hinweis, bei der Analyse das eigene Wissen aktiv zu nutzen, um Merkmale, Form und Absicht der Beispieltexte zu eruieren.

Nach einer interaktiven Ergebnissicherung werden die Ziele der Lektion sukzessive entwickelt, nämlich vor allem hinsichtlich der Analyse von Limericks. Die gefundenen Merkmale werden zu Kriterien gemacht, mit denen die Schüler weitere Beispiele überprüfen. Georgina stellt dabei sicher, dass alle Schüler die gleichen Kriterien und diese bewusst und gezielt nutzen.

Im zweiten Teil der Lektion schreibt Georgina an die Tafel einen Limerick, der interaktiv entsteht. Die Schüler tragen mündliche Lösungen bei, und wenn ein besonders witziger Wortbeitrag darunter ist, der die Klasse zum Lachen bringt, kommentiert Georgina dies mit Sätzen wie „Du hast dein Ziel erreicht, du hast uns lachen lassen". Die Jugendlichen überprüfen nach dem Aufschreiben seitens der Lehrerin, ob alle Merkmale wirklich erfüllt sind.

Ganz am Ende der Lektion kehrt Georgina zum eigentlichen Ziel zurück und hebt es sprachlich auf eine Meta-Ebene:

> „Nun, im Ausdruck unserer Lernziele, war es unser ursprüngliches Lernziel, die Struktur und die Ziele [von Limericks] zu identifizieren. Wie haben wir unser Ziel erreicht, würdet ihr sagen?" (S. 66)

Georginas zweite beobachtete Stunde stand im Kontext einer Einheit zur Selbstbeurteilung, die auf einem in Neuseeland sehr gebräuchlichen Raster basiert: dem „Assessment Tools for Teaching and Learning" (asTTle). Dieses auf das Schreiben bezogene Kriterienraster ist bereits eingeführt worden, als Georginas Lektion stattfindet. Die Lehrerin eröffnet die Lektion damit, dass sie sagt:

> „Was ihr heute macht, ist genau das Gleiche wie das, was ihr am Freitag in der gesamten Klasse getan habt. Wir haben diese [asTTle-Indikatoren] genommen, wir lesen den Text durch und fragen die Fragen." (S. 64 f.)

Die Verknüpfung mit der vorigen Lektion wird deutlich, als Georgina auf eine Schülerantwort reagiert: „Ganz genau ... [wir haben gefragt]: Was bedeutet das? ... Dann haben wir es in unseren eigenen Worten aufgeschrieben?" (S. 65). Nach der Lektion in einem Interview kommentiert sie eine Frage so:

> „Weil ich sie gefragt habe, was sie lernen sollen und was sie gelernt haben? ... Ein mächtiges Stück Wissen. Wenn sie ihre eigenen Texte überprüfen, können sie einen Text anschauen und wissen, wie er wirkt. Ich denke, das gibt ihnen Stärke in ihrem Schreiben." (S. 65)

8.3.2 Wissenszentrierung

Georginas Unterricht ähnelt strukturell stark dem ihrer Berufsgenossin Elaine (Teilkap. 8.2.2) und wird im Zeitschriftenartikel nur sehr kurz beschrieben. Aber zumindest lässt sich anhand der Schülerinterviews erahnen, dass die Jugendlichen wissen, was beim Schreiben zu tun ist:

> „In unseren Gruppen diskutierten wir über die Zwecke und die Struktur von Limericks. ... Man muss Wörter finden, die sich reimen, aber in der ersten, zweiten und fünften Zeile muss man sicherstellen, dass es dieselbe Menge an Silben ist. Und in der dritten und vierten ... [...] Stell sicher, dass es nicht weniger als acht sind." (S. 74)

8.3.3 Beurteilungspraxis

Das Thema Beurteilen ist expliziter Gegenstand in Georginas zweiter beobachteter Lektion. In ihr sollen die Jugendlichen einen eigenen Text und den eines

Mitschülers mithilfe des landesweit verwendeten Kriterienrasters beurteilen. Das Ziel war, die Kompetenz beim Überprüfen zu steigern. Im Unterricht sagt Georgina deshalb:

> „Was ich versuche zu tun, ist, euch eine Gelegenheit zu geben, auf den Bereich [des asTTle] zu blicken, auf den ihr euch konzentrieren sollt. ... Lest es durch. ... Was bedeutet das? Schreibt es in euren eigenen Worten auf." (S. 70 f.)

Ehe die Schüler Texte selbst beurteilten, wurden in einer Plenararbeit die Ergebnisse zur Bedeutung des Rasters gesammelt. Dabei waren Fragen typisch wie „Was bedeutet es?" oder „Ihr habt eure Hauptpunkte; eure Reihenfolge, eure Beschreibungen und all das muss ... was bedeutet ‚substanziell sein'?" Mit dieser umfassenden Ergebnissicherung wird das Fundament für die am folgenden Tag erfolgende Selbst- und Fremdbeurteilung gelegt.

Georginas Beurteilungspraxis schlägt sich in den Interviews mit den Schülern nieder. Diese berichten immer wieder von Rückmeldungen und Vorschlägen seitens der Pädagogin:

> Interviewerin: „Wie erzählt sie dir das? Ich meine: Wie weißt du das?"
> Erster Schüler: „Oh, sie schreibt es."
> Zweiter Schüler: „Sie gibt uns Feedback."
> Dritter Schüler: „Sie gibt Feedback, und manchmal, wenn sie es überprüfen lässt, sagt sie: ‚Wenn du etwas vermisst, – sagen wir – wenn du etwas ergänzen willst im [Text] ..."
> Zweiter Schüler: „... zum Beispiel, was du denkst oder wie du fühlst" (S. 71)

Eine Schülerin beschreibt Georginas formatives Feedback, das ihr beim Verständnis des Limerick-Schreibens geholfen hat:

> „... meine Struktur, weil ich es manchmal nicht ganz verstehen kann. Wenn ich mit der Mrs. [= Georgina] arbeite, macht sie es auf eine Art einfach und wenn ... Bei den Limericks habe ich einen nicht [verstanden] ... Ich wusste ungefähr zur Hälfte, was sie erzählte. ... Ich verstand es vollständig, als wir es mündlich gemacht haben, aber als ich es selbst [schriftlich tat], wurde es schwierig." (S. 72)

8.3.4 Aufbau einer Schreibgemeinschaft

Georgina und Elaine ebenfalls haben eine starke, positive und respektvolle Beziehung zu ihren Schülern. Die beiden Lehrerinnen kennen die Lerngeschichte jedes einzelnen Jugendlichen und passen sich den Schülern an. Bei den Schülern kommt dies gut an. Sie schätzen die Klarheit der Leistungsrückmeldungen und sagen Sätze wie „Ihr Unterricht ist wirklich hilfreich". Auf die Nachfrage, was damit gemeint ist, folgen von Georginas Schülern Antworten à la

„Sie macht es interessant für uns … etwas, das wir lernen können“ oder auch – und dieser Satz ist so wichtig, dass er unbedingt der letzte dieses Buches sein muss – „Sie macht es angenehm für uns … sie schafft es, dass man es mit Freude erledigt“.

Literaturverzeichnis

Abbott, J. A. (2000). "Blinking Out" and "Having the Touch." Two Fifth-Grade Boys Talk about Flow Experiences in Writing. *Written Communication, 17* (1), 53–92.

Abbott, R. D., Berninger, V. W. & Fayol, M. (2010). Longitudinal Relationships of Levels of Language in Writing and between Writing and Reading in Grades 1 to 7. *Journal of Educational Psychology, 102* (2), 281–298.

Abraham, U. (2014). Geschichte schulischen Schreibens. In H. Feilke & T. Pohl (Hrsg.), *Deutschunterricht in Theorie und Praxis. Schriftlicher Sprachgebrauch. Texte verfassen* (S. 3–30). Baltmannsweiler: Schneider Hohengehren.

Alamargot, D. & Chanquoy, L. (2001). *Through the Models of Writing.* Dordrecht: Kluwer Academic Publishers.

Alamargot, D. & Chanquoy, L. (2012). Through the Models of Writing: Ten Years After and Visions for the Future. In V. W. Berninger (Ed.), *Past, Present, and Future Contributions of Cognitive Writing Research to Cognitive Psychology* (pp. 567–578). New York: Psychology Press.

Alexander, P. A. (2003). The Development of Expertise: The Journey from Acclimation to Proficiency. *Educational Researcher, 32* (8), 10–14.

Alexander, P. A., Graham, S. & Harris, K. R. (1998). A Perspective on Strategy Research: Progress and Prospects. *Educational Psychology Review, 10* (2), 129–154.

Álvarez-Fernández, M.-L. & García-Sánchez, J.-N. (2014). Development of the Writing Process from Primary to Secondary Education. *Revista de Psicodidáctica, 19* (1), 5–26.

Andrade, H. L., Du, Y. & Wang, X. (2008). Putting Rubrics to the Test: The Effect of a Model, Criteria Generation, and Rubric-Referenced Self-Assessment on Elementary School Students' Writing. *Educational Measurement: Issues and Practice, 27* (2), 3–13.

Applebee, A. N. & Langer, J. A. (2011). A Snapshot of Writing Instruction in Middle Schools and High Schools. *English Journal, 100* (6), 14–27.

Applebee, A. N. & Langer, J. A. (2013). *Writing Instruction That Works: Proven Methods for Middle and High School Classrooms.* New York: Teachers College Press.

Baaijen, V. M., Galbraith, D. & Glopper, K. d. (2014). Effects of Writing Beliefs and Planning on Writing Performance. *Learning and Instruction, 33,* 81–91.

Bachmann, T. & Becker-Mrotzek, M. (2010). Schreibaufgaben situieren und profilieren. In T. Pohl & T. Steinhoff (Hrsg.), *Textformen als Lernformen* (S. 191–209). Duisburg: Gilles & Francke.

Bandura, A. (1997). *Self-Efficacy: The Exercise of Control.* New York: Freeman.

Bangert-Drowns, R. L., Hurley, M. M. & Wilkinson, B. (2004). The Effects of School-Based Writing-to-Learn Interventions on Academic Achievement: A Meta-Analysis. *Review of Educational Research, 74* (1), 29–58.

Baumert, J. & Kunter, M. (2006). Stichwort: Professionelle Kompetenz von Lehrkräften. *Zeitschrift für Erziehungswissenschaft, 9* (4), 469–520.

Bazerman, C. (2013). Understanding the Lifelong Journey of Writing Development. *Infancia y Aprendizaje, 36* (4), 421–441.

Bean, T. W. & Steenwyk, F. L. (1984). The Effect of Three Forms of Summarization Instruction on Sixth Graders' Summary Writing and Comprehension. *Journal of Reading Behavior, 16* (4), 297–306.

Beauvais, C., Olive, T. & Passerault, J.-M. (2011). Why Are Some Texts Good and Others Not? Relationship between Text Quality and Management of the Writing Processes. *Journal of Educational Psychology, 103* (2), 415–428.

Becker-Mrotzek, M. (2014). Schreibkompetenz. In J. Grabowski (Hrsg.), *Sinn und Unsinn von Kompetenzen. Fähigkeitskonzepte im Bereich von Sprache, Medien und Kultur* (S. 51–71). Leverkusen: Barbara Budrich.

Bereiter, C. (1980). Development in Writing. In L. W. Gregg & E. R. Steinberg (Eds.), *Cognitive Processes in Writing* (pp. 73–93). Hillsdale: Erlbaum.

Bereiter, C. & Scardamalia, M. (1987). *The Psychology of Written Composition*. Hillsdale: Erlbaum.

Berger, P. A., Keim, S. & Klärner, A. (2010). Bildungsverlierer – eine (neue) Randgruppe? In G. Quenzel & K. Hurrelmann (Hrsg.), *Bildungsverlierer. Neue Ungleichheiten* (S. 37–51). Wiesbaden: VS Verlag für Sozialwissenschaften.

Berninger, V. W. (1999). Coordinating Transcription and Text Generation in Working Memory during Composing: Automatic and Constructive Processes. *Learning Disability Quarterly, 22* (2), 99–112.

Berninger, V. W., Fuller, F. & Whitaker, D. (1996). A Process Model of Writing Development across Life Span. *Educational Psychology Review, 8* (3), 193–218.

Berninger, V. W. & Swanson, H. L. (1994). Modifying Flower and Hayes' Model of Skilled Writing to Explain Beginning and Developing Writing. In E. C. Butterfield (Ed.), *Children's Writing. Toward a Process Theory of the Development of Skilled Writing* (pp. 57–81). Greenwich: JAI Presss.

Bong, M. & Skaalvik, E. M. (2003). Academic Self-Concept and Self-Efficacy: How Different Are They Really? *Educational Psychology Review, 15* (1), 1–40.

Boscolo, P. (2009). Engaging and Motivating Children to Write. In R. Beard, D. Myhill, J. Riley & M. Nystrand (Eds.), *The Sage Handbook of Writing Development* (pp. 300–312). Los Angeles: Sage Publications.

Boscolo, P., Gelati, C. & Galvan, N. (2012). Teaching Elementary School Students to Play with Meanings and Genre. *Reading & Writing Quarterly, 28* (1), 29–50.

Bourdieu, P. (1983). Ökonomisches Kapital, kulturelles Kapital, soziales Kapital. In R. Kreckel (Hrsg.), *Soziale Ungleichheiten* (S. 183–198). Göttingen: Schwartz.

Breetvelt, I., van den Bergh, H. & Rijlaarsdam, G. (1994). Relations between Writing Processes and Text Quality: When and How? *Cognition and Instruction, 12* (2), 103–123.

Brindley, R. & Schneider, J. J. (2002). Writing Instruction or Destruction: Lessons to be Learned from Fourth-Grade Teachers' Perspectives on Teaching Writing. *Journal of Teacher Education, 53* (4), 328–341.

Brodney, B., Reeves, C. & Kazelskis, R. (1999). Selected Prewriting Treatments: Effects on Expository Compositions Written by Fifth-Grade Students. *The Journal of Experimental Education, 68* (1), 5–20.

Bruning, R., Dempsey, M., Kauffman, D. F., McKim, C. & Zumbrunn, S. (2013). Examining Dimensions of Self-Efficacy for Writing. *Journal of Educational Psychology, 105* (1), 25–38.

Bruning, R. & Horn, C. (2000). Developing Motivation to Write. *Educational Psychologist, 35* (1), 25–37.

Brunstein, J. C. & Glaser, C. (2011). Testing a Path-Analytic Mediation Model of How Self-Regulated Writing Strategies Improve Fourth Graders' Composition Skills: A Randomized Controlled Trial. *Journal of Educational Psychology, 103* (4), 922–938.

Caso, A.-M. d. & García, J.-N. (2006). What Is Missing from Current Writing Intervention Programmes? The Need for Writing Motivation Programmes. *Estudios de Psicología, 27* (2), 221–242.

Charney, D. H., Newman, J. H. & Palmquist, M. (1995). "I'm Just No Good at Writing": Epistemological Style and Attitudes toward Writing. *Written Communication, 12* (3), 298–329.

Chenoweth, N. A. & Hayes, J. R. (2001). Fluency in Writing: Generating Text in L1 and L2. *Written Communication, 18* (1), 80–98.

Christensen, C. A. (2005). The Role of Orthographic–Motor Integration in the Production of Creative and Well-Structured Written Text for Students in Secondary School. *Educational Psychology, 25* (5), 441–453.

Cleary, L. M. (1990). The Fragile Inclination to Write: Praise and Criticism in the Classroom. *English Journal, 79* (2), 22–28.

Cleary, L. M. (1996). "I Think I Know What My Teachers Want Now": Gender and Writing Motivation. *English Journal, 85* (1), 50–57.

Clippard, D. & Nicaise, M. (1998). Efficacy of Writers' Workshop for Students with Significant Writing Deficits. *Journal of Research in Childhood Education, 13* (1), 7–26.

Cohen, D. J., White, S. & Cohen, S. B. (2011). A Time Use Diary Study of Adult Everyday Writing Behavior. *Written Communication, 28* (1), 3–33.

Cohen, J. (1988). *Statistical Power Analysis for the Behavioral Sciences* (2nd ed.). New York: Psychology Press.

Coiro, J., Knobel, M., Lankshear, C. & Leu, D. J. (Eds.). (2008). *Handbook of Research on New Literacies.* New York: Erlbaum.

Compton-Lilly, C. (2014). The Development of Writing Habitus: A Ten-Year Case Study of a Young Writer. *Written Communication, 31* (4), 371–403.

Crystal, D. (2008). *Txtng: The Gr8 Db8*. Oxford: Oxford University Press.

Cunningham, A. E., Zibulsky, J., Stanovich, K. E. & Stanovich, P. J. (2009). How Teachers Would Spend Their Time Teaching Language Arts: The Mismatch between Self-Reported and Best Practices. *Journal of Learning Disabilities, 42* (5), 418–430.

Cutler, L. & Graham, S. (2008). Primary Grade Writing Instruction: A National Survey. *Journal of Educational Psychology, 100* (4), 907–919.

Daniels, E. & Arapostathis, M. (2005). What Do they Really Want? Student Voices and Motivation Research. *Urban Education, 40* (1), 34–59.

Danoff, B., Harris, K. R. & Graham, S. (1993). Incorporating Strategy Instruction within the Writing Process in the Regular Classroom: Effects on the Writing of Students with and without Learning Disabilities. *Journal of Reading Behavior, 25* (3), 295–322.

Duin, A. H. & Graves, M. F. (1987). Intensive Vocabulary Instruction as a Prewriting Technique. *Reading Research Quarterly, 22* (3), 311–330.

Ellis, P. D. (2010). The Essential Guide to Effect Sizes: Statistical Power, Meta-Analysis, and the Interpretation of Research Results. Cambridge: Cambridge University Press.

Englert, C. S., Taffy, R. E., Fear, K. L. & Anderson, L. M. (1988). Students' Metacognitive Knowledge about How to Write Informational Texts. *Learning Disability Quarterly, 11* (1), 18–46.

Evans, G. W. (2004). The Environment of Childhood Poverty. *American Psychologist, 59* (2), 77–92.

Fayol, M., Alamargot, D. & Berninger, V. W. (Eds.). (2012). *Translation of Thought to Written Text While Composing: Advancing Theory, Knowledge, Research Methods, Tools, and Applications*. New York: Psychology Press.

Fearn, L. & Farnan, N. (2007). When Is a Verb? Using Functional Grammar to Teach Writing. *Journal of Basic Writing, 26* (1), 63–87.

Feder, K. P. & Majnemer, A. (2007). Handwriting Development, Competency, and Intervention. *Developmental Medicine & Child Neurology, 49* (4), 312–317.

Fidalgo, R., Torrance, M., Rijlaarsdam, G., van den Bergh, H. & Lourdes Álvarez, M. (2015). Strategy-Focused Writing Instruction.: Just Observing and Reflecting on a Model Benefits 6th Grade Students. *Contemporary Educational Psychology, 41* (2), 37–50.

Fisher, D. (2009). The Use of Instructional Time in the Typical High School Classroom. Educational Forum, 73 (2), 168–176.

Flower, L. S. & Hayes, J. R. (1981). A Cognitive Process Theory of Writing. *College Composition and Communication, 32* (4), 365–387.

Fortner, V. L. (1986). Generalization of Creative Productive-Thinking Training to LD Students' Written Expression. *Learning Disability Quarterly, 9* (4), 274–284.

Freeman, A. R., Mackinnon, J. R. & Miller, L. T. (2005). Keyboarding for Students with Handwriting Problems. *Physical & Occupational Therapy in Pediatrics, 25* (1–2), 119–147.

Gilbert, J. & Graham, S. (2010). Teaching Writing to Elementary Students in Grades 4–6: A National Survey. *The Elementary School Journal, 110* (4), 494–518.

Gillespie, A. & Graham, S. (2014). A Meta-Analysis of Writing Interventions for Students with Learning Disabilities. *Exceptional Children, 80* (4), 454–473.

Gillespie, A., Graham, S., Kiuhara, S. & Hebert, M. (2014). High School Teachers Use of Writing to Support Students' Learning: A National Survey. *Reading and Writing, 27* (6), 1043–1072.

Gillespie, A., Olinghouse, N. G. & Graham, S. (2013). Fifth-Grade Students' Knowledge about Writing Process and Writing Genres. *The Elementary School Journal, 113* (4), 565–588.

Glaser, R. (1996). Changing the Agency for Learning: Acquiring Expert Performance. In K. A. Ericsson (Ed.), *The Road to Excellence. The Acquisition of Expert Performance in the Arts and Sciences, Sports, and Games* (pp. 303–311). Mahwah: Erlbaum.

Grabowski, J. (2014). Kompetenz: ein bildungswissenschaftlicher Begriff. In J. Grabowski (Hrsg.), *Sinn und Unsinn von Kompetenzen. Fähigkeitskonzepte im Bereich von Sprache, Medien und Kultur* (S. 9–28). Leverkusen: Barbara Budrich.

Graham, S. (2006). Writing. In P. A. Alexander & P. H. Winne (Eds.), *Handbook of Educational Psychology*. 2nd ed. (pp. 457–478). Mahwah: Erlbaum.

Graham, S., Capizzi, A., Harris, K. R., Hebert, M. & Morphy, P. (2014). Teaching Writing to Middle School Students: A National Survey. *Reading and Writing, 27* (6), 1015–1042.

Graham, S. & Harris, K. R. (1997). It Can Be Taught, but It Does not Develop Naturally: Myths and Realities in Writing Instruction. *School Psychology Review, 26* (3), 414–424.

Graham, S. & Harris, K. R. (2000). The Role of Self-Regulation and Transcription Skills in Writing and Writing Development. *Educational Psychologist, 35* (1), 3–12.

Graham, S., Harris, K. R., Bartlett, B. J., Popadopoulou, E. & Santoro, J. (im Druck a). Acceptability of Adaptations for Struggling Writers: A National Survey with Primary-Grade Teachers. *Learning Disability Quarterly.*

Graham, S., Harris, K. R., Fink, B. & MacArthur, C. A. (2001). Teacher Efficacy in Writing: A Construct Validation with Primary Grade Teachers. *Scientific Studies of Reading, 5* (2), 177–202.

Graham, S., Harris, K. R., Fink-Chorzempa, B. & MacArthur, C. (2003). Primary Grade Teachers' Instructional Adaptations for Struggling Writers: A National Survey. *Journal of Educational Psychology, 95* (2), 279–292.

Graham, S., Harris, K. R. & Hebert, M. (2011). *Informing Writing: The Benefits of Formative Assessment*. Washington: Alliance for Excellent Education.

Graham, S., Harris, K. R., MacArthur, C. & Fink, B. (2002). Primary Grade Teachers' Theoretical Orientations Concerning Writing Instruction: Construct Validation and a Nationwide Survey. *Contemporary Educational Psychology, 27* (2), 147–166.

Graham, S., Harris, K. R., Mason, L., Fink-Chorzempa, B., Moran, S. & Saddler, B. (2008). How Do Primary Grade Teachers Teach Handwriting? A National Survey. *Reading and Writing, 21* (1–2), 49–69.

Graham, S., Harris, K. R. & McKeown, D. (2013). The Writing of Students with Learning Disabilities, Meta-Analysis of Self-Regulated Strategy Development Writing Intervention Studies, and Future Directions: Redux. In E. A. Swanson, K. R. Harris & S. Graham (Eds.), *Handbook of Learning Disabilities.* 2nd ed. (pp. 405–438). New York: Guilford Press.

Graham, S., Harris, K. R. & Santangelo, T. (2015 a). Research-Based Writing Practices and the Common Core: Meta-Analysis and Meta-Synthesis. *The Elementary School Journal, 115* (4), 498–522.

Graham, S. & Hebert, M. (2011). Writing to Read: A Meta-Analysis of the Impact of Writing and Writing Instruction on Reading. *Harvard Educational Review, 81* (4), 710–744.

Graham, S., Hebert, M. & Harris, K. R. (2015 b). Formative Assessment and Writing: A Meta-Analysis. *The Elementary School Journal, 115* (4), 523–547.

Graham, S., MacArthur, C. A. & Schwartz, S. S. (1995). Effects of Goal Setting and Procedural Facilitation on the Revising Behavior and Writing Performance of Students with Writing and Learning Problems. *Journal of Educational Psychology, 87* (2), 230–240.

Graham, S., MacArthur, C. A., Schwartz, S. S. & Page-Voth, V. (1992). Improving the Compositions of Students with Learning Disabilities Using a Strategy Involving Product and Process Goal Setting. *Exceptional Children, 58* (4), 322–334.

Graham, S., McKeown, D., Kiuhara, S. A. & Harris, K. R. (2012). A Meta-Analysis of Writing Instruction for Students in the Elementary Grades. *Journal of Educational Psychology, 104* (4), 879–896.

Graham, S., Morphy, P., Harris, K. R., Fink-Chorzempa, B., Saddler, B., Moran, S. & Mason, L. (2008). Teaching Spelling in the Primary Grades: A National Survey of Instructional Practices and Adaptations. *American Educational Research Journal, 45* (3), 796–825.

Graham, S., Hebert, M., Paige Sandbank, M. & Harris, K. R. (im Druck b). Assessing the Writing Achievement of Young Struggling Writers: Application of Generalizability Theory. *Learning Disability Quarterly.*

Graham, S. & Perin, D. (2007 a). A Meta-Analysis of Writing Instruction for Adolescent Students. *Journal of Educational Psychology, 99* (3), 445–476.

Graham, S. & Perin, D. (2007 b). *Writing Next: Effective Strategies to Improve Writing of Adolescents in Middle and High School.* Washington: Alliance for Excellent Education.

Graham, S. & Sandmel, K. (2011). The Process Writing Approach: A Meta-Analysis. *The Journal of Educational Research, 104* (6), 396–407.

Graham, S. & Santangelo, T. (2014). Does Spelling Instruction Make Students Better Spellers, Readers, and Writers? A Meta-Analytic Review. *Reading and Writing, 27* (9), 1703–1743.

Groeben, N. (2004 a). Einleitung: Funktionen des Lesens – Normen der Gesellschaft. In N. Groeben & B. Hurrelmann (Hrsg.), *Lesesozialisation in der Mediengesellschaft. Ein Forschungsüberblick* (S. 11–35). Weinheim: Juventa.

Groeben, N. (2004 b). (Lese-)Sozialisation als Ko-Konstruktion – Methodisch-methodologische Problem-(Lösungs-)Perspektiven. In N. Groeben & B. Hurrelmann (Hrsg.), *Lesesozialisation in der Mediengesellschaft. Ein Forschungsüberblick* (S. 145–168). Weinheim: Juventa.

Groeben, N. & Hurrelmann, B. (2004 a). Fazit: Lesen als Schlüsselqualifikation? In N. Groeben & B. Hurrelmann (Hrsg.), *Lesesozialisation in der Mediengesellschaft. Ein Forschungsüberblick* (S. 440–465). Weinheim: Juventa.

Groeben, N. & Hurrelmann, B. (Hrsg.). (2004 b). *Lesesozialisation in der Mediengesellschaft: Ein Forschungsüberblick.* Weinheim: Juventa.

Groeben, N. & Schroeder, S. (2004). Versuch einer Synopse: Sozialisationsinstanzen – Ko-Konstruktion. In N. Groeben & B. Hurrelmann (Hrsg.), *Lesesozialisation in der Mediengesellschaft. Ein Forschungsüberblick* (S. 306–348). Weinheim: Juventa.

Grossman, P. L., Valencia, S. W., Evans, K., Thompson, C., Martin, S. & Place, N. (2000). Transitions into Teaching: Learning to Teach Writing in Teacher Education and beyond. *Journal of Literacy Research, 32* (4), 631–662.

Guay, F., Chanal, J. P., Ratelle, C. F., Marsh, H. W., Larose, S. & Boivin, M. (2010). Intrinsic, Identified, and Controlled Types of Motivation for School Subjects in Young Elementary Schoolchildren. *British Journal of Educational Psychology, 80* (4), 711–735.

Hall, A. H. & Grisham-Brown, J. (2011). Writing Development over Time: Examining Preservice Teachers' Attitudes and Beliefs about Writing. *Journal of Early Childhood Teacher Education, 32* (2), 148–158.

Hammann, L. (2005). Self-Regulation in Academic Writing Tasks. *International Journal of Teaching and Learning in Higher Education, 17* (1), 15–26.

Harris, K. R. & Graham, S. (1996). *Making the Writing Process Work: Strategies for Composition and Self-Regulation.* Cambridge: Brookline Books.

Harsch, C., Neumann, A., Lehmann, R. & Schröder, K. (2007). Schreibfähigkeiten. In B. Beck & E. Klieme (Hrsg.), *Sprachliche Kompetenzen. Konzepte und Messung – DESI-Studie (Deutsch-Englisch-Schülerleistungen-International)* (S. 38–58). Weinheim: Beltz.

Hartig, J. & Jude, N. (2008). Sprachkompetenzen von Mädchen und Jungen. In DESI-Konsortium (Hrsg.), *Unterricht und Kompetenzerwerb in Deutsch und Englisch. Ergebnisse der DESI-Studie* (S. 202–207). Weinheim: Beltz.

Hartig, J. & Klieme, E. (2006). Kompetenz und Kompetenzdiagnostik. In K. Schweizer (Hrsg.), *Leistung und Leistungsdiagnostik* (S. 127–143). Berlin, Heidelberg: Springer.

Hawe, E. & Parr, J. (2014). Assessment for Learning in the Writing Classroom: An Incomplete Realisation. *The Curriculum Journal, 25* (2), 210–237.

Hayes, J. R. (2012 a). Evidence from Language Bursts, Revision, and Transcription for Translation and Its Relation to Other Writing Processes. In M. Fayol, D. Alamargot & V. W. Berninger (Eds.), *Translation of Thought to Written Text While Composing. Advancing Theory, Knowledge, Research Methods, Tools, and Applications* (pp. 15–25). New York: Psychology Press.

Hayes, J. R. (2012 b). Modeling and Remodeling Writing. *Written Communication, 29* (3), 369–388.

Hayes, J. R. & Flower, L. S. (1980). Identifying the Organization of Writing Processes. In L. W. Gregg & E. R. Steinberg (Eds.), *Cognitive Processes in Writing* (pp. 3–30). Hillsdale: Erlbaum.

Hayes, J. R. & Flower, L. S. (1986). Writing Research and the Writer. *American Psychologist, 41* (10), 1106–1113.

Hayes, J. R. & Olinghouse, N. G. (2015). Can Cognitive Writing Models Inform the Design of the Common Core State Standards? *The Elementary School Journal, 115* (4), 480–497.

Hebert, M., Simpson, A. & Graham, S. (2013). Comparing Effects of Different Writing Activities on Reading Comprehension: A Meta-Analysis. *Reading and Writing, 26* (1), 111–138.

Hillocks, G. (1975). *Observing and Writing*. Urbana: National Council of Teachers of English.

Hillocks, G. (1982). The Interaction of Instruction, Teacher Comment, and Revision in Teaching the Composing Process. *Research in the Teaching of English, 16* (3), 261–278.

Hillocks, G. (1984). What Works in Teaching Composition: A Meta-Analysis of Experimental Treatment Studies. *American Journal of Education, 93* (1), 133–170.

Hillocks, G. (1986). *Research on Written Composition: New Directions for Teaching*. New York: National Conference on Research in English.

Holliway, D. R. (2004). Through the Eyes of My Reader: A Strategy for Improving Audience Perspective in Children's Descriptive Writing. *Journal of Research in Childhood Education, 18* (4), 334–349.

Hoogeveen, M. & van Gelderen, A. (2013). What Works in Writing with Peer Response? A Review of Intervention Studies with Children and Adolescents. *Educational Psychology Review, 25* (4), 473–502.

Hooper, M.-L. (1994). The Effects of High and Low Level Cognitive and Literacy Language Arts Tasks on Motivation and Learning in Multiability, Multicultural Classrooms: Developmental Studies. *Learning and Instruction, 4* (3), 233–251.

Hoy, M. M. P., Egan, M. Y. & Feder, K. P. (2011). A Systematic Review of Interventions to Improve Handwriting. *Canadian Journal of Occupational Therapy, 78* (1), 13–25.

Hull, G. & Schultz, K. (2001). Literacy and Learning Out of School: A Review of Theory and Research. *Review of Educational Research, 71* (4), 575–611.

Hurrelmann, B. (1999). Sozialisation: (individuelle) Entwicklung, Sozialisationstheorien, Enkulturation, Mediensozialisation, Lesesozialisation (-erziehung), literarische Sozialisation. In N. Groeben (Hrsg.), *Lesesozialisation in der Mediengesellschaft: Zentrale Begriffsexplikationen* (S. 105–115). Köln: Universität Köln.

Hurrelmann, B. (2004 a). Bildungsnormen als Sozialisationsinstanz. In N. Groeben & B. Hurrelmann (Hrsg.), *Lesesozialisation in der Mediengesellschaft. Ein Forschungsüberblick* (S. 280–305). Weinheim: Juventa.

Hurrelmann, B. (2004 b). Informelle Sozialisationsinstanz Familie. In N. Groeben & B. Hurrelmann (Hrsg.), *Lesesozialisation in der Mediengesellschaft. Ein Forschungsüberblick* (S. 169–201). Weinheim: Juventa.

Hurrelmann, B., Hammer, M. & Nieß, F. (1995). *Leseklima in der Familie: Eine Studie der Bertelsmann-Stiftung* (2. Aufl.). Gütersloh: Verlag Bertelsmann-Stiftung.

IQB (2014). *Kompetenzstufenmodelle zu den Bildungsstandards im Kompetenzbereich Schreiben, Teilbereich freies Schreiben für den Mittleren Schulabschluss.* Berlin: Institut zur Qualitätsentwicklung im Bildungswesen.

Ivanic, R. (2004). Discourses of Writing and Learning to Write. *Language and Education, 18* (3), 220–245.

Jampole, E.S., Konopak, B.C., Readence, J.E. & Moser, E.B. (1991). Using Mental Imagery to Enhance Gifted Elementary Students' Creative Writing. *Reading Psychology, 12* (3), 183–197.

Jampole, E.S., Mathews, F.N. & Konopak, B.C. (1994). Academically Gifted Students' Use of Imagery for Creative Writing. *The Journal of Creative Behavior, 28* (1), 1–15.

Jeffery, J. & Wilcox, K. (2014). 'How Do I Do It if I Don't Like Writing?' Adolescents' Stances toward Writing across Disciplines. *Reading and Writing, 27* (6), 1095–1117.

Jones, D. & Christensen, C.A. (1999). Relationship between Automaticity in Handwriting and Students' Ability to Generate Written Text. *Journal of Educational Psychology, 91* (1), 44–49.

Kassis, W., Stalder, U.M. & Kersten, B. (2011). Worin unterscheiden sich lesekompetente von nicht-lesekompetenten mehrsprachigen Jugendlichen aus Familien mit niedrigem sozioökonomischem Status? Eine auf der Intersektionalitätstheorie basierende empirische Prüfung. In H. Schneider (Hrsg.), *Wenn Schriftaneignung (trotzdem) gelingt. Literale Sozialisation und Sinnerfahrung* (S. 121–137). Weinheim: Juventa.

Katz, I. & Assor, A. (2007). When Choice Motivates and When It Does Not. *Educational Psychology Review, 19* (4), 429–442.

Kellogg, R.T. (1996). A Model of Working Memory in Writing. In C.M. Levy & S.E. Ransdell (Eds.), *The Science of Writing. Theories, Methods, Individual Differences, and Applications* (pp. 57–71). Mahwah: Erlbaum.

Kellogg, R.T. (1999). *The Psychology of Writing.* New York: Oxford University Press.

Kellogg, R.T. (2001). Competition for Working Memory among Writing Processes. *The American Journal of Psychology, 114* (2), 175–191.

Kellogg, R.T. (2006). Professional Writing Expertise. In K.A. Ericsson, N. Charness, P.J. Feltovich & R.R. Hoffman (Eds.), *The Cambridge Handbook of Expertise and Expert Performance* (pp. 389–402). Cambridge: Cambridge University Press.

Kellogg, R.T. (2008). Training Writing Skills: A Cognitive Development Perspective. *Journal of Writing Research, 1* (1), 1–26.

Kiuhara, S.A., Graham, S. & Hawken, L.S. (2009). Teaching Writing to High School Students: A National Survey. *Journal of Educational Psychology, 101* (1), 136–160.

Klassen, R.M. & Tze, V.M.C. (2014). Teachers' Self-Efficacy, Personality, and Teaching Effectiveness: A Meta-Analysis. *Educational Research Review, 12,* 59–76.

Klauda, S.L. (2009). The Role of Parents in Adolescents' Reading Motivation and Activity. *Educational Psychology Review, 21* (4), 325–363.

Klieme, E., Jude, N., Rauch, D., Ehlers, H., Helmke, A., Eichler, W., Thomé, G. & Willenberg, H. (2008). Alltagspraxis, Qualität und Wirksamkeit des Deutschunterrichts. In DESI-Konsortium (Hrsg.), *Unterricht und Kompetenzerwerb in Deutsch und Englisch. Ergebnisse der DESI-Studie* (S. 319–344). Weinheim: Beltz.

Korat, O. & Schiff, R. (2005). Do Children Who Read More Books Know "What is Good Writing" Better than Children Who Read Less? A Comparison between Grade Levels and SES Groups. *Journal of Literacy Research, 37* (3), 289–324.

Krais, B. & Gebauer, G. (2014). *Habitus* (6., unv. Auflage). Bielefeld: Transcript.

Kurtz, H. (1987). *Effects of Specific Strategy Training on the Written Expression of Learning Disabled Students Grades 3–6.* Dissertation, Drake University. Des Moines.

La Paz, S.d. & Graham, S. (1997). Effects of Dictation and Advanced Planning Instruction on the Composing of Students with Writing and Learning Problems. *Journal of Educational Psychology, 89* (2), 203–222.

Lam, S.-F. & Law, Y.-K. (2007). The Roles of Instructional Practices and Motivation in Writing Performance. *Journal of Experimental Education, 75* (2), 145–164.

Langer, J.A. (2001). Beating the Odds: Teaching Middle and High School Students to Read and Write Well. *American Educational Research Journal, 38* (4), 837–880.

Lavelle, E., Smith, J. & O'Ryan, L. (2002). The Writing Approaches of Secondary Students. *British Journal of Educational Psychology, 72* (3), 399–418.

Lenhard, W. (2013). *Leseverständnis und Lesekompetenz: Grundlagen – Diagnostik – Förderung.* Stuttgart: Kohlhammer.

Lenhard, W., Baier, D., Lenhard, A., Hoffmann, J. & Schneider, W. (2013). *conText: Förderung des Leseverständnisses durch das Arbeiten mit Texten.* Göttingen: Hogrefe.

Lenhard, W., Baier, H., Endlich, D., Lenhard, A., Schneider, W. & Hoffmann, J. (2012). Computerunterstützte Leseverständnisförderung: Die Effekte automatisch generierter Rückmeldungen. *Zeitschrift für Pädagogische Psychologie, 26* (2), 135–148.

Levy, C.M. & Ransdell, S. (1995). Is Writing as Difficult as It Seems? *Memory & Cognition, 23* (6), 767–779.

Limbrick, L., Buchanan, P. & Goodwin, M. (2010). Doing Things Differently: The Outcomes of Teachers Researching Their Own Practice in Teaching Writing. *Canadian Journal of Education, 33* (4), 897–924.

Limbrick, L. & Parr, J.M. (2011). Standing out from the Best: The Case of Two Demonstrably Effective Teachers of Writing. *The Journal of Reading, Writing & Literacy, 5* (1), 54–82.

Limpo, T., Alves, R.A. & Fidalgo, R. (2014). Children's High-Level Writing Skills: Development of Planning and Revising and Their Contribution to Writing Quality. *British Journal of Educational Psychology, 84* (2), 177–193.

Longcamp, M., Zerbato-Poudou, M.-T. & Velay, J.-L. (2005). The Influence of Writing Practice on Letter Recognition in Preschool Children: A Comparison between Handwriting and Typing. *Acta Psychologica, 119* (1), 67–79.

Lowry, P. B., Curtis, A. & Lowry, M. R. (2004). Building a Taxonomy and Nomenclature of Collaborative Writing to Improve Interdisciplinary Research and Practice. *Journal of Business Communication, 41* (1), 66–99.

Ludwig, O. (1980). Funktionen geschriebener Sprache und ihr Zusammenhang mit Funktionen der gesprochenen und inneren Sprache. *Zeitschrift für Germanistische Linguistik, 8* (1), 74–95.

MacArthur, C. A. (2008). The Effects of New Technologies on Writing and Writing Processes. In C. A. MacArthur, S. Graham & J. Fitzgerald (Eds.), *Handbook of Writing Research* (pp. 248–262). New York: Guilford Press.

MacArthur, C. A., Schwartz, S. S. & Graham, S. (1991). Effects of a Reciprocal Peer Revision Strategy in Special Education Classrooms. *Learning Disabilities Research and Practice, 6* (4), 201–210.

Madigan, T. P. (2007). Thinking, Writing, Talking: A Discourse Analysis of Writing Instruction for Boys with Dyslexia. *Reading & Writing Quarterly, 23* (4), 359–416.

Makel, M. C. & Plucker, J. A. (2014). Facts Are More Important than Novelty: Replication in the Education Sciences. *Educational Researcher, 43* (6), 304–316.

Mangen, A. & Velay, J.-L. (2010). Digitizing Literacy: Reflections on the Haptics of Writing. In M. Hosseini Zadeh (Ed.), *Advances in Haptics* (pp. 385–401). Rijeka: InTech.

Marx, A. & Stanat, P. (2012). Reading Comprehension of Immigrant Students in Germany: Research Evidence on Determinants and Target Points for Intervention. *Reading and Writing, 25* (8), 1929–1945.

Mateos, M., Cuevas, I., Martín, E., Martín, A., Echeita, G. & Luna, M. (2011). Reading to Write an Argumentation: The Role of Epistemological, Reading and Writing Beliefs. *Journal of Research in Reading, 34* (3), 281–297.

Matsumura, L. C., Patthey-Chavez, G. G., Valdés, R. & Garnier, H. (2002). Teacher Feedback, Writing Assignment Quality, and Third-Grade Students' Revision in Lower- and Higher-Achieving Urban Schools. *The Elementary School Journal, 103* (1), 3–25.

Matthiesen, F. (2010). Schreibsozialisation von Schülern in Deutschland: Gemeinsamkeiten und Unterschiede in Schreibsozialisationsverläufen von Schülern mit bildungsnahem und bildungsfernem Hintergrund. Eine Fallstudie. In A. Neumann & M. Domenech (Hrsg.), *Paradoxien des Schreibens in der Bildungssprache Deutsch. Befunde zu Schreibsozialisation, Schreibmotivation und Schreibfähigkeit bei Schülerinnen und Schülern mit nichtdeutscher Muttersprache und zum Schreibunterricht im mehrsprachigen Kontext* (S. 39–67). Hamburg: Dr. Kovac.

McCarthey, S. J. (2007). Four Metaphors of the Composing Process. In L. Bresler (Ed.), *International Handbook of Research in Arts Education*. Part 1 (pp. 477–492). Dordrecht: Springer.

McCarthey, S.J. & Ro, Y.S. (2011). Approaches to Writing Instruction. *Pedagogies: An International Journal, 6* (4), 273–295.

McCarthey, S.J., Woodard, R. & Kang, G. (2014). Elementary Teachers Negotiating Discourses in Writing Instruction. *Written Communication, 31* (1), 58–90.

McCutchen, D. (2011). From Novice to Expert: Implications of Language Skills and Writing-Relevant Knowledge for Memory during the Development of Writing Skill. *Journal of Writing Research, 3* (1), 51–68.

McKenna, M.C., Conradi, K., Lawrence, C., Jang, B.G. & Meyer, J.P. (2012). Reading Attitudes of Middle School Students: Results of a U.S. Survey. *Reading Research Quarterly, 47* (3), 283–306.

Medienpädagogischer Forschungsverbund Südwest (2013). *KIM-Studie 2012. Kinder + Medien, Computer + Internet: Basisuntersuchung zum Medienumgang 6- bis 13-Jähriger in Deutschland.* Stuttgart: MPFS.

Medienpädagogischer Forschungsverbund Südwest (2014). *JIM 2014: Jugend, Information, (Multi-) Media: Basisstudie zum Medienumgang 12- bis 19-Jähriger in Deutschland.* Stuttgart: MPFS.

Mehta, P.D., Foorman, B.R., Branum-Martin, L. & Taylor, W.P. (2005). Literacy as a Unidimensional Multilevel Construct: Validation, Sources of Influence, and Implications in a Longitudinal Study in Grades 1 to 4. *Scientific Studies of Reading, 9* (2), 85–116.

Midgette, E., Haria, P. & MacArthur, C.A. (2008). The Effects of Content and Audience Awareness Goals for Revision on the Persuasive Essays of Fifth- and Eighth-Grade Students. *Reading and Writing, 21* (1), 131–151.

Miller, S.D. (2003). How High- and Low-Challenge Tasks Affect Motivation and Learning: Implications for Struggling Learners. *Reading and Writing Quarterly, 19* (1), 39–57.

Mol, S.E. & Bus, A.G. (2011). To Read or Not to Read: A Meta-Analysis of Print Exposure from Infancy to Early Adulthood. *Psychological Bulletin, 137* (2), 267–296.

Moore, B.H. & Caldwell, H. (1993). Drama and Drawing for Narrative Writing in Primary Grades. *Journal of Educational Research, 87* (2), 100–110.

Morphy, P. & Graham, S. (2012). Word Processing Programs and Weaker Writers/Readers: A Meta-Analysis of Research Findings. *Reading and Writing, 25* (3), 641–678.

Mücke, S. (2009). Schulleistungen von Jungen und Mädchen in der Grundschule – eine metaanalytische Bilanz. *Empirische Pädagogik, 23* (3), 290–337.

Müller, B. & Richter, T. (2014). Lesekompetenz. In J. Grabowski (Hrsg.), *Sinn und Unsinn von Kompetenzen. Fähigkeitskonzepte im Bereich von Sprache, Medien und Kultur* (S. 29–49). Leverkusen: Barbara Budrich.

Myhill, D., Lines, H. & Watson, A. (2011). Making Meaning with Grammar: A Repertoire of Possibilities. *mETAphor* (2), 1–10.

Naeghel, J.d., van Keer, H., Vansteenkiste, M. & Rosseel, Y. (2012). The Relation between Elementary Students' Recreational and Academic Reading Motivation, Reading

Frequency, Engagement, and Comprehension: A Self-Determination Theory Perspective. *Journal of Educational Psychology, 104* (4), 1006–1021.

National Center for Education (2012). *The Nation's Report Card: Writing 2011.* Washington: Institute of Education Sciences.

Nespor, J. (1987). The Role of Beliefs in the Practice of Teaching. *Journal of Curriculum Studies, 19* (4), 317–328.

Neubert, M. J. (1998). The Value of Feedback and Goal Setting over Goal Setting Alone and Potential Moderators of this Effect: A Meta-Analysis. *Human Performance, 11* (4), 321–335.

Neugebauer, S. R. (2014). Context-Specific Motivations to Read for Adolescent Struggling Readers: Does the Motivation for Reading Questionnaire Tell the Full Story? *Reading Psychology, 35* (2), 160–194.

Neumann, A. & Lehmann, R. H. (2008). Schreiben Deutsch. In DESI-Konsortium (Hrsg.), *Unterricht und Kompetenzerwerb in Deutsch und Englisch. Ergebnisse der DESI-Studie* (S. 89–103). Weinheim: Beltz.

Nolen, S. B. (2007 a). The Role of Literate Communities in the Development of Children's Interest in Writing. In P. Boscolo & S. Hidi (Eds.), *Writing and Motivation* (pp. 241–255). Bingley: Emerald Group.

Nolen, S. B. (2007 b). Young Children's Motivation to Read and Write: Development in Social Contexts. *Cognition and Instruction, 25* (2), 219–270.

Norman, K. A. & Spencer, B. H. (2005). Our Lives as Writers: Examining Preservice Teachers' Experiences and Beliefs about the Nature of Writing and Writing Instruction. *Teacher Education Quarterly, 32* (1), 25–40.

Nowell, A. & Hedges, L. V. (1998). Trends in Gender Differences in Academic Achievement from 1960 to 1994: An Analysis of Differences in Mean, Variance, and Extreme Scores. *Sex Roles, 39* (1–2), 21–43.

Oldfather, P. (2002). Students' Experiences When Not Initially Motivated for Literacy Learning. *Reading and Writing Quarterly, 18* (3), 231–256.

Oldfather, P. & Shanahan, C. H. (2007). A Cross-Case Study of Writing Motivation as Empowerment. In P. Boscolo & S. Hidi (Eds.), *Writing and Motivation* (pp. 251–279). Bingley: Emerald Group.

Olinghouse, N. G., Graham, S. & Gillespie, A. (2015). The Relationship of Discourse and Topic Knowledge to Fifth Graders' Writing Performance. *Journal of Educational Psychology, 107* (2), 391–406.

Olive, T. (2012). Writing and Working Memory: A Summary of Theories and Findings. In E. L. Grigorenko, E. Mambrino & D. D. Preiss (Eds.), *Writing. A Mosaic of New Perspectives* (pp. 125–140). New York: Psychology Press.

Olson, M. C. & DiStefano, P. (1980). Describing and Testing the Effectiveness of a Contemporary Model for In-Service Education in Teaching Composition. *English Education, 12* (2), 69–76.

Ossner, J. (1995). Prozessorientierte Schreibdidaktik in Lehrplänen. In J. Baurmann & R. Weingarten (Hrsg.), *Schreiben. Prozesse, Prozeduren und Produkte* (S. 29–50). Opladen: Westdeutscher Verlag.

Pacheco Sanz, D. I. & García-Sánchez, J.-N. (2012). Diagnosis of Teachers' Practice in the Teaching of Written Composition. In W. Sittiprapaporn (Ed.), *Learning Disabilities* (pp. 195–214). Rijeka: InTech.

Pajares, F. (1992). Teachers' Beliefs and Educational Research: Cleaning up a Messy Construct. *Review of Educational Research, 62* (3), 307–332.

Pajares, F. (2007). Empirical Properties of a Scale to Assess Writing Self-Efficacy in School Contexts. *Measurement & Evaluation in Counseling & Development, 39* (4), 239–249.

Palmquist, M. & Young, R. (1992). The Notion of Giftedness and Student Expectations about Writing. *Written Communication, 9* (1), 137–168.

Paquette, K. R. (2009). Integrating the 6+1 Writing Traits Model with Cross-Age Tutoring: An Investigation of Elementary Students' Writing Development. *Literacy Research and Instruction, 48* (1), 28–38.

Paris, S. G., Lipson, M. Y. & Wixson, K. K. (1983). Becoming a Strategic Reader. *Contemporary Educational Psychology, 8* (3), 293–316.

Parr, J. M. & Limbrick, L. (2010). Contextualising Practice: Hallmarks of Effective Teachers of Writing. *Teaching and Teacher Education, 26* (3), 583–590.

Parr, J. M. & Timperley, H. S. (2010). Feedback to Writing, Assessment for Teaching and Learning and Student Progress. *Assessing Writing, 15* (2), 68–85.

Patterson-Hazley, M. & Kiewra, K. A. (2013). Conversations with Four Highly Productive Educational Psychologists: Patricia Alexander, Richard Mayer, Dale Schunk, and Barry Zimmerman. *Educational Psychology Review, 25* (1), 19–45.

Pearson, P. D. (2004). The Reading Wars. *Educational Policy, 18* (1), 216–252.

Perry, N. E. (1998). Young Children's Self-Regulated Learning and Contexts That Support It. *Journal of Educational Psychology, 90* (4), 715–729.

Persky, H. R., Daane, M. C. & Jin, Y. (2003). *The Nation's Report Card: Writing 2002.* Washington: National Center for Education.

Peterson, S. S. (2008). Influence of Gender on Writing Development. In C. A. MacArthur, S. Graham & J. Fitzgerald (Eds.), *Handbook of Writing Research* (pp. 311–323). New York: Guilford Press.

Peterson, S. S. & McClay, J. (2014). A National Study of Teaching and Assessing Writing in Canadian Middle Grades Classrooms. *McGill Journal of Education, 49* (1), 17–39.

Philipp, M. (2011). *Lesesozialisation in Kindheit und Jugend: Lesemotivation, Leseverhalten und Lesekompetenz in Familie, Schule und Peer-Beziehungen.* Stuttgart: Kohlhammer.

Philipp, M. (2012). *Das vernachlässigte Füllhorn der Sprache: Einige Betrachtungen zum Zusammenhang von Wortschatz, Lesesozialisation und Textverstehen.* Verfügbar unter: www.leseforum.ch.

Philipp, M. (2013 a). *Lese- und Schreibunterricht.* Tübingen: Francke.

Philipp, M. (2013 b). *Motiviert lesen und schreiben: Dimensionen, Bedeutung, Förderung.* Seelze-Velber: Klett/Kallmeyer.

Philipp, M. (2014). *Selbstreguliertes Schreiben: Schreibstrategien erfolgreich vermitteln.* Weinheim: Beltz.

Philipp, M. (2015 a). *Grundlagen der effektiven Schreibdidaktik und der systematischen schulischen Schreibförderung* (3., durchges. Aufl.). Baltmannsweiler: Schneider Hohengehren.

Philipp, M. (2015 b). Lesekompetenz – zur inhaltlichen und historisch veränderlichen Modellierung eines Hochwertbegriffs. In U. Riegel, I. Schubert, G. Siebert-Ott & K. Macha (Hrsg.), *Kompetenzmodellierung und -forschung in den Fachdidaktiken* (S. 29–41). Münster: Waxmann.

Philipp, M. & Sturm, A. (2011). Literalität und Geschlecht: Zum subjektiv wahrgenommenen und in Leistungstests ermittelten schriftsprachlichen Leistungsvermögen von Jungen und Mädchen. *Didaktik Deutsch, 17* (31), 68–95.

Pieper, I., Rosebrock, C., Wirthwein, H. & Volz, S. (2004). *Lesesozialisation in schriftfernen Lebenswelten: Lektüre und Mediengebrauch von HauptschülerInnen.* Weinheim: Juventa.

Pressley, M., Mohan, L., Raphael, L. M. & Fingeret, L. (2007). How Does Bennett Woods Elementary School Produce Such High Reading and Writing Achievement? *Journal of Educational Psychology, 99* (2), 221–240.

Ransdell, S. E. & Gilroy, L. (2001). The Effects of Background Music on Word Processed Writing. *Computers in Human Behavior, 17* (2), 141–148.

Raphael, T. E., Englert, C. S. & Kirschner, B. W. (1986). *The Impact of Text Structure Instruction and Social Context on Students' Comprehension and Production of Expository Text.* East Lansing: Institute for Research on Teaching.

Retelsdorf, J. & Köller, O. (2014). Reciprocal Effects between Reading Comprehension and Spelling. *Learning and Individual Differences, 30,* 77–83.

Rindermann, H., Michou, C. D. & Thompson, J. (2011). Children's Writing Ability: Effects of Parent's Education, Mental Speed and Intelligence. *Learning and Individual Differences, 21* (5), 562–568.

Ritchie, S. J. & Bates, T. C. (2013). Enduring Links from Childhood Mathematics and Reading Achievement to Adult Socioeconomic Status. *Psychological Science, 24* (7), 1301–1308.

Rosebrock, C. (2009). Lesekompetenz als Mehrebenenkonstrukt. In A. Bertschi-Kaufmann & C. Rosebrock (Hrsg.), *Literalität. Bildungsaufgabe und Forschungsfeld* (S. 59–72). Weinheim: Juventa.

Rosebrock, C. & Nix, D. (2014). *Grundlagen der Lesedidaktik und der systematischen schulischen Leseförderung* (7., überarb. und erw. Aufl.). Baltmannsweiler: Schneider Hohengehren.

Ross, J. A., Rolheiser, C. & Hogaboam-Gray, A. (1999). Effects of Self-Evaluation Training on Narrative Writing. *Assessing Writing, 6* (1), 107–132.

Ryan, R. M. & Deci, E. L. (2000 a). Intrinsic and Extrinsic Motivations: Classic Definitions and New Directions. *Contemporary Educational Psychology, 25* (1), 54–67.

Ryan, R. M. & Deci, E. L. (2000 b). Self-Determination Theory and the Facilitation of Intrinsic Motivation, Social Development, and Well-Being. *American Psychologist, 55* (1), 68–78.

Saddler, B. (2012). *Teacher's Guide to Effective Sentence Writing*. New York: Guilford Press.

Saddler, B. & Graham, S. (2005). The Effects of Peer-Assisted Sentence-Combining Instruction on the Writing Performance of More and Less Skilled Young Writers. *Journal of Educational Psychology, 97* (1), 43–54.

Saddler, B. & Graham, S. (2007). The Relationship between Writing Knowledge and Writing Performance among More and Less Skilled Writers. *Reading & Writing Quarterly, 23* (3), 231–247.

Salahu-Din, D., Persky, H. R. & Miller, J. (2008). *The Nation's Report Card: Writing 2007: National Assessment of Educational Progress at Grades 8 and 12*. Washington: National Center for Education.

Salisch, M. v. (2000). Zum Einfluss von Gleichaltrigen (Peers) und Freunden auf die Persönlichkeitsentwicklung. In M. Amelang (Hrsg.), *Determinanten individueller Unterschiede* (S. 345–405). Göttingen: Hogrefe.

Sanders-Reio, J., Alexander, P. A., Reio Jr., T. G. & Newman, I. (2014). Do Students' Beliefs about Writing Relate to Their Writing Self-Efficacy, Apprehension, and Performance? *Learning and Instruction, 33,* 1–11.

Santangelo, T. (2014). Why Is Writing so Difficult for Students with Learning Disabilities? A Narrative Review to Inform the Design of Effective Instruction. *Learning Disabilities: A Contemporary Journal, 12* (1), 5–20.

Santangelo, T., Harris, K. R. & Graham, S. (im Druck). Self-Regulation and Writing: Meta-Analysis of the Self-Regulation Processes in Zimmerman and Risemberg's Model. In C. A. MacArthur, S. Graham & J. Fitzgerald (Eds.), *Handbook of Writing Research*. 2nd ed. New York: Guilford.

Sayag-Cohen, E., Asaf, M. & Nathan, N. (2013). Student-Teachers' Comments' Type on Children's Writing: Practices and Perceptions of their Role as Writing Facilitators. *Teaching/Writing: The Journal of Writing Teacher Education, 2* (2), 51–61.

Scardamalia, M. & Paris, P. (1985). The Function of Explicit Discourse Knowledge in the Development of Text Representations and Composing Strategies. *Cognition and Instruction, 2* (1), 1–39.

Schunk, D. H. & Swartz, C. W. (1993). Writing Strategy Instruction with Gifted Students: Effects of Goals and Feedback on Self-Efficacy and Skills. *Roeper Review, 15* (4), 225–230.

Silver, R. & Lee, S. (2007). What Does It Take to Make a Change? Teacher Feedback and Student Revisions. *English Teaching: Practice and Critique, 6* (1), 25–49.

Simon, H. A. (1973). The Structure of Ill Structured Problems. *Artificial Intelligence, 4* (3–4), 181–201.

Spear-Swerling, L. & Zibulsky, J. (2014). Making Time for Literacy: Teacher Knowledge and Time Allocation in Instructional Planning. *Reading and Writing, 27* (8), 1353–1378.

Stanat, P., Rauch, D. & Segeritz, M. (2010). Schülerinnen und Schüler mit Migrationshintergrund. In E. Klieme, C. Artelt, J. Hartig, N. Jude, O. Köller, M. Prenzel, W. Schneider & P. Stanat (Hrsg.), *PISA 2009. Bilanz nach einem Jahrzehnt* (S. 200–230). Münster: Waxmann.

Street, B. (2012). New Literacy Studies. In C. Rosebrock & A. Bertschi-Kaufmann (Hrsg.), *Literalität erfassen: bildungspolitisch, kulturell, individuell* (S. 149–165). Weinheim: Beltz Juventa.

Sturm, A. & Weder, M. (2011). Schreiben als sinnhaftes und sichtbares Tun. In H. Schneider (Hrsg.), *Wenn Schriftaneignung (trotzdem) gelingt. Literale Sozialisation und Sinnerfahrung* (S. 18–37). Weinheim: Juventa.

Swift, J. (o. J.). *Gullivers Reisen. Mit Illustrationen von Jean Isidore Grandville.* Wien: Verlag Lothar Borowsky.

Thurlow, C. (2006). From Statistical Panic to Moral Panic: The Metadiscursive Construction and Popular Exaggeration of New Media Language in the Print Media. *Journal of Computer-Mediated Communication, 11* (3), 667–701.

Troia, G. A. (2002). Teaching Writing Strategies to Children with Disabilities: Setting Generalization as the Goal. *Exceptionality, 10* (4), 249–269.

Troia, G. A. (2008). Writing Instruction for Students with Learning Disabilities. In C. A. MacArthur, S. Graham & J. Fitzgerald (Eds.), *Handbook of Writing Research* (pp. 324–336). New York: Guilford Press.

Troia, G. A. & Maddox, M. E. (2004). Writing Instruction in Middle Schools: Special and General Education Teachers Share Their Views and Voice Their Concerns. *Exceptionality, 12* (1), 19–37.

Troia, G. A., Shankland, R. K. & Wolbers, K. A. (2012). Motivation Research in Writing: Theoretical and Empirical Considerations. *Reading & Writing Quarterly, 28* (1), 5–28.

Usher, E. L. & Pajares, F. (2008). Sources of Self-Efficacy in School: Critical Review of the Literature and Future Directions. *Review of Educational Research, 78* (4), 751–796.

van Galen, G. P. (1991). Handwriting: Issues for a Psychomotor Theory. *Human Movement Science, 10* (2–3), 165–191.

Verheijen, L. (2013). The Effects of Text Messaging and Instant Messaging on Literacy. *English Studies, 94* (5), 582–602.

Villalón, R., Mateos, M. & Cuevas, I. (im Druck). High School Boys' and Girls' Writing Conceptions and Writing Self-Efficacy Beliefs: What Is Their Role in Writing Performance? *Educational Psychology.*

Weinert, F.E. (2001). Concept of Competence: A Conceptual Clarification. In D.S. Rychen & L.H. Salganik (Eds.), *Defining and Selecting Key Competencies* (pp. 45–65). Ashland: Hogrefe & Huber.

Wendt, H., Stubbe, T.C. & Schwippert, K. (2012). Soziale Herkunft und Lesekompetenzen von Schülerinnen und Schülern. In W. Bos, I. Tarelli, A. Bremerich-Vos & K. Schwippert (Hrsg.), *IGLU 2011. Lesekompetenzen von Grundschulkindern in Deutschland im internationalen Vergleich* (S. 175–190). Münster: Waxmann.

White, M.J. & Bruning, R. (2005). Implicit Writing Beliefs and Their Relation to Writing Quality. *Contemporary Educational Psychology, 30* (2), 166–189.

Wiebe, R.A.B. (2006). Beyond Strategies: Teacher Beliefs and Writing Instruction in Two Primary Inclusion Classrooms. *Journal of Learning Disabilities, 39* (1), 11–24.

Wiesner, E. & Schneider, H. (2011). Wenn Lesen trotzdem gelingt. In H. Schneider (Hrsg.), *Wenn Schriftaneignung (trotzdem) gelingt. Literale Sozialisation und Sinnerfahrung* (S. 157–185). Weinheim: Juventa.

Wong, B.Y.L., Butler, D.L., Ficzere, S.A. & Kuperis, S. (1996). Teaching Low Achievers and Students with Learning Disabilities to Plan, Write, and Revise Opinion Essays. *Journal of Learning Disabilities, 29* (2), 197–212.

Wong, B.Y.L., Hoskyn, M., Jai, D., Ellis, P. & Watson, K. (2008). The Comparative Efficacy of Two Approaches to Teaching Sixth Graders Opinion Essay Writing. *Contemporary Educational Psychology, 33* (4), 757–784.

Wood, C., Kemp, N. & Waldron, S. (2014). Exploring the Longitudinal Relationships between the Use of Grammar in Text Messaging and Performance on Grammatical Tasks. *British Journal of Developmental Psychology, 32* (4), 415–429.

Woolfolk Hoy, A., Hoy, W.K. & Davis, H.A. (2009). Teachers' Self-Efficacy Beliefs. In K.R. Wentzel & A. Wigfield (Eds.), *Handbook of Motivation at School* (pp. 627–653). New York: Routledge.

Zellermayer, M., Salomon, G., Globerson, T. & Givon, H. (1991). Enhancing Writing-Related Metacognitions through a Computerized Writing Partner. *American Educational Research Journal, 28* (2), 373–391.

Zimmerman, B.J. & Kitsantas, A. (2007). A Writer's Discipline: The Development of Self-Regulatory Skill. In P. Boscolo & S. Hidi (Eds.), *Writing and Motivation* (pp. 51–69). Bingley: Emerald Group.

Zimmerman, B.J. & Risemberg, R. (1997). Becoming a Self-Regulated Writer: A Social Cognitive Perspective. *Contemporary Educational Psychology, 22* (1), 73–101.